생사학총서 9

자살의 대인관계이론
자살예방을 위한 가이드

The Interpersonal Theory of Suicide
Guidance for Working with Suicidal Clients

Thomas E. Joiner Jr., Kimberly A. Van Orden,
Tracy K. Witte, and M. David Rudd 지음
양정연 옮김

박문사

이 저서는 2012년 정부(교육부)의 재원으로 한국연구재단의 지원을 받아
수행된 연구임(NRF-2012S1A6A3A01033504)

● ● ● ●

이 책은 자살의 대인관계이론(Joiner, 2005)을 기반으로 자살행동을 치유하는 임상가가 유용하게 이용할 수 있는 가이드북을 제공하는 데 목적을 두고 있다. 이 작업은 Thomas E. Joiner Jr와 M. David Rudd 등 연구자들이 연구실에서 현재 진행 중인 실증적 연구를 통해 나온 성과물이다. 이 책에는 이론에서 도출된 것으로서 자살위험이 있는 환자를 위한 최선의 치유법, 이론에 기반하면서 실증적 근거를 지닌 위험평가 수법에 대한 상세 정보, 임상 원칙을 잘 보여주는 상세한 사례, 자살위험 환자의 임상에 대한 선행연구의 간단한 검토, 치유자와 내담자가 치유 과정에서 사용하는 프린트 자료 등이 포함되어 있다.

이 책을 저술하면서 많은 사람과 기관들로부터 배려와 격려, 지원을 받았다. 그 가운데 Tallahassee에 있는 Florida State University (FSU) 심리학과는 성과(예를 들면, 전 미국에서 연구비 획득 4위)와 사람들 간의 조화가 잘 이뤄지는 흔치 않은 곳이다. 우리는 FSU의 임상 심리학 프로그램, FSU의 심리 클리닉, Thomas Joiner가 이끄는 자살행동과 관련 현상에 대한 연구그룹에 관여하는 분들과 그 아

● ● ●

이디어로부터 특히 많은 도움을 받았다. 미국 심리학회(American Psychological Association[이하 APA])의 서적 부문 스태프, 그중에서도 특히 이 프로젝트에 처음부터 끝까지 담당해준 Susan Reynolds와 개정 과정에서 능숙하게 이끌어준 편집자 Peter Pavilionis에게도 감사드린다. 서론에 대해 귀중한 조언을 해준 편집자 Peggy Sullivan, 초고에 대해 타당하면서도 건설적인 조언을 해준 두 분의 익명 독자에게도 특별히 감사를 드린다.

Tracy K. Witte와 Kimberly A. Van Orden은 자신들의 동료이면서 같이 활동하는 Jill Holm-Denoma나 Kathryn Gordon, April Smith의 지원과 헌신에 감사를 전하고 있다. 이번 프로젝트 과정에서 그들의 조언과 우정은 너무도 소중한 것이었다.

이 책을 준비하는 동안 Tracy Witte는 미국 정신보건연구소(National Institute of Mental Healt[이하 NIMH])로부터 국가 연구지원 어워드(National Research Service Award, Grant No. F31MH077386, Sponsored by Thomas Joiner)를 통한 펀드를 받았다. 그녀는 수상을 통해 많은 기회가 주어진 데 대해 NIMH에 감사의 뜻을 표하고, 훌륭한 동료이면서 친구인 Kim Van Orden, 자살행동 연구로 이끌어준 Kara Fitzpatrick, 대학원 과정에서 많은 지원과 웃음을 보여줬던 Tina Lopez에게도 깊은 감사를 전한다. 그녀는 가족들에게도 그동안 애정과 지원을 보내주고, 잘 적응하지 못하던 자신을 착실하고

● ● ●

겸손하게 잘 이끌어준 점에 대해 감사를 드리고, 이 책을 저술하는 과정에서 인내심과 애정을 보여준 Seth Gitter에게도 감사 인사를 전하고 있다.

Kim Van Orden은 자신에게 지도와 지원을 해준 임상 수퍼바이저들에게 큰 감사를 드리고 있다. 그들의 생각과 제언 덕분에 그녀는 자신이 생각하던 것을 설계할 수 있었고, 그들도 이 책의 아이디어에서 그런 점들을 발견할 수 있을 것이라고 생각한다. 그녀는 자살위험에 있는 환자들이 용기를 내어 자신을 받아들이고 함께 위험한 상황에 대면하면서 자살위험에서 벗어났다는 점에 대해서도 감사 인사를 전한다. 어린 시절의 시간여행 이야기로부터 다중 공선성에 관한 글까지 자신이 썼던 모든 글을 읽어준 어머니, 또 대학원이라는 힘든 길에서 얻을 수 있었던 모든 것에 대해서는 Lisa James와 Rob Schlauch, 명석하고 매력적으로 투정을 부리면서도 인내심을 보여준 Tracy Witte, 시간과 대륙이라는 거리의 차이에도 불구하고 늘 함께해 준 Jess West에게도 깊은 감사를 전하고 있다.

목차

결론

희망을 지원하는 자살의 대인관계이론

| 자주 사용된 약어 |

[AAS]   American Association of Suicidology: 미국 자살학회
[ACSS]   Acquired Capability for Suicide Scale: 습득된 자살 잠재능력 척도
[APA]   American Psychological Association: 미국 심리학회
[CAMS]   Collaborative Assessment and Management of Suicidality: 자살의 협력적 평가 및 관리
[CASE]   Chronological Assessment of Suicide Events: 자살 사건 연대 평가법
[CBT]   Cognitive-Behavioral Therapy: 인지행동요법
[CT]   Cognitive Therapy: 인지요법
[DBT]   Dialectical Behavior Therapy: 변증법적 행동치료
[DSM]   Diagnostic and Statistical Manual of Mental Disorders: 정신장애 진단 및 통계 매뉴얼
[MBCT]   Midfulness-based Cognitive Therapy: 마음챙김에 근거한 인지치료
[NIMH]   National Institute of Mental Health: 미국 정신보건연구소
[PPES]   Painful and Provocative Events Scale: 고통스럽고 자극적인 경험 척도
[RCT]   Randomized Controlled Trial: 무작위 대조군 임상시험; Randomized Clinical Trial: 무작위 임상시험
[SCRIPT] Self-Control Regulation Interpersonal Psychotherapy: 자기조절 대인관계 심리요법
[UWRAP] University of Washington Risk Assessment Protocol: 워싱턴 대학 위험 평가 프로토콜

- 이 책은 자살문제에 대해 임상뿐만 아니라 이론적 관점에서도 다양한 자료를 제시하고 있다. 따라서 의학, 심리학 등 일부 전문가뿐만 아니라 인문학, 사회과학 등 타 분야의 연구자도 내용을 이해하는 데 어려움이 없도록 전문용어의 약어 사용에 주의하였다.
- 일부 내용에서는 번역 용어와 원어, 약어를 병기하였으며, 내용을 이해하는 데 무리가 없는 경우에는 약어만을 사용하였다.
- 동일한 용어임에도 내용에 따라 일부 다르게 표현된 경우는 원문의 내용을 따라 번역하였다.

자살의 대인관계이론
— 개념과 근거

자살의 대인관계이론

　치료사는 자살위기에 있는 환자와 함께할 때 두려움을 느끼곤 한다. 실제로 치료사를 대상으로 한 전국적인 조사 결과, 두려움 가운데 가장 높은 빈도(조사에 협력한 임상 전문가의 97%)는 환자가 자살로 사망할 가능성인 것으로 나타났다(Pope & Tabachnick, 1993). 어느 회고록에서는 목숨을 잃을 뻔했던 등산사고에 대해 묘사하고 있는데, 그 내용에는 이러한 사실에 대한 적절한 비유가 있다. 산에서 목숨을 잃은 뻔했던 이야기로, Joe Simpson(1988)은 자신의 동행자인 Simon과 함께 2만 피트가 되는 곳에서 서로 끈에 묶인 채 매달려 있었다. 말 그대로 Joe의 목숨은 Simon의 손에 달려있었다. Simon이 자신의 목숨을 위해 줄을 끊는다면 Joe는 죽을 수밖에 없는 상황이다. 자살위기에 있는 내담자를 치료하다 보면, 줄을 잡은 손으로 누군가의 생명이란 무게감을 느끼면서도 그를 도울 수 없게 되는 상황에 처하는 경우가 있다. 이것이 사실일 필요는 없겠지만, 임상 전문가가 자살행동에 대한 지식을 갖추는 것은 목숨을 구할 수 있는 강력한 도구가 될 수 있다.

　이 책의 목적은 자살위기에 있는 환자에 대한 치료를 자살행동 모델, 즉 자살의 대인관계이론(Joiner, 2005)에 근거하면서 임상적인 치료에 도움을 주는 데 있다. 이 이론은 야심차게도 사람이 왜 자살로 죽는가 하는 문제에 대해 포괄적이면서 실증적으로 답을 내고자 하는 것이다. 이 물음에 대해 포괄적으로 답하고자 하는 이 이론의 시도는 당연히 시간이 판단해주겠지만, 지금까지는 긍정적이다(나중에 기술함). 그런데, 이 책은 이 이론이 과학적으로 어떻게 될 것인가에 대해 초점을 맞춘 것이 아니라 이미 해명되었다고 보는 사항들에 초점을 맞추고 있다. 즉, 이것은 자살행동의 측면에 대한 것으로서, 자살이라는 현상을 충분히 이해하기 위해서는 필수적인데도 그동안 몇몇 이론들에서는 언급조차 하지 않았었고, 지금까지 충분히 주목받지도 못하고 있다. 이 이론은 이런 개념들을 강조함으로써 자살환자에 대한 임상 치료에 엄밀함과 새로운 초점을 맞출 수 있을 것이다.

이 책에서는 자살위기에 있는 환자에 대한 임상적 케어와 치료를 개선하기 위해 어떻게 이 이론이 적용될 수 있는지 사례를 통해 제시한다. 치료사의 역할은 산악가이드의 역할과 매우 비슷하다고 우리는 보고 있다. 경험 많은 가이드는 지형을 숙지하고, 위기에 잘 대응하며, 등산객에게 어떻게 산에 오르는지에 대한 기법을 가르친다. 그리고 무엇보다도 등산객의 안전을 최우선으로 한다. 그러나 가이드가 항상 등산객과 묶여있는 관계는 아니다. 그가 등산객의 생명을 전적으로 책임지는 것이 아니며, 날씨를 완전히 예측할 수 있는 것도 아니다. 자살 위험성이 있는 환자를 치료하는 임상가이드가 숙련되어 있고 지식도 풍부하기는 하지만 만능은 아니다. 이 책이 대인관계이론에 바탕을 두고 자살 위험성이 있는 환자에게 어떻게 임상치료를 진행할 것인가에 대해 해설하는 일종의 '가이드북'으로 사용될 수 있기를 바란다.

다음 내용에서는 자살의 대인관계이론을 간략히 설명하고 이 이론과 관련된 몇 가지 사례연구나 실증연구를 요약한다. 그리고 자살 위험성이 있는 환자의 심리요법에 관한 여러 과제를 위해 이 이론을 검토하고, 이 책에서 임상과제에 대해 강조하는 점들을 각 장의 앞부분에서 제시하고자 한다.

1. 자살의 대인관계이론

사람들은 왜 자살로 죽을까? 그렇게 할 수 있고 하고자 하기 때문, 즉 그들에게는 그렇게 하려는 욕구와 능력이 모두 있기 때문이다. 이 답이 표면적이고 시큰둥하게 보이거나 완전히 엉터리처럼 보일지도 모르겠지만, 자살의 대인관계이론을 열 단어 미만으로 요약한다고 했을 때, 이 답이 타당할 수도 있겠다. 물론 열 단어 미만의 이론이라는 것이 일반적이지도 않고 또 대단한 것이 아닐 수도 있다 (E=mc²이라는 공식에 감명을 받기도 하지만...). 다른 문제가 있기도 하지만, 이 간결한 답에는 자살로 죽을 수 있는 사람과 그렇지 못한 사람을 구분 짓는 것이 무엇일까 하는 기본적인 의문점이 있다. 그 특성이 무엇이든, 그것은 삶을 통해 어떻게 형성될까? 자살로 죽고자 하는 사람들에게서 그 욕구를 이루는 핵심적인 요인은 무엇일까? 정서적인 고통일까? 절망? 우울? 도대체 무엇일까?

자살로 죽을 수 있는 사람에 대한 논의에 대해, 잠깐 생각해보면 명확해지는 사실인데도 불구하고 그동안 선행연구들에서는 거의 무시되었던 하나의 사실이 있다. 이것을 자살의 대인관계이론에서는 주장한다. 그것은 치명적인 자해가 너무나 큰 두려움이나 고통과 함께하기 때문에, 그것을 할 수 있는 사람이 많지 않다는 사실이다. 특히 중요한 점은 나중에 약화될 수도 있지만, 이러한 사실이 자살을 생각하거나 그러한 욕구를 갖고 있는 대부분의 사람들에게 해당된다는 것이다.

우리는 인간이 (다른 유기체도 마찬가지로) 자기파괴를 하도록 계획득되지는 않았다고, 당연히 그렇다고 생각한다. 오히려 자기보존은 고대로부터 이어져 온 근원적으로 강력한 힘이라는 사실을 진화를 통해서 알 수 있다. 자기보존은 '자손이 번성하는 것' 외에 자연의 가장 강력한 요청이다. 그리고 생존은 생식을 목적으로 하는 수단이라고 볼 수 있다.

자살의 대인관계이론에 따르면, 자살로 죽을 수 있는 사람은 과거에 충분히 고통과 자극(특히 의도적인 자해행위겠지만, 이것에만 제한되는 것은 아님)을 경험한 사람들로서, 자해에 대한 공포와 고통에 이미 익숙해져서 자기를 보존하려는 욕구가 꺾여버린 사람들이다. 그런데 자기보존 본능은 이 모든 것을 없애버릴 정도로 매우 강하기 때문에, 그것은 늘 고개를 내밀고 있다. 보통은 자기보존 본능이 이기지만, 그것을 굴복시키는 일부의 사람들이 있다. 자살의 대인관계이론에 따르면, 그들은 공포와 고통에 익숙해짐으로써 이 위험한 능력을 습득해버린다. 그리고 이후의 자해행위에 대한 공포와 고통을 감소시킨다는 점에서, 과거의 자해(특히 죽으려는 의도로 이뤄진 자해)는 습관화된 가장 강력한 경험이다. 그러나 이것이 유일한 경험은 아니라는 점을 강조하는 것이 중요하다. 부상, 사고, 폭력, 죽음을 두려워하지 않는 행동 그리고 군대에서 폭력과 부상에 노출되거나 의사로서 경험한 일 등은 적은 사례이기는 하지만 습관화된 경험이 될 수 있다.

습관화된 이러한 경험들을 통해 자살 잠재능력이 습득(acquired capability)되고, 치명적인 자해행위가 일어나게 된다. 이러한 개념은 엄밀하게 말하자면, 이전의 자살행동 이론들에서는 포함되지 않았던 것이지만, 자살 대인관계이론에서는 중요한 개념으로서 자살행동을 완전히 이해하는 데 필요하다. 공포감이 등산객들에게 잠재적인 위험을 경고함으로써 목숨을 구하는 경우도 있기 때문에, 산악가이드는 급격한 경사로를 두려워하지 않는 등산객에게 더욱 주의를 기울여야 한다. 이와 마찬가지로 임상 전문가들은 공포감을 덜 느끼고 자해에 대해 내성을 갖고 있는 환자에 대해 자살위험과 관련해서 보다 세심하게 주의를 기울여야 한다.

그러나 자살의 대인관계이론에서 중요한 점은 자살 잠재능력이 자살욕구를 반드시 수반하는 것은 아니라는 것이다. 격투기에 능한 사람이 다른 사람들에게 신체적인 위해를 가할 수 있는 잠재적인 힘을 갖고는 있지만, 자기방어를 제외하고는 그렇게 하지도 않고 원하지도 않는다. 의사는 타자에게 신체적인 위해를 가할 수 있는 지식과 능력을 지니고 있지만, 치료나 치료의 제공(예를 들면, 외과수술이나 화학요법) 이외에 그렇게 하거나 시행하지도 않는다(그런데, 이 책의 서론 후반 부분에서 언급하지만, 그들은 자신의 지식과 능력을 사용하여 자신에게 위협이 되는 행동을 하기도 하는데, 평균치 이상을 차지한다). 마찬가지로 치명적인 자해를 가하는 능력이 있을 정도로 고통에 익숙하고 공포감을 상실한 사람들도 많지만, 그들은 그러한 행위를 원하지 않거나 하지 않는다. 자살의 대인관계이론에 따르면, 위험한 사람은 자살 잠재능력과 자살욕구, 두 가지 모두 가지고 있는 경우이다.

다음으로 자살욕구라는 개념에 대해 살펴보자. 자살의 잠재능력은 잠시 접어두고, 어떤 사람이 자살로 죽는 것일까? 대인관계이론에서는 부담감의 지각(perceived burdensomeness)과 소속감의 좌절

17

(failed belongingness)이라는, 대인관계와 관련된 두 가지 심리상태가 지속적이고 동시에 발생할 경우 자살할 수 있다고 보고 있다.

부담감의 지각은 낮은 자존감을 포함하면서도 그 정도를 넘어서는 자신에 대한 견해이다. 자신의 결함이나 결점으로 인해 자아의 가치는 낮으며, 더욱 안 좋은 것은 자신의 존재가 가족, 지인, 사회에 짐이 된다고 생각하는 것이다. 이러한 관점은 "가족, 지인, 사회 등 그들에게는 내가 죽는 것이 살아있는 것보다 더 가치 있다"는 생각을 결정적으로 일으킨다. 자살 위험성이 있는 사람들은 이러한 추정의 결과가 옳다고 믿겠지만, 이것은 치명적일 수도 있는 잘못된 인식이다. 또 나중에 고찰하겠지만, 부담감의 지각은 사람들의 일반적인 자살에서부터 인간 사회에서의 자살테러, 그리고 불개미와 사자들에게서 보이는 자기희생에 이르기까지 거의 모든 자살 관련 현상들을 아우르는 자살 문헌들에서 보이는 하나의 개념이다. 그리고 이러한 견해는 획득된 잠재능력이라는 개념과 마찬가지로 이전의 자살행동 이론들에서 충분한 논의가 이뤄지지 않았던 것이다.

소속감의 좌절이란 고독이나 사회적인 소외와 완전히 일치하지는 않지만, 거의 동일한 의미라고 할 수 있다. 이것은 어떤 사람이 가족의 일부도 아니고 친구들과의 교제나 자신이 가치가 있다고 생각하는 다른 집단으로부터 소외되는 경험이다. 사람들이 부담감의 지각과 소속감의 좌절을 동시에 경험할 때, 즉 다른 사람들에 대한 관심이 하찮다고 여겨지거나 오히려 자신이 해를 끼친다고 여기며 자신 또한 존중받지 못한다고 느낄 때, 대인관계이론에서는 이러한 경험이 생명과 연결된 모든 중요한 연결을 끊고 그 결과 죽고자 하는 욕구가 생겨난다고 말한다.

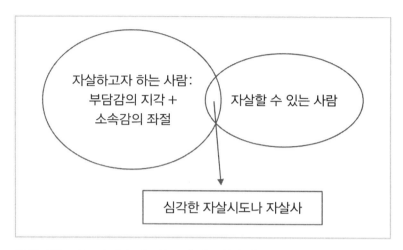

〈그림 1〉 자살 대인관계이론의 도형

　여기에서 주장하고 있는 3가지 요소, 즉 자살 잠재능력의 습득, 부담감의 지각, 소속감의 좌절은 어떤 사람이 자살로 죽을 수 있고, 누가 자살하고자 하는지에 대한 답변으로 제시된다. 누가 자살할 수 있는가? 습득된 자살 잠재능력이 습관화된 사람들이다. 누가 자살하고자 할까? 사랑하는 사람에게 자신은 짐이 되며, 가치 있다고 자신이 생각하는 집단이나 관계에서 소외되어 있다고 지각하는 사람들이다. 자살을 할 수 있고 하고자 하는, 이 두 가지 요소를 지닌 사람들이 심각한 자살시도나 치명적인 자해를 가할 수 있는 가장 고위험군에 속하는 사람들이다.

　<그림 1>과 같이, 자살욕구를 갖고 있는 사람은 매우 많으며, 정신과 병원이나 기분장애 클리닉에 근무하는 사람들이라면 이러한

점을 증명해줄 수 있을 것이다. 상당히 많은 사람이 자살 잠재능력을 계속 습득하지만, 그림에서 겹치는 부분인 위험영역에 있는 사람들은 극히 적으며, 이들은 자살의 대인관계이론에서 심각한 자살행동을 일으킬 수 있는 위험성이 가장 높은 사람들이다.

(1) 자살 대인관계이론의 실증 근거와 사례

다음 내용에서는 이 이론의 주된 개념인 습득된 자살의 잠재능력, 부담감의 지각, 소속감의 좌절을 지지하는 실증 근거와 사례에 대한 개요를 소개한다. 자료에는 역사적인 사건, 사례, 그리고 실증 조사가 포함되어 있다.

1) 습득된 자살 잠재능력

죽인다는 것은 쉬운 일이 아니다. 더구나 죽이는 상대가 자신과 같은 종이라면 더욱 그렇다. Grossman(1995)이 자신의 저작인 *On Killing: The Psychological Cost of Learning to Kill in War and Society* [살인의 심리학]에서 지적하고 있듯이, 자신과 같은 종과 싸울 때, 그 결과는 보통 치명적이지 않다. 방울뱀은 서로 독을 사용하지 않고 몸으로 싸우며, 피라냐는 심하게 물지 않고 칼싸움하듯이 꼬리로 싸운다. 사람들은 총을 갖고 전투를 하는데도 이런 일이 보통 일어난다. 예를 들면, 전투 상황에서 병사들이 서로를 쏴 맞추지 못하는 비율이 예상을 훨씬 넘는다는 것이다. Grossman은 1863년, 미국 남북전쟁 당시 Vicksburg전투를 목격한 사람들의 증언을 다음과 같이 인용하고 있다.

> 15보 정도밖에 떨어지지 않은 거리에서 병사들이 거의 같은 수의 상대 병사들을 향해 일제히 반복해서 사격했는데도, 단 한 명의 사상자가 나오지 않았다는 것은 이상한 일이다. 그러나 그 장면은 사실이었다(p. 11).

자신과 같은 종에 대한 살해금지가 자연스럽게 이뤄진다는 사실은 자기 자신을 죽이는 것으로도 확장된다. 이 이론과 일치하는 많은 실증 자료들이 있고 임상 자료와 사례들, 특히 그 이론의 임상 적용에 대한 서적에서도 설득력 있는 자료들이 보인다. 예를 들어, Shneidman(1996)은 'Beatrice'라는 환자에 대한 눈에 띄는 사례연구를 보고하고 있다. Beatrice는 다음과 같이 적었다.

> 손목을 긋는다는 것이 상상했던 것만큼 시적이지도 않고 그리 간단하지도 않다는 것을 이제 알았습니다. 피는 응고되고 의식은 멀어지기 때문에, 그런 상처로 인해서 죽는다는 것은 정말 어렵습니다. 금방 응고되는 혈관을 다시 빠르게 계속 긋는 사이에 밤은 점점 지나갔습니다. 1시간 넘도록 계속 참아가면서 손목을 그었습니다. 죽기 위해서 내 몸과 이렇게 씨름할 것이라는 생각은 하지도 않았었는데, 그렇게 한참을 자신과 겨룬 뒤에 나는 의식을 잃었습니다(p. 4).

Knipfel(2000)도 그의 자서전 *Quitting the Nairobi Trio*에서 자살을 시도했지만 왜 죽음에 이르지 못했는지에 대해 다음과 같이 적고 있다.

내가 전에 자살에 이르지 못했던 이유는 분명히 겁이 많았기 때문이다. 나는 용기가 없었기 때문에 성공하지 못했다. 아무리 시도해도 그 어느 것 하나 성공하지 못했다. 계단 위에서 몸을 던져보기도 했고, 표백제를 마시고, 손목을 긋고, 버스 앞으로 뛰어들기도 했었지만 모두 소용없었다(pp. 13, 33).

미국의 공영라디오 방송국(Public Radio International) 프로그램인 '*This American Life*'는 여러 번 자살을 시도하고서도 살아남은 어떤 사람의 음성 일기를 소개했는데, 상당히 설득력 있었다. 다음은 그 내용의 일부이다.

나는 의문이 들었다. 이제까지 자살을 시도했던 방법들이 왜 성공하지 못했을까? 목을 매려고 줄로 올가미를 만들어 옷장 기둥에 묶었다. 그 안으로 머리를 들이밀고 몸에서 힘을 빼려고 했다. 그런데, 매번 의식이 희미해지면서 바로 일어나고 말았다. 다량으로 약을 먹었다. 어느 날 오후, 애드빌을 20알 먹었지만 졸릴 뿐이었다. 손목을 긋기도 했지만, 매번 죽을 정도까지 깊게 긋지는 못했다. 그런 것이다. 몸은 당신이 어떻게 하든 살아남으려고 한다(Runyon & Glass, 2002).

칼로 (대부분 심장과 같이 중심부에 위치한 장기에) 손상을 가해서 죽는 사람들에게서 보이는 '주저흔(hesitation wound)'은 자신의 생명을 빼앗는 행위에 대해 공포감이 동반된다는 사실을 보여준다. 이러한 공포는 그것을 극복하려는 사람에게도 분명히 영향을 미친다. 주저흔은 경미한 상처로서, 치명적인 상처를 가하고자 하는 신체 부위에 대해 덜 치명적으로 '연습'한 상처이다. 검시관이 증언하듯이, 심장을 찔러 자살한 사람들의 가슴에는 칼에 베인 작은 상처로 주저흔이 보이지만, 살해된 사람에게서는 (공격을 방어하기 위해 팔이나 손에 방어흔이 보이는 경우는 대부분이지만) 이러한 상처가 없다. 이러한 사실은 자살과 타살의 두 가지 가능성이 있는 사건에서 사인을 판단하는 데 이용된다. 이 주저흔이라는 명칭은 사람들이 생명의 위협과 싸우게 될 때 대부분 망설인다는 사실을 나타낸다.

Camus(1955/1991)는 *The Myth of Sisyphus* [시지프의 신화]에서, "육체의 판단은 정신이 내린 판단과 등가의 것이고, 육체는 소멸 앞에서 움츠러든다"라고 적고 있다(p. 8). 자살로 죽을 때, 육체는 동조하지 않는다. 육체는 그렇게 계획되어 있지 않으며, 자살은 기본적인 생물학적 (또는 다른) 동기와의 싸움을 수반한다. 자살의 대인관계이론에 따르면, 이런 싸움을 계속해서 그리고 여러 영역에서 하게 될 때, 자기보존의 본능을 (자신이 원한다면) 낮춰버리는 힘이 서서히 들어오게 된다.

앞에서 요약했던 사례는 많은 실증 자료들을 통해서도 뒷받침된다. 예를 들면, 자살의 대인관계이론에서 바로 연계짓고 있는 점은 자살시도를 했던 사람이 다른 사람들에 비해 더 심각한 자살 경향성을 보인다는 것, 그리고 다른 변수로는 이러한 연관성이 설명되지 않는다는 것이다. Joiner와 그의 동료들은 '부엌 싱크대(kitchen sink)'라고 하는 연구를 통해 이 내용을 증명하고 있다. 논문에서는 미국의 대학생으로부터 브라질의 정신과 환자에 이르기까지 4개 그룹으로 구분된 표본에서 과거의 자살행동과 미래의 자살 경향성 간에 명확한 연관성이 있다는 것을 보여준다. 이 연관성은 자살과 강한 관계성이 있는 변수들 - '부엌의 싱크대'를 제외하고 모두(역자 주: 즉, 가능한 모든 것) - 을 통제했을 때에도 의미가 있는 것으로 나타났다(Joiner, Conwell, et al., 2005; Joiner et al., 2003).

자살의 대인관계이론이 보여주는 또 한 가지는 다른 사람의 고통이나 부상에 노출되어 있는 직업을 가진 사람들은 자살 잠재능력이 더 커지기 때문에 다른 사람들보다 자살률이 높다는 것이다. 그 이유는 자신이 직접 경험하거나 다른 사람의 경험을 목격하는 것으로도 간접적 또는 대리로도 습관화가 이뤄지기 때문이다. 이러한 점은 많은 보호요인들이 있음에도 불구하고 자살률이 높은 의사들의 경우를 포함해서 이미 다수 확인된 사실이다(Lindeman, Laeaerae, Hakko, & Loennqvist, 1996).

자살의 대인관계이론은 과거에 자살을 시도했던 사람의 경우, 그것이 아주 습관화된 경험의 역할을 하기 때문에, 다른 사람에 비해 고통에 익숙하고 따라서 고통에 대해 더 내성을 갖는 것으로 보고 있다. 이러한 예측은 다른 자살행동 이론에서는 검토하지 않았다는 점과 함께 여러 가지 다른 이유가 있다는 점에서 매우 흥미롭다. 이것은 Orbach와 그의 동료들의 연구(예를 들면, Orbach et al., 1996)를 통해서도 뒷받침되고 있는데, 그 연구에서는 자살시도가 있었던 정신과 환자들이 자살을 시도한 적이 없는 환자들보다 고통에 대한 내성을 더 갖고 있다는 점을 보여준다.

Holm-Denoma, Witte, et al.(2008)은 사례와 실증 자료를 통합한 연구로서, 자신의 신체에 대해 공포감이 없는 사람들이 (자살욕구를 갖고 있는 경우에) 특히 치명적인 자살행동을 할 수 있는 잠재능력을 갖고 있다는 견해를 지지하고 있다. 그들은 자살로 죽은 거식증 환자들을 연구했다. 거식증 환자들이 조기에 사망할 가능성이 있다는 것은 잘 알려진 사실로서, 대부분은 당연하기도 하겠지만, 절식으로 인한 결과(보통은 심부전)라고 여겨지고 있다. 경우에 따라서는 이것이 사실일 수도 있겠지만, 거식증 환자가 조기에 사망하는 일반적인 이유는 자살로 인한 것이다.

거식증과 자살의 상관성은 어떻게 설명될까? 하나의 가능성은 '취약성 가설(fragility hypothesis)'이라는 용어로 설명할 수 있다. 절식으로 인해서 신체적으로 약해졌기 때문에, 그렇지 않은 사람이라면 생존할 수 있는 치명성이 낮은 자살시도인데도, 거식증 환자들은 생존하지 못한다는 것이다. 또 하나의 가능성은 '두려움 없는 응시의 가설(fearless stare-down hypothesis)'로서, 절식의 상황에서 배고픔과 같은 기본적인 본능에 대한 두려움이 없는 것과 관계되어 있다. 거식증 환자들은 부분적으로 매우 치명적인 자살시도를 하기도 하는데, 그 이유는 자신의 육체와 싸웠던 경험으로 마음이 단련되어 있기 때문이다.

Holm-Denoma, Witte, et al.(2008)는 약 15년에 걸쳐 추적하기로

되어 있던 250명 중 9명의 거식증 환자가 자살한 방법을 검토했다. 연구목적은 자살 방법이 취약성 가설과 두려움 없는 응시의 가설 중 어느 것을 더 따르는지 판단하기 위한 것이었다. 조사결과는 많은 시사점을 준다. 가장 치명성이 낮은 방법 가운데 하나가 Lysol이라는 변기 세정제(다량의 염산 함유) 12oz(역자 주: 약 355㎖)를 (양을 알 수 없는) 강력한 진정제와 알코올(혈중 알코올 농도는 0.16%)과 함께 마신 경우였다. 직접적인 사인은 염산으로 인한 위 출혈이었는데 그녀는 복강 내 출혈로 사망했다. 진정제와 알코올은 그녀의 죽음과 직접적인 관련이 없었다.

Van Orden, Witte, Gordon, Bender, and Joiner(2008)는 습득된 자살 잠재능력과 관련해서 두 가지의 연구를 발표했다. 첫 번째 연구에서는 과거의 자살시도와 습득된 자살 잠재능력의 관련성을 검토했는데, 습득된 자살 잠재능력의 개념을 활용할 수 있도록 설계된 척도를 사용하여 평가했다. 결과를 보면, 심리치료를 받는 외래환자에게서 과거의 자살시도 횟수와 습득된 자살 잠재능력의 정도가 매우 의미있다는 점을 예측할 수 있었다. 자살의 대인관계이론에서 예측하는 것처럼, 과거에 여러 번 자살을 시도했던 사람이 가장 높은 단계의 습득된 자살 잠재능력을 지닌 것으로 보고되었다. 두 번째 연구에서는 습득된 자살 잠재능력의 척도점수와 부담감의 지각 척도 간에 통계적으로 나타나는 상호작용이 자살위험에 대한 임상 전문가의 평정을 예측해준다는 점을 보여주고 있다. 즉, 자살 잠재능력과 욕구(이 연구에서는 부담감의 지각만 지표화됨)가 모두 높은 사람이 임상 전문가가 자살 위험성이 가장 높다고 평정한 환자인 것으로 나타났다. 후자의 연구에서는 습득된 자살 잠재능력이 자살에 관여한다는 점을 더 잘 보여준다. 자살의 대인관계이론에서는 자살 잠재능력이 자살욕구가 있다는 조건에서만 자살과 관련된다고 말하고 있는데, 후자의 연구결과 또한 이러한 자살 잠재능력의 기능을 지지하고 있다. 다음은 욕구와 관련된 근거를 살펴보자.

2) 부담감의 지각

진화론에서는 생존이나 적응이라는 용어가 관건이고, 자기희생이라는 용어는 대립적인 의미가 있어서 진화론 체계에서는 맞지 않아 보인다. 그런데 자연계에서는 상당히 많은 자기희생의 사례를 볼 수 있다. 사람은 물론 통상적인 의미에서 자살로 인한 죽음뿐만 아니라 자살테러, 가미카제 특공대, 전우를 보호하기 위해 수류탄을 덮치는 등 영웅주의적인 자살과 같은 방법으로도 죽는다. 날개 달린 불개미(winged fire ant)는 암수컷 모두 주로 봄이 되면, 개미집을 떠나 날아간다(Tschinkel, 2006). 그들은 공중에서 교미하며 수컷의 생식기는 암컷이 평생 필요로 하는 700만 개 정도의 장자와 함께 말 그대로 폭발한다. 수컷에게 이것은 일종의 자살 임무이며, 암컷은 그 후 거주지를 찾아 여왕이 된다(그런데, 날개 달린 불개미 수컷의 자기희생과 남자들의 자살 역시 봄에 최고조에 달한다는 것은 대부분 수컷에게서 보이는 현상으로서, 이것이 우연의 일치라는 사실도 흥미롭다). 이(lice)의 일종인 완두식물 진딧물(pea aphids)에 기생하는 말벌은 숙주가 되는 진딧물에 알을 집어넣는다. 말벌의 유충은 진딧물의 내장을 먹으며 그 속에서 성장한다. 말벌은 성체가 될 때면, 진딧물의 등에 구멍을 뚫고 나온다. 탁란한 말벌로 인해 진딧물 집단 전체가 파괴될 수도 있다. 이때 알을 품었던 진딧물은 기생한 말벌이 죽이기 훨씬 전에 자기희생을 하는 경우가 많은데, 그들은 자신이 기숙하던 식물에서 땅으로 떨어져 무당벌레나 자연계의 다른 포식자들의 먹이가 된다. 수사자의 경우는 자신의 무리에 있는 암사자를 보호하기 위해 목숨을 걸고 싸운다. 자신의 짝을 지키기 위한 것이라면 그럴 수도 있겠지만, 아직 교배하지 않은 수사자도 그렇게 행동한다.

만약 진딧물, 불개미, 사자, 그리고 사람들(자살테러, 영웅적인 자기희생, 또는 통상적인 의미의 자살 등 다양한 죽음을 포함)에게 이러한 자살 희생에 대해 같은 동기가 작용한다면, 이것은 '너무나도 이상한 우연(damn strange coincidence)' –Salmon(1984)이 만들고 저명한 심리학자 Paul Meehl(1990)이 사용하며 알려지게 된 문구– 즉, 우연의 일치로서 자연계에서 어떤 중요한 것을 나타내는 것일 수도 있겠다. 우리는 자살의 대인관계이론이 이러한 동기를 규명한다고 보고 있으며, 이것은 "내가 살아가는 것보다 오히려 나의 죽음이 나의 유전자나 사랑하는 사람, 내가 속한 사회에 더 가치가 있을 것이다"라는 말로 표현된다.

진딧물이나 불개미는 왜 자기희생을 할까? 그것은 그들의 죽음이 살아있는 것보다 유전자를 위해 더 가치가 있기 때문이다. 불개미에게 치명적인 한 번의 비행은 자신의 생명을 대가로 하지만 그 이상의 것, 즉 잠재적으로는 수백만 자손들에게 유전자를 전해주는 것이다. 탁란하게 된 진딧물에게 폭탄은 기생충이고, 그에게 "수류탄을 덮치는 행위"와 관련된 일이 일어난 것이다. 땅으로 떨어지는 것은 자신과 함께 기생충도 죽이고 자신의 유전자 수보다 더 많이 존재하는 진딧물 무리가 죽음을 피할 수 있도록 하는 것이다. 그 죽음으로 친척 관계가 있는 진딧물 속에 흐르는 유전자 쌍들을 구할 수 있기 때문에, 죽음은 살아있는 것보다 더 가치가 있게 된다. 수사자는 왜 다른 사자의 짝인 암사자를 지키기 위해 자신의 목숨을 거는 것일까? 한 무리의 수사자들은 대부분 형제 사이로서 거의 절반의 유전자를 공유하고 있으며, 무리를 방어한다는 것은 자신의 유전자를 형제를 통해 퍼질 수 있도록 하는 확실한 방법이기 때문이다.

사람은 왜 자기희생을 할까? 자살테러나 가미카제 특공대에 대한 문헌을 보면, 분명한 사실은 그 주된 동기가 가족이나 사회에 이익이 된다는 것, 즉 "나의 죽음과 그 영향이 내가 사는 것보다 내 가족이나 사회에 더 가치가 있을 것"이라는 데 있다(예, Reuter, 2004). 폭탄에 뛰어듦으로써 아군을 구하는 영웅적 행위도 마찬가지라는 사실을 실제로 그 가운데 살아남은 사람들은 증언하고 있다. 자료에 따르면, 통상적인 자살로 인해 죽은 사람들도 적어도 부분적으로는 부담감을 지각함으로써 그러한 동기를 부여받는다고 볼 수 있다. 즉, 자살함으로써 자신이 살아있는 것보다 남들에게 더 가치가 있다고 생각하는 것이다. 이것은 잘못된 인식이고 돌이킬 수 없는 오해이지만, 자살을 시도하는 사람들은 이것을 잘못된 인식이라고 생각하지 않는다. 따라서 이러한 점들을 반복적으로 강조하는 것이 중요하다.

부담감의 지각에 대한 분명하고 생생한 사례는 Shneidman(1996)

에게서 볼 수 있다. 어느 여성이 이혼한 남편에게 유서로 다음과 같은 글을 남겼다(p. 94).

[딸들에게는] 병을 앓고 엉망진창인 엄마가 아니라 행복한 두 명의 사람이 필요합니다. 적은 돈이지만, 다른 일에 도움이 될 거예요. 치료비나 약값으로 더 쓰는 것보다 그렇게 하는 것이 더 좋겠죠.

그리고 딸들에게는 다음과 같이 썼다.

내가 했던 것들을 용서해주렴. 아빠가 너희들에게 더 잘해줄 거야. 당분간은 힘들겠지만, 길게 보면 이러는 편이 더 좋겠지. 나와 함께 있으면 너희 모두 엉망으로 될 테니까.

비슷한 사례가 자살시도자를 인터뷰한 조사에도 있다.

내가 옆에 없다고 해도 신경을 쓰지 않을 사람들의 목록을 만들기 시작했습니다. 나는 이혼한 전 남편에게 분명 좋은 아내가 아니었습니다. 그는 내가 없어도 외로워하지 않을 것입니다. 엄마라는 역할에 그다지 편하지 않았고, 결코 좋은 엄마라고도 할 수 없을 것입니다.…그들에게 짐을 덜어준다는 생각이었습니다. 내가 없어지면, 그들의 인생은 더 좋아질 것이 분명합니다. 이런 점에서, 솔직히 그들을 위한 것이라고 생각했습니다(Hecker, 1994, p. 64).

"그들에게서 짐을 덜어준다"는 것은 분명히 부담감의 지각을 말한다.

자신들이 살고 있던 고층 아파트 옥상에서 뛰어내린 말레이시아 노부부의 자살도 부담감의 지각이라는 점을 말해준다(Ananova, 2001). 그들의 유서에는 "병으로 죽을 때까지 기다린다면, 여러분 모두에게 더 많은 폐를 끼치는 것이겠죠"라고 적혀 있었다. 'This American Life'에서 소개되었던 남성의 음성 일기에서도 자신의 자살 경험담을 이야기하며 남에게 부담이 된다는 느낌을 강조하고 있다.

내 마음이 [자살을 시도했던] 14살 때와 같은 생각의 흐름으로 다시 돌아가고 있다는 것을 느꼈습니다. 나 자신이 싫었습니다. 끔찍했습니다. 나는 어떤 일도 제대로 하지 못했습니다. 여기 이렇게 서성거리면서 다른 사람들의 삶을 망칠 이유가 없었습니다. 여기에서 나가야만 했습니다. 내 인생에서 빠져나갈 방법을 찾아야만 했습니다(Runyon & Glass, 2001).

Tina Zahn(2006)은 죽으려고 다리 위에서 막 뛰어내리던 순간에 경찰관이 제지했다. 그는 회고록 *Why I Jumped: My True Story of Postpartum Depression, Dramatic Rescue, & Return to Hope* [내가 뛰어내린 이유: 산후 우울증, 극적인 구조, 그리고 희망으로의 귀환에 대한 진실]에서 다음과 같이 적고 있다. "나는 좀비 같았습니다. 숨은 쉬고 있지만 아무런 가치도 없었습니다. 내가 죽는 것이 모두에게 더 좋다는 것을 알고 있었습니다. 자살은 나의 비참함을 끝내고 주위 사람들의 부담을 없애는 것이었습니다"(p. 150).

이러한 사례보고의 근거는 매우 흥미로운 것이고, 자살행동에서 부담감의 지각이라는 기능에 어느 정도 신빙성을 부여한다. 물론 더 높은 수준의 증거는 심각한 자살행동에서 부담감의 지각 기능에 대해 통제군과 비교하는 실증연구이다. Joiner et al.(2002)은 유서 내용을 연구했는데, 그 절반은 실제로 자살로 죽은 사람들이 쓴 유서이고 나머지 절반은 자살을 시도했지만 살아남은 사람들의 것이었다. 평가자들은 그들의 유서에서 부담감이 어느 정도인지, 절망과 일반적인 마음의 고통이 어떻게 표현되고 있는지 등을 포함해서 몇 가지 차원으로 평정하도록 훈련받았다. 이 연구에서는 (a) 자살을 시도했지만 살아남은 사람들에 비해 자살자들의 유서에서, 그리고 (b) 덜 폭력적인 수단으로 자살한 사람들의 경우보다 더 폭력적인 수단으로 자살한 사람들의 유서에서 부담감의 표현이 더 많이 보였다. 그 결과는 부담감에 국한되어 있고, 절망이나 일반적인 마음의 고통에 대해서는 차이가 보이지 않았다.

심리요법을 받는 외래환자들을 연구한 Van Orden, Lynam, Hollar, and Joiner(2006)은 절망과 같은 강력한 자살 관련 공변량을 통제하더라도, 부담감의 지각 척도가 자살시도인 상태와 현재의 자살 생각에 대한 강력한 예측인자라는 점을 보여준다. 이미 언급했듯이, Van Orden et al.(2008)은 부담감의 지각 지수가 습득된 자살 잠재능력의 척도 점수와 상호작용하며, 임상 전문가가 평정하는 자살의 위험성을 예측한다는 점을 보여준다.

3) 소속감의 좌절

소속욕구는 매우 강력한 동기요인이다. 실제로 소속욕구의 힘은 자기보존이나 생식 등 본능과 대응할 정도이고, 이 욕구가 방해받으면 심신의 건강에 부정적인 결과를 가져온다는 것도 틀림없다 (Baumeister & Leary, 1995). 분자 수준에서 시작해서 신경생물학적, 심리학적, 사회적, 문화적 수준에 이르기까지, 모든 자살행동의 위험인자 가운데서도 사회적 고립의 관련 지표가 전반적으로 가장 지지를 받고 있다(Joiner, 2005).

*New Yorker*에 San Francisco의 Golden Gate Bridge에서의 자살 내용을 다룬 Friend(2003) 기사가 있는데, 소속감과 자살에 관한 사례가 여기에 등장한다. 젊은 남성이 다리에서 뛰어내려 목숨을 잃었는데, Friend가 인터뷰한 정신과 의사 Jerome Motto는 그에 대해 다음과 같이 말하고 있다.

그 후에 저는 검시보조원과 함께 그의 아파트를 찾았습니다. (중략) 옷장 위에 그가 남겨놓은 메모가 있었습니다. 거기에는 "지금부터 다리까지 걸어간다. 가는 길에 누군가 한 명이라도 나에게 미소를 지어 보인다면, 나는 뛰어내리지 않을 것이다."라고 적혀 있었습니다(p. 6).

Colapinto(2000)는 그의 저서 *As Nature Made Him: the boy who was raised as a girl* [타고난 성, 만들어진 성]에서 남성으로 태어났지만, 여성으로 양육되다가 10대 때 다시 남성으로 되어야 했던

David Reimer에 대해 말하고 있다. 자살하기 몇 년 전이던 38살 때, 그는 남들과 교류했던 과거의 몇 가지 경험을 언급하면서, "어느 곳에도 속하지 않는…너는 쓰레기야. 변하지 않아."라고 말하고 있다 (p.102). 자신의 또래 학생들이 연인관계로 되어 가는 것을 보면서 어떤 생각이 드는가 하는 물음에, 그는 "그들은 자신이 어디에 속하는지 알고 있는 것처럼 보여요. 그런데 내게는 그 누구와 함께 마음 편히 있을 곳이 없어요."라고 대답하고 있다(p.127).

앞에서 언급했듯이, 실증적으로 자살과 낮은 소속감과의 관련성에 대해서는 자료가 양적으로도 많고 매우 강하게 지지되고 있다. 그 관련성은 다양한 방식으로 인정되고 있다. 우선 아이의 수가 많은 노르웨이의 어머니들(평균적으로도 높은 수준의 소속감을 갖고 있음)의 경우 아이들로 인한 스트레스는 있지만, 아이의 수가 적은 어머니들보다 자살률이 낮다(Hoyer & Lunf, 1993). 일란성 쌍둥이(일란성의 경우는 평균적으로 높은 수준의 소속감을 갖고 있음)는 약간 높은 수준의 정신질환 위험인자를 갖고 있지만, 다른 사람들보다 자살률이 낮다(Tomassini, Juel, Holm, Skytthe, & Christensen, 2003). 축제 기간에 자살률이 낮아지고(사람들이 축하 모임을 가질 때; Joiner, Hollar, & Van Orden, 2006), 힘든 시기나 비극적인 상황에서(사람들이 위로 모임을 가질 때[예를 들면, Kennedy 대통령 암살]; Biller, 1977) 자살률이 낮다.

Heroine 중독의 경험이 있고 치료약물인 Methadone을 사용하는 사람들에 대한 연구에서, Conner, Britton, Sworts, and Joiner(2007)는 낮은 소속감이 자살 시도력을 예측할 수 있다는 점을 보여준다.

의도적이지 않은 약물 과다 복용이 일반적이듯이 의도적인 자살시
도 또한 흔한 사례이기 때문에, 이 그룹의 경우는 특수성에 대해 흥
미로운 검토가 이뤄질 수 있다. 검토 결과, 낮은 소속감과 자살 시도
력의 관련성은 의도적인 자살시도의 경우에 유의했다. 그러나 소속
감과 의도적이지 않은 약물의 과다복용 사이에는 관련이 없었다. 앞
에서 언급한 Van Orden et al.(2008)의 연구에서는 낮은 소속감이
대학생의 자살욕구 척도와 관련되는 것으로 나타났고, 그 가운데 특
히 부담감을 지각하는 사람에게서 현저했다는 점을 보여주고 있는
데, 이러한 점은 이 연구에서 예측하는 내용이기도 하다.

(2) 심리요법적 의의와 기타 임상적 의의

이 책의 전반적인 목표는 자살 대인관계이론의 다양한 임상적 의
의를 명확하게 하고 쉽게 이용할 수 있도록 하는 것이다. 임상 상황
을 설득력 있게 설명하기 위해서는 문제 상황을 어떻게 평가, 치료,
예방할 것인지에 대해 새롭고 유용한 내용이 포함되어 있어야 한다.
이 책에서는 마치 지도와 컴퍼스를 사용하듯이, 자살의 대인관계이
론을 가지고 자살위험이 있는 환자의 임상 조치를 위한 포괄적인 가
이드북을 제공하는 것을 목표로 한다. 이하의 내용에서는 계속해서
각 장의 내용들을 요약한다. 우리는 심리요법을 자살 대인관계이론
의 하나의 응용인 것으로 선택하고, 이 이론을 지도와 컴퍼스처럼
이용하여 자살위기를 극복하고 앞으로 나아갈 수 있는 여정을 이끄
는 임상활동에 대해 설명할 것이다.

1) 최선의 치료적 입장

등산코스를 되돌아보면서 한 학생은 다음과 같이 적었다.

우리는 모두 가파른 툰드라, 불안정한 바위, 절벽 밑 돌투성이, 크레바스, 빙하, 설원, 급류, 가시와 끝없이 쓰러진 나무 장애물이 있는 우림 지역을 오르내리고 건너고 또 헤쳐 나가면서 훈장과도 같은 타박상, 찰과상, 터진 입술과 벌레에 물리는 것들을 견뎌냈다.… 방향을 바꿀 때마다 전혀 예측하지 못했던 새로운 도전들이 있었다.…남을 도와주거나 남의 도움을 받지 않고 하루라도 지낼 수 있는 사람은 아무도 없었기 때문에, 등산하는 동료들에게 무관심하다는 것은 거의 불가능하다(Outward Bound International, 2008).

이 문장은 안전하게 산을 오르는데 관계성이 얼마나 핵심적인 역할을 하는지 강조한다. 자살위험이라는 바위투성이인 경사면을 가로지르는 임상 전문가와 환자에게도 역시 마찬가지다. 기술적인 지원과 지침을 제공하는 확고한 치료 관계가 없이, 자살행동이라는 부정적인 결과를 방지한다는 것은 기대하기 어렵다.

이 책 전체를 통해 우리가 지지하는 치료적 태도의 입장은 자살의 대인관계이론과 많은 실증적 근거가 있는 자기결정이론(self-determination theory; 관련 개요 내용은 Ryan & Deci, 2000, 2002 참조)에 근거하고 있다. 자기결정이론에서는 인간에게 3가지 근원적인 요구가 있다고 주장한다. 그것은 관계성(즉, 소속감), 능력(즉, 적은 부담감), 자율성이다. 자기결정이론은 내재적 동기부여와 행복감이 이들 3가지 요구를 충족함으로써 증가한다고 제시한다. Sheldon, Williams, and Joiner(2003)는 자기결정이론의 원리를 치료에 응용함으로써 환자가 치료를 받는 동기부여를 높일 수 있다고 주장한다. 치료작업이 어렵다는 점을 고려할 때, 이러한 요구가 치료 관계에서 충족되지 않는다면, 내재적인 동기부여가 이뤄지기는 그리 쉽지 않을 것이다. 마치 등산을 배우는 학생들이 산 정상에 오르기까지 서로 의지하듯이 자살위험이 있는 환자를 치료하는 임상 전문가도 버팀목을 제공해야 한다.

자기결정이론에서는 인간의 근원적 요구를 충족하는 것이 동기부여뿐만 아니라 행복감도 키운다고 말한다. 이 이론은 인간이 건강하고 성장하고자 하는 내적 성향을 가지고 있다는 점을 전제로 한다. 따라서 치료 태도에 자기결정이론을 응용함으로써, 치료사는 환자들이 그들의 건강한 목소리를 들을 수 있는 협력관계를 만들어낸다. 자살위험이 있는 환자에게 이러한 건강한 목소리는 살고 싶다는 욕구를 찾는 것과 관계있다. 자살위험이 있는 환자의 치료에서는 사회적인 연계와 사회적 능력에 대한 요구에 주의를 기울여야 한다. 이 책 전체에서 우리는 지지와 지침을 제공하는 가이드로서의 임상 전문가라는 주제를 다루고 있고, 자살시도 환자에 대한 임상 작업의 모든 차원, 즉 평가, 치료, 예방이라는 활동에서 이러한 일을 어떻게 할 수 있는지 설명하고자 한다.

2) 치료목표

이 책 전체에 걸쳐서 등장하는 또 하나의 주제는 자살시도 환자에 대한 치료목표를 명확하게 하기 위해 자살의 대인관계이론을 이용하는 것이다. 우리는 부담감의 지각, 소속감의 좌절 그리고 습득된 자살 잠재능력이 우선적인 치료목표가 되어야 한다고 본다. 부담감의 지각은 잘못된 인식이라는 것을 항상 목표로 해야 한다. 부담감에 대한 결정적인 판단은 "내가 죽는 것이 사는 것보다 남에게 더 가치가 있다"라는 것이지만, 인간이 자살을 생각할 때 갖게 되는 이러한 생각은 (불개미나 진딧물과 달리) 잘못된 것이다. CT의 요점은 이러한 오류를 판별하고 수정하는 것이다. 이러한 과정에서 치료사의 태도는 내담자가 그 자신이 없어지는 것이 남들에게 순전히 이익이 된다고 믿게 되어버린 그 사람의 상황에 깊이 공감할 수 있어야 하고 (이 공감은 특히 치료 관계에서의 소속감을 높이는 작용을 함), 그 지각의 타당성에 대해서는 판단보류의 태도를 지녀야 한다. 치료사는 다음과 같이 말해도 된다. "삶과 죽음의 문제인 만큼, 그것이 사실이라고 우리가 100% 확신할 수 있어야 하는 것이 매우 중요합니다. 만약 삶이냐 죽음이냐 하는 명제가 사실이라면, 우리가 입증하기는 매우 쉬울 것입니다."('우리'라는 용어를 사용한 이유는 의도적으로 소속 문제에 다가서기 위한 것이다).

치료사와 환자의 협력적인 실증작업의 하나로서 치료사가 제안할 수 있는 내용이 있다. 그것은 치료사가 치료 관계를 하나의 출발점으로 제안함으로써 환자의 판단이 타당한지 검토할 수 있고, 환자가 죽는 것이 살아있는 것보다 치료사에게 더 가치 있는 것은 아니라는 사실을 주장할 수 있다는 것이다. 치료사는 환자가 중요한 인물, 가족, 친구, 그리고 사회에 대해 공헌하고 있다는 사실을 언급해줌으로써 이러한 의견을 지켜나가야 한다. 치료사에 대한 환자의 반응은 "'직업' 관계이기 때문에, 정말로 믿을 수는 없어."라는 태도를 취할 것이고, 이에 대해 치료사는 (a) 치료 관계는 두 사람이 개인적, 감정적, 때로는 삶과 죽음에 관한 내용을 이야기하는 실제의 관계라고 반론할 수 있고 (이것은 물론 소속감의 요구에 더 다가서기 위한 것임), (b) "당신이 주위 사람들에게 도움이 되고 있다고 제가 느끼고 있다면, 당신의 삶에서 다른 사람도 역시 마찬가지이지 않을까요? 이 의문에 답할 수 있는 증거들을 함께 모아봅시다."라고 환자에게 말할 수 있다. 즐거운 활동 목록(자세한 내용은 이 책의 제3장 참조; Linehan, 1993b 참조)에는 부담감의 지각을 완화시키는 요소가 포함되어 있다. 예를 들면, 애완동물 보호소에서의 자원봉사, 헌혈, 적십자사나 Habitat For Humanity, Big Brothers Big Sisters, Good Will과 같은 기관에서 봉사, 어려운 아동이나 성인을 위한 학습 지원, 지역사회를 위한 청소모임이나 모금활동, 지자체의 풀뿌리 모임에 참여하거나, 지구온난화, 세제 개혁, 작은 정부, 인권문제 등 개인적으로 관심이 있는 정치문제에 참여하는 것이다. 이 목록의 각 내용은 사회 전체에 초점을 맞추기 때문에, 가족이나 친구에 대해 불만을 가진 사람들을 포함하여 폭넓게 적용할 수 있다. 가능하면 가족이나 친구에 대해 공헌할 수 있는 활동을 우선해야 한다.

소속감과 관련해서 자살로 인한 죽음을 막는 데에 단 한 번의 개입으로 효과적이었다는 사실은 매우 중요하다. '소속감 개입'이라고 명명된 이 활동은 입원 후에 추가적인 치료를 거부하는 고위험군의 환자에게 의료인이 우려감을 표현하는 편지를 보내는 것이다(Motto &

Bostrom, 2001). 반면, 대조군에는 편지를 보내지 않았다. 첫 번째 그룹이 받은 '돌봄편지'는 그들을 걱정하는 아주 짧은 문장과 그들이 필요할 때 치료기관을 방문할 수 있다고 알려주는 내용으로 구성되어 있다(예를 들면, "여기를 방문한 지 어느 정도 시간이 되었습니다만, 모든 것이 잘 되기를 기원합니다. 언제든지 연락을 주시면, 기꺼이 경청하겠습니다). 편지를 받은 그룹의 경우, 자살로 인한 사망자가 줄어든 것으로 나타났다.

돌봄편지에 대한 연구를 보면, 편지에는 각 환자를 담당한 의료진의 서명이 있고 환자가 답변하면 계속해서 답신을 보냈다. 이 연구 작업의 대부분은 개인적인 편지를 쓰고 발송하는 것이었다. 환자를 염려하는 편지를 통해 사람들의 자살행동에 변화를 가져오는 데에는 어느 정도의 세부적인 차이가 있을까? 오스트레일리아에서 이뤄진 연구에서는 "그다지 많지 않다"인 것 같다(Carter, Clover, Whyte, Dawson, & D'Este, 2005). 이 연구는 돌봄편지의 연구 내용을 똑같이 재현하도록 설계했다. 그런데 여기에는 매우 흥미로운 차이가 있다. 그것은 돌봄편지 그 자체에 대한 것으로서, 편지는 컴퓨터로 인쇄된 엽서(automated postcard)였고, 거의 개인적인 느낌도 없었다. 그러나 염려와 의료기관의 이용 가능성에 대한 표현은 기재되어 있었다. 엽서를 받은 사람들은 그렇지 않은 사람들에 비해 치명적인 자살행동의 빈도가 적었다. 염려와 의료기관의 이용 가능성에 대한 메시지는 비록 컴퓨터로 쓰여있어도 환자들에게 분명히 전해진 것이다.

종합하자면, 이러한 연구에서는 소속감이 큰 영향력을 갖는다는 점을 보여준다. 이전 연구에서 자살에 영향을 주는 것으로 연구되었던 것은 오직 소속감 개입에 대한 것이었다(Motto & Bostrom, 2001). Motto & Bostrom(2001)의 연구와 'caring automated postcards' (Carter et al., 2005)는 아주 작은 개입이지만 장기적으로 효과를 보인다는 점을 말하고 있으며, 이 연구에서의 개입은 다른 어떤 개입방법보다 비용이 거의 들지 않는다. 따라서 이러한 발견들은 임상 실천에 더 큰 영향을 줘야 하며, 임상 전문가들은 자실위기에 있는 환자의 치료에 소속감의 중요성을 강조해야만 할 것이다.

우리는 이러한 점을 위하여 다음과 같이 세 가지를 제안한다. 첫째, 자살위기에 있는 환자를 치료할 때, 치료 관계가 소속감의 잠재적인 근원이 된다는 점에 늘 주의해야 한다. 예를 들면, "우리는 함께 대처할 것입니다", "우리는 함께 지금 상황을 넘을 수 있습니다" 등의 표현을 하는 것이다. 또 정기적으로 치료 관계가 도움, 돌봄, 지원의 자원이 될 수 있도록 수정하고, 이 자원이 환자의 인생에서 다른 관계성에도 어떻게 일반화될 수 있는지 브레인스토밍하는 것이다. 그리고 치료 관계에서 일어나는 문제나 착오에 대한 검토로서, 그것을 어떻게 극복하고 어떻게 환자 인생의 다른 관계성에 일반화할 것인지 검토하는 것이다.

둘째, 첫째와 관련된 내용으로서, 자살 위험성이 있는 환자의 치료에 특화되어 개발된 공식적인 임상 형태를 고려해야 한다. 이 책의 제2장에서 몇 가지 내용이 소개되어 있다(예, Jobes, 2006, The Collaborative Assessment and Management of Suicidality).

셋째, 앞의 첫째와 둘째 제안과 병행할 내용으로서, 자살위험이 있는 환자에게 소속과 관련된 과제를 정기적으로 부여하는 것이다. 특히 Linehan(1993b)는 (앞에서 언급한 것과 같이) 100개 항목 이상의 즐거운 활동 항목을 리스트로 만들었는데, 그 대부분이 소속감과 연관되는 것이었다 (그리고 많은 것이 실용적인 측면에서 이용과 비용 문제가 해결된 것이다). 조금만 확인해보면, 많은 지역에서 예술, 음악, 연극, 댄스, 박물관, 학술, 운동, 시민활동 그리고 기타 많은 행사들이 일상적으로 대부분의 지역사회에서 무료로 이뤄지고 있다는 것을 알 수 있다.

위에서 검토된 내용은 자살의 대인관계이론 가운데 부담감의 지각과 소속감의 좌절이란 측면에 각각 작용한다. 이론에서 제3의 측면인 습득된 자살 잠재능력은 비교적 고정적이고 정적인데 비해, 부담감의 지각과 소속감의 좌절은 유동적이고 역동적이어서, 단기 개입에 더 영향을 잘 받는다. 이러한 이유로 이 두 가지가 먼저 이뤄진다. 당연히 습득된 자살 잠재능력 역시 검토될 가치가 있다. 환자에게 조언하는 내용은 습득된 자살 잠재능력의 기초가 되어버리는, 습관화로 진행될 수 있는 활동들을 피하거나 줄이라는 것이다. 이 활동들의 심리학적 기능 그리고 그러한 기능이 덜 자극받도록 하는 방법들을 반복적으로 논의하는 것이 효과적이다. 소속감의 좌절과 부담감의 지각이라는 유동적 특성과 함께 습득된 자살 잠재능력의 정적인 특성은 정기적으로 자주, 자살 위험성을 평가할 필요가 있다는 것에 대한 명확한 이론 근거를 제시하는데 (예를 들면, 위험성은 급격히 상승할 수 있음), 이 점에 대해서 어떤 환자들의 경우는 의문을 제기하기도 한다. 마지막으로, 습득된 자살 잠재능력은 분명히 위험성을 갖고 있지만, 두려움 없음, 강철과 같은 강함, 그리고 결의와 같은 특성을 포함하고 있다는 점도 지적할 수 있겠다. William James 는 자살하려는 사람을 설득하기 위해서 "호소—마음을 아프게 만든 바로 그 악의 이름으로 호소—하고 그 싸움에서 그의 편을 지켜본다"라고 적고 있다(Dublin & Bunzel, 1933, p. 235). 자해행위가 가능하도록 하는 그 두려움 없는 마음을 전략적으로 전환시키는 방법이 어떤 환자에게는 효과를 거둘 수도 있다. 왜냐하면, 다른 사람을 대표해서 악과 싸우는 쪽으로 자살하려는 사람의 결의를 바꿀 수 있기 때문이고, 그것은 결국 낮은 소속감과 인지된 부담감을 낮출 수 있기 때문이다.

2. 이 책에서 기술된 임상 분야

이 책의 각 장에서는 자살시도 환자와 관계된 임상 작업의 요소에 대해 언급한다. 처음 2개의 장에서는 평가에 대해 말한다. 제1장에서는 자살진단에 초점을 맞춘다. *Diagnostic and Statistical Manual of Mental Disorders* [정신 장애 진단 및 통계 매뉴얼, 이하 DSM] (4th ed., text rev.; American Psychiatric Association, 2000)은 다른 무엇보다도 자살행동과 더 관련되어 있다. 따라서 진단을 자살위험과 연계시키기 위해 이론에 기반한 조견표를 제시하고, 그 이론을 이용하여 특정 장애가 자살 행위와 관련되어 왜 연관되어 있는지를 설명한다. 제2장에서는 자살위험 평가 과정 중에 어떤 정보를 얻어야 하는지, 그리고 그 정보를 어떻게 적절하게 수집하고 분석할 것인지에 대해 이론에 근거하여 제안한다. 또 자살의 대인관계이론의 관점을 통해 이용할 수 있는 위험평가의 틀에 대한 개략적인 내용을 소개한다.

다음에 이어지는 3개의 장에서는 치료에 대해 말한다. 제3장에서는 자살의 대인관계이론을 통해 위험개입의 대책과 기술을 제시한다. 위기개입의 주된 목표는 현재의 위기에 처한 고통을 완화시켜 고통을 견딜 수 있는 범위 내에 있도록 하는 것이다. 습득된 자살 잠재능력의 표현을 억제(예를 들면, 치명적인 수단의 제거와 치료 약속)할 뿐만 아니라 소속감의 좌절과 부담감의 지각(예를 들면, 타자에 대한 의무)을 대상으로 하는 개입에 대해 설명한다. 제4장은 자살 행동에 유효한 치료법에 초점을 맞춘다. 대인관계이론의 관점을 통해 여러 치료접근법들을 조사했고, 대인관계이론의 모든 요소를 직접 대상으로 하는 하나의 접근법에 대해 자세히 설명한다. 제5장에서는 이번 장의 앞부분에서 언급한 최상의 치료적 태도에 대해 더 자세하게 탐구하면서, 치료 관계에 초점을 맞춘다. 또한, 세션과 세션 사이에 치료사가 어떻게 환자에게 접근하는지에 대해서도 설명한다.

마지막 2개의 장에서는 다시 돌아가서, 보다 넓은 관점에서 대인관계이론의 임상 의미를 검토한다. 제6장에서는 자살방지와 공중보건 활동에 대해 말한다. 마지막 장에서는 자살의 대인관계이론에 바탕을 두고 이뤄진 자살시도 환자에 대한 임상 작업에 대해 통합적인 설명 내용을 제공한다.

관계의 중요성을 말하면서, 앞에서 등산코스를 완료한 학생의 경우를 언급했었다. "남을 도와주거나 남의 도움을 받지 않고 하루라도 지낼 수 있는 사람은 아무도 없었기 때문에, 등산하는 동료들에게 무관심하다는 것은 거의 불가능하다"(Outward Bound International, 2008). 산을 오르내리기 위해서는 등산가뿐만 아니라 가이드도 서로 연결되어 있고 경쟁도 경험해야 한다는 사실을 우리는 알고 있다. 이 책을 통하여 자살시도 환자와 함께하는 사람들이 그러한 경험을 할 수 있기 바란다.

자살의 대인관계이론

제1장

자살과 관련된 정신질환

자살의 대인관계이론

어떤 정신질환의 경우는 다른 정신질환에 비해 자살행동과 더 연관되어 있다. 자살로 이끄는 위험성이 큰 5대 질환은 주요우울장애 (major depressive disorder), 양극성 장애(bipolar disorder), 신경성 식욕무진증(anorexia nervosa), 조현병(schizophrenia), 그리고 경계성 인격장애(borderline personality disorder)라고 볼 수 있다. 자살 위험과 관련된 다른 질환(예를 들면, 물질 의존성)도 분명히 있지만, 5대 정신질환이 가장 관련성이 강하기 때문에, 임상 전문가는 그 질환으로 진단받은 환자를 치료할 때 특히 주의해야 한다.

자살의 대인관계이론에서는 진단명을 자살위험과 연결시키는 간단한 조견표를 제시한다. 나아가 어떤 질환이 자살행동과 특히 관련되는지 부분적으로나마 설명하는데, 이것은 진단 범주 내에서 위험성 정도를 판별하는 데 중요하다(예를 들면, 부담감과 낮은 소속감에 대해 가볍게 느끼는 주요우울장애를 앓는 환자는 부담감과 낮은 소속감을 크게 느끼는 주요우울장애를 앓고 있는 환자에 비해 덜 위험하다). 자살의 위험 예측에 정신 장애가 중요하다는 것은 정신의학이나 심리학 분야의 오랜 역사에서 강조되어온 내용이다. 자살하는 사람의 대부분은 (분명히 모두는 아님) 죽는 시점에 'I축' 장애를 가지고 있다는 사실(Conner, Duberstein, Conwell, Seidlitz, & Caine, 2001), 즉 정신 장애가 자살의 잠재적 위험과 연관되어 있는 중요한 요소라는 사실을 우리는 알고 있다.

그런데, I축 장애를 가진 대부분의 사람들은 자살로 죽지 않는다 (Conner et al., 2001). 사실, 매우 심각한 정신질환을 앓는 사람의 90% 이상은 자살로 죽지 않는다. 이런 맥락에서, 임상 전문가에게 다른 상황에 따른 스트레스 요인들, 어쩌면 가장 중요한 자살 증상 그 자체에 주의를 기울이지 않고, 자살위험이 있는 환자의 정신의학적 진단에만 지나치게 초점을 두지 않도록 주의를 주고 싶다. 사실, Jobes et al.(2004)는 환자들이 관계적인 면이나 역할의 책임 문제를 가장 고통스러워하는 것 같다는 사실을 알았다. 다른 연구자는 자살 생각을 예측하는 데 진단적 변수보다 사회심리적 변수가 더 중요하다는 사실을 알았다(Clum, Esposito, Hirai, & Nelson, 2000), 따라서 정신 장애 진단 외에 자살 예측의 다른 경로를 찾는 것이 중요하다. 우리는 자살의 대인관계이론(Joiner, 2005)이 개인이 정신질환을 갖고 있다는 정보에서 알 수 있는 것을 넘어 자살의 위험인자를 해명하는 자살행동에 대해 간략한 설명을 제공한다고 생각하고 있다. 이와 같이 정신질환이나 특정한 성격 특성, 유전적 취약성 등 기타 많은 것들을 포함해서 자살행동에는 주변의 여러 가지 위험인자가 존재한다고 볼 수 있다. 자살의 대인관계이론에서는 이러한 주변의 여러 가지 위험인자들이 3가지 주요 개념, 즉 부담감의 지각, 소속감의 좌절, 자해할 수 있는 습득된 잠재능력의 원인으로 될 때, 자살의 위험인자인 것으로 본다.

이 책에서는 자살행동 위험이 높은 것으로 알려져 있는 몇 가지 주요한 정신 장애에 대해 논의하고, 그 각각에 대하여 자살의 대인관계이론에서 중심이 되는 관점에 입각하여 평가한다. 이러한 장애를 가진 것으로 진단된 사람들의 자살률을 고려할 때, 정보에 따른 비교를 위하여 전반적으로 자살행동의 희소성을 염두에 두는 것이 좋겠다. 미국의 전체 인구에서 10만 명 당 11명(0.011%)이 매년 자살하고,

10만 명 당 약 275명(0.28%)이 매년 자살을 시도한다(AAS, 2004). 또 약 3분의 1이 인생의 어느 시점에서 자살을 생각한다(Paykel, Myers, Lindenthal, & Tanner, 1974). 계속 글을 이어가기 전에 주의 해야 할 점이 있다. 우리는 소속감의 좌절, 부담감의 지각 정도에 따 라 자살욕구의 수준이 증가한다는 것과 습득된 자살의 잠재능력이 치명적인 자해가 일어나는 데 필수적으로 작용해야 한다는 점을 제 안하고 있다는 점이다. 그런데, 현재까지 이들 구성개념의 평균이 특정 정신질환에서 어느 정도인지에 대한 정확한 자료는 없다. 따라 서 우리는 이러한 정보 없이 이론에서의 구성개념에서 어떤 장애가 더 위험성을 초래하는지에 대해 예측할 수 있을 뿐이다.

1. 자살과 관련된 5대 정신질환과 기타 장애

자살위험을 초래하는 진단 범주를 생각할 때, 가장 먼저 기분장애 가 떠오를 것이다. 다음에서 논의하는 것과 같이, 주요우울장애는 양극성 장애와 기분부전장애(dysthymic disorder)보다 자살 위험성 이 더 크다. 이것은 주요우울장애가 양극성 장애나 기분부전장애보 다 소속감의 좌절이나 부담감의 지각을 경험할 가능성이 더 크기 때 문이다.

(1) 기분장애

1) 주요우울장애(Major Depresive Episode)

주요우울장애(MDE)는 성인의 17%가 인생에서 언젠가는 진단을 받을 정도로 상대적으로 흔한 질환이다(Alegria, Jackson, Kessler, & Takeuchi, 2007). 연구자나 임상 전문가들이 우울증의 자살 유병률을 15%라고 인용하고 있는 것도 전혀 드문 일이 아니다. 이것은 *Diagnostic and Statistical Manual of Mental Disorders* [DSM](4th ed., text rev.; American Psychiatric Association, 2000)에서 제시된 자살률이다. 이 수치는 Guze and Robbins(1970)이 자살 징후로 입원한 원발성 정서장애 환자(primary affective disorder)에 대한 조사에서 나온 연구 결과이다. Blair-West, Mellsop, and Eyeson-Annan (1997)은 인구의 17%가 우울증을 경험하고 우울증 환자의 15%가 자살로 죽는다고 한다면, 미국 전체의 자살률은 실제보다도 4배 높아질 것이라는 점을 근거로 이 수치가 너무 높다고 비판했다. 최근의 검토 내용에서는 자살률이 환자 유형(예를 들면, 입원환자와 외래환자), 성별, 연령에 따라 차이가 있다는 점을 시사하고 있다. 예를 들면, Bostwick and Pankrats(2000)은 정서장애(즉, 주요우울장애, 양극성 장애 I형, 양극성 장애 II형, 정서장애)를 지닌 환자를 포함해서 29건의 다른 연구에서 자살률을 조사했는데, 자살률이 외래환자(자살률 2%), 자살 징후가 있는 입원환자(6%), 다른 이유로 입원한 환자(4.1%)인가에 따라 많이 다른 것으로 나타났다. 다른 검토 내용 (Blair-West, Cantor, Mellsop, & Eyeson-Annan, 1999)에서도 주요

우울장애가 있는 남성의 자살(7%)이 여성(1%)보다 훨씬 높은 것으로 나타났다. 이러한 성별 차이는 남성이 고통과 자극을 유발하는 경험(예를 들면, 신체 접촉이 이뤄지는 스포츠, 폭력 행위)에 관여하는 경향이 높기 때문에, 습득된 자살 잠재능력이 커질 수 있다는 점에서 자살의 대인관계이론과 일치한다. 여성의 경우, 우울증에 따른 증상으로 자살욕구를 가지고 있더라도 자살 잠재능력을 습득할 가능성은 낮기 때문에 전반적으로 자살률이 낮다. 성별의 차이는 나이에 따라서도 다르게 나타나고 있는데(Blair-West et al., 1999), 우울 증세가 있는 25세 이상의 '남성:여성'의 자살률은 5.6:1이고, 25세 미만의 경우는 10:1이다.

전반적으로 우울증 진단을 받은 사람들의 자살률은 일반 대중의 경우보다 높지만(0.011%; AAS, 2004), 우울증을 앓는 대다수가 자살로 죽지는 않는다는 것이 분명하다(이것은 특히 여성에게 해당된다. 여성은 남성보다 우울증에 걸릴 확률이 2배 높지만, 자살로 죽는 사람은 남성보다 훨씬 적다; Nolen-Hoeksema, Grayson, & Larson, 1999). 자살행동에 관한 다른 이론은 자살의 위험 예측에 절망(A.T. Beck, Brown, Berchick, Stewart & Steer, 1999)이나 '정신적 고통'(Shneidman, 1996)과 같은 구성개념의 존재가 중요하다고 강조하고 있는데, 이것은 주요우울장애에서 흔히 생기는 일이다. DSM-IV-TR에 따르면, 실제로 자살충동을 경험하는 것은 주요우울장애의 증상 가운데 하나이다. 절망이나 정신적 고통(자살충동도 물론)과 같은 증상을 경험하는 것이 자살 위험성을 높이기는 하지만, 분명한 것은 그것이 충분조건은 아니라는 것이다. 만약 그렇지 않다면, 주요우울장애 환자의 자살 위험성은 더 높을 것이다.

우울증 환자 가운데 자살로 죽는 경우는 비교적 적지만, 60%에 이르는 사람이 살아가면서 우울증을 경험한다는 사실은 기억해둬야 할 것이다(Lonnqvist, 2000). 자살은 단순히 우울증의 결과라는 견해를 지지한다는 것은 우울증이 있는 대부분의 사람들은 자살하지 않는다는 사실을 무시해버리는 것이 된다. 자살로 죽는 사람들의 비율은 상대적으로 적지만, Harris and Barraclough(1997)의 정신 장애가 있는 사람들의 자살률에 대한 메타분석 결과에서는 주요우울장애의 표준화 사망비(standardized mortality ratio[SMR])가 2,035이었다. 표준화 사망비는 예상되는 수에 대한 관찰된 자살자(또는 다른 형태의 죽음)의 비율로서, 100배 한 것이다. 간략하게 말하자면, 2,035라는 표준화 사망비는 주요우울장애인 사람들의 자살률이 일반인의 경우보다 약 20배라는 것이다. 이것은 위험의 증가가 상당하다는 것을 의미한다. 그런데, 인구에서의 자살률은 낮다. 즉, 20배의 위험 증가가 있어도 전체적으로는 큰 비율로 해석되지 않는 것이다.

우울증 환자 가운데 자살로 인한 죽음은 상대적으로 드물지만, 치명적이지 않은 자살시도나 자살충동은 훨씬 더 자주 일어난다. Verona, Sachs-Ericsson, and Joiner(2004)은 대규모 지역 표본에서 주요우울장애 환자의 24%가 일생 중에 자살을 시도했던 경험이 있다는 것을 알았다. 과거의 자살시도는 이후의 자살충동(Joiner, Conwell, et al., 2005), 자살시도(Maser et al., 2002; Putnins, 2005), 자살로 인한 죽음(Brown, Beck, Steer, & Grisham, 2000; Maser et al., 2002; Tidemalm, Elofsson, Stefansson, Waern & Runeson, 2005; Zonda,

2006)에 대한 가장 강력한 예측인자이다. 따라서 어떤 자살 시도력도 간과해서는 안 되며, 이 책의 제2장에서도 말하고 있듯이, 임상 전문가들이 위험 범주를 구성하는 데 과거의 자살 시도력에 대해 중시하기를 권한다. 자살의 대인관계이론에 따르면, 사람이 죽음에 이를 가능성이 있는 자해를 하기 위해서는 자해할 수 있는 잠재능력을 습득해야 한다. 자살시도는 자살로 향하는 가장 가능성 높은 방법 가운데 하나이다. 그러나 치명적이지 않은 자살시도는 비록 자살하려고 한다는 사실에도 불구하고, (이론에 따르면) 자살 잠재능력을 습득하지 않았기 때문이라는 것을 의미한다. 드물기는 하지만 자살시도가 자살로 인한 죽음보다 더 빈번하게 일어나는 이유도 여기에 있다.

Goldney, Dal Grande, Fisher, and Wilson(2003)은 주요우울장애 환자의 4분의 1이 인터뷰가 이뤄지기 전, 2주 동안 자살충동을 경험했다고 보고하고 있다. 주요우울장애 환자 중 일생에 자살충동을 경험하는 사람의 비율은 이보다 더 높을 것이다. 자살의 대인관계이론은 우울증을 지닌 사람들이 자살로 죽는 경우는 상대적으로 드물지만, 자살충동을 자주 경험하는 이유에 대해 설명하고 있다. 특히 우울증인 사람은 다른 사람들보다 소속감의 좌절이나 부담감의 지각을 경험하기 쉽고, 이 두 가지는 자살 생각을 일으키는 것으로 이론에서는 말한다. 비록 우울증인 사람이 자살하려고 하지만 습득된 자살 잠재능력, 즉 이론에서 말하는 치명적인 자해를 할 수 있는 필요한 조건을 반드시 갖고 있는 것은 아니다.

우울증이 있는 사람은 왜 소속감의 좌절을 더 경험하기 쉬운 것일까? 우울증에 관한 문헌에서는 사회적 지지와 같은 대인관계적 요인이 우울증의 만성화나 중증화의 중요한 예측인자라는 점을 시사해 준다(Hooley, Orley, & Taesdale, 1986; Keitner et al., 1995). 따라서 대인관계의 어려움이 보다 만성적이고 심각한 우울증의 과정으로 이어진다는 증거도 제시되고 있지만, 우울증 환자의 대인관계 어려움을 증가시키는 데에 어떤 과정이 관여하고 있는가에 의문이 남는다. 연구자들은 우울증이 있는 사람들이 스트레스를 생성(stress generation)한다고 생각되는 어떤 것에 관여되어 있다고 보고 있는데, 이것은 그 자신의 스트레스 수준을 증가시키는 일에 관여하는 것으로 정의될 수 있는 것이며(예를 들면, Hammen, 1991; Potthoff, Holahan, & Joiner, 1995; Simons, Angell, Monroe, & Thase, 1993), 증가한 이 스트레스 수준이 우울 증상을 악화시킬 수 있다는 점도 보고하고 있다.

Joiner(2000)는 특히 우울증이 있는 사람들에게서 자주 보이는 몇 가지 스트레스 발생 과정을 언급하고 있는데, 그것이 대인관계의 갈등으로 이어지고 결국에는 우울 증상의 지속이라는 결과를 가져온다고 보고 있다. 우선, 우울증 환자들은 타자로부터 부정적인 피드백을 적극적으로 찾는 경향이 있다. 이것은 직관에 반하는 것처럼 보이는데-이미 부정적인 느낌을 경험하고 있는데 왜 타자에게 부정적인 피드백을 구하는지 의문을 느낄 것이다-이것은 자기확증 이론(self-verification theory)과 일치한다(Swann, 1983). 자기확증 이론에서는 자신의 인식을 확인할 필요가 있으며, 이것을 위한 하나의 방법으로서 타자로부터 피드백을 구하는 것을 말한다. 만약 긍정적인 자아 개념을 갖고 있는 사람이라면, 타자로부터 긍정적인 (즉, 자신의 인식과 일치하는) 피드백을 찾는다. 그러나 자신의 자아 개념이 부정적이라면 우울증이 있는 경우, 타자에게서 찾는 피드백은 자아 인식과 일치하는 부정적인 것이다.

타자로부터 부정적인 피드백을 찾는다는 것은 우울증이 있는 사람에게 바람직하지 않은 결과를 가져올 수 있다. 첫째, 단지 우울증 환자가 부정적인 피드백을 찾아내는 것이기 때문에, 그 사람이 부정적인 피드백을 받았을 때, 긍정적인 정서를 경험하는 것으로 이어진다고 볼 수 없다. 오히려 비판이나 거절의 경험은 우울 에피소드(depressive episode)를 초래할 수 있다. 실제로, Joiner(1995)는 우울증이 있는 사람에게 그들이 원하는 부정적인 피드백을 제공했을 때, 장래에 재발할 가능성이 증가한다는 점을 논증하고 있다. 우울증이 있는 사람(나아가 타자로부터 부정적인 피드백을 받는 사람들)이 경험하는 부정적인 정서는 별도로 하더라도, 부정적인 피드백을 찾음으로써 개인은 사회적인 거절을 경험할 수 있으며, 그것은 소속감의 좌절과도 비슷하다. Casbon, Burns, Bradbury, and Joiner(2005)는 우울증이 있는 사람이 자신에 관한 부정적인 피드백을 받았을 때, 부정적인 피드백을 더 찾으려는 경향을 보이는 것으로 보고 있다. 이러한 점에 대해 다른 사람들이 왜 싫어하는지 (적어도 일반적이지는 않으며 좋아하기 힘든) 이해할 수 있을 것이다. 대조적으로 우울증이 없는 사람의 경우는 일단 부정적인 피드백을 받으면 더 추가적으로 찾으려고 하는 가능성이 낮다.

우울증이 있는 사람은 또한 '과도한 재확인 추구(excessive

reassurance seeking)'라고 알려진(Joiner,2000), 부정적인 피드백을 찾는 행위와 모순된다고 볼 수 있는 행동을 하는 경향도 있다. 이 과정은 Coyne(1976)가 처음 논의했던 내용으로서, 친구나 가족 구성원, 연인, 다른 사람들에게 반복적으로 확인하는 것과 관련된다. 우울증이 있는 사람이 자신의 가치에 대해 확인을 받았더라도 그것이 타당하다고 받아들이기는 어렵다. 따라서 그들은 여러 번 반복해서 확인을 구하는 것이다. 이러한 점은 상대와의 관계에서 짜증이나 욕구불만(어떤 경우에는 우울증의 전염; Coyne et al., 1987; Joiner, 1994)을 초래하기 쉽다. 불행하게도 이러한 과도한 재확인 추구 행위로 인해서, 우울증인 사람이 실제로 타자로부터 거절당할 가능성이 커지기 때문에 역효과를 일으키기 쉽다(Joiner, Alfano, & Metalsky, 1992, 1993; Joiner & Metalsky, 1995). 우울증이 있는 사람은 (만족할 때까지 확인하려는 노력의) 부정적인 피드백 찾기와 (부정적인 영향을 완화시키려는) 반복된 재확인을 모두 추구하려는 동기가 경쟁하면서 악순환에 빠지게 된다. 이 두 가지 과정과 연관되기 쉬운 여성의 연인이 그러한 관계에 만족하지 못할 것이라는 Katz and Beach (1997)의 연구 결과에서 보이듯이, 이러한 두 과정에 관여된 경우 그 상대방은 싫어할 수 있는 것이다.

우울증이 있는 사람은 대인관계의 상호작용, 특히 갈등에 이르는 상호작용을 피하려는 경향이 있다(Joiner, 2000). 예를 들면, 우울증이 있는 사람은 그렇지 않은 사람보다 자신의 주장을 덜 하는 경향이 있다(Ball, Otto, Pollack & Rosenbaum, 1994). 이러한 회피는 불안 회피가 강해지는 경우 (즉, 우울증이 있는 사람은 갈등을 회피할 때,

안심감을 경험함)와 마찬가지로 나중에 우울증이 있는 사람의 대처
방식으로 되고, 사회적 고립의 증가로 이어지게 된다. 증거 자료를
보면, 우울증이 있는 사람은 적극적으로 대인관계의 갈등을 회피하
는데, 이러한 점은 많은 인간 상호관계 속에 어느 정도의 갈등은 내
재되어 있다는 점을 고려할 때, 많은 사회적 상호교류를 회피하는
것으로 된다. 우울증이 있는 사람은 그렇지 않은 사람보다 사회성
기술이 적고(Segrin, 1992), 인생에서 중요한 사람들과 부정적인 내
용을 화제로 삼는 경향이 있다는 점(Segrin &Flora, 1998)도 논증되
어 있다. 이러한 사회성 기술의 결함이 대인관계이론의 관점에서 왜
중요한지를 이해하는 것이 그리 어려운 일은 아니다. 사회적 고립
(또는 자신에게 중요한 사람이 신경 써주지 않는다는 생각)은 장시
간에 거쳐 이뤄지는 우울 증상의 위험인자일 뿐만 아니라 소속감의
좌절(자살의 대인관계이론에서는 자살욕구의 중요한 구성요소)을
느끼는 것으로 이어질 수 있다.

　스트레스 발생에 관한 최종적인 대인관계 과정에 대해 언급해야
할 점은 비난의 지속이다. 시간이 지날수록 우울증 환자와 관계가
있는 사람들은 우울증이 있는 사람의 성격이나 활동에 대해 편향된
심적 표상을 형성하기 시작한다. 우울증 환자는 그 증상이 가벼워지
기 시작하더라도 여전히 우울한 상태인 것(또는 적어도 부정적인 개
인적 특성을 지닌 것)으로 간주된다. 이러한 결과를 사소하게 보면
안 된다. 우울증이 있는 사람이 대인관계 상 혐오적인 행동(예를 들
면, 부정적인 피드백 찾기나 과도한 재확인 추구)을 하지 않게 되더
라도, 이렇게 개선된 점이 자신이 중요하게 여기는 사람에게 인지되

지 않을 수도 있다는 것이다. 이것은 대인관계의 상호작용에서 긍정보다 부정적인 경우, 그 영향력이 더 크다는 것으로 일부 설명될 수 있다(Baumeister, Bratslavsky, Finkenauer, & Vohs, 2001). 본질적으로 사람들이 우울증이 있는 사람에 대해 갖는 부정적인 견해는 긍정적인 개선에도 불구하고 쉽게 변하지 않는다. 이러한 점에서 우울증이라는 깊은 곳에서 벗어나기 시작한 사람들에게 미치는 영향을 알 수도 있을 것이다. 즉, 그들이 무엇을 하더라도 손상된 관계성을 회복할 수 있다는 희망이 헛된 것이라고 느낄 수 있다는 것이다.

Stellrecht, Joiner, and Rudd(2006)은 이러한 대인관계 과정이 자살의 대인관계이론과 어떻게 관련되는지에 대해 논의했다. 이들 과정에 관여하는 것과 사회적 거부(소속감의 좌절과 관련)의 가능성 사이에 매우 명확한 연관성이 있는 것과 별도로, 우울증이 있는 사람은 대인관계에서 관계성의 손상이 명백해진 뒤에 자신이 사랑하는 사람에게 짐이 되는 것처럼 느끼기 시작한다고 보는 것이 타당하다. 마치 사회적 관계성이 결여되어 있거나 주위에 짐이 되는 것처럼 느끼는 것은 (Joiner의 이론에 따르면,) 특히 고통스럽기 때문에, 재확신을 더욱 추구하게 되고 이것은 결과적으로 더 큰 사회적 거절을 가져오게 되는 것이다.

우울증이 있는 사람이 부담감의 지각(즉, 지각된 낮은 능력)을 경험한다는 또 다른 근거가 있다. Adler et al.(2006)은 주요우울장애나 기분부전장애가 있는 사람의 경우 류머티스 관절염인 사람과 비교하더라도 일과 관련된 여러 기술에 장애를 보이는 것으로 나타났다. 이들이 실질적으로 일에 장애가 있다는 것이 특히 해고로 이어지게 된다면 그들은 확실히 주위에 짐이 된다고 느끼게 될 것이다. 우울증이 만성적인 정신질환이라는 점을 고려하면, 짐이 된다는 지각이 커지게 되면서 장기간에 걸쳐 이뤄지는 이들의 대인관계의 부정적인 교류 형태에는 자살에 대한 취약성이 증대할 수 있다. 이 책의 서론에서 말한 것처럼, 습득된 자살의 잠재능력은 시간이 지나면서 줄어드는 속도가 둔화된다고 보고 있다. 따라서 사람이 자살 잠재능력을 습득하고 또 소속감의 좌절과 부담감의 지각에 대한 만성적인 느낌을 경험하면, 자살위험은 훨씬 더 높아지는 것이다.

우울증이 있는 사람이 자살충동과 자살시도를 더 경험할 수 있다는 몇 가지 잠재적인 이유에 대해 논의했기 때문에, 우울증이 있는 대부분의 사람들은 왜 자살하지 않는지에 대한 이유를 논의하는 것도 중요하겠다. 자살의 대인관계이론에 따르면, 개인이 자신의 손으로 죽을 수 있기 위해서는 자해할 수 있는 능력을 습득해야 한다. 여기에는 죽음에 대한 두려움이 없는 것뿐만 아니라 신체적 고통에 대한 더 높은 수준의 내성(즉, 죽음을 초래할 수 있는 행동에 관여할 정도로 높은 수준)을 포함한다. 우울증이 있는 사람은 그렇지 않은 사람보다 신체적 고통에 대한 내성이 낮으며, 특히 여성의 경우는 더욱 그렇다(Gormsen et al., 2004; von Knorring, 1974; von Knorring & Espvall, 1974). Gormsen et al.(2004)은 고통과 우울증이 생물학적 메커니즘(예를 들면, serotonin이나 catecholamine성 신경 전달)을 통해 서로 연관되어 있다는 증거를 제시한다. 우울증 치료에 자주 사용되는 약물과 같은 삼환계 항우울제(tricyclic antidepressants)나 선택적 세로토닌 재흡수 억제제(selective Serotonin Reuptake

Inhibitor)가 고통을 경감시킬 수 있다는 점도 보고되고 있다(Sindrup, Bach, Madsen, Gram & Jensen, 2003; Sindrup & Jensen, 1999). 대부분의 우울증 환자가 자살하지 않는 이유가 단지 고통에 대한 내성이 더 낮기 때문이라고 주장하려는 것은 아니다. 그러나 이러한 점이 자살의 대인관계이론을 지지하는 흥미로운 증거를 제공한다고 생각한다.

2) 양극성 스펙트럼 장애(Bipolar Spectrum Disorder)

양극성 장애는 자살위험을 초래하는 것으로 알려진 또 다른 기분장애이다. 양극성 장애는 우울 에피소드와 고조되거나 짜증나는 기분의 에피소드라는 두 극단적인 특징이 있다. 미국에서 생애 유병률이 1%가 되는(Alegria et al., 2007) 양극 I형 장애는 주요 우울 에피소드(major depressive episode)와 조증 에피소드(manic episode) 사이에서 변동을 보이는데, 적어도 7일 동안은 기분이 극도로 고조되면서 입원이 당연할 정도로 상당히 심각한 상황을 보이는 것이 보통이다. 조증(manic)인 경우, 고통스러운 결과를 동반할 수 있는 위험한 행동(예를 들면, 위험한 성행위나 약물사용)을 한다. 생애 유병률이 1%인 양극 II형 장애(Alegria et al., 2007)의 경우, 주요 우울 에피소드와 경조증 에피소드(hypomanic episode) 사이에서 변동을 보이며, 비교적 짧고(4~7일간) 조증 에피소드보다 악화 정도가 덜하다.

언뜻 보기에는, 양극성 장애가 우울 에피소드(자살충동과 관련이 있음, 즉 소속감의 좌절과 부담감의 지각)와 위험 행동을 하는 에피소드 (습득된 자살 잠재능력으로 이어질 수 있음) 양쪽을 포함하기 때문에, 자살률은 주요우울장애보다 양극성 장애인 경우가 더 높을 것이라고 생각할 수 있다. 그러나 실제로는 양극성 장애의 자살위험이 주요우울장애보다 조금 낮다. Harris and Barraclough(1997)의 메타분석에 따르면, 주요우울장애의 표준화 사망률비가 2,035인데 비해, 양극성 장애의 표준화 사망률비는 1,505(양극성 장애의 자살률이 일반인에 비해 15배 높음)라고 논증하고 있다. 이러한 결과는 Angst, Slassen, Clayton, and Angst(2002)의 최근 조사 결과와 일치하는 점으로서, 연구에서는 기분장애가 있는 입원환자를 대상으로 한 종단적 연구를 통해 단극성 우울증이 양극성 우울증보다 자살률이 더 높은 것으로 보고하고 있다. 양극성 장애인 환자가 주요우울장애 환자보다 자살로 죽는 경우가 적은 이유 중의 하나는 아마도 조증 에피소드와 관련된 극도의 장애로 인해 그들이 정신과 치료를 더 받기 때문이라고 Angst et al.,(2002)는 주장하고 있다. 양극 II형 장애 환자가 양극 I형 장애 환자와 비교할 때 치명적이지 않은 자살행동(충동이나 시도)을 하는 비율이 높다고 하는 몇 가지 자료가 있기는 하지만(Rihmer & Pestality, 1999), Angst et al.,(2002)은 양극 I형 환자와 II형 환자의 자살률 차이는 없는 것으로 보고 있다.

Rihmer and Pestality(1999)는 또 단극성, 양극 I형, 양극 II형 장애를 가진 자살자 100명을 연속적으로 조사한 2개의 연구를 보고하고 있다(Rihmer, Barei, Arato, & Demeter, 1999; Rihmer, Rutz, & Pihlgren, 1995). 자살자의 46%는 자살 시점에서 양극 II형 장애를 갖고 있었고, 양극 I형 장애는 1%, 단극성 우울증이 있는 경우는 53%였다. 이 통계 결과에 따르면, 양극 II형 장애는 양극 I형 장애보다 더 높은 자살위험이 있다는 것을 보여준다. 저자들은 양극 II형 환자가 단극성 우울증으로 오진될 가능성이 있고, 이에 따라 기분의 안정을 가져오는 향정신성 약물의 투여 가능성이 낮아지는 것으로 보고 있다. 기분 안정제로 잘 알려진 lithium이 자살예방에 효과적이라는 근거(Baldessarini, Tondo, & Hennen, 2003; Goodwin et al., 2003; Tondo, Hennen, & Baldessarini, 2003)와 항우울제만으로는 경조증 증상을 악화시킬 수 있다는 근거(Akiskal et al.,2000; Akiskal & Mallya, 1987; Benazzi, 1997; Ghaemi, Boiman, & Goodwin, 2000; Wehr & Goodwin, 1987)를 고려할 때, 양극성 스펙트럼 장애가 있는 사람에 대한 정확한 진단은 생사의 문제가 될 수도 있는 것이다.

자살의 대인관계이론의 주요 구성개념이 특정 장애에 대해 어느 정도 수준에 있는지 명확히 제시하는 자료가 아직은 없다는 사실을 다시 강조해야겠다. 그러나 다양한 장애의 특징을 바탕으로 어느 정도의 예측은 할 수 있다. 우리는 앞에서 우울증이 있는 사람이 소속감의 좌절이나 부담감의 지각을 가져오는 부정적인 대인 관계적인 행동을 어떻게 취하는지에 대해 살펴보았다. Hammen(1991)은 주요우울장애인 여성이 양극 I형 여성에 비해 스트레스 발생에 더 관여할 수 있다는 점을 보여주고 있는데, 양극 I형 여성의 자살률은 주요우울장애인 여성에 비해 낮은 것으로 나타나고 있다(Angst et al., 2002). 이것은 자살의 대인관계이론에서 예측할 수 있는 내용과 일치한다. 양극성 스펙트럼 장애를 가진 사람은 우울증 에피소드 기간에 스트레스 발생 과정에 관여할 가능성이 낮기 때문에, 소속감의 좌절(뿐만 아니라 어쩌면 부담감의 지각도)을 경험하기 어렵고, 따라서 자살욕구도 경험하기 어려울 것이다. 자살욕구가 없는 사람은 치명적인 자해를 하지 않는 것으로 자살의 대인관계이론에서는 예측한다. Valtonen et al.(2007)은 양극성 장애가 있는 상황에서 조증 에피소드와 경조증 에피소드 사이에 어느 것이 자살 증상과 더 관여하는지를 알아보기 위하여, 자살행동(즉, 충동과 시도)의 다양한 형태의 빈도를 연구했다. 표본 가운데 조증 에피소드와 경조증 에피소드 어느 쪽이나 그 기간 중에 자살을 시도한 경우는 없었다. 오히려 주요 우울 에피소드만 자살시도나 자살충동을 경험할 위험성이 더 높게 연관되어 있는 것으로 나타났다.

양극성 장애인 사람의 우울증 에피소드의 평균 기간은 3~6개월, 주요우울장애 환자의 경우는 평균 3~12개월이다(Akiskal, 2005). 주요우울장애 환자의 우울증 에피소드 기간이 길수록 관계성에는 더 큰 손상이 있을 수 있다. 왜냐하면, 주요우울장애 환자는 스트레스 발생에 더 관여함으로써 더 큰 사회적 거부감을 야기할 수 있기 때문이다. 또한 Akiskal et al.(2006)은 양극 I형과 II형 장애가 있는 환자와 단극성 우울증 환자를 대조군과 비교했다. 이들 집단은 모두 질병이 완화되는 기간에 조사되었다. 양극 I형인 환자는 양극 II형과 단극성 우울증인 환자들보다 훨씬 외향적이고 사교적이라는 사실을 알게 되었다. 양극 I형인 환자는 신경증 경향에 대한 점수도 낮았으며, 대조군과 같지는 않았지만 그 점수가 정상에 가까웠다. 이들 집단은 모두 질병의 완화 기간에 조사되었다. 이와 같이 양극 I형인 환자는 질환의 활동기에는 극심한 손상을 경험하지만, 단극성 우울증

인 사람과 비교해서 완화기의 경우에는 대인관계의 갈등을 회복할
수 있는 더 좋은 상태에 있을 수 있다.

　양극성 장애가 있는 사람이 주요우울장애인 사람보다도 자살위험
이 낮은 이유에 대해서 몇 가지 설명을 했지만, 양극성 장애가 있는
사람들의 경우 여전히 자살위험이 상대적으로 높다는 사실을 강조
하지 않을 수 없다. 양극성 장애인 사람의 약 절반가량이 생애 중에
자살을 시도하며(Valtonen et al., 2005, Verona, 2004), 최대 80%가
자살충동을 포함해서 어떤 자살행동을 보이게 된다(Hawton, Sutton,
Haws, Sinclair, & Harriss, 2005). 대인관계이론은 소속감의 좌절,
부담감의 지각, 습득된 자살 잠재능력이라는 3가지 조합이 특히 치
명적이라고 예측한다. 양극성 장애가 있는 사람은 확실히 일반인보
다 이 모든 구조개념에 대해 높은 수준에서 위험하다. 우울 상태이면
서 양극성 장애가 함께 있는 상태가 자살행동의 위험이 더 높은 시
기라는 점을 고려한다면, 조증의 단계가 (명확한 이유로) 더 많은 임
상적인 주목을 받는 것처럼 보이는 것은 유감스러운 일이다. 흥미로
운 점은 조증 상태의 사람은 (습득된 자살 잠재능력과 유사한) 극단
적으로 두려움이 없는 경험을 하지만, 이러한 상태에서 자살을 시도
하거나 자살로 죽는 경우는 낮다는 것이다. 이것은 이론의 예측과
일치한다. 즉, 조증 환자는 잠재적으로 습득된 자살 잠재능력이 높
은 수준임에도 불구하고 자살하고자 하는 욕구가 적다. 아무리 무모
하고 두려움이 없는 사람이라도 자살욕구가 결여되어 있으면 자살
로 죽는 경우를 막을 수 있다.

　요약하자면, 양극성 스펙트럼 장애가 있는 사람은 일반인이나 많

은 다른 정신 장애를 갖고 있는 사람보다도 자살위험이 높은 것으로
보인다. 양극 I형 장애는 극심한 손상(과 정신과 입원)을 야기한다는
사실에도 불구하고, 이 장애가 있는 사람은 주요우울장애 환자나 심
지어는 양극 II형 장애가 있는 사람보다도 자살위험이 조금 낮다. 자
살의 대인관계이론은 양극성 장애에 따라 자살위험이 높다는 점(이
장애가 있는 사람은 소속감의 좌절과 부담감의 지각을 경험할 가능
성이 높고, 습득된 자살 잠재능력을 증가시킬 수 있는 행동에 관여
하는 경향이 높음)과 주요우울장애인 사람과 비교해서는 자살위험
이 낮다는 점을 설명한다.

3) 기분부전장애(Dysthymic Disorder)

기분부전장애는 주요우울장애에서 보이는 것보다 가벼운 우울증
상이 장기간에 걸쳐 이뤄지는 것이 특징이다(즉, 진단기준에 부합하
기 위해서는 적어도 2년 이상이라는 기간에 걸쳐 우울한 기분을 경험
하는 날이 그렇지 않은 날보다 많아야 한다). 생애 유병률은 4%이고,
주요우울장애와 비교해서 빈도도 낮다(Alegria et al., 2007). Harris
and Barraclough(1997)은 기분부전장애의 표준화 사망비(SMR)를
1,212로 산정하고, 일반인의 그것과 비교해서 자살위험이 12배 증
가하는 것으로 해석하고 있다. 이 수치는 주요우울장애에서 측정된
표준화 사망비보다 훨씬 낮고 양극성 장애의 경우보다 약간 낮다.

Klein, Schwartz, Rose, Leader(2000)는 기분부전장애의 초기 발
병(즉, 21세 이전) 환자와 에피소드성 주요우울장애 환자의 결과를
비교하는 5년간의 관찰연구를 진행했다. 그 결과 기분부전장애 환

자는 주요우울장애 환자에 비해 더 만성적인 경과 과정을 겪는 것으로 나타났다. 5년간의 추적조사 기간에, 기준시점에서 기분부전장애로 진단된 환자는 관찰 기간의 70% 이상으로 해당 진단기준에 부합한 반면, 기준시점에서 주요우울장애로 진단된 환자의 경우는 관찰 기간의 25% 미만이 해당 진단기준에 부합했다. 또한 연구에 참여했던 94% 이상이 연구가 끝나는 시점에서 주요 우울 에피소드의 진단기준에 부합했다(조사 시작 이전에는 주요 우울 에피소드가 없었던 대상자 가운데 약 74% 환자가 조사기간 중에 주요 우울 에피소드 진단기준에 부합했다). 기분부전장애 환자는 주요우울장애 환자보다 많은 치료를 받는 것으로 보고되었는데, 그것이 소속감과 관련되어 있을 수도 있다(즉, 치료사와의 접촉 증가는 소속감을 증가시킨다). 5년 후, 이 표본에 대해 추적조사를 진행한 결과(Klein, Shankman, & Rose, 2006), 저자들은 기분부전성 에피소드(dysthymic episode) 기간의 중앙값이 52개월이라고 보고하고 있는데, 이 결과는 기분부전장애가 만성적이라는 점을 강조하는 것이다. 저자는 만성(기분부전장애와 만성 주요우울장애 모두)인가 만성이지 않은가에 따라 우울증을 개념화하는 것이 기분부전장애를 주요우울장애로부터 분리하는 것보다 더 타당하다고 주장하고 있다. 예를 들면, 기분부전장애에서 회복된 환자들 가운데 재발하는 경우, 그것이 또 다른 기분부전성 에피소드나 주요 우울 에피소드일 가능성은 동등하다고 보고 있는 것이다.

불행하게도, 기분부전장애 환자의 자살률을 조사한 연구는 거의 없다. Harris and Barraclough(1997)에서 보고된 9건의 연구 가운데

8건은 1986년 이전에 이뤄진 것이고, 최근의 연구는 1994년에 이뤄진 것이다. 문제는 기분부전장애의 정의가 지금까지 계속 바뀌고 있기 때문에 복잡해졌다는 것이다. 예를 들면, DSM-III(American Psychiatric Association, 1980)은 우울 증상은 13개 기준 가운데 3가지로 특정지을 수 있다고 규정하고 있지만, DSM(DSM-III-R; American Psychiatric Association, 1987과 DSM-IV; American Psychiatric Association, 1994)은 6가지 기준 가운데 2개를 충족시킬 것을 요구하고 있다. DSM의 각 버전 가운데 중복하는 것은 4가지 기준이다(즉, 불면증 또는 수면과다증, 기력 감퇴나 피로, 낮은 자부심, 집중력 저하 또는 의사 결정의 어려움). DSM-III의 기준 가운데는 자살위험이나 대인관계이론과 관련된 것이 있지만(즉, 사회적 고립과 죽음이나 자살에 관한 생각), 이러한 기준이 이후의 DSM에는 없다는 점에 주목할 필요가 있다. 이전의 연구에서 보고되었던 자살률을 기분부전장애의 최신 정의에서의 자살률에 적용할 수는 없는 것이다. 왜냐하면, 여기에서는 다소 덜 심각한 증상의 발현으로 구성되어 있기 때문이다.

　기분부전장애가 있는 거의 모든 사람들이 적어도 한 번 정도는 주요 우울 에피소드를 경험하기 때문에, 기분부전장애에서 자살위험에 대한 추가적인 연구가 필요하다. 정의에 따르면, 기분부전장애는 주요우울장애보다 덜 심각하고 증상 또한 적게 구성되어 있다. 기분부전장애의 만성적인 특성 때문에 대인관계상 많은 손상을 가져올 수 있지만, 주요우울장애와 비교해서는 적을 수 있다. 더구나 기분부전장애가 있는 대부분의 사람들이 결국에는 주요우울장애의 기준에 부합할 것이다. 두 장애 간에 명확하게 정의된 경계가 없기 때문에, 나는 임상가들에게 자살위험을 평가할 때에는 진단 정보에만 의존하는 것보다 이론의 구성개념에 대한 내담자의 수준을 고려해줄 것을 권고한다. 이것은 자살위험을 설명하는 데에 자살의 대인관계 이론으로 설명하는 장점을 나타내는 것이며, 기분부전장애나 주요 우울장애, 어느 쪽으로 진단되든지, 이론에서의 3가지 주요 구성개념에 대해 높은 수준을 경험하고 있다면, 자살위험이 있다고 예측할 수 있는 것이다. 이 이론은 기분부전장애가 있는 사람이 낮은 자살률을 보이는지에 대한 이유를 설명하고(즉, 장애가 심각하지 않고 결과적으로는 소속감의 좌절이나 부담감의 지각이 강하지 않을 것이라고 추측된다), 임상가들이 내담자에 대한 진단과 관계없이 자살위험을 평가할 수 있는 자기 발견적(heuristic)인 내용을 제공한다.

요약하자면, 주요우울장애, 양극성 장애, 기분부전장애를 포함한 모든 기분장애는 자살행동의 위험을 야기한다. 이 모든 장애 가운데 주요우울장애가 자살로 인한 죽음 위험이 가장 높다. 이것은 (이 이론에 따르면,) 주요우울장애인 사람이 소속감의 좌절이나 부담감의 지각을 경험할 가능성이 증가한다는 것에 따른다. 이러한 증상의 강도가 커진다는 것은 주요우울장애인 사람의 경우, 기분부전장애인 사람보다 자살 가능성이 더 높다는 것을 의미하지만, 주요우울장애와 양극성 장애 사이의 위험 차이를 설명하는 것은 지속 기간이 더 길다는 것에 따른 것이다. 이미 논의했던 점이지만, 주요우울장애(와 기분장애의 다른 유형)인 사람들 대다수는 자살로 죽지 않는다.

(2) 섭식장애(Eating Disorders)

섭식장애도 자살의 위험을 야기하는 것으로 알려져 있다. 신경성 식욕무진증(anorexia nervosa)과 신경성 대식증(bulimia nervosa)은 자살충동이나 자살시도의 위험을 증가시키지만, 신경성 식욕무진증만이 자살위험을 야기한다. 자살의 대인관계이론에 따르면, 신경성 식욕무진증만이 습득된 자살 잠재능력을 증가시키기 때문이다.

1) 신경성 식욕무진증(Anorexia Nervosa)

성인의 1% 미만이 일생 중에 신경성 식욕무진증의 진단 기준에 부합한다고 한다(Alegria et al., 2007). 신경성 식욕무진증은 모든 정신장애 가운데 가장 치명적인 것으로서, 그 특징은 체중과 체형을 매우 중요시하고 정상적인 체중을 유지하는 것을 거부한다. 이 장애가 있는 사람은 절식함으로써 결과적으로 많은 건강 문제가 일어나게 된다. 그러나 일반적으로 생각하는 것과는 달리, 신경성 식욕무진증이 있는 많은 사람이 영양실조와 연관된 의학적 합병증으로 사망하지는 않는다. 오히려 자살로 죽는 경향이 강하다(Crisp Callender, Halek, & Hsu, 1992; Moller-Madsen, Nystrup & Neilsen, 1996; Patton, 1988). 신경성 식욕무진증인 환자를 포함한 13가지 연구들을 보고하고 있는 Harris and Barraclough(1997)에 따르면, 신경성 식욕무진증인 사람은 예상보다 23배 높게 자살하는 것으로 나타났다. Pompili, Mancinelli, Girardi, Ruberto, and Tatarelli(2004)은 최근

에 메타분석을 통하여, 신경성 식욕무진증 환자에 대한 추적 정보를
제공하는 총 9가지 연구 결과를 보고하고 있다. 추적 기간은 5년에
서 23년까지로, 연구는 여러 나라(영국 3, 미국 3, 덴마크 2, 독일 1)
에서 이뤄졌다. 그 가운데 하나(Crisp et al., 1992)를 제외한 모든 연
구에서, 신경성 식욕무진증인 사람의 자살률은 일반인에게서 예측
되는 비율보다 훨씬 높았다. 전반적으로 10만 명 가운데 자살자 수
는 약 3명 정도이지만, 신경성 식욕무진증인 사람은 10만 명 가운데
24명이라는 사실이 메타분석을 통해 제시되었다. 이와 같이 자살률
이 높은 이유 가운데 하나는 추적 연구에 포함된 신경성 식욕무진증
환자를 포함해서 그들은 입원하는 경우가 많으며, 이미 앞에서 논의
했던 것처럼 입원환자와 외래환자는 (적어도 주요우울장애인 환자
의 경우) 자살률에 차이가 있다는 점을 고려할 수 있다.

　　Keel et al.(2003)은 추적조사가 이뤄지는 시점에서는 외래환자였
던 여성환자들이었지만 조사 기간 중에 상당수가 입원 치료를 경험
했다는 사실을 통하여 이 문제를 명확히 밝히고 있다. 이 연구에서
136명의 여성 신경성 식욕무진증인 환자 가운데 4명(3%)이 자살로
사망했는데, 자살은 표본 내에서 가장 중요한 사망 원인이었다. 이
표본의 표준화 사망비는 5,690이며, 비슷한 특징을 배경으로 하는
여성과 비교했을 때, 자살위험은 거의 57배 증가했다. 연구자들은
입원력이 자살로 인한 사망 가능성을 증가시켰다는 점을 발견하지
는 못했다. 오히려 그 결과는 입원이 어느 정도 예방한다는 점을 보
여줬다. 또한 추적 조사 자료에 포함된 신경성 대식증인 여성의 경
우는 자살로 인한 사망률 또는 사망 위험이 증가하지 않았다는 점을

언급하고 있는 점도 중요하다. 신경성 식욕무진증이 신경성 대식증보다 자살로 인한 사망 위험을 더 야기하는 것으로 보이는 것 외에도, Franko et al.(2004)는 신경성 식욕무진증인 여성이 신경성 대식증인 여성보다 추적 기간 중에 자살을 더 시도할 것 같았다는 점도 보고하고 있다.

신경성 식욕무진증의 어떤 점이 이렇게 극적으로 자살위험을 증가시키는 것일까? 이것은 자살위험이 관련 장애인 신경성 대식증이 있는 사람의 경우보다 더 높다는 사실을 고려할 때, 특히 흥미로운 점이다. 자살의 대인관계이론은 자살 상황의 이러한 사실을 임상가나 연구자가 이해하는 틀을 제공한다. 신경성 식욕무진증으로 진단이 내려지기 위해서는 이상적인 체중의 85% 미만이어야 하며, 의도적인 음식 섭취의 제한에 따른 것이어야 한다. 먹는 것은 인간의 기본적인 욕구이지만 신경성 식욕무진증인 사람은 몸에 심각한 손상을 일으킬 때까지 어떻게든 억제하는 것이다. 영양실조의 영향은 고통을 동반하는데, 기아 상태인 사람은 복통 변비, 건조한 피부, 부스러지기 쉬운 머리카락과 손톱, 저체온증을 경험하게 된다.

신경성 식욕무진증인 사람의 자살위험이 높은 이유는 절식과 관련된 고통이나 자극에 익숙해졌기 때문이라고 생각한다. 자해한다는 것은 두려움을 환기시키는 것으로서, 인간(이 점에서는 모든 동물)의 본능에 반하는 과정이다. 기본적인 생존 욕구에 저항하는 절식도 고통을 환기하는 과정으로서 바로 그렇다. 물론 영양실조의 상태로서 몸이 허약해진 신경성 식욕무진증인 사람의 경우, 건강한 사람에게는 치명적이지 않은 자살시도로도 죽을 가능성이 있다. 최근 우리 연구팀원들은 이것과 반대되는 증거를 제시했다. Holm-Denoma, Witte, et al.(2008)은 자살로 사망한 9명의 신경성 식욕무진증 환자의 사례를 제시하고, 정상 체중과 건강한 상태의 사람에게도 치명적이었는지 여부를 규명하기 위하여 각각의 자살 방법을 검토했다. 9명 가운데 7명은 체중에 관계없이 누구에게나 거의 치명적인 시도를 했다. 이 가운데, 강렬한 하나의 사례는 주유소의 화장실을 잠그고 쓰레기통에 불을 지른 여성의 경우였다. 사망 원인은 일산화탄소 중독으로 판명되었다. 저자들의 추정에 따르면, 실내에서 생성된 일산화탄소의 양이 어떤 건강한 성인이라도 죽음에 이를 정도였다. 이 사례에서 특히 섬뜩한 것은 숨이 막히면서도 의식적으로 실내에 남아있을 수 있는 필요한 양을 고려해야 한다는 것이었다. 죽음에 이르기 위해서는 적어도 30분 동안 그 실내에 있었을 것이다. 따라서 사망자는 자신의 결정을 되돌릴 기회가 충분히 있었지만 그렇게 하지 않았던 것이다. 우리는 이러한 결심이 건강하고 정상적이라고 할 수 있는 체중보다 훨씬 낮게 유지하려는 데서 보이는 결의와 유사하다고 보고 있다. 이 사례에서 그녀의 체질량 지수는 사망 당시 14.6으로서 매우 심각한 저체중이었던 것으로 보인다.

신경성 식욕무진증 환자들은 자해에 대한 습득된 잠재능력이 높을 뿐만 아니라 섭식장애가 없는 대조군의 여성들과 비교할 때, 생활 속에서 중요한 타자로부터 사회적 지지를 덜 받는다는 근거도 있다(Tiller et al., 1997). 이 연구에서 신경성 식욕무진증 여성환자들의 경우, 신경성 대식증 여성환자나 대조군의 여성들과 비교해서 배우자나 연인도 거의 없었다. 섭식장애인 사람이 직면했던 사회적인 어려움은 그들이 회복한 뒤에도 여전히 남아있다는 것이 문제이다 (Yager Landsverk, & Edelstein, 1987). 자살의 대인관계이론에서는 자해에 대한 습득된 잠재능력이 낮아지는 데에 시간이 소요되지만 소속감의 좌절이나 부담감의 지각은 더 쉽게 개선이 이뤄진다는 점을 상정하고 있다. 신경성 식욕무진증 병력이 있는 사람의 경우, 자해에 대한 습득된 잠재능력은 장애가 완화된 뒤에도 일정 기간 동안 높은 상태에 있다. 적어도 자살의 대인관계이론에 따르면, 사회적인 어려움이 지속된다고 했을 때(소속감의 좌절을 참조), 자살위험은 장애의 활동기를 지나더라도 계속된다.

신경성 식욕무진증은 또한 부담감의 지각과도 연관되어 있다. 신경성 식욕무진증인 사람 가운데 부담감의 지각을 측정한 자료는 (내가 알고 있는 한) 전혀 없지만, Treasure et al.(2001)은 신경성 식욕무진증인 사람에 대한 케어 제공자가 느끼는 부담감의 정도에 관한 자료를 제공하고 있다. 신경성 식욕무진증 환자를 돌보는 케어 제공자는 중증의 정신병적 장애(severe psychotic disorder)를 지닌 환자에 대한 케어 제공자보다도 더 큰 어려움과 고통을 경험한다는 점을 명확히 보고하고 있다. 신경성 식욕무진증 환자들이 자신의 장애가 가족에게 주는 부담감을 알아차리기는 어렵지 않다. 그런데 실질적인 부담과 지각된 부담감을 구별하는 것이 중요하다. 신경성 식욕무진증의 증상에 따라 가족 구성원에게 가해지는 실질적인 부담이 신경성 식욕무진증 환자가 부담감을 지각하는 것으로 정확하게 치환되는가에 대해서는 더 많은 연구가 이뤄져야 할 것이다.

요약하자면, 신경성 식욕무진증 진단은 자살로 인한 죽음과 명확하게 연관되어 있다. 이러한 점은 습득된 자살 잠재능력, 소속감의 좌절과 부담감의 지각 경험을 증대시키는 이 장애의 특징에 기인한다고 생각된다. 신경성 식욕무진증인 사람이 절식하는 동안에 죽음을 응시하는 것과 관련된 고통과 자극 유발에 익숙해져 버린다는 점을 고려한다면, 신경성 식욕무진증인 사람과 신경성 대식증인 사람의 자살률 차이는 자해에 대한 습득된 잠재능력의 차이에 기인한다고 볼 수 있다. 더구나 신경성 대식증인 사람의 경우보다 신경성 식욕무진증 증상이 기존의 대인관계에 훨씬 많은 긴장감을 준다는 증거도 제시되어 있다.

2) 신경성 대식증(Bulimia Nervosa)

일생 중에 전체 인구의 약 1% 정도가 신경성 대식증의 진단 기준에 부합한다(Alegria et al., 2007). 앞에서 기술했듯이, 신경성 대식증 환자는 일반인과 비교해서 자살로 인한 사망 위험이 증가하지 않는다(Herzog et al., 2000; Keel et al., 2003). 그런데 신경성 대식증 환자가 자살시도의 위험이 높다고 보고하는 다수의 연구 결과들이 있다. 예를 들면, Corcos et al.(2002)은 신경성 대식증인 여성의 표본 가운데 약 28%가 자살을 시도했다고 보고하고 있다. 이 유병률은 신경성 대식증 여성(23%)과 신경성 식욕무진증 여성(30%)에 관해 Franko et al.(2004)가 발표한 결과와 유사하다.

완화제 남용과 약물 사용력이 신경성 대식증 환자의 자살시도 예측인자로 된다는 증거가 여러 방법론을 사용한 연구에서 일치하고 있다(Corcus et al., 2002은 후향적 회상 연구; Franko et al.2004은 자살시도에 관한 전향적 추적 연구). 이 두 행동 모두 고통이나 자극 유발과 연관되어 있다는 점에 주목해야 한다. 약물 남용과 의존성은 이 장의 후반부에서 논의되겠지만, 정맥 주사를 통한 약물사용은 습득된 자살 잠재능력을 증가시킬 수 있는 개인의 반복적인 주사 행위가 이뤄진다는 점에서 특히 자살의 대인관계이론과 관련되어 있다.

완화제 남용과 관련해서 살펴보면, 제거 행동(purging behavior)을 하는 섭식 장애가 있는 소수의 사람만이 그 유일한 수단으로써 완화제를 사용한다. 예를 들면, Tozzi et al.(2006)는 표본 환자의 약 7%가 제거 수단으로써 오직 완화제를 사용한다고 보고하고 있다. 그러나 대다수(55%)의 경우는 적어도 가끔은 완화제를 사용한다고 보고하고 있다. 조사한 모든 제거 방법 가운데, 완화제 사용만이 자살 징후 및 자해 행동과 연관되어 있다. 저자들은 완화제의 남용이 보상행동의 다른 유형이라기보다 다른 기능을 가져온다고 추측하고 있다. 완화제 사용이 어느 정도는 제거 행동의 보조적인 방법으로 사용되어 왔고, 칼로리 섭취의 감량에 매우 비효율적인 방법이라는 점을 고려한다면, 섭식장애 환자의 완화제 사용 배경에 있는 동기는 보상행동 그 자체보다 자해와 더 관련되어 있을 가능성이 있다. 이것이 사실이라면, 저자가 제시하고 있듯이, 임상가들은 섭식장애 환자를 치유할 때 이러한 점을 고려해야 할 것이다. 특히 체중 조절 전략으로서 완화제 사용이 비효율적이라는 것에 대한 심리교육을 제공하는 것만으로는 충분하지 않으며, 자해 이외의 대체 방법을 제안할 필요도 있을 것이다.

반복적으로 완화제를 남용함으로써 생물학적으로 그 결과는 고통스럽고 심각하다. 장기간에 걸친 완화제 사용으로 유혈 설사, 심장 부정맥, 신부전, 대장염 등이 나타난다(Baker & Sandle, 1996). 따라서 신경성 대식증 환자인 경우, 이 두 가지 자살시도의 예측인자는 자살의 대인관계이론과 일치한다. 신경성 대식증이 신경성 식욕무진증과 같은 자해적 고통(즉, 절식)을 수반하지 않는다는 점을 고려한다면, 신경성 대식증 환자는 치명적인 자해에 대한 잠재능력을 습득할 가능성이 적기 때문에, 자살로 사망할 가능성이 적다는 것은 당연할 것이다. 그러나 신경성 대식증이 자기 가해에 따른 상해를 동반하는 행동(약물사용이나 완화제 남용)과 결합하면 자살시도의 가능성은 증가한다.

치명적이지 않은 자살시도의 빈도는 신경성 식욕무진증과 신경성 대식증인 여성들의 경우 비슷하다(Corcos et al., 2002; Franko et al., 2004). 그런데도 자살로 인한 사망률은 신경성 식욕무진증 여성의 경우가 훨씬 더 높다. 이러한 사실은 신경성 대식증인 사람은 자살하고자 하지만(즉, 소속감의 좌절이나 부담감의 지각을 경험), 대부분 치명적인 자살시도를 할 수 있는 잠재능력을 습득하고 있지 않다는 점을 보여준다. 실제로 신경성 대식증인 사람은 이 장애가 없는 사람과 비교했을 때, 자신을 정서적으로 지지해줄 수 있는 사회적 유대 관계가 적고 자신들에 대한 지지에 대해서도 만족감이 적다고 보고되어 있다(Rorty, Yager, Buckwalter, & Rossotto, 1999; Tiller et al., 1997). 이것은 소속감의 좌절에 영향을 준다는 것을 분명히 말해준다. 더구나 대인관계 심리치료(Klerman, Weissman, Rounsaville, & Chevron, 1984)는 대인관계의 문제에 대한 검토를 포함하고 있고, 신경성 대식증 특유의 증상을 직접 다루고 있지는 않지만, 1년의 추적 관찰에서 인지 행동 치료와 같은 정도의 효과를 보여준다는 사실은 대인관계의 어려움이 신경성 대식증인 사람의 경우에게 주요 논점일 수 있다는 점을 시사한다(Fairburn et al., 1991) 자살의 대인관계이론에 따르면, 이러한 대인관계의 어려움은 신경성 대식증의 증상에 따른 결과(예를 들면, Blouin et al., 1995)와 자살시도의 가능성 두 가지에 모두 영향을 미친다. 그런데 신경성 대식증인 사람의 경우, 사회적 지지의 결여나 소속감의 좌절로 인한 자살시도, 자살충동, 자살로 인한 사망위험이란 주제를 다룬 글 가운데 상호 심사를 거친 학술논문은 없는 것으로 알고 있다. 대인관계이론에 따르면, 적절한 사회적 지지를 받은 신경성 대식증 환자의 경우, 자살충동을 포함하여 자살행동의 위험성이 크게 감소할 것으로 예측된다.

신경성 대식증인 사람의 지각된 부담감에 대한 구체적인 측정 자료는 아직 없는 것으로 알고 있다. 그러나 신경성 대식증인 환자를 돌보는 케어 제공자의 경험에 대한 최근의 질적 연구는 신경성 대식증인 환자를 돌보는 일이 정서적이고 재정적인 면에서 긴장감을 가져온다는 사실을 지적하고 있다(Perkins, Winn, Murray, Murphy, & Schmidt, 2004). 어느 케어 제공자는 신경성 대식증 환자인 딸을 돌보는 일에 대해 다음과 같이 말하고 있다.

그 애와 제가 함께 생활하는 비용만도 몇 년 동안 큰 금액이었습니다. 그 애가 저에게 돈을 더 줄 수도 없었기 때문에, 너무 비쌌고 물건을 사는 데도 엄청났어요(Perkins et al., 2004, p. 262).

이러한 정서가 신경성 대식증인 사람에게 부담감 지각으로 이어 질 수 있다는 것은 어렵지 않게 상상할 수 있을 것이다.

요약하자면, 신경성 식욕무진증과 신경성 대식증 모두 자살시도 의 위험성을 야기하지만, 신경성 식욕무진증이 신경성 대식증보다 자살로 인한 위험이 더 높다는 점을 다수의 증거 자료들에서 제시하 고 있다. 이것은 신경성 식욕무진증과 신경성 대식증 두 가지 모두 자살욕구의 위험이 있다는 점에서 자살의 대인관계이론의 예측 내 용과 일치(즉, 소속감의 좌절과 부담감의 지각을 경험)하지만, 신경 성 식욕무진증은 치명적인 자해를 할 수 있는 잠재능력을 습득할 위 험성을 특히 증가시킨다. 우리는 임상가들이 진단명과 관계없이 모 든 내담자들에 대한 자살위험을 평가해야 한다고 본다. 신경성 식욕 무진증과 신경성 대식증 분야의 많은 연구가 여성만을 대상으로 이 뤄지고 있다는 점도 지적하고 싶다. 남성이 여성보다 자살로 인한 사망의 가능성이 더 많다는 점을 고려한다면, 자살위험은 여성의 경 우보다 남성의 경우가 더 많기 때문에 섭식장애가 있는 남성에 대해 서도 더 많은 연구가 이뤄질 필요가 있다.

(3) 조현병(Schizophrenia)

조현병은 자살위험을 상당히 야기하는 또 하나의 정신질환이다 (Regier et al., 1993). 자살률은 약 13%인 것으로 보고되고 있지만

(Caldwell, Gottesman, 1990), 지난 90년간에 걸친 문헌들을 조사한 최근 자료에 따르면, 실질적인 자살률은 1.8%에서 5.6%인 것으로 제시되고 있다(Palmer, Pankratz, & Bostwick, 2005).

이 비율의 하한선은 조현병의 발생 초기 이후에 야기된 위험 수치를 말하는 것이며, 상한선은 발생 초기에 야기된 위험 수치를 말한다. 이 비율에서 알 수 있듯이, 조현병의 증상을 처음 경험할 때는 자살위험이 3배 가까이 높지만, 시간이 경과하면서 변동 없이 수평을 유지하게 된다. 자살시도의 위험은 훨씬 더 높아지는데, Harris and Barraclough(1997)의 메타분석에서는 조현병인 사람의 자살시도 위험이 80배 증가한다는 점을 보여준다. Palmer et al.(2005)은 조현병 환자들이 최근에 외래 치료를 받는 경우가 많다는 점을 언급하고 있다. 유감스럽게도 Palmer et al.(2005)의 메타분석에 포함된 기준에 부합하면서 외래환자를 대상으로 한 자살률을 보여주는 연구는 아직 없다. 그러나 몇 가지 증거 자료에서는 외래환자로서 치료받는 조현병 환자가 입원 환자보다 실제로는 더 높은 자살률을 보이고 있다(Helgason, 1990). 조현병 환자의 자살률이 높고 이 질환으로 치료받는 외래환자의 빈도가 증가하고 있다는 점을 고려할 때, 이 분야에 대한 더 많은 정보가 요구된다.

조현병 환자에게는 자살로 인한 사망의 예측인자가 있다. 조현병에 관한 최근 심리 부검 연구에서는, 현시점의 우울증이나 중증도에서 중증의 정신병적 증상의 존재가 다른 공변량 이외에도 자살로 인한 사망의 가능성을 유의하게 예측하는 것으로 나타났다(McGirr et al., 2006). 우울 증상이 자살행동의 예측인자라는 것은 우울증이 있

는 사람이 부담감의 지각이나 소속감의 좌절(즉, 자살충동)을 경험
하는 데 취약할 수 있다는 점에서 자살의 대인관계이론과 일치한다.
현시점의 정신병적 증상의 심각도는 가장 큰 예측인자로서, 자살 가
능성이 약 87배 증가한다. 이 보고는 적절한 의료약물 처방의 중요
성을 강조하는 것이다. 항정신병약은 조현병의 양성 증상(즉, 환각
이나 망상; Bradford, Stroup, & Lieberman, 2001)의 개선에 효과가
있다. 따라서 처방약을 준수하는 환자는 양성 증상이 감소하는 한
자살위험이 더 낮아진다고 추론할 수 있다.

다른 정신장애와 비교할 때, 조현병에서 보이는 한 가지 특징적인
위험인자는 명령성 환청(command auditory hallucinations, 자신이
나 남에게 상해를 가하라는 환각)이 있다는 점이다. 이러한 유형의
환각은 조현병 환자들에게서 비교적 흔히 보이는데, 18%에서 50%
가 어느 시점에서 이러한 증상을 경험한다(Hellerstein, Frosch, &
Koenigsberg, 1987; Zisook, Byrd, Kuck, & Jeste, 1995). Harkavy-
Friedman et al.(2003)는 조현병 또는 조현정동장애(schizoaffective
disorder)가 있는 100명의 입원환자를 표본으로 하고, 명령성 환청
의 발생률을 조사했다. 그들은 표본 중 22%가 이러한 유형의 환각
을 경험한 적이 있고, 일생 중에 명령성 환청을 경험한 집단과 그렇
지 않은 집단 간에 자살률의 차이는 없었다는 점을 보고하고 있다.
그러나 자살을 시도했던 표본 가운데 약 25%의 사람은 명령성 환청
에 반응하여 자살을 시도했다. 이러한 환각이 나타나는 것이 조현병
환자의 경우, 자살행동의 유일한 원인이 아니라는 점은 분명하지만,
이러한 환자들을 치료할 때 임상가들은 이 점을 고려해야만 한다.

저자들은 명령성 환청의 유무를 예측하는 인구통계학적 또는 임상적 위험인자를 확인할 수 없었다. 즉, 연령, 성별, 민족성, 유병 기간, 주요 우울 에피소드·약물 남용·의존성 이력 등 그룹 간의 차이는 없었다. 이러한 환청이 적어도 어느 정도의 자살시도의 위험성을 야기하기 때문에, 명령성 환각의 예측인자를 결정하는 것은 중요한 과제이다.

대인관계이론에 따를 때, 조현병 환자가 자살로 사망할 가능성이 특히 높은 이유는 무엇일까? 우리는 이러한 장애의 특정한 측면이 자살의 대인관계이론의 주요 구성개념인 3가지 모두를 증가시킬 가능성이 있기 때문이라고 보고 있다. 첫째, 조현병 환자들은 자살 잠재능력을 더 잘 습득하는 경향이 있다. 조현병인 사람이 일반인에 비해 자살로 인한 사망 가능성이 높을 뿐만 아니라 폭력적이고 공격적이며 심지어 살인까지 저지를 가능성이 더 높다는 점은 비교적 잘 알려진 사실이다(예, Arseneault, Moffitt, Caspi, Taylor, & Silva, 2000; Wallace, Mullen, & Burgess, 2004). 물론 조현병인 사람이 모두 선천적으로 위험하다는 것은 아니다. 연령, 성별, 거주지가 일치된 조현병과 대조군에 대한 대규모 코호트 비교연구를 진행한 Wallace et al.(2004)에서는 조현병 환자의 약 8%가 일생 중에 폭력적 범죄로 유죄 판결을 받았지만, 대조군의 경우는 약 2%인 것으로 나타나 있다. 대인관계이론에 따르면, 폭력행위를 하는 조현병 환자 가운데 소수는 자살 잠재능력을 습득하는 경향을 보이며, 그 결과 자살위험이 높아진다고 예측할 수 있겠다.

Naudts and Hodgins(2006)는 폭력행위를 하는 조현병 환자들을 특징적인 3그룹으로 나눠 기술했다. 첫째는 조현병 진단을 받기 전에 이미 오랜 기간 공격적 행위의 이력이 있는 사람들이다. 둘째는 공격적 행위의 이력은 없지만 한 번의 공격적 행위가 있었던 사람들이다. 남성이 여성보다 공격적인 행위를 할 가능성이 훨씬 더 높다는 점에서 예상할 수 있듯이, 처음 두 그룹의 성별을 보면 남성인 경우가 대부분이다(예, Arsenault et al., 2000). 마지막 그룹은 단지 정신병적일 때만 폭력을 하는 사람들로 구성되어 있는데, 남성과 여성 모두 폭력적인 행위에 관여한다는 점에서 흥미롭다(Krakowski & Czobor, 2004; Newhill, Mulvey, & Lidz, 1995). 이 마지막 그룹의 경우, 질병 이전의 폭력 경향만으로는 설명할 수 없는, 조현병으로 인해 야기된 폭력에 대한 특유의 취약성이라는 관점에서 가장 흥미롭다고 볼 수 있다. 양성증상은 자살행동과의 관계와 마찬가지로 폭력 행위와도 관계가 있다(Krakowski & Czobor, 2004; McNiel & Binder, 1994; Tardiff & Sweillam, 1980).

더구나 조현병이 없는 사람들의 폭력행위(과실치사와 특히 살인) 이력은 자살로 인한 사망과 관련되어 있다(Conner, Duberstein, Conwell, & Caine, 2003). 조현병인 사람이 폭력행위를 할 가능성이 더 높다는 점과 이것은 결국 폭력과 관련된 고통과 자극 유발에 익숙해짐으로써 자살위험을 야기한다는 점에서 조현병과 자살의 관계가 부분적으로 설명될 수는 있을 것이다. 사실 조현병의 경우 폭력 행위의 이력이 이후의 자살로 인한 사망의 가능성을 증가시킨다는 점을 보여주는 증거 자료가 적어도 몇 가지는 있다(Cheng, Leung, Lo, & Lam, 1990). 그러나 우리가 아는 한, 이 연관성은 구체적으로 조현병 환자를 대상으로 체계적인 연구가 진행된 것이 아니며, 이와 반대되는 증거도 몇 가지 있다. 예를 들면, McGirr et al.(2006)의 연구에서는 대조군과 비교해서, 공격적 행위에 대한 자기 보고 척도(self-report measure)를 통해 측정된 공격적 이력과 자살자의 상태 간에 어떤 연관성을 찾지 못했다. 그러나 유의하지는 않지만, 예측된 방향으로의 경향성은 관찰할 수 있는 것으로 나타났다.

자살 잠재능력을 습득하기 쉬운 조현병 환자의 특성은 고통의 내성에 대해 증가한다는 점이다. 조현병 환자는 고통에 무감각하다는 점이 보고되어 있다(Dworkin, 1994; Dworkin, Clark, Lipsitz, & Amador, 1993). 이것에 대한 묘사는 Mujica and Braunstein(2002)의 사례 보고를 통해 제시되고 있다. "고환을 마비시켜라"(p. 788)라는 명령성 환청을 경험한 사례로서, 조현병으로 입원한 환자가 자신의 음낭 주변을 신발끈으로 묶었던 경우이다. 그런데 놀랍게도 가벼운 복통 이외에 다른 고통을 호소하지는 않았다. 다행스럽게도 그는 회복할 수 없을 정도의 손상이 일어나기 전에 발견되었다. 그 환자는 15년 전에 명령성 환청에 반응하여 자신의 음경을 스스로 절단했었다. 이 사례 보고의 저자들은 정신병적 환자들의 고통 내성을 평가하지 않으면 심각한 영향이 있을 수 있기 때문에, 그 평가의 중요성을 강조하고 있다. 그 환자에게 자살행동의 이력이 있었다는 사실이 우연이라고 생각하지는 않는다. 자살의 대인관계이론에 따르면, 그 환자의 신체적 고통에 대한 무감각이 자살에 요구되는 고통을 견딜 수 있도록 하기 때문에, 자살로 인한 사망의 위험성은 더 높아진다는 것이다.

조현병 환자의 친지들 가운데 정신병력이 없는 사람인 경우에도 실험을 통해 유도된 신체 고통에 대한 내성은 증가한 것으로 나타났다(Hooley & Delgado, 2001). 이러한 결과는 적어도 조현병 환자들에게서 보이는 신체 고통에 대한 내성의 증가가 단순히 같은 정도의 고통을 경험하는 것으로 설명될 수 있는 것이 아니라 인지적인 결함으로 인하여 그것을 보고하지 못한 것으로 설명될 수 있다는 점을 말해준다. 조현병이 있는 사람이 고통에 대해 강한 성향을 갖고 있다는 (그리고 자살행동을 습관화하는 데에 고통과 자극 유발에 많이 노출될 필요가 있는 것은 아니라는) 생각과 일치하는 내용으로, 자살하는 조현병 환자의 경우는 일생 중에 자해하는 경향이 다른 질환의 환자들과 비교해서 매우 낮다(Hunt et al., 2006)는 점을 알 수 있다. 그들은 또한 진화론적 관점에서 선천적으로 더 극단적인 방법을 사용하는 경향이 강하다. 예를 들면, 자살로 죽은 조현병 환자의 표본 가운데 40%가 높은 곳에서 뛰어내렸다고 보고하는 연구도 있다. 그러나 조현병이 아닌 사람의 표본에서는 4%만이 이러한 방법을 사용했다(Kreyenbuhl, Kelly, & Conley, 2002).

앞에서 논의했듯이, 조현병 환자들이 자살 잠재능력을 습득할 위험성이 상당히 높은 데에는 몇 가지 이유가 있다. 조현병은 자살욕구(소속감의 좌절과 부담감의 지각)가 커질 위험성을 야기하기도 한다. 우리는 자살위험이라는 점에서 정신병적 장애가 있는 사람에게 질적으로 어떤 차이가 있다고 생각하지 않으며, 임상가들이 급성 정신병적 환자들의 진술을 무시해서는 안 된다고 강력히 촉구하고 싶다. 따라서 임상가들은 언뜻 보기에 '망상'으로 보이는 것과 상관없이 다른 사람에게 짐이 된다는 인식과 소속감의 좌절을 주제로 하는 진술 내용을 검토해야만 한다. 예를 들면, Bleuler(1950)는 조현병으로 자살위험이 있는 환자가 마치 신이 자신의 배를 통해서 빠져나가는 것 같다고 호소하는 사례를 보고하고 있는데, 이러한 유형의 진술은 고독감과 좌절된 소속감을 분명히 함축하고 있다.

조현병 환자가 왜 소속감의 좌절을 느끼는 경향이 있는가에 대해서는 더 구체적인 이유들이 있다. 예를 들면, 조현병 환자들을 대상으로 20년간 추적한 연구에서는 그들 중 절반 이상이 결혼을 하지 않은 것으로 보고하고 있다(Helgason, 1990). 결혼한 사람들 가운데 1/3은 이혼했다. 그리고 전체 표본의 약 1/3은 조현병 환자를 간호하는 특유의 어려움 때문에, 가족의 지원을 받지 못하게 되었다고 보고하고 있다. 조현병 환자들은 또한 사회적 상황에 대해 무쾌감증(anhedonia)을 더 강하게 경험하는 것처럼 보인다. 즉, 이들은 긍정적인 대인관계의 상황에서도 즐거움을 경험하지 못하기 때문에(Burbidge & Barch, 2007), 자신이 소속되어 있다고 하는 욕구를 충족시키는 데 어려움을 겪는다. 대인관계이론과 일치하는 점이지만, 조현병 환자의 자살로 인한 사망은 사회적 고립과 관계가 있고, 사회적 지지가 자살을 예방한다는 증거도 있다(Montross, Zisook, & Kasckow, 2005). 후자는 대인관계이론에서 이론의 주요 구성개념이 자살로 인한 사망에 필요하다고 예측하고 있다는 점에서 특히 주목할 필요가 있다. 그러므로 이론에서는 습득된 자살 잠재능력과 부담감의 지각을 경험하는 사람이라고 하더라도 충분한 사회적 지지(소속감의 좌절 참조)가 이뤄진다면 자살을 예방할 수 있다고 예측하는 것이다.

　조현병 스펙트럼 장애(schizophrenia spectrum disorder)가 있는 환자에게서 보이는 자기 혐오감(우울 증상의 일부)은 자살 증상과 독특한 관계가 있다(Joiner, Gencoz, Gencoz, Metalsky, & Rudd, 2001). 비록 실증적으로 검토되지는 않았지만, 우리는 이러한 자기 혐오감이 조현병 환자들의 경우 부담감의 지각이란 주제와 연관될 수 있다는 점을 제시하고자 한다. 무엇 때문에 이러한 자기 혐오감이 생겨나는 것일까? 다른 심각한 정신장애(예를 들면, 신경성 식욕무진 증)에 관해 이미 논의되었던 것과 마찬가지로 조현병을 케어한다는 것은 매우 힘든 일이다. 50%~80%에 달하는 조현병 환자가 자신의 케어를 가족에게 의존하는 것으로 나타났다(Gibbons, Horn, Powell, & Gibbons, 1984; Lehman & Steinwachs, 1998). Hunt et al.(2006)는 연구 표본에서 자살로 사망한 조현병 환자들 가운데 81%가 실직 상태였고, 이것은 조현병 환자가 현실적으로 케어 제공자들에게 상당한 경제적 부담을 지우고 있고, 그들은 돈벌이가 되는 직장을 유지할 수 없는 상태에서 무능하다는 느낌을 경험하게 된다는 점을 나타낸다. 조현병 환자를 케어하는 일은 가족에게 재정적인 부담과 정서적인 피해를 줄 수 있다. 조현병 환자의 가족에게 부담되는 정도는 심각한 발달장애(예를 들면, 정신지체; Pariante & Carpiniello, 1996)가 있는 환자를 케어하는 가족의 경우와 비슷하다. 다소 역설적이지만, 케어 제공자의 부담감 예측인자 가운데 하나는 조현병 환자에게 있는 자살 소동이나 자살충동이다(Jones, Roth, & Jones, 1995). 조현병 환자가 스스로 짐이 된다고 지각하는 것은 자살시도로 이어진다. 그리고 이것으로 인해 가족들에게 가해지는 부담감은 증가하게

되고, 결과적으로 조현병 환자는 짐이 된다는 생각을 더욱 느끼게
된다.

요약하자면, 조현병은 자살률이 높고 매우 파괴적인 정신질환이
다. 이렇게 높은 위험성은 조현병 환자가 (선천적으로 고통에 대한
내성이 높거나 폭력에 노출되기 때문에) 자살 잠재능력을 습득할 가
능성이 높고, (사회적 고립감 때문에) 소속감의 좌절을 경험하며,
(케어 제공자에게 부담감을 준다고 느끼거나 돈벌이가 되는 직장을
유지하기가 어렵기 때문에) 부담감의 지각을 경험하는 것에 기인한
다고 생각한다.

(4) 경계성 인격장애(Borderline Personality Disorder)

자살의 위험과 관련된 5대 정신질환이라고 생각하는 마지막 장애는
경계성 인격장애로서, 인구의 약 2%가 그 영향을 받고 있다(Swartz,
Blazer, George, & Winfield, 1990). 경계성 인격장애는 심한 감정의
불안정, 대인관계의 격렬함, 버림받는 것에 대한 두려움, 자아의 공
허감, 비자살성 자상(nonsuicidal self-injury)과 충동성이 특징이다.
경계성 인격장애 환자들은 비자살성 자상행동을 흔히 하고, 그것은
자살의도를 갖고 있지 않은 것으로 정의되기 때문에, 많은 사람들은
경계성 인격장애 환자 쪽에서 일어난 모든 자상행위(또는 자해위협)
에 자살의도가 결여되어 있고, '조작'을 목적으로 한다고 오해한다.
사실, 많은 경계성 인격장애 환자가 일생의 어느 시점에 자살을 시
도하고 있고(즉, 60%~70%; Gunderson, 2001), 그것은 자살의도를

갖는 것으로 정의될 수 있다. 비자살성 자상과 자살시도율이 높은 것을 고려하면, 자살의 대인관계이론에서 경계성 인격장애 환자는 반복적으로 자상행위를 함으로써 자살의 잠재능력을 습득하는 경향이 있을 것이라고 예측할 수 있다. 경계성 인격장애 환자의 자살사망률이 높은 것을 고려하면, 이 추론은 맞는 것이라고 볼 수 있다. 경계성 인격장애 환자와 자살과 관련해서 출간된 모든 종단적 연구에 관한 최근의 검토 내용(Duberstein & Witte, 2009)에는 2,040명의 경계성 인격장애 환자(그 가운데 86명이 자살)가 포함되어 있으며, 자살률은 4.21%~4.80%의 범위에 있는 것으로 보고되고 있다. 이러한 비율은 자주 인용되는 8%~10%(American Psychiatric Association, 2000)보다는 적지만, 일반인의 자살률(즉, 0.01%)보다는 400배 더 높다. 자살 잠재능력을 습득하는 가장 명확한 메커니즘(비자살성 자상과 자살시도) 이외에 경계성 인격장애 환자는 약물남용이나 난폭 운전과 같은 충동적인 행위를 하는 경향도 있다. 이러한 유형의 행동은 자해와 관련된 두려움과 고통에 더욱 익숙해지도록 하는 것이다.

우리는 이미 경계성 인격장애 환자가 자살 잠재능력을 습득할 위험성이 높은 이유(즉, 반복적인 자살시도, 비자살성 자상과 충동적 행동에 따르는 고통과 두려움의 습관화)에 대해 논의했다. 그렇다면, 그들은 왜 자살욕구를 경험하는 위험성이 더 높은 것일까? 이것은 경계성 인격장애 환자가 소속감의 좌절과 부담감의 지각을 경험할 가능성이 높기 때문일 것이다. 경계성 인격장애 환자는 대인관계에서 폭풍과도 같이 불안정하다는 특징이 있는데, 상대와의 관계에

서 대상을 이상화하거나 때로는 평가절하하고 심지어 증오하기도 한
다. 이러한 유형의 관계성 혼란은 소속감의 좌절이라는 점에서 '퍼펙
트 스톰(perfect storm)'이라는 최악의 사태를 만들어낸다. Butler,
Brown, Beck, and Grisham(2002)은 경계성 인격장애 환자들과 다른
인격장애를 유의하게 구분짓는 역기능적 신념(dysfunctional belief)
에 대한 자료를 제시하고 있다. 이러한 신념을 검토해보면, 소속감
의 좌절이라는 구성개념과 명확하게 관련된 주제들이 보인다(예를
들면, "사람들이 나와 가까워지면, 그들은 '진짜'인 나를 발견하게
될 것이고 나를 거부할 거야", "나는 혼자 있을 때 무력하다", "나와
친밀한 사람은 의리가 없거나 정직하지 않을 수도 있어"; Butler et
al., 2002, p. 1236). 경계성 인격장애 환자가 소속감의 좌절과 관련
된 역기능적 신념을 평소에 가지고 있는 것에 덧붙여서 더 높은 수
준의 경계성 특징을 보이는 사람은 부정적인 대인관계의 일상적인
스트레스에 매우 민감하기 때문에, 그들의 자존감이나 긍정적 정
서는 급격히 불안정하게 흔들릴 수 있다(Ziegler-Hill & Abraham,
2006). 따라서 경계성 인격장애 환자 중에는 어느 날 주위의 다른 사
람들의 모임에 속해 있어서 연결되어 있다고 느끼다가도 부정적인
대인관계가 일어나면 다음 순간에 갑자기 소속감의 좌절을 경험하
는 경우도 있다. 이러한 사람이 부담감을 지각한다면, 이미 기존에
있던 습득된 자살 잠재능력과 결합하면서 자살시도나 자살로 인한
죽음으로까지 이어질 수 있는 것이다.

경계성 인격장애 환자는 부담감의 지각을 경험할 위험성을 야기
하기도 한다. Butler et al.(2002, p. 1236)가 논의한 역기능적 신념

가운데는 이와 관련된 내용이 몇 가지 있다(예를 들면, "나는 도움이
필요하고 약하다"; "나는 무엇을 해야 하거나 어떤 일이 일어났을
때 언제든지 도와줄 사람이 필요하다"). 이런 마음이 강한 사람은 자
신이 대처할 수 있다는 것을 믿지 못하는데, 대처 능력은 부담감의
지각과 반대되는 것으로 간주될 수 있다. 경계성 인격장애 환자가
부담감을 지각하는 (앞에서 언급된 역기능적 신념도 포함될 수 있
음) 하나의 근원은 자신의 정신질환이 사랑하는 사람에게 부담을 지
운다고 느끼는 것이다. 모든 심각한 정신질환과 마찬가지로 경계성
인격장애 환자를 케어하는 일은 가족 자원에게 부담을 준다. 불행하
게도 경계성 인격장애에 대한 편견이 어쩌면 다른 장애들보다도 더
가족들에게 부담감을 지운다고 지각할 수 있는 것이다. 예를 들면,
Hoffman, Buteau, Hooley, Fruzzetti, and Bruce(2003)은 경계성 인
격장애 환자가 있는 가족 구성원 가운데 경계성 인격장애에 관한 지식
이 있는 사람이 별로 지식이 없는 사람보다도 실제로 우울증이나 적의
를 더 갖는 경험을 하고, 경계성 인격장애 환자에 대한 부담을 더 무겁
게 느끼는 것으로 보고하고 있다. 이러한 결과는 조현병과 같은 다른
장애에 대해 동일한 변수를 검토하는 연구(예를 들면, McFarlane,
Link, Dushay, Marchal, & Crilly, 1995)에서 반대의 결과가 나왔다
는 점에서 주목해야 할 것이다.

　이와 같은 견해의 차이는 경계성 인격장애에 대한 많은 정보들이
근거 없는 편견을 반영하고 있다는 것을 보여주는 것일 수도 있다.
따라서 경계성 인격장애에 대해 사실이고 확증된 지식을 갖고 있는
가족 구성원이 사실이 아닌 다른 지식에도 노출될 수 있고, 그 지식

이 가족 구성원과 환자 양쪽에 모두 정서적으로 해를 끼칠 수도 있는 것이다. 가족의 부담감이 경계성 인격장애 환자에게 전해진다면, 그들은 부담감을 지각하게 될 것이다. 이미 앞에서 언급했듯이, 이러한 점은 잠재적으로 부정적인 대인관계에 더 민감하게 반응함으로써 더 악화될 수 있는 것이다. 물론 이것은 실증적인 문제이다. 경계성 인격장애 환자로 인해서 지워진 부담감에 대한 케어 제공자의 생각이 환자에게 전달되고 부담감의 지각으로 연결될 것이라는 조절변수(예를 들면, 표현된 감정; Leff & Vaughn, 1987)가 있다고 가정하는 것이 합리적이다. 부담감의 지각이라는 비극적인 충격을 잠재적으로 고려한다면, 차후 연구에서는 이 문제가 검토될 수 있기를 바란다.

우리는 이 기회를 빌어서 많은 정신건강 전문가가 갖고 있는 경계성 인격장애에 대한 편견에 대해 논의하고자 한다. 경계성 인격장애의 특성(예를 들면, 정서 불안정, 대인관계의 격렬함, 반복적인 자해와 자살시도) 때문에, 경계성 인격장애는 치료가 힘든 장애일 수 있다. 그러나 이 장애를 치료하기 어렵다고 해서, 경계성 인격장애 환자들을 배제하는 태도가 변명거리가 되어서는 안 된다. 이들은 극도의 심리적 혼란과 고뇌를 경험하고 있으며, 공감과 연민이 가장 필요한 사람들이다. Gallop, Lancee, and Garfinkel(1989)은 정신과 간호사 그룹에게 조현병이나 경계성 인격장애 환자를 묘사한 자료를 보여주는 연구를 진행했다. 가정된 것이기는 하지만, 간호사들은 경계성 인격장애 환자보다 조현병 환자에게 더 공감을 표하는 일관된 결과가 나왔다.

정신과 간호사들이 주요우울장애, 조현병, 경계성 인격장애 환자들에 대해 갖고 있는 견해를 비교하기 위해, 사회적 거리(예를 들면, "자녀가 있다면, 경계성 인격장애로 진단된 남성이나 여성과 결혼하는 것에 대해 강하게 반대할 것이다"; Markham, 2003, p. 599), 위험성, 개선에 대한 낙관에 대한 단계평가를 측정한 최근의 연구가 있다(Markham, 2003). 연구에서는 간호사들이 주요우울장애나 조현병 환자들보다 경계성 인격장애 환자에게 훨씬 더 사회적 거리를 두고 있다는 사실이 발견되었다. 이들은 또한 경계성 인격장애 환자들이 더 위험하고 개선에 대해서도 덜 낙관적인 태도를 보여주었다. Nehls(1998)는 이러한 연구에서 보이는 편견에 대해 이유가 될 수 있는 점들을 검토했다. 특히 경계성 인격장애 환자들을 상대로 하는 임상가들은 자신이 휘둘릴 수 있다는 지나친 우려 때문에, 온정과 케어를 가장 필요로 하는 환자들에게 배려하는 태도를 제대로 보여주지 못할 때도 있다. 어떤 이유 때문인지, 경계성 인격장애 환자들은 자신과 상호작용하는 사람들로부터 강한 정서적인 반응을 끌어내는 경향이 있다.

임상가가 아닌 사람들이 편견이나 고통에 영향을 받듯이, 임상가도 인간이기 때문에 유사하게 그런 영향을 받는다. 그러나 임상가는 치료에 부정적인 영향을 미칠 수 있는, 그리고 임상가가 가질 수 있는 편견을 인식함으로써 그것을 회피할 수 있어야 한다. Linehan(1993a)의 경계성 인격장애 환자를 위한 변증법적 행동치료(dialectical behavior therapy[이하 DBT])에서는 치료사가 그룹 슈퍼비전이나 팀 상담(team consultation)의 일원이 되도록 함으로써 이 문제에 명

확하게 대처하고 있다. 이것은 두 가지 목적을 위한 것으로서, 치료
사가 DBT의 원칙을 반드시 준수하도록 하고 또 치료사가 소진되어
버리는 문제에 대해 되도록 빠르고 효과적으로 대처할 수 있도록 하
는 것이다. 임상가의 경계성 인격장애 환자에 대한 부정적인 태도를
감소시키는 데에 도움이 될 수 있는 DBT의 또 다른 요소는 치료에
방해가 되는 행동은 끊을 것을 강조한다는 점이다. 이 치료 요소는
생명을 위협하는 행동을 감소시키는 것 다음으로 중요하다. 이러한
행동들에 대해 점점 더 불만을 갖거나 무시하는 것보다 오히려 이러
한 행동들을 핵심적인 치료목표로 보는 것이다. DBT는 경계성 인격
장애 환자에 대해 가장 효과적인 치료 형식 중 하나일 뿐만 아니라
중도 포기율 또한 인상적으로 낮다는 점은 우연의 일치가 아니다
(DBT의 경우 25% vs 지역 전문가(지역의 정신보건 지도자로부터
추천받았으며, 대하기 힘든 내담자의 치료에 대한 전문지식을 갖춘
전문가)의 치료의 경우 59%; Linehan, Comtois, & Murray et al.,
2006). 경계성 인격장애 환자 쪽의 사회적 거리(예를 들면, 소속감의
좌절)와 부담감의 지각을 줄이기 위한 것이라면, 어느 것이나 장기
적으로는 자살충동, 자살시도, 자살로 인한 죽음을 감소시키는 것이
될 것이다. 배려하며 온정을 베풀 수 있는 임상가는 경계성 인격장
애 환자에게 대인관계의 연결 고리와 대처 능력을 키울 수 있는 잠재
력을 갖추고 있다. 당신을 치료하는 것이 주목적인 사람으로부터 거
절당할 때 느끼는 고통의 정도를 생각해보면 알 수 있을 것이다.

　요약하자면, 경계성 인격장애는 자살 잠재능력을 습득하고 소속
감의 좌절을 경험하며 자신이 주위에 부담을 준다고 지각할 가능성

이 높은 정신장애이다. 이러한 위험인자는 경계성 인격장애가 비자
살성 자상, 자살시도, 자살로 인한 사망 위험을 높일 수 있다는 사실
과 일치한다.

(5) 기타 정신장애

지면 관계상, 모든 정신장애의 자살행동과 관련된 요인에 대해 확
장하여 검토할 수는 없지만, 분명히 다른 장애들도 일반인의 경우보
다 더 높은 자살위험을 야기할 것이다. 예를 들어, 약물남용은 일반인
의 경우보다 5.7배의 자살위험이 있고(Harris & Barraclough, 1997),
특정 유형의 약물의존은 더욱 높은 위험성을 갖는다(예를 들면, 오
피오이드 약물의존은 23배의 자살위험이 있다; Wilcox, Conner &
Caine, 2004). 정맥 주사를 이용한 약물사용이나 알코올을 함유한
다른 유형의 약물을 통한 진통 효과(자살행동이 이뤄질 때, 고통에
대한 내성을 증가시킬 수 있음)의 경우에, 약물의 오용과 자살행동
의 관계성에는 반복된 자상행위를 통해 고통과 자극 유발에 대한 내
성이 야기되기 때문이라고 자살의 대인관계이론에서는 예측할 수
있다. 더구나 약물사용과 동시에 발생하게 되는 사회적 고립이 위험
성을 높인다는 것도 이론에서 예측하는 점이다. 여러 장애가 함께 있
는 경우와 다른 장애들이 어떻게 자살위험을 증가시킬 수 있는지를
검토하는 것도 필요한 일이다. 예를 들어, 주요우울장애와 약물의존
진단을 모두 받은 사람의 경우, 이론에 따르면 더욱 자살위험이 높
다. 왜냐하면, 그들의 경우 (주요우울장애라는 진단에서) 높은 수준

의 소속감 좌절과 부담감의 지각을 경험하고, (약물의존에서는) 고통과 자극 유발에 대한 더 강한 내성과 결합이 이뤄지기 때문이다. 이러한 예측은 약물 의존성을 보이는 사람에게 우울증이 있게 되면, 과거 자살을 시도했을 가능성이 6배에서 8배까지 증가한다는 점을 보여준 Aharonovich, Liu, Nunes, and Hasin(2002)의 보고 내용과도 일치한다. 다른 많은 결합의 경우도 생각할 수 있겠지만, 여기에서 말하려는 점은 자살의 대인관계이론이 자살위험을 평가하기 위한 기초를 구축하기 위해 유용한 틀을 제공해준다는 점과 질병의 병존에 내재하는 특유의 복잡성을 이해하도록 도움을 줄 수 있다는 것이다.

결론적으로, 특정 정신장애가 자살위험을 야기하고, 특히 5대 질환(즉, 주요우울장애, 양극성 장애, 신경성 식욕무진증, 조현병, 경계성 인격장애)이 자살위험을 가장 크게 야기한다는 점이 증거 자료를 통해 제시되고 있다. 이 장에서는 이 장애들을 자살의 대인관계이론의 주요 개념과 연관시켜 논의하고, 이와 함께 다양한 장애가 있는 내담자의 상대적인 자살위험을 측정할 때, 임상가가 사용할 수 있는 유용한 틀(정의에 따르면, 이 장애는 소속감의 좌절, 부담감의 지각, 습득된 자살 잠재능력으로 이어지는가?)을 제공한다. 반복해서 언급하고 있듯이, 이러한 장애가 있는 대부분의 사람들이 자살하는 것은 아니다. 이것은 어떤 사람이 정신장애가 있다고 안다는 것이 자살위험을 결정하는 첫 단계일 뿐이라는 점을 시사하는 것이다. 게다가 어떤 사람들은 진단 가능한 정신질환이 없는데도 자살을 한다(그러나 이들의 정신장애가 역치 이하의 반응을 보였을 가능성도 매우 높다). 따라서 우리는 진단과 관계없이 임상가가 모든 내담자에 대해 자살위험을 신중하게 평가해야 한다고 환기시키고자 한다 (상세한 위험 평가 절차는 제2장에서 논의하겠다).

2. 자살위험이 있는 환자에 대한 진단 피드백

자살위험이 있는 환자에 대한 진단 피드백과 관련해서, 임상 환경에 따라서는 일반적인 환자, 특히 자살위험이 있는 환자와 함께 진단에 대한 솔직한 이야기를 회피하려는 경향이 있다. 환자는 상처받기 쉬울 것이고 진단에 관한 솔직한 논의가 그들을 오히려 불안하게 만들고 그들을 심각한 자살행동으로 내몰 것이라고 생각하기 때문이다. 이러한 생각은 20세기 초・중반, 의사가 암과 같이 달갑지 않은 진단을 알리지 않던 시기에 이뤄지던 표준적인 의료 실천에 근거한다(Goldberg, 1984). 암의 진단 기기와 치료 효과가 발전하면서, 암 전문의가 환자에게 암의 진단을 알리는 경향도 높아졌고 기본적으로는 100%에 이르고 있다. 정신장애에 대해 더 타당성 있는 진단 시스템과 유효한 치료법이 개발되면서, 정신의학이나 심리학의 영역에서도 마찬가지로 진단에 대한 피드백이 이뤄질 수 있도록 더 높아져야 하겠지만, 반드시 그렇다고만 볼 수는 없을 것이다. 이러한 발전에도 불구하고, 계속해서 환자들에게 특히 정신장애 진단에 대해 공개하는 것을 반대하는 의사나 심리학자들이 있다. 이러한 악의가 없는 사람들 대부분은 이러한 공개가 치료 효과에 유익하지 않으며,

치료하려는 노력에 방해가 될 수 있다는 의견을 내세운다. 그중에는 "병에 대해 모든 진실을 알고" 싶다고 분명하게 말하는 환자들에게까지 "그렇게 하는 것이 옳다는 것을 의미하는 것은 아니다"라고 말하는 사람도 있다(Hassan & Hassan, 1998, p. 1153).

암 진단을 환자에게 공개해야 한다고 윤리적인 의무감을 느끼는 사람들의 이유 중 하나는 암이 잠재적으로 사망과 관련되며, 또 솔직하게 공개함으로써 환자가 정서적이나 재정적으로 준비할 수 있다는 것이다. 그러나 잠재적으로 치명적일 수 있는 진단을 공개함으로써 환자를 동요시킬 수도 있기 때문에, 의사는 공개하기가 더욱 어려워지고 의원성 영향(iatrogenic effect)을 미칠 수도 있다. 15년간 사망률이 비교적 낮은 유형의 암의 경우(예, 갑상선암 6%, 고환암 9%, 전립선암 13%; Brenner, 2002), 그 자살률은 경계성 인격장애와 조현병 진단을 받은 내담자들의 자살률과 매우 큰 차이를 보이지는 않는다(앞에서 언급했듯이, 이 비율은 2~6%다). 그런데 사실 모든 암 전문의들은 통상적으로 환자들에게 암 진단을 알리는 반면, 정신과 의사들은 약 55%만 경계성 인격장애 진단을 알리고, 약 59%만 조현병 진단을 알린다(Clafferty, McCabe, & Brown, 2001; McDonald-Scott, Machizawa, & Satoh, 1992).

임상가가 내담자에게 진단을 알릴 가능성은 정신장애에 따라 다른 것 같다. 예를 들면, 임상가들은 기분장애, 우울장애, 약물남용 장애에 대해서는 대체로 공개를 하지만, 조현병에 대한 공개는 중간 정도만 이뤄지고 있고, 인격장애에 대해서는 잘 공개하지 않는 편이다(Clafferty et al., 2001). 우리는 임상가들이 내담자에게 섭식장애 진단을 공개할 가능성에 대한 연구자료를 전혀 발견하지 못했는데, 이 점에 대해서는 차후 연구를 기대해본다. 환자들에게 진단 피드백을 제공함으로써 오는 악영향의 가능성을 염려하는 것에 더하여, 임상가 중에는 최근의 진단 시스템의 타당성을 우려하며, 타당하지 않을 수 있는 진단 라벨을 환자에게 붙이는 것을 (또는 적어도 환자에게 이 진단을 알리는 것을) 꺼리는 경우도 있다. *The American Journal of Psychiatry*의 논설에서 Tucker(1998)는 DSM을 널리 사용하여 진단 라벨을 할당하는 것이 환자를 증상의 일람표로 단순화하고, 정신병리학 고유의 복잡성을 모호하게 만들어버린다는 우려감을 나타냈다. 현행의 진단 시스템에 대한 Tucker의 우려 가운데 하나는 이것이 데이터보다 전문가의 합의에 더 근거한 것이며, 이것은 전문영역이 증상군 가운데 임의의 몇 가지를 경험하고 있는가 하는 기준에 근거하여 환자에게 라벨을 붙일 수 있다는 점을 지적하고 있다. 우리는 이러한 우려가 타당하다고 본다. DSM은 진행 과정에 있는 연구로서, 여기에서의 진단이 절대적으로 확실한 것은 아니다. 그러나 환자를 진단할 때, 정신의학만 어느 정도 불확실한 의학의 전문분야는 아니라는 점을 지적하는 것도 중요하다.

예를 들어, 다른 과의 의사들은 자신들의 조언이 불확실할 때에도 자신있는 태도를 보여주는데, 특히 심각한 상황에서 더욱 그렇다는 점을 자료에서는 보여주고 있다(예, 유방암 치료, 중환자실; Hewson, Kindy, Van Kirk, Gennis, & Day, 1996). Parascandola, Hawkins, and Danis(2002)는 불확실한 상황에서 환자들을 다룰 때의 복잡한 윤리적인 문제에 대해 논의하고 있는데, 거기에는 환자에 대해 불명확한 상황을 알려주는 것에 대한 우려감도 포함되어 있다. 자료에는 환자에게 의료결정의 불확실성을 알리는 것이 의료인에게 중요하지만, 의료인이 확신하지 못하는 이유에 대해서도 알려주는 것이 중요하다고 결론을 내리고 있다(예, 의학 논문에서 명확한 형태를 보이지 못하는 것 vs 의사가 단순히 알지 못하는 것). 의료결정이 거의 확정적이라고(즉, '정확한' 답이 있다고) 많은 사람들은 오해하기 때문에, 상황이 여의치 않을 때는 신중하게 시간을 들여 설명하는 것이 도움이 된다. 이것을 정신과 진단에 다시 적용해보면, 임상가는 단지 진단의 타당성에 관한 불확실성에 기초해서 진단의 공개를 피할 것이 아니라, 오히려 그들이 어떻게 그런 진단에 도달했는지와 가능한 치료 선택과 그 효과에 대한 증거에 대해서 투명하게 설명해야 할 것이다. 이렇게 개방적이고 솔직한 태도가 100% 확실한 진단이 아니더라도 진단 피드백을 이행하는 데 대한 우려감을 줄일 수 있을 것이다.

솔직한 진단 피드백이 환자들에게 확신과 안심을 줄 수 있으며, 임상가들에게는 관계를 굳건히 하고 상황에 맞게 환자에게 자살위험에 대해 조언할 수 있는 기회를 제공해줄 것이다. 예를 들어, 경계성 인격장애 환자가 자살시도를 반복하고 있다고 생각해보자. 접수상담(intake session)이 끝날 무렵, 임상가는 다음과 같이 요약할 수 있을 것이다.

오늘 대화해보니, 당신이 겪은 일에 대해 더 잘 알게 되었습니다. 당신은 최근에 사람과의 관계에서 많은 불안을 경험하고 외로움, 공허감, 또 어디에 속하지 못한 느낌을 받고 있군요. 그리고 당신은 정서 조절을 할 수 없다고 느끼며, 유일하게 기댈 것이 자해하는 것이라고 느낄 때가 가끔 있습니다. 이 모든 것으로 인해서, 이 세상에서의 당신의 자리와 위치에 의문이 들고, 때로는 자신이 있을 곳도 없고. 할 수 있는 역할도 없다고 느끼게 되었습니다. 이러한 경험 모두가 경계성 인격장애라는 증후군의 하나입니다. 이 증후군에 대해 중요한 것을 말해드리고 싶습니다. 먼저, 우리는 이 장애에 대해 많은 것을 알고 있고, 효과적인 특정 치료법도 개발되어 있습니다. 이 치료에서는 당신이 어디에도 소속되지 못하고 있다거나 거의 역할을 하지 못하고 있다는 생각들에 대해, 당신과 내가 검토하게 됩니다. 우리는 이러한 생각들을 객관적인 증거에 비추어 검토하고 그러한 생각들이 옳은지 어떤지를 판단할 것입니다. 이 치료에서는 당신이 무력하고 소속감이 없다고 느끼게 되는 행동에 대해 검토해서 변화시키는 것도 포함되어 있습니다. 둘째, 오늘 저에게 말했던 것처럼, 과거에 자해했던 심각한 경험이 있었습니다. 당신은 자해를 했었고 앞으로 더 심각하게 자신을 위태롭게 할 수 있는 잠재능력을 습득했을 수 있기 때문에, 이제부터는 정기적으로 자상행위를 관찰하려고 합니다. 이것을 예방하기 위해서는, 당신과 내가 함께 자상행위의 이점과 단점을 생각해보고, 부정적인 감정에 대처하는 다른 방법을 생각해볼 것입니다. 전반적으로 이러한 접근이 이 증후군에 효과가 있지만, 그러기 위해서는 우리 두 사람이 많이 노력해야 합니다. 우리가 함께 노력하고 최선을 다한다면, 긍정적인 변화와 안도감을 느낄 수 있을 것입니다.

환자에게 DSM에서의 경계성 인격장애의 진단 기준 내용을 복사하여 제공하고, 당사자에게 어떻게, 왜 각각의 기준에 부합하다고 판단되는지 논의하도록 권장한다. 더구나 경계성 인격장애의 치료에 효과가 있는 모든 심리요법 치료법에 대해 논의하게 되면, 환자는 정보에 근거하여 자신에게 가장 적합한 치료법이 무엇인지를 결정할 수 있게 되며, 치료를 계속할 수 있는 동기도 부여받을 수 있게 된다.

위에서 제공된 사례에서, 경계성 인격장애라는 진단 피드백이 자상을 증가시키는 잠재능력의 습득, 부담감의 지각, 소속감의 좌절이라는 개념과 연관되어 이뤄진다는 것을 알았다. 이러한 관련성은 희망(예를 들면, 부담감의 지각이나 소속감의 좌절은 착각이며 일시적인 것)을 심어주며, 안전한 자기 제어를 촉진시킨다(예를 들면, 자상은 자기 제어 기능을 하며, 환자가 선택한 것임을 인정하며, 그 밖의 자기 제어 전략을 고려하도록 격려하는 것과 연관시킨다). 암묵적인 메시지(예를 들면, "이것을 함께" 즉, "노력하면 긍정적인 변화가 일어날 수 있다")는 환자의 부담감이나 주위로부터 단절되었다는 느낌을 현시점에서 완화시키도록 하기 위한 것이다.

우리 연구 그룹의 구성원들은 Florida State University의 심리클리닉에서 외래환자들을 대상으로 이러한 진단 피드백이 영향을 미치는 긍정적 정서와 부정적 정서에 대한 조사를 실시했다(Holm-Denoma, Gordon, et al., 2008). 4가지 긍정적 기술(즉, 희망, 낙관, 인정, 안도)과 4가지 부정적 기술(즉, 수치, 공포, 고통, 낙담)의 시각적 상사척도(visual analogue scale)가 5회 이뤄진 시점(접수 상담의 시작, 접수 상담 종료, 진단 피드백 세션 시작[피드백이 이뤄지기 전], 세션의 종료, 종료 1주 후)에 내담자를 대상으로 실시했다. 이 '피험자 내 설계 연구' 결과에서는 진단 피드백 세션 동안에 내담자는 긍정적 정서가 증가하는 경험을 하지만 부정적인 정서에는 변화가 없었다는 점을 보여주었다. 이 연구는 진단 피드백의 의원성 영향에 대한 임상가들의 우려가 적어도 사려 깊게 피드백이 제공될 때에는 별로 타당하지 않을 것이라는 예비적 증거를 제공해준다.

제2장

자살위험 평가

자살의 대인관계이론

산악가이드와 고객들은 산에 있는 동안 폭풍이나 위험한 지형, 눈사태, 깊은 크레바스와 같은 수많은 위험에 직면할 수 있다. 가이드의 주요 임무는 고객의 안전을 확실하게 하는 것이다. 잠재적인 위험 징후가 있으면, 가이드는 위험의 정도를 평가하고 고객의 안전을 지킬 계획을 세워야 한다. 자살위험이 있는 내담자(또는 자살 징후를 보이는 위험한 내담자)와 함께하는 치료사도 이와 유사한 작업을 해야 한다. 치료사는 정기적으로 내담자의 자살위험을 평가하고 위험 정도에 따라 적절하게 임상조치를 취해야 한다. 이번 장에서는 자살행동의 위험 평가를 임상 과제로 제시하고, 계속해서 제3장에서는 위험 평가를 통해 모인 정보를 바탕으로 적절한 행동에 대해 논의하고자 한다.

먹구름이 있다고 등산을 취소하거나 하산해야 한다고 보는 가이드를 아주 우수하다고 볼 수는 없을 것이다. 대부분의 치료사들도 이와 유사하게 위험 평가를 한다. 그들은 자신들이 경고주의자라고 불리는 것을 공개적으로 지지한다. 이런 태도에서는 자살 생각에 대한 언급을 포함해서 모든 자살 징후를 생명 위협의 지표로 보기 때문에 경고가 있어야 한다고 간주한다. 자살 증상을 내담자에게서 잘 발견하지 못하는 클리닉에서 치료사가 이런 태도를 취하기 쉽다. 왜냐하면, 그들은 자살 증상이 자신들이 다루는 질환에서 핵심적인 부분이라는 것을 배울 수 있는 경험이 없었기 때문이다. 심장이 뛰는 등 생리적인 반응을 경험할 때, 죽을 것 같다고 두려워하는 공황장애가 있는 내담자의 경우나 비행기가 추락할 것이라고 확신하는 비행 공포가 있는 내담자의 경우와 같이, 경고주의자의 입장인 치료사는 일

어날 확률에서 실수를 저지르는 것이다. 이런 치료사는 자살 증상이
있다는 것만으로도 자살 가능성이 높다고 믿는데, 이것은 잘못이다.
역학 연구에서는 자살 생각이 있는 대부분의 사람들이 자살을 시도
하지도 않고 자살로 죽지도 않는다는 사실을 결정적으로 보여준다.
한 대규모 연구 결과에 따르면, 미국 인구의 1/3이 생애 어느 시점에서
자살에 대해 생각하며(Paykel, Myers, Lindenthal, & Tanner, 1974),
매년 미국 인구의 0.01%만이 자살로 죽는다는 사실을 보여준다(2003년
데이터에 대해서는, Hoyert, Heron, Murphy, & Hsiang Ching, 2006
참조).

이러한 차이가 자살 증상을 무시해도 된다는 것을 의미하지는 않
는다. 폭풍이 가까이 온다는 위험 신호에 주의하지 않는 산악가이드
는 고객을 위험에 처하게 할 수 있다. 반대로, 자살 생각이나 행동에
대해 다른 사람을 조종이나 도발하려는 것이라고 보는-심각한 증
상이라기보다 의사 표시라고 보는-치료사도 있다(제1장의 경계성
인격장애의 논의 부분 참조). 이러한 치료사는 방임주의자의 입장이
라고 할 수 있겠다. 이렇게 다른 양쪽의 입장이 내담자에게 결코 최
적의 치유 결과를 가져오지는 못할 것이라는 점을 이해할 수 있을 것
이다.

이번 장에서는 서론에서 기술되었던 자살행동 모델 및 위험 평가
에서 축적된 풍부한 지식을 사용하여, 자살위험 평가에 사용할 가이
드북에 대해 기술한다. 가이드북에서는 치료사가 자살위험 평가에
서 경고주의적인 입장도 방임주의적인 입장도 아닌 객관적인 입장
이 되어야 한다는 점을 말한다. 실증적인 지식을 기반으로 하는 전

략에 의거함으로써, 자살위험이 있는 환자를 대할 때 생겨날 수 있는 개인적 감정(예, 공포나 분노)에 휘둘릴 필요는 없을 것이다. 사실 우리가 서술하는 방법과 전략을 사용함으로써, 매우 보람된 일이기도 하지만, 자살위험이 있는 환자를 돕는 어려움에 익숙해지면서 점점 이러한 감정은 줄어들 것이다.

1. 용어 정의

고객의 안전에 유의하기 위해서, 산악가이드는 날씨 변화, 피로 증가, 질병 징후를 포함하여, 현재의 위험을 경고하고 징후들에 주의해야만 한다. 가이드는 고객이 지닌 요인(예, 기술 능력이나 건강 수준)과 산 자체의 측면(예, 경로의 어려움)도 고려해야 한다. 따라서 어떻게 나아갈 것인가에 대한 결정은 동적인 현재의 상태 그리고 비교적 변하지 않는 장기간에 걸친 요인, 두 요인에 따른다. 이러한 구별은 자살위험을 평가하는 데 중요하다. 자살행동을 예측하는 변수는 크게 두 범주로 나눌 수 있다. (a) 사람을 자살행위로 몰 수도 있는 장기간에 걸친 (그리고 좀처럼 변하지 않는) 위험인자와 (b) 현시점에서 자살위험이 존재하는 것을 나타내는 동적이고 시간적으로 가장 가까운 요인인 경고징후이다(Rudd, Berman, et al., 2006). 이번 장에서는 두 가지 유형의 변수를 검토하고 위험 평가에 어떻게 두 가지를 포함시킬 것인가에 대해 살펴본다.

여러 변수가 자살을 예측하는 것으로 보고되고 있다. 간단히 말하면,

다음과 같다. 충동성(Apter, Plutchik, & van Praag, 1993; Kingsbury, Hawton, Steinhardt, & James, 1999), 자살시도(예, Master et al., 2002 참조), 사회적 고립(Joiner, Brown, Brown, & Wingate, 2005; Trout, 1980), 어린 시절의 역경(Joiner, Sachs-Ericsson, Wingate, & Brown, 2007; R.A. King et al., 2001), 정신 장애(Cavanagh, Carson, Sharpe, & Lawrie, 2003; 이 책의 제1장도 참조), 절망감(Brown, Beck, Steer, & Grisham, 2000)이다. 제한된 시간에 임상가가 평가해야 하는 변수는 무엇일까?

미국 자살학회(American Association of Suicidology, 이하 AAS)는 일반인에 대해 (임상가나 연구자에 대해서도) 이 문제를 쉽게 설명하기 위해, 자살 경고징후 리스트를 제시하고 있고 다음과 같이 'IS PATH WARM?'이라는 연상법으로 기억할 수 있도록 했다.

I: ideation(자살충동과 같은 충동)

S: substance abuse(약물남용)

P: purposelessness(목적 없음)

A: anxiety(불안)와 agitation(격양)

T: trapped([어떤 상태에] 빠졌다는 느낌)

H: hopelessness(절망감)

W: withdrawal(은둔형 외톨이)

A: anger(분노)

R: recklessness(무모함)

M: mood fluctuation(감정 기복)

경고징후(warning sign)라는 용어는 상당히 많은 정보를 전해준다. 징후(sign)는 타인이 직접 관찰할 수 있지만, 증상은 다른 사람에게 묘사하는 주관적인 설명이다. 경고(warning)는 이 목록이 현재의 자살위험을 감지하기 위해 구성된 것이라는 사실과 징후의 출현이 불안정할 수 있다(예를 들면, 영원히 화내는 사람은 거의 없을 것이다)는 사실을 의미한다. 반면, 위험인자(risk factor)는 타자로부터 직접 관찰할 수 없는 변수(과거에 일어났던 것을 포함)를 포함하며, 시간적으로 안정되어 있기는 하지만 자살위험을 높이는 일반적인 표지이다. 예를 들면, 성별은 자살에 대해 실증된 위험인자이기 때문에, 그 사람이 남성이라는 점은 여성과 비교할 때 자살위험이 높은 상태라는 것을 알려준다. 그러나 내담자를 대하는 임상가에게 있어서, 대부분의 남성 내담자는 자살로 죽지 않기 때문에 내담자가 남자라는 점이 자살위험 평가에 영향을 주는 경우는 거의 없다. 이러한 점은 실증된 위험인자를 나타내거나 그렇게 인정되는 대부분의 사람들은 자살을 시도하지 않으며 소수만이 자살한다고 하는, 즉 자살위험 평가에서 가장 성가신 하나의 문제를 제공하는 것이다. 경고징후에도 이러한 점들이 적용된다.

이러한 경고징후 리스트는 주로 일반인을 위해 만들어진 것으로서, 그 목적은 주위 사람의 잠재적인 경고징후를 알아차리고 위험한 상태에 있는 그들을 전문적인 평가를 시행하는 정신건강 전문가들과 연결시키는 데 필요한 지식을 일반인에게 주기 위한 것이다. 따라서 경고징후가 애매하고 아주 많은 거짓 양성이라는 결과를 가져올지도 모른다는 사실은 일반인에게 특별히 문제가 되지 않는다. 그러나 이러한 사실은 자살위험이 높은 환자를 대할 때 임상적 결정을 내려야 하는 과제에 직면하는 정신건강 전문가들에게 있어서 매우 큰 문제가 된다. 그렇다면 어떻게 해야 할까?

자살위험 측정 도구는 임상가들에게 현재와 중장기적인 위험 징후와 증상을 평가하기 위한 구조화된 방법을 제공하는 정형화된 절차이다. 이러한 틀은 다음과 같은 특징을 (다양할 정도로) 공유하고 있다.

(a) 어떤 징후나 증상을 평가할 것인가, 어떤 질문을 할 것인가.

(b) 현시점의 위험도를 결정하기 위해, 현시점의 증상과 과거의 증상에 관한 정보와

(c) 위험이라고 판단될 때, 취할 행동에 대한 지시를 어떻게 조합할 것인가.

이 도구의 가장 중요한 목적은 명백하고 절박한 위험의 유무를 포함한 현시점의 자살위험 정도를 확인하는 것으로서, 그 결과 (위험이 명백하고 절박한 경우, 입원을 포함하여) 위험을 관리하는 적절한 행동을 취할 수 있는 것이다. 따라서 예기치 못한 위험한 지형에 직면했을 때, 산악가이드가 지도나 나침반을 꺼내는 것과 같이, 자살위험이 높은 환자를 대면할 때, 임상가는 도구함에서 자살위험 평가 도구를 꺼낼 수 있는 것이다.

2. 자살위험 측정 도구에 포함되는 것

따라서 "할 것은?"이라는 질문에 대한 하나의 대답은 임상가가 자

살위험 측정 도구를 사용하는 것이다. 왜냐하면, 그것은 실증적으로 검토되고 자살에 대해 얻을 수 있는 정보를 명확히 통합하고 있기 때문이다. 그러나 여전히 임상 연구자가 자살위험 측정 도구에 무엇을 어떻게 포함시킬 것인가 하는 질문과 어떤 측정 도구를 임상가가 사용해야 하는가 하는 질문에 대해서는 해답이 없는 상태이다. 이 질문에 대한 답은 자살의 대인관계이론에 있다고 생각한다. 이 이론(Joiner, 2005)에서는 자살위험 측정 도구 중에 무엇이 포함되어야 한다고 언급하고 있는가? 대략 보면, 이 이론은 두 개의 주요 영역-자살에 대한 욕구와 자살 잠재능력-을 평가해야 한다고 제안하고 있다. 그렇게 함으로써, 임상가는 앞에서 언급한 두 영역, 즉 현재와 장기에 이르는 위험을 자연스럽게 평가할 수 있을 것이다.

자살욕구는 잠재적인 자살위기에 대한 경고징후로서, 현시점의 위험을 가리킨다. 자살욕구가 있다고 판단되는 내담자에 대해서는 평가를 통해서 결과적으로 자살시도의 경향을 줄일 수 있는 방법을 결정할 수 있어야 한다. 자살위험 측정이 이뤄지는 동안에, 내담자에게 "자살을 계속 생각하고 있는지 말씀해주시겠어요?"라는 질문을 한다. 만약, 내담자가 "아니요."라고 답하면, "죽어버리고 싶다거나 죽으면 모든 것이 더 잘 될 것이라고 생각합니까?"라고 질문하면서 자살욕구에 대해 계속 평가해야 한다. 내담자에게는 자살하는 것이나 죽는 것에 관한 이미지에 대해서도 질문한다. 다음으로 자살의 대인관계이론에서는 자살욕구의 가장 치명적인 형태가 소속감의 좌절과 부담감의 지각이라는 두 가지 괴로운 대인관계의 경험으로 인해 야기된다는 점을 말하고 있기 때문에, 모든 내담자에게 이 두 가지 경험이 있는지를 묻는다. 즉, 위험 측정 도구는 내담자가 타인과 연계가 있는-그리고 타인에게 관심있는-정도와 만약 자신이 없어지는 경우, 타인에게 더 좋을 것이라고 믿는 정도를 명확히 평가해야 한다고 자살의 대인관계이론에서는 제시한다.

소속감의 좌절을 평가하기 위해서 치료사는 내담자에게 다음과 같이 질문한다. "타인과 연결되어 있다고 느낍니까?", "혼자 사세요?", "기분이 좋지 않을 때, 전화할 사람이 있습니까?" 자살의 대인관계이론에 따르면, 치료사는 타자와 의미있는 관계가 완전히 결여되어 있는 내담자에 대해 특히 주의해야 한다. 부담감의 지각을 평가하기 위해서는 다음과 같이 질문한다. "'내가 없어지는 것이 나의 인생과 관련된 사람들에게 더 좋을 것이다'라고 생각하는 사람들이 있습니다. 당신도 그렇게 생각합니까?" 치료사는 또 소속감의 좌절과 부담감의 지각을 충분히 평가하기 위하여 짧은 자기기입식 질문지인 대인관계 욕구 질문지(Interpersonal Needs Questionnaire [INQ]; Van Orden et al., 2008; <그림 2-1>도 참조)를 사용할 수도 있다.

자살 잠재능력은 자살욕구의 심각성을 증폭시킬 수 있는 장기적인 위험 수준의 지표이다. 자살욕구가 있다고 판단되는 내담자에 대해서는 습득된 자살 잠재능력의 현재 지표와 환자가 자살 잠재능력을 습득하게 된 과거의 경험을 평가한다. 자살의 대인관계이론에 따르면, 자살 잠재능력을 습득하게 만드는 경험은 신체에 대한 자상의 아픔과 공포에 대해 익숙하도록 하는 경험이다. 구체적으로 이러한 경험은 무엇일까?

다음 질문은 당신 자신과 다른 사람들에 대한 물음입니다. 각 질문에 대해, 일반적으로 사실이라고 생각되는 것이나 다른 사람들에게 사실일 수도 있다는 것이 **아니라,** 당신 자신의 현재 의견이나 경험에 대해 답해주시기 바랍니다. 당신이 **최근에** 어떻게 느끼고 있는지에 따라서 답을 해주시기 바랍니다. 평정척도를 사용하여 당신이 어떻게 느끼는 지에 대해 가장 일치하는 번호를 찾아, 그 번호에 O를 표시합니다. 정답도 틀린 답도 없습니다. 당신이 어떻게 생각하고 느끼고 있는지에 대해 대답해주시기 바랍니다.

1	2	3	4	5	6	7
전혀 그렇지 않다			다소 그렇다			매우 그렇다

_____ 1 최근, 내가 없어지면 내 주위 사람들이 더 좋아질 것이라고 생각한다.

_____ 2 최근, 내 주위 사람들은 나와 함께하지 않는 것이 더 행복할 것이라고 생각한다.

_____ 3 최근, 내 주위 사람들을 실망시켰다고 생각한다.

_____ 4 최근, 나는 자신이 사회에 부담을 준다고 생각한다.

_____ 5 최근, 나는 내 주위 사람들의 행복에 기여하고 있다고 생각한다.*

_____ 6 최근, 나는 주위 사람들에게 부담을 준다고 느낀다.

_____ 7 최근, 나는 내 주위 사람들이 나를 쫓아내고 싶어한다고 생각한다.

_____ 8 최근, 나는 내 주위 사람들에게 상황을 악화시키고 있다고 생각한다.

_____ 9 최근, 나는 내 주위 사람들에게 내 자신이 중요한 의미가 있다고 생각한다.*

_____ 10 최근, 다른 사람들은 나에게 관심을 갖고 있다.*

_____ 11 최근, 나는 자신이 있어야 하는 곳에 있다고 느끼고 있다.*

_____ 12 최근, 나는 관심을 가져주는 사람들과 거의 교류하고 있지 않다.

_____ 13 최근, 나는 다행히도 관심을 가져주고 지지해주는 많은 친구들이 있다.*

_____ 14 최근, 나는 다른 사람들과 단절된 것처럼 느낀다.

_____ 15 최근, 나는 사교 모임에서 부외자처럼 느낄 때가 많다.

_____ 16 최근, 나는 필요한 때 의지할 수 있는 사람들이 있다고 느낀다.*

_____ 17 최근, 나는 다른 사람들과 친하다.*

_____ 18 최근, 나는 매일 적어도 한 번은 다른 사람과 만족할 만한 교류를 한다.*

* 표시가 있는 항목은 득점을 반대로 할당한다.

〈그림 2-1〉 대인관계 욕구 질문지(INQ)

자살행동이 일어나게 되는 가장 강력한 예측변수의 하나는 과거의 자살 증상이다(Joiner, Conwell, et al., 2005). 지금까지의 연구는 자살로 죽는 사람들의 대다수가 이전에 자살 시도력이 있는 사람이라는 것을 알려준다(Brown et al., 2000). 우리 연구팀이 수행하는 한 연구에서(Joiner, Conwell, et al., 2005), '부엌 싱크대 이외의 모든 것'(예를 들면, 자살 경향을 예측하는 것으로 알려진 폭넓은 임상변수와 인구통계학 변수)을 통제했을 때도 과거와 현재의 자살 증상 간에 강한 관계가 있다는 점을 알아냈다. 이러한 결과는 과거의 자살행동이 장래의 자살행동 위험을 상당히 높인다는 것을 시사한다. 따라서 자살의 대인관계이론이 과거의 자살시도 여부, 특히 복수의 자살시도 여부를 평가해야 한다고 하는 것은 과거의 자살시도가 자살 잠재능력을 습득하는 가장 직접적인 방법을 나타내는 것일 수도 있기 때문이다. 이 장에서 나중에 우리 연구팀이 개발한 위험 측정 도구-자살위험측정 결정 트리(Suicide Risk Assessment Decision Tree)-에 대해서 언급하겠지만, 이 도구는 습득된 자살 잠재능력의 프록시 측정을 위한 가장 명확하면서도 간단한 것의 하나로서, 여러 번 시도했던 사람을 구별해야 한다는 점을 강조하는 것이다. 이전의 연구는 단일 시도자나 자살 희구자와 비교해서 여러 번 시도했던 복수 경험자가 더 임상적으로 중증도(예를 들면, 더 만성적인 I축 진단)나 더 큰 자살위험(예를 들면, 더 심한 자살희구)을 보여준다(Rudd, Joiner, & Rajab, 1996). 과거의 자살시도에 대해 추가되는 차원은 자살시도에서 살아남은 것에 대한 내담자의 반응이다. 지금까지의 연구에서는 살아남은 것에 대한 후회가 나중에 자살로 죽는 강력한 예측변수라는 점을 보여준다(Henriques, Wenzel, Brown, & Beck, 2005). 이 자료들은 과거의 자살시도가 장래의 자살행동에 지속적인 위험이라는 점을 시사한다.

자살의 대인관계이론에서는 과거의 자살시도 이외에도 자살 잠재능력이 습득될 수 있다고 예측한다. 공포를 유발하고 고통을 일으키는 경험들로 인해서 자상의 이러한 측면에 익숙해질 수도 있다. 자살을 준비하더라도 마지막 순간에 결국 자살을 단념한다는 것은 자상에 따른 공포에 익숙해지는 또 하나의 잠재적인 수단이 있다는 것을 대변해준다. 공포를 유발할 만한 위험 행동의 다른 사례로서는 자기 주사로 인한 약물사용, 비자살성 자상, 전투나 병역 등을 포함한 신체적인 폭력에 노출되는 것이 포함된다. 충동적 행동척도(Impulsive Behavior Scale; Rossotto, Yager, & Rorty, 1998)는 이러한 경험들을 평가하는 효율적이고 포괄적인 자기기입식 척도이다.

또 하나의 유용한 자기기입식 척도인 고통스럽고 자극적인 경험 척도(Painful and Provocative Events Scale[이하 PPES]; Bender, Gordon, &Joiner, 2007)는 충동 행동 척도(Impulsive Behavior Scale [IBS])로 측정되지 않는 아프고 충격적인 사건(예를 들면, 접촉이 이뤄지는 운동을 했다, 몸싸움에 참여했다. 높은 곳에서 뛰어내렸다)을 측정하기 위해, 우리 연구팀이 개발한 것이다, 우리 연구팀은 가능성 있는 혼재변수(comfounding variable: 예를 들면, 억울, 자살희구)를 통제한 후에도, 고통스럽고 자극적인 경험(충동 행동 척도[IBS]와 PPES의 합성변수항목으로 측정됨)에 노출되는 것은 습득된 자살 잠재능력의 점수(ACSS로 측정됨; Van Order et al., 2008)를 유의하게 예측한다는 점을 입증했다. 과거의 자살시도에 더해서 자살 잠재능력을 습득하도록 할 수 있는 다른 고통스럽고 자극적인 사건을 평가하는 PPES를 임상적으로 사용하는 것에 대해 이 자료들은 지지하고 있다.

독자는 자살희구의 과거 에피소드 또한 평가되어야 하는 것은 아닐까 하고 생각할 것이다. 어떤 연구에서는 과거의 자살희구가 장래의 자살희구의 위험성을 높인다고 말한다(Kerr, Lee, & Capaldi, in press). 그러나 이 연구에서는 자살희구의 장래 에피소드 위험은 시간이 지나면서 줄어든다는 점도 밝히고 있다. 이러한 결과는 과거의 자살희구가 장래의 자살 증상의 위험을 늘리기는 하지만, 그것이 자살시도와 비교해서 장래의 자살 증상에 대해서는 위험이 별로 지속적이지 않다는 것을 의미한다. 그런데, 다른 연구에서는 자살희구를 포함해서 과거의 자살 증상 측정이 최악의 시점(증상이 가장 중증일 때)에 초점을 둔다면, 이러한 정보가 내담자에 대해 높은 예측적 가치를 갖는다는 것을 시사하고 있다(Joiner, et al., 2003). 이 연구는 내담자의 자살위험의 수준이 최악인 시점에서 얼마나 계획성이 있었는가 하는 정도에 따라 과거의 자살시도 여부와 장래 자살로 인한 죽음을 예측할 수 있다는 점을 말하고 있다. 이러한 자료는 바쁘게 이뤄지는 임상실천에서 실용성의 관점으로부터 생각해볼 때, 과거의 자살희구 에피소드에 대한 정보를 모으는 것은 유용하지만, 과거의 자살시도 정보까지는 아니라는 점과 최악의 시점에서 계획(과 계획의 실시) 정도를 평가한다는 최악 시점의 평가 전략은 자살위험 평가에 도움이 될 것이라는 점을 시사하고 있다.

현시점의 습득된 자살 잠재능력 지표에 대해서, 자살의 대인관계 이론에서는 위험 측정 도구로 내담자 자신이 지각하고 있는 자살 잠재능력을 명확히 평가해야 한다고 말한다. 위험 측정에서, 내담자는 지각된 자살 잠재능력이 높은 것을 어떻게 표현할까? 자상이 이뤄질 때, 죽는 것을 의도하는 정도(자살행동을 진행하고 있을 때 얼마나 죽고 싶다고 바라는지의 정도)로 이후의 자살로 죽을 가능성을 예측할 수 있다(Harris, Hawton, & Zahl, 2005). 따라서 죽을 의도가 높은 수준은 습득된 자살 잠재능력의 행동적인 지표를 나타낼 것이다. 즉, 위험 측정에 이 변수를 통합함으로써, 자기 보고의 자살 계획이 내담자의 현재 자살 의도가 어느 정도인지 평가할 수 있다(예를 들면, "약을 과다 복용한다는 계획에 초점을 둔다고 할 때, 이 계획을 실행하려는 당신의 의도는 1~10까지 중에 얼마입니까?").

습득된 자살 잠재능력의 행동지표로서 또 하나 가능성 있는 것은 자상과 죽음에 대한 공포심이 없는 정도이다. 우리 연구팀은 습득된 자살 잠재능력의 이 측면을 파악하기 위해 자기기입식 척도인 ACSS (<그림 2-2> 참조)를 개발했다. 자살의 대인관계이론을 검증하기 위해 계획된 이 연구에서는 그 척도의 단축판인 5항목판을 사용했다 (바쁜 외래 클리닉의 시간 제약 때문에). 자살의 대인관계이론에서 예측될 수 있듯이, 과거에 더 많이 자살을 시도했던 내담자일수록 자살에 대한 공포심이 적었다(즉, ACSS 점수가 높음; Van Orden et al., 2008).

다음 항목을 읽고, 그 내용이 당신의 상태를 어느 정도 설명하고 있다고 느끼는지 표시해주기 바랍니다. 아래의 척도를 사용하여 기술된 내용을 평정하고 회답란에 답변을 적어주세요.

0	1	2	3	4
전혀 맞지 않다				매우 잘 맞다

____ 1. 대부분의 사람들은 무서워하는 것인데 나는 무섭지 않다.
____ 2. 자신의 피를 보더라도 신경쓰지 않는다.
____ 3. 다칠 가능성이 있기 때문에, 특정 상황(예를 들면, 특정 장소)를 피하고 있다.
____ 4. 대부분의 사람들과 비교해서 나는 훨씬 심한 아픔도 참을 수 있다.
____ 5. 사람들은 내가 겁이 없다고 말한다.
____ 6. 피를 보면 상당히 불쾌한 기분이 든다.*
____ 7. 자신이 언젠가는 죽는다는 것에 동요하지 않는다.
____ 8. 죽음에 동반하는 아픔이 무섭다.*
____ 9. 과학 수업에서 동물을 죽이는 것에 나는 신경쓰지 않는다.
____ 10. 죽는 것이 늘 무섭다.*
____ 11. 사람들이 죽음에 대해 이야기할 때, 나는 긴장하지 않는다.
____ 12. 시신을 보는 것이 무섭다.*
____ 13. 자기 자신이 죽을 수 있다고 생각하면 불안해진다.*
____ 14. 죽음은 삶의 끝이라는 사실을 알고 있기 때문에 신경쓰지 않는다.
____ 15. 운동경기에서 공격적인 접촉이 있는 것을 보는 것이 좋다.
____ 16. 하키경기에서 가장 좋은 장면은 싸움이 났을 때이다.
____ 17. 나는 싸움을 보면 걸음을 멈추고 본다.
____ 18. 영화의 폭력적인 부분에서는 눈을 감고 싶다.*
____ 19. 나는 죽는 것이 전혀 무섭지 않다.
____ 20. 자살하고자 한다면 나는 자살할 수 있을 것이다. (자살하고 싶다고 생각한 적이 없더라도 이 질문에 대답해주세요.)

* 표시가 있는 항목은 득점을 반대로 할당한다.

〈그림 2-2〉 습득된 자살 잠재능력 척도

〈표 2-1〉 이론에 근거한 평가 권장 사항(요약)

- 소속감의 좌절
  - 배려와 의미가 있는 타자와의 연계 결여
  - 환자가 동요했을 때, 의지할 수 있는 친구나 친척이 없는 것
  - 죽음이나 이혼으로 인한 최근의 상실 체험

- 부담감의 지각
  - 만약 그 환자가 없어진다면, 다른 사람들에게 더 좋을 것이라는 말
  - 자신이 다른 사람에게 짐이 되고 있다는 말
  - 자기 유능감의 상실(예, 실업)을 포함한 최근의 스트레스 요인

- 습득된 자살 잠재능력
  고통과 자극의 경험
  - 과거의 자살 시도력(특히 복수의 자살 시도력)
  - 자살시도 중단
  - 자기주사로 인한 약물사용
  - 자상행위 (예, 비자살성 자상)
  - 신체적인 폭력에 자주 노출되거나 관여함

  현재의 지표
  - 자살의도 높음
  - 자살에 대한 공포가 없음
  - 자살 생각에 몰두하며 장시간 자살희구를 하게 되는 것
  - 매우 상세하고 생생한 자살 계획
  - 구체적인 자살 시간과 장소

　　성인의 경우, 자살에 대한 의도와 공포심이 없는 정도는 **계획 수립
과 준비**라고 하는 자살 증상군의 일부라는 점이 밝혀졌다(Joiner,
Rudd, & Rajab, 1997). 그 증상들은, (a) 자살을 시도하는 용기, (b) 자
살을 시도하는 능력, (c) 자살시도가 가능한 수단과 기회, (d) 자살시
도 계획의 구체성, (e) 자살시도의 준비, (f) 자살희구의 지속기간, (g)

강력한 자살희구 등이다.

계획 수립과 준비의 증상군은 다음과 같은 증상을 포함하는 **자살욕구**와 **자살희구**라고 불리는 자살 증상의 또 하나의 군에서 실증적으로 확인할 수 있다. 자살욕구와 자살희구 증상은, (a) 사는 이유의 결여, (b) 죽고 싶은 마음, (c) 자살희구의 빈도, (d) 살고 싶어하지 않음, (e) 수동적인 자살시도, (f) 자살시도에 대한 욕구, (g) 자살시도의 이야기, (h) 자살시도에 대한 제지의 결여, (i) 죽음이나 자살을 이야기하는 것 등이다.

자살의 대인관계이론에서는 소속감의 좌절이나 부담감의 지각이 단독적으로 자살욕구와 자살희구를 가져오지만, 그 양쪽이 함께 이뤄지면 자살욕구와 희구의 요인은 더 높은 (그리고 더 심각한) 수준의 결과를 가져온다고 예측한다. 또 이론에서는 3가지의 요인(소속감의 좌절, 부담감의 지각, 습득된 자살 잠재능력)이 모두 나타날 때, 계획 수립과 준비라는 증상을 결과적으로 가져올 수 있다고 보고 있다. 지금까지의 논의에서 임상가가 습득된 자살 잠재능력의 현시점의 발현을 평가하고자 한다면, 계획 수립과 준비(특히 자살 의도와 공포심이 없는 정도)가 자살욕구와 그 욕구에 따라 행동하는 능력의 여부를 시사할 것이라는 점에서, 계획 수립과 준비라는 증상을 평가하도록 조언하고 싶다. 소속감의 좌절, 부담감의 지각, 습득된 자살 잠재능력의 평가 요약 내용은 <표 2-1>에 기재되어 있다.

현시점에서 자살욕구를 인정하지 않는 환자의 경우라면, 임상 평가를 고려할 때, 자살의 대인관계이론에서는 어떤 점을 제시할 수 있을까? 위험 측정 도구를 사용하려고 하면, 시간 제약에 대한 실천적인 배려가 이뤄져야 할 것이다. 또 다른 한편으로는 측정에서 중요한 정보 부분을 생략하는 것이라면, 내담자에 대한 최적의 치료와 자살 방지의 가능성이 낮아지는 결과를 초래할 것이다. 역시 임상가는 습득된 자살 잠재능력에 대해 평가해야 한다. 즉, 자살욕구는 증감할 수 있다. 그리고 만약 그것이 습득된 자살 잠재능력의 수준이 높은 내담자에게서 이뤄진다면, 자살위험은 상당히 증가할 수 있고 임상가는 그러한 사태에 준비할 필요가 있을 것이다.

3. 다양한 위험 측정법

이 장의 남은 부분에서는 서론에서 논증한 것과 같이 실증적으로 지지되는 대인관계이론을 통해 기존의 3가지 위험 측정법을 검토해 본다. 번잡한 논의를 피하기 위해, 몇 가지 유용한 위험 측정법은 제외했다. 정신역동적(psychodynamic) 관점의 위험 측정에 관심이 있는 독자는 Maltsberger(1986)를 참조하기 바란다.

(1) 자살의 협력적 평가 및 관리(CAMS)

자살의 협력적 평가 및 관리(Collaborative Assessment and Management of Suicidality[이하 CAMS])는 자살 연구자이면서 동시에 임상가로서 적극적으로 활동하고 있는 임상심리학자 Jobes(2006)가 개발한 위험 측정법이다. CAMS의 원리 핵심은 **협력**이라는 한 마디로 파악할 수 있다. 내담자에게 CAMS를 도입할 때, 치료사는 물리적으로 내담자 가까이에 앉기 위해 자리를 옮긴다. 임상가와 내담자는 내담자의 안전을 유지하고 되도록 입원 치료를 피한다는 공통된 목표를 가지고 공동 작업을 진행한다. 따라서 CAMS에서는 치료 동맹이라는 중요성과 가치를 강조한다. CAMS에서 협력적인 특징은 소속감의 좌절과 부담감의 지각에 대항하고, 자살욕구가 개선될 가능성도 포함한다(CAMS에서 협력이 어떻게 이뤄지는지에 대한 자세한 점은 제5장에서 검토한다).

CAMS에서 중심이 되는 평가 도구는 자살 상태 양식(Suicide Status Form: SSF)이다. Shneidman(1987)이 제창한 자살의 입방체 모델의 구성개념들에 대한 자기기입식 조사가 이 SSF의 일부를 구성하고 있다. 여기에서 내담자는 심리적 괴로움('고통'), 압도되거나 압박을 받고 있다는 느낌('스트레스'), 정서적인 아픔을 끝낼 행동을 바로 취하고 싶다는 정서적인 절박감과 필요성('격정')에 대한 현시점의 수준을 1에서 5까지 5단계로 평가하며, 큰 숫자가 분명하고 절박한 더 큰 위험을 나타낸다. 우리는 Shneidman의 입방체 모델의 기초를 이루는 구성개념이 주로 자살욕구를 측정하는 것이라고 보고 있다(검증이 필요한 실증적인 문제라고 생각한다). 자살의 대인관계이론에서는 내담자가 강한 자살욕구를 경험하는 것만으로 자살위험이 분명하고 절박하다고 결정하지는 않는다는 점을 상정하고 있다. 예를 들면, 고통, 스트레스, 격정에서 5-5-5로 평가하는 사람 모두가 자살에 대한 공포심이 없다는 점을 포함해서 자살 잠재능력을 지닌다는 것은 아닐 것이다. 따라서, 분명하고 절박한 위험의 입방체 모델의 개념화는 많은 위약성을 만들어낼 것이고, 자살 잠재능력을 측정하기 위해 만들어진 항목을 추가함으로써, 위험 측정 정도가 개선될 것이라는 점을 자살의 대인관계이론은 제안한다(예, 자살에 대한 공포심이 없는 정도와 지각된 신체적 고통의 내성에 대한 리커트 척도를 더하는 것도 가능할 것이다).

　실증적으로 지지되는 자살위험 행동 지표(예, 자살 계획과 준비, 자살 예행연습, 과거의 자살시도) 가운데 많은 것들이 자살을 조장하는데, SSF의 제2세션은 이 지표들에 대한 임상가들의 평가를 포함한다. 그러나 CAMS는 어떻게 행동적인 위험인자와 자살욕구에서의 정보를 통합해서 내담자의 자살위험 정도를 결정할지에 대해서 명확하게 제시하고 있지 않다. 다시 말하자면, CAMS에는 위험 판정을 위한 알고리즘이 없다. 자살의 대인관계이론의 관점에서 보면, CAMS는 자살 잠재능력을 포함한 요인은 별로 강조하지 않고, 위험 수준을 판정하는 데 자살욕구 측정의 측면을 지나치게 강조하고 있다. 이들의 CAMS에 대한 비판은 우리가 인정하고 있는 그 유용성을 감소시키겠다는 것을 의미하는 것이 아니다. 이 논의에서 우리의 목적은 위험 예측의 정도를 개선하기 위해서, 이론과 임상 도구를 통합하는 것에 잠재적으로 이점이 있다는 것을 논증하려는 것이다. CAMS는 자살위험이 있는 내담자에 대한 성과를 향상시키는 것으로 나타났으며, 임상가 대상의 철저하고 명확한 매뉴얼을 가지고 있다(Jobes, 2006). 개선되어야 할 장점과 영역, 이 두 가지에 대해 자살의 대인관계이론에서 만들어진 가설이 자살 방지를 위한 방법을 지속적으로 개선하기 위한 향후 연구에 원동력이 될 수 있을 것이다.

(2) 자살 사건 연대 평가법(CASE)

자살 사건 연대 평가법(Chronological Assessment of Suicide Events [이하 CASE])은 진단 면접(diagnostic interviewing)을 전문한 정신과 의사인 Shea(2002)가 개발한 위험 측정법이다. CASE에는 2가지 전제가 있다. 첫 번째는 구체적으로 계획을 세우거나 그 계획에 따른 예비적 행동을 취하는 것이 없으면 자살하는 경우는 드물다는 것이다. 이것은 자살하기 위해서는 잠재능력을 습득해야 하고 이 능력의 전개가 계획의 수립과 준비라는 증상으로서 위험 측정 중에 분명해질 것이라는 자살의 대인관계이론의 견해와 일치한다. CASE 접근법에 있는 두 번째 전제는, 위험 측정 중에 자살 증상을 끌어내는 것이 어려운 이유는 내담자가 이러한 정보를 공유하는 것에 대해 주저하기 때문이고, 따라서 위험 측정의 정확성을 높이기 위해 라포(rapport)를 형성하는 기술을 사용하는 것이 필요하다는 것이다. 이러한 전제는 라포가 증가하면 내담자의 소속감 수준은 높아질 것이고 따라서 위험 측정과 위험 관리에 참여할 동기가 부여된다는 자살의 대인관계이론과 일치한다. 그런데 CASE에서 라포를 형성하는 기술은 보조적인 역할이라기보다 오히려 중심적인 역할을 수행하는 것으로 보인다. 즉, 이것이 그 수법을 지지하는 원리적인 중핵이다.

CASE의 치료 형식의 중심에는 6가지 **유효 기술**(내담자에게 자살 증상에 대해 질문하는 기술, 자세한 내용은 제5장 참조)이 포함되어 있고, 이 부분이 강조되고 있다. 다양한 임상 장면의 경험을 통해 우리는 Shea(2002)가 위험 측정법을 지나치게 강조하고 있다고 보고 있다. 정확하고 효율적으로 측정하는 능력은 우리 클리닉에서도 대학원생들에게 가르칠 수 있다. 그런데, 정확한 위험 측정은 "사실을 사실로 볼 수 있는 냉정함"(p. 18)으로 특징지을 수 있는 치료 자세를 통해 가능하다고 보는 Shea의 생각에 동의한다. 우리는 내담자의 저항을 관리하고 치료사에게 이러한 냉정함을 유지하도록 하는 특정 기술을 강조하는 것보다 초보인 치료사는 자살행동에 관한 사실(예, 자살욕구나 희구와 계획 수립 및 준비를 구별)에 대한 전문가가 되어야 하고, 위험 측정을 하면서 따르는 걱정에 익숙할 수 있도록 풍부한 경험이 필요하다는 신념을 갖고 있다. 그러나 치료사의 걱정과 마찬가지로 내담자의 저항을 관리하는 특별한 기술이 정확하게 위험 측정을 위해 필요한지에 대한 문제는 실증적인 것이며 검증할 필요가 있다.

라포를 형성하는 기술로 자살위험 측정 단계를 조정한 후에, CASE 접근법을 사용하는 임상가는 먼 과거, 최근, 현재, 그리고 가까운 미래에 걸치는 네 시기의 연대기적 **자살 사건**(죽음 희구, 자살생각, 자살시도를 포함한 모든 자살 증상)에 대한 정보를 모은다. CASE 접근법의 본질을 협력이라는 하나의 단어로 파악할 수 있는 것처럼, CASE 접근법의 본질도 마찬가지로 **포괄적**이라는 하나의 단어로 파악할 수 있다. Shea(2002)는 임상가가 이 네 가지 영역에 주의를 집중함으로써 그것에서 더 완전한 데이터베이스를 얻고 올바른 결정을 내릴 수 있다고 제안하고 있다. Shea는 내담자가 증상을 과소 또는 과대 보고할 수도 있기 때문에, 가장 정확한 위험 측정을 위해 다른 정보 제공자로부터 내담자의 자살 증상에 대한 정보를 얻도록 권하고 있다.

　CASE에서는 각 시기의 자살 증상에 대해 자세한 정보를 모은다. CASE에서 모은 정보가 어느 정도로 자세해야 하는지를 설명하기 위해, 내담자의 **현재 사건**을 평가할 때, 임상가의 과제에 대해 간단히 살펴보도록 하자. 여기에는 '최근'에 보였던 어떤 자살행동이나 희구도 포함되어 있고(Shea, 2002, p. 153), 자살시도와 자살희구 때문에 지역의 응급실에서 수진한 것도 하나의 예가 될 수 있다. 이 영역을 평가할 때, '구체적인 계획 세우기'(자살희구의 경우. Shea, 2002, p. 153)나 자살시도의 중증도, 잠재적 치사성의 정도에 초점을 둘 것을 권장하고 있다. Shea(2002)는 자살시도에 대해 10가지 질문을 마련하고 있는데, 그것에서는 내담자의 죽으려는 의도와 죽지 않는 이유의 정도 평가가 포함되어 있다. Shea는 심각한 자살시도를 보이는 내담자의 경우, 보통 입원 치료에 대해 언급한다. 자살시도나 심각한 자살희구 이외에, Shea는 **치사율의 세 징후**라는 범주에 2가지 다른 시나리오를 마련하고 있다. 즉, 절박하고 구체적인 자살 계획과 치명적인 행동에 대한 잠재적인 정신병적 증상(예, 자살하라는 명령 환각)이 나타나는 것이다.

　CASE 접근법은 임상가가 내담자의 자살위험에 관한 포괄적인 데이터베이스를 입수하는 데에 도움이 될 수 있겠지만, 어떻게 위험 수준을 평가할지 또는 이 정보를 가지고 무엇을 해야 하는지에 대해서는 구체적으로 제시하고 있지 않다. 전체적으로 보면, CASE 접근법은 대인관계이론과 매우 일치한다. 왜냐하면, 이것은 내담자가 과거의 자살시도뿐만 아니라 구체적인 계획과 준비와 같이 자살 잠재 능력을 습득할 수 있는 요인에 집중하고 있기 때문이다. CAMS 접근법과 비교해서, CASE는 자살욕구와 희구의 평가에는 거의 주의하지 않는다. 자살의 대인관계이론에서 보면, 이 두 가지의 중간적 입장이 도움이 될 수 있다는 점과 CASE 접근법은 자살희구에 소속감의 좌절과 부담감의 지각이라는 주제가 포함되는지의 여부를 구체적으로 측정함으로써 개선될 수 있을 것이다. 측정이 이뤄지는 동안, 모아진 정보에 따라 취해야 하는 임상적인 대처를 더 정확하게 묘사함으로써 CASE의 임상적인 유용성은 더욱 개선될 가능성이 있다.

(3) 워싱턴대학 위험 평가 프로토콜(UWRAP)

워싱텅대학 위험 평가 프로토콜(University of Washington Risk Assessment Protocol[이하 UWRAP]; Linehan, Comtois, & Murray, 2000)은 연구목적의 클리닉에서 고위험 환자용으로 사용하기 위하여, 특히 임상 실험의 일부로 진행되는 외래환자의 정신요법에서 환자를 평가하기 위해 계획된 것이다. 따라서 위험 측정의 프로토콜은 더 큰 규모의 측정 과정에 포함되어 있다. 이 장에서 고찰한 다른 수법들과 비교하면, UWRAP는 매우 구조화되어 있다. 이러한 특징 때문에 평가 프로토콜 전체를 다른 평가 상황에 일반화하는 데에 제한이 있는 것 같다. 그러나 여기에서 검토하는 이유는 UWRAP가 임상 실험에서 위험 측정과 관리 목적으로 지장 없이 사용되고 있고, 다른 상황에서 UWRAP에 포함된 요인들을 사용할 가능성도 있기 때문이다.

　UWRAP는 변증론적 행동요법(제4장 참조)의 유효성을 조사하는 임상 실험에서 사용하기 위해 개발되었다. 이 임상 실험의 참가자는 진단, 치료력, 자살행동 등의 심리사회적 기능에 관한 장시간의 평가를 받는다(다른 평가영역이 추가되어 있는데, 자세한 내용은 Reynolds, Lindenboim, Comtois, Murray, & Linehan, 2006 참조). UWRAP는 평가 세션에서부터 시작된다. 참가자에게는 현시점의 자상 충동 정도와 현시점의 자살 의도 정도를 (7단계로) 평가하도록 요구한다. 자살시도 자상행동 면접(Suicide Attempt Self-Injury Interview; Linehan, Comtois, Brown, Heard, & Wagner, 2006)을 사용한 **과거의 자해 행동**(죽으려는 의도의 유무를 모두 포함한 의도적인 자상행위)에 대한 심도있는 평가도 이뤄진다. 이러한 심도있는 평가는 과거의 자상행동이 습득된 자살 잠재능력으로 향하는 치명적인 경로를 보여주는 것이고 따라서 자세히 평가해야 한다고 주장하는 대인관계이론의 전제와도 잘 들어맞는다.

　절박한 자살위험과 심각한 자상에 대한 프로토콜(Linehan, 2007)은 임박한 자살이나 심각한 자상위험을 평가하기 위해서 작성된다. UWRAP에서는 다음의 여섯 영역을 고찰한다. ⒜ 자살행동과 다른 자상행동의 경력, ⒝ 현재의 증상(예, 장소와 시간을 특정한 계획의 있음, 자살의도, 고립, 입원 후의 최초 일주일, 퇴원 후의 최초 1주일), ⒞ 현재의 정신상태(예, 심한 혼란, 불안), ⒟ 최근의 사건(예, 예전의 자상 에피소드를 촉발시키는 사건 있음, ⒠ 만성적이고 일상적

인 증상(예, 만성적인 신체 통증, 높은 수준의 충동성), (f) 방어인자
(예, 문제영역에서의 자기 효능감, 친밀한 타자에 대한 책임, 치료사
에 대한 애착, 자살에 대한 공포, 위기계획을 따르려는 의지). 앞에서
기술한 몇 가지 증상이나 위험인자는 자살의 대인관계이론과 일치
한다. 예를 들면, 만성적인 신체 통증과 높은 수준의 충동성은 자살
잠재능력을 상승시킬 것이고, 장소와 시간을 선택한 계획이 있다는
것은 자살 잠재능력이 발현되고 있다는 것을 가리키고 있을 것이다.
고립이 평가가 이뤄지는 현재의 증상 항목의 아래에 있다는 것은 주
목할 점이다. 왜냐하면, 치명적인 자살욕구가 발현하는 데에는 소속
감의 좌절이 원인으로 작용한다는 대인관계이론과 바로 일치하고
있기 때문이다. 방어인자로서 자가 효능감과 타자에 대한 책임이 포
함된다는 점도 이들 인자가 부담감의 지각이 없다는 것을 가리키기
때문에, 자살의 대인관계이론과 일치한다. 그리고 방어인자로서 자
살에 대한 공포를 포함시키는 것은 치명적인 자상을 가할 수 있는 습
득된 자살 잠재능력에 이르게 되는 '공포심 없음'이 자살의 대인관
계이론에서 강조하는 것과 일치한다.

　CASE와 마찬가지로 UWRAP는 자살욕구와 희구의 평가에 그다
지 주목하지 않는다. 앞에서 언급했듯이, UWRAP는 고위험인 사람
들에게 사용하기 위해서 작성되었다. 따라서 UWRAP를 사용할 때
의 평가 목표는 현재 절박하지는 않지만 높은 위험이 있는 내담자를
식별하는 것이다. 이러한 목표의 관점에서 보면, 대인관계이론의 가
설은 UWRAP에서 조사되는 항목의 배후에 있는 이론적 근거와 일
치하고 있다. 이론에서 가설로 하고 있는 점은 꽤 많은 사람들이 자

살하고자 하지만 자살로 죽는 경우는 적은 수의 사람이라는 것이다. 따라서 절박한 위험에 있는 사람들을 식별할 요인은 습득된 자살 잠재능력일 것이다. 이 논리에 따르면, 자살욕구가 존재하는 가운데 이 자살 잠재능력의 발현－자살행동을 할 때의 신체적 고통과 공포를 견디는 능력의 구체적인 지표－을 평가하는 것이 절박한 위험에 처한 사람들을 식별하는 정확한 방법을 제시하는 것이라고 볼 수 있다. 앞에서 언급했듯이, 이러한 자살 잠재능력이 증상으로 나타나는 것에는 계획과 준비가 포함된다. UWRAP에서 평가된 많은 위험인 자들이 '특정한 방법과 시간을 선택한 계획이나 준비', '자살의도'와 같이 계획 수립과 준비를 측정한다. 이 분석에 따르면, UWRAP가 비교적 고위험인 사람들을 치료하고 있는 임상가에게 특히 도움이 될 것으로 보인다. 절박한 자살위험이 있는 사람들, 즉 자살시도가 임박하고 자살로 죽을 것 같은 사람들을 식별한 후에 적절한 개입방법을 주는 것이 자살위험 측정법의 가장 근본적인 목표이다. 따라서 UWRAP가 고위험인 사람이라도 임박한 경우와 임박하지 않은 경우를 구별해야 한다고 강조하는 것은 자살위험이 있는 내담자의 측정과 치료에서 중요하다.

(4) 자살위험측정 결정 트리(Sucide Risk Assessment Decision Tree)

이 절에서 소개하는 자살위험측정 결정 트리(Sucide Risk Assessment Decision Tree) 최신판은 우리 연구팀원(Cukrowicz, Wingate, Driscoll,

& Joiner, 2004; Joiner, Walker, Rudd, & Jobs, 1999)이 실증을 통해 만든 위험 측정법이다. 의사가 자주 사용하는 치료 알고리즘과 유사하며, 이 자살위험측정 결정 트리는 자살위험의 측정과 관리 양쪽에 루틴화된 방법을 제공하는 것이다. 임상가는 이 자살위험측정 결정 트리를 사용하며 다음의 세 가지 주요 영역을 탐구한다. 즉, (a) 과거의 자살행동, (b) 현재의 자살 증상, (c) 자살행동과 그 관련이 실증적으로 논증된 관련 영역(촉발 스트레스 유발원, 절망감의 존재를 포함한 일반적 증상의 출현, 충동성이나 기타 비교적 안정된 위험인자, 방어인자)이다. 다음으로, 이 자살위험측정 결정 트리에 자살의 대인관계이론의 개념을 포함시키기 위한 표준화 포맷에 대해 언급한다. 이 위험측정법은 우리의 클리닉 한 곳에서 사용 중이고, 외래환자의 자살위험을 관리하는데 간단히 배울 수 있으면서도 포괄적인 방법으로 받아들여지고 있다. 이 자살위험측정 결정 트리는 <그림 2-3>에서 제시된다.

자살위험측정 결정 트리에서 위험 측정을 하기 위해서는 3가지 주요 단계가 있다. (a) 앞에서 설명한 영역에 대한 정보를 내담자에게서 청취한다, (b) 그 결정 알고리즘(자살위험측정 결정 트리)에 데이터를 넣고, 위험 수준을 판정한다. (c) 위험 수준을 사용해서 적절한 임상 조치를 선택하고 그 조치를 실행한다(더 자세한 임상 조치에 대해서는 제3장). 이 수법 중에서 위험 수준은 '경도', '중등도', '고도'가 있고, '고도'에 2가지 하위분류('중도(extreme)', '극도(extreme)')가 있다. 구급 정신건강 서비스를 필요로 하는 절박한 위험이라는 관점에서 보면, '극도'란 범주는 명백하게 절박한 위험 증상을 나타낸다.

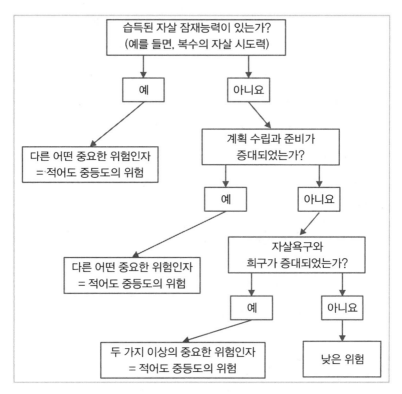

출처: "Scientizing and Routinizing the Assessment of Suicidality in Outpatient Practice," T. E. Joiner Jr., R. L. Walker, M. D. Rudd, & D. A. Jobs, 1999, *Professional Psychology: Research and Practice, 30*, p. 451에 게재됨. Copyright 1999 by the American Psychological Association.

〈그림 2-3〉 자살위험측정 결정 트리(약식)

'중도'의 범주 또한 구급 정신건강 서비스를 필요로 하는 자살행동의 몇 가지 절박한 위험을 포함한다.

이 측정법의 중심은 습득된 자살 잠재능력의 유무이다. 습득된 자살 잠재능력이 있다는 것은 다른 어떤 중요한 인자가 있을 때 자살위

〈표 2-2〉 습득된 자살 잠재능력의 2가지 표현

1. 복수의 자살 시도력
2. 복수의 자살 시도력이 없는 경우, 다음의 5가지 징후 중 3가지
   ▪ 단일의 자살 시도력
   ▪ 복수의 자살 중단
   ▪ 자기 주사로 약물사용
   ▪ 자상행위(비자살성 자상)
   ▪ 신체적인 폭력에 빈번히 노출되거나 참여하는 것

험을 증대시킨다. 이 자살위험측정 결정 트리의 원판(Joiner, Walker, et al., 1999)에서 중심은 복수의 자살 시도력이었다. 대인관계이론을 지지하는 연구에서 우리는 자살위험측정 결정 트리를 개정해왔다. 복수의 자실 시도력은 확장되어 자살 잠재능력을 습득하게 되는 다른 방법들을 포함하는 것으로 되었다(<표 2-2> 참조). 그런데, 복수의 자살 시도력이 자살위험측정 결정 트리의 필수 구성요소로 남아 있는 것은 그것이 습득된 자살 잠재능력을 나타낸다고 실증적으로 지지되기 때문이고(Van Ordem et al., 2008), 간단하면서도 명확하게 측정되기 때문이다. 지금까지의 조사연구는 복수의 자살 시도력이 있는 사람은 단일의 자살시도를 한 사람 또는 자살희구를 하는 사람과 비교해서, 더 심각한 정신병리와 더 높은 자살행동 위험이 있다는 것을 나타내고 있다(Forman, Berk, Henriques, Brown, & Beck, 2004; Rudd, Joiner, & Rajab, 1996; Stein, Apter, Ratzoni, Har-Even, & Avidan, 1998; Zonda, 2006). 우리 연구팀원도 외래환자 집단 중에서 자살시도 상황(즉, 0회, 1회, 복수)이 ACSS로 측정한 습득된 자살 잠재능력의 수준을 예측하는 것으로 보고하고 있다.

습득된 자살 잠재능력이 가장 낮은 것은 자살시도 경험이 없는 내담자이고, 그다음이 단일의 자살시도 경험이 있는 사람, 가장 높았던 것은 복수의 자살 시도력이 있는 사람이었던 것은 자살의 대인관계 이론 가설과 일치한다(Van Orden et al., 2008).

이들 데이터는 복수의 자살시도 경험이 습득된 자살 잠재능력을 간단하면서도 신속하게 측정할 수 있는 지표가 된다는 우리의 의견과 일치하고 있다. 습득된 자살 잠재능력이 있는 경우에 자살욕구가 자살시도로 더 쉽게 이어질 수 있기 때문에, 자살위험측정 결정 트리에서는 자살시도 경험을 하나의 행동지표로 하고, 현재의 자살 증상에 대한 정보를 고찰하는 데 사용하고 있다. 이러한 점은 복수의 자살시도 경험이 있는 사람에게 만성적으로 높은 위험이 있다는 것으로 해석될 수 있다. 따라서 평가에서 어떤 영역의 다른 중요한 인자는 이러한 내담자의 경우, 적어도 중등도의 위험을 주는 것이 된다.

복수의 자살 시도력은 없지만, 자살 잠재능력을 습득한 사람들도 어떤 다른 중요한 위험인자가 있다면 중등도의 위험이 있는 것으로 판단된다. 복수의 자살 시도력은 자살 능력을 획득하기 위한 가장 직접적인 경로를 나타내는 것이지만, 이것이 유일한 방법인 것은 아니다. 실제로 자살로 죽은 사람의 약 절반 정도는 과거의 자살 시도력이 없다. 앞에서 언급했듯이, 익숙한 과정이 이뤄지도록 하고, 고통과 공포가 증가하는데 사람들이 그것을 견디도록 하는 다른 고통스럽고 포괄적인 경험도 평가해야 한다. 다음 5가지 기준 가운데 3가지가 있으면, 임상가는 습득된 자살 잠재능력의 다른 유효한 행동지표로 고려할 수도 있을 것이다(<표 2-2>). (1) 단일 자살 시도력, (2) 복수의 자살 중단, ⑶ 자기 주사로 약물사용, ⑷ 자상행위(비자살성 자상), ⑸ (전쟁을 포함한) 신체적 폭력에 빈번히 노출되었거나 참여. 어린 시절의 신체적 학대나 성적 학대, 고통이나 자극에 노출되는 직업(예, 의사), 심각한 신체 외상 경력도 고려될 수 있을 것이다. 이들의 경험과 여기에서 언급되지 않은 신체적 고통이나 강한 공포감에 따른 여러 가지 경험이 자살의 잠재능력을 습득하도록 할 것이다.

습득된 자살 잠재능력은 비교적 안정된 것으로 추정되는 반면에, 자살욕구의 구성요소인 소속감의 좌절과 부담감의 지각은 동적이라고 추정된다. 따라서 급격히 출현하거나 증가하는 경우가 있다. 지속적인 위험 관찰과 관리가 이뤄지지 않으면, 복수의 자살 시도력이 있는 사람에게 심각한 시나리오가 전개될 수도 있다. 과거에 비교적 치명적인 방법을 통해 자살을 시도했던 내담자가 있다고 상상해보자. 치료 중에 진전을 보였고(예, 증상의 감소), 내담자는 과거 6주간 자살욕구도 있지 않았다고 했다. 그런데, 기대하던 간호학교를 졸업하지 못한다는 소식을 내담자가 갑자기 받았다고 상상해보자. 그때까지 간호사 일을 하게 되면, 지역사회에 공헌할 수 있고, 몇 년간 장애수당에만 의지하고 있는 가족의 수입에도 도움이 될 수 있다는 구체적인 희망도 있었다. 이런 상태에서 상당히 급격하게 부담감을 지각하게 될지 모른다. 더구나 학교의 이런 연락에 따른 스트레스로 인해, 이 내담자에게는 그녀가 치료 중에 배웠던 대인관계의 기술을 사용하기가 어려워지고, 대인관계의 시련이 연애 관계에서 일어나 연인이 떠나버리게 되는 것도 상상해보자. 소속감의 좌절은 상당히 급격하게 나타날 수 있다. 이러한 시나리오에서는 자살행동을 일으킬 수 있는 잠재능력이 높은 내담자 가운데 자살욕구가 급격하게 나타날 것이다.

　만약 치료사가 지속적으로 내담자에 대한 위험 관찰과 위험 관리 정책(예, 내담자의 위험계획 단계를 정기적으로 재점검하고, 내담자가 자신의 지갑 속에 그 계획의 개요를 지니고 있는지 확인하는 것 등 간단한 것)을 시행하지 않는다면, 치료적인 접촉(예, 위기 핫라인 전화, 치료 세션)이 이어질 때까지 위기를 늦추는 보호인자가 기능하지 않고, 결과적으로 자살시도가 일어날지도 모른다. 즉, 복수의 자살시도가 있는 내담자의 경우, 자살위험측정 결정 트리 중에서 위험 수준은 중등도로 유지할 것이고, 이것은 치료사와 환자 쌍방 간에 지속적인 위험 관리정책이 필요하다는 것을 의미한다. 이러한 임상적 대처는 이론과 데이터로 지지되고 있으며, 상식적으로도 맞는 것이다. 산악가이드가 위험한 루트로 올라가는 동안 계속 안전예방책을 검토하지 않는다고 상상해보라. 숙련된 가이드라면 이렇게 예측되는 상황에 대해 인상을 찌푸릴 것이다.

　여섯 영역의 조사가 이뤄지는 자살위험측정 결정 트리에서 첫 번째 단계에서는 자살욕구와 습득된 자살 잠재능력의 행동지표 양쪽이 중요한 항목으로 포함되어 있다(<그림 2-3> 자살위험측정 결정 트리에서 언급). 우리의 한 클리닉에서 사용하고 있는 워크시트는 <그림 2-4>에서 제시되어 있는데, 이 워크시트는 자살위험 측정을 통해 자살위험측정 결정 트리와 대인 관계이론을 사용할 수 있도록 치료사를 안내해준다.

자살욕구와 자살희구 평가

1. 자살에 대한 생각이나 이미지(자신을 해친다는 생각이나 이미지)를 가졌던 적이 있습니까? 있다면, 말씀해주시기 바랍니다.
2. 죽고 싶다는 생각을 하십니까?
3. 소속감의 좌절: 다른 사람과 연결되어 있다고 생각하십니까? 혼자 생활하고 계십니까? 기분이 좋지 않을 때 전화를 걸 수 있는 사람이 있습니까? (당신을 지지해주는 관계가 전혀 없습니까?)
4. 부담감의 지각: "내가 없어지는 편이 인생에서 나와 관련된 사람에게 더 좋을 것이다"라고 생각하는 사람이 있습니다. 당신도 그렇게 생각합니까?

계획 수립과 준비의 평가

5. 지속시간(몰두 탐색): 이러한 생각을 할 때, 얼마나 오랫동안 계속됩니까?
6. 강도: 당신이 자살하려는 의도는 얼마나 강합니까? (0=전혀 없음; 10=아주 강함)
7. 과거 자살행동: 과거에 자살을 시도했던 적이 있습니까? 몇 번인가요? 사용한 방법은 무엇입니까? 어떻게 되었습니까(예, 입원)? 비자살성 자상은? 가족 중에 자살한 경우는?
8. 계획의 구체성(생생하고 자세한 정도 탐색): 어떻게 자살하겠다는 계획이 있습니까?
9. 수단 및 기회: 약(또는 총 등)을 갖고 있습니까? 실행할 기회가 있을 것이라고 생각합니까?
10. 자살하기 위한 준비가 되어 있습니까(예, 약 구입 등)?
11. 자살 계획을 언제 하고 싶은지 생각해 두었습니까?
12. 두려움 없음: 자살을 생각할 때 두렵습니까? (0= 매우 두렵다; 10=전혀 두렵지 않다)

기타 중요한 위험인자 평가

13. 스트레스를 촉진하는 유발원: 최근에 특히 스트레스가 심한 일이 있었습니까(예, 사랑하는 사람의 죽음, 이혼, 심각한 시련, 실업)?
14. 절망감: 희망이 없다고 생각합니까?
15. 충동성: 기분이 좋지 않을 때, 어떻게 대처합니까? 사람들은 기분이 좋지 않을 때, 기분이 좋아지기 위해서 충동적인 일을 합니다. 당신은 그렇게 했던 적이 있습니까(예, 피부에 상처를 냄, 음주, 가출, 과식, 문란한 성행위, 신체적 공격, 절도)?
16. 정신질환의 유무 (면접자가 평가)

위험분류 (동그라미 하시오):

낮음   중등도   중도   극도
(low)   (moderate)   (severe)   (extreme)

조치 실행:

☐ 정기적인 관찰을 지속적으로 할 것
☐ 긴급 전화번호를 줌
    (1-800-273-TALK 포함)
☐ 주중에 전화확인 예정
☐ 보조요법에 관한 정보 제공
☐ 대처카드
☐ 수퍼바이저와 상담
☐ 기타:
☐ 기타:

면접 중 기록 사항:

_____
_____
_____
_____
_____
_____
_____

〈그림 2-4〉 자살위험측정 결정 트리 면접(Decision Tree Interview)

　자살위험측정 결정 트리 면접법(본문 중에 검토되는 부분을 면접법의 해당 부분과 비교하면서 읽어가면 이해하기 쉬울 것이다)은 사실을 사실로 받아들이고 인정하는 톤으로, "자신을 죽이는 이미지나 그런 생각을 계속하고 있습니까?"라고 내담자에게 묻는 것으로부터 시작한다. 만약 "없다"라고 이러한 생각이 부정되면, "죽고 싶다는 생각은 있나요?"라고 확인한다. 다음으로 소속감의 좌절과 부담감의 지각 여부를 직접 평가한다. 소속감의 좌절을 평가할 때는 내담자가 다른 사람들과 연결되어 있다고 느끼고 다른 사람의 관심을 받고 있다는 느낌이 어느 정도인지를 평가한다. 내담자에게 기분이 안 좋을 때 전화할 수 있는 사람이 있는지, 혼자 살고 있는지, 어느 정도로 자주 친구와 만나는지 등에 대해 질문한다. 아이들의 경우에는 부모에게 어린이의 친구가 있는지, 그 아이가 외롭다고 부모에게 말하는지에 대해 묻는다. 소속감이 완전히 없는 경우에는 위험이 증가하기 때문에 특히 경계한다. 치료사는 부담감의 지각을 평가하기 위해, 내담자에게 "가끔 저에게 '인생에서 나와 관련된 사람에게는 내가 없어지는 편이 더 좋을 거예요.'라고 말하는 내담자가 있는데, 당신도 그렇게 생각한 적이 있습니까?"라고 묻는다. 아이들에게는 가족이 아니기를 바랄 것이라고 느껴지는 경우가 있는지를 평가한다. 즉, 희생되는 어린이 척도(Expendable Child Measure; Woznica & Shapiro, 1990)는 그 타당성이 사춘기 외래환자 그룹에서 검증되어 있는데, 부담감의 지각을 구성하는 요소를 평가하기 위해 사용된다. 성인에게는 시간이 허락된다면, 이 두 구성요소를 더 평가하기 위하여, 대인관계 욕구 질문지(INQ, 앞의 <그림 2-1>에서 설명됨)

를 실시할 수 있다.

　자살위험측정 결정 트리를 사용하는 임상가는 다음으로 계획 수립과 준비의 증상과 과거의 자살행동을 평가함으로써, 습득된 자살 잠재능력의 정도를 이해한다. 과거의 자살행동을 평가할 때 복수의 자살시도가 있었는지, 또 습득된 자살 잠재능력에 영향을 줄 수 있는 자살시도의 상태(예, 사용한 방법의 치명도)에 중점을 두고 질문한다. 비자살성 자상(과거와 최근 양쪽)도 평가하는데, 이것은 습득된 자살 잠재능력을 증가시키는 경우도 있기 때문이다. 내담자가 자살 잠재능력을 습득하는 다른 방법도 이 시점에서 평가한다. 여기에서는 자상이 이뤄지도록 하는 모든 경험이나 폭력(또는 다른 형태의 무서운 자극)에 노출되는 것도 포함한다. 앞에서 언급했듯이, 이 사례로는 자살 중단, 복수의 외과 수술, 반복적인 문신과 피어싱이 있다. 아동기 신체적 학대나 성적 학대를 포함한 여러 형태의 폭력에 노출되는 것과 자가 주사로 인한 약물사용과 같은 자극적인 경험들도 검토되어야 하는 영역이다. 앞에서 언급했듯이, 충동 행동 척도(IBS), PPES, 습득된 자살 잠재능력 척도(Acquired Capability for Suicide Scale[이하 ACSS], <그림 2-2>)는 고통과 자극 유발의 경험 그리고 습득된 자살 잠재능력을 평가할 유효하고 포괄적인 방법이기 때문에, 임상가들은 이러한 척도들을 사용하는 것도 좋을 것이다. 임상가는 이 시점에서 자살행동의 가족력에 대해서도 묻는다. 그다음에 계획 수립과 준비하는 과정에서 과거와 현재의 여러 증상에 대해 평가하는데, 여기에는 자살 의도의 강도, 구체적인 계획의 여부(계획의 분명함과 자세함에 주의), 자살에 대한 방법과 기회의 가능성, 자살에 대한 준비와 기대, 자살에 대한 공포심 등이 포함된다.

마지막으로, 임상가는 절망감, 충동성, 정신질환의 존재를 포함하는 자살위험측정 결정 트리에서 다른 중요한 인자로 언급되고 확인된 위험인자를 실증적으로 평가한다. 나아가 최근 스트레스가 많은 사건의 여부, 특히 사랑하는 사람의 죽음, 이혼, 실업과 같은 소속감의 좌절이나 부담감의 지각을 조장할 만한 사건에 대해서도 묻는다. 자살 증상을 측정하는 자기기입식 척도를 실시해도 좋을 것이다(예, 자살희구 척도[Scale for Suicide Ideation]; A. T. Beck, Kovacs, & Weissman, 1979).

자살위험측정 결정 트리 면접의 다음 단계는 내담자로부터 얻은 정보(면접에서 모인 정보)를 평가 알고리즘(자살위험측정 결정 트리)에 맞춰서 자살위험의 수준을 경도, 중등도, 고도(중도 또는 극도)로 분류하는 것이다. 습득된 자살 잠재능력의 존재가 평가의 중심에 위치하고 있는 것은 이미 <그림 2-3>에서 볼 수 있다. 이것은 위험 수준을 정할 때 취하는 첫 번째 질문이다. 습득된 자살 잠재능력이 있고 더구나 어떤 형태의 Ⅰ축 또는 Ⅱ축의 정신질환을 포함해서 다른 심각한 위험인자가 있는 사람은 그 자살위험측정 결정 트리에서 적어도 중등도의 위험성이 있는 것으로 평가된다. 습득된 자살 잠재능력은 없지만, 중등도나 중도의 계획 수립과 준비가 있는 증상이 있고, 기타 또 하나의 위험인자가 있는 내담자 및 습득된 자살 잠재능력은 지니고 있지는 않지만 중등도나 중도의 자살욕구 및 자살희구의 증상(계획 수립과 준비는 없음)과 적어도 2가지의 기타 심각한 위험인자가 있는 사람도 중등도나 그 이상의 위험이 있는 것으로

경도
- 식별할 수 있는 자살증상이 없음
- 습득된 자살 잠재능력은 있지만 다른 중요한 위험인자는 없음(자살희구 도 없음)
- 습득된 자살 잠재능력이 없고, 강도와 지속기간이 제한적이며, 계획 수립과 준비의 증상이 없거나 가벼운 정도임. 이외의 다른 위험인자 도 없음

중등도
- 습득된 자살 잠재능력이 있으며 이외에 주목할 점이 있음(예, 자살희구, 절망감)
- 습득된 자살 잠재능력은 없으나 계획 수립과 준비의 증상이 중등도에서 중도임
- 습득된 자살 잠재능력은 없으나 자살욕구와 희구의 증상이 중등도에서 중도이며(그러나 계획 수립과 준비증상은 없거나 가벼운 정도임), 기타 중요한 위험인자가 최소 2가지 이상 있음

고도(중도)
- 습득된 자살 잠재능력이 있으며, 이외에 주목할 점이 2가지 이상 있음
- 습득된 자살 잠재능력은 없으나 계획 수립과 준비의 증상이 중등도에서 중도이며 기타 중요한 위험인자가 최소 1개 있음

고도(극도)
- 습득된 자살 잠재능력이 있으며 계획 수립과 준비의 증상이 중도
- 습득된 자살 잠재능력은 없으나 계획 수립과 준비의 증상이 중도이며 기타 중요한 위험인자가 2가지 이상임

〈그림 2-5〉 자살위험측정 결정 트리의 제2단계: 위험 수준 판정

판단된다. 비록 도표를 통해 (자살위험측정 결정 트리를 쉽게 생각할 수 있도록) 나타내지는 않지만, 자살위험측정 결정 트리 전체는 더욱 미묘한 위험성을 판단할 수 있도록 하는 추가된 '가지(branch)' 들을 갖고 있다(〈그림 2-5〉).

자살위험측정 결정 트리의 사용법을 알기 쉽게 설명하기 위해, 다음 사례를 보자. 내담자의 이름은 Sarah, 35세의 백인 여성이고 '우울과 불안'을 호소하며 외래 클리닉을 찾아왔다. Beck의 자살척도(면접 전에 기입; A.T. Beck & Steer, 1991)의 득점은 2점이고, 중등도의 자살 증상을 보여주고 있었다. 치료사는 내담자의 현재 우울 증상을 탐색하는 면접을 진행하고, 그 결과는 DSM-Ⅳ(4th ed.; American Psychiatric Association, 1994)의 주요 우울 에피소드의 진단기준을 충족했다.

치료사: Sarah, 최근 한 달 동안 우울했다고 말씀하셨죠? 자살하고 싶다는 생각, 즉 죽고 싶다는 생각을 했었나요?

내담자: 아니요. 이번에는 없었어요. [현재의 주요 우울 에피소드에 대해 언급]

치료사: 그렇군요. 그럼, 죽으면 좋겠다는 생각은요?

내담자: 예. 죽으면 좋겠다거나 잠에서 이대로 깨지 않았으면 좋겠다는 생각은 해요. 제가 없어지면, 가족들은 편할 테니까요. [부담감의 지각에 대한 자발적인 발언] 그리고 가끔 차를 운전하면서 다리에서 떨어지는 것도 상상하곤 합니다.

치료사: 그런 이야기를 얘기해주셔서 고마워요, Sarah. 우리는 함께 이런 이야기를 나눌 수 있습니다. 알아두셨으면 하는 점은, 죽었으면 좋겠다거나 차를 운전하면서 다리에서 떨어지는 상상을 하는 것을 우리는 '자살희구'라고 해요.

내담자: 예, 압니다.

치료사: 제 일 중에 아주 중요한 것은 당신이 안전하게 있도록 도
와주는 것이기 때문에, 매주 이렇게 '자살희구'에 대한 질
문을 할 거예요. 그리고 조금 뒤에 당신과 저는 함께 당신
을 안전하게 유지할 수 있도록 계획을 세울 것입니다. 괜
찮죠?

내담자: 물론 괜찮습니다.

치료사: 정말로 힘든 것을 말해 주셨는데...자신이 없어지는 편이
가족들에게는 더 좋을 것이라고 생각하고 계시잖아요. 그
이야기에 대해 좀 더 말씀해주실 수 있을까요?

내담자: 예. 저는 오랫동안 우울증으로 힘들게 지내왔어요. 이런
저를 본다는 것이 제 친구에게는 정말로 힘든 일이죠. 왜
냐하면, 그녀가 어떻게 손을 쓸 수도 없고, 더구나 저는 직
장마저 잃었습니다. 가끔 제가 없는 편이 제 아들들에게
도 더 나을 것이라고 생각해요.

치료사: 그렇지만 다른 때에는...

내담자: 제 마음 한 부분에서는 아들들이 저를 필요로 한다는 것
을 알고 있어요. 자살로 자식들에게 상처를 준다는 것은
상상할 수도 없어요. 밤에 누가 아이들을 재우고 책을 읽
어줄까요?

치료사: 아이들을 사랑하고 있고 돌보기 위해 지금 할 수 있는 최
선을 다하고 있고, 아이들에 대한 사랑도 잘 표현하고 있
다고 생각됩니다. 아들들 이외에 또 연결될 수 있는 다른
사람들이 있습니까? [소속감의 좌절 평가]

내담자: 예. 방금 말한 친구하고는 매우 친하다고 느끼고 있습니다. 거의 매일 함께 점심식사를 하고, 잠자기 전에 늘 전화로 잘 자라는 인사도 합니다. 그리고 함께 일하는 사람들과도 친합니다. 그들은 정말 좋은 사람들입니다.

치료사: Sarah, 그렇다니 기쁘네요. 우리의 안전계획에 그 친구가 참여하는 것에 대해 나중에 이야기를 더 하도록 하죠. 우선 지금은 죽고 싶다는 생각에 대해 더 이야기해주세요. 가장 최근에 그런 생각을 한 것은 언제인가요?

내담자: 음...어젯밤, 정말 기분이 안 좋았어요.

치료사: 알겠습니다. 특히 무엇을 생각하고 계셨나요?

내담자: 다른 어떤 방법으로 죽을 수 있을까 상상하고, 그런 선택들에 대한 장단점을 비교해보면서, 칼로 긋거나 약을 먹고, 차를 몰고 다리에서 떨어지는 것과 같은 방법들을 선택했을 때의 장단점을 비교해보거나 해요.

치료사: 구체적인 계획을 생각하고 있었군요, 그렇죠? [내담자는 끄덕인다.] 먹으려고 하는 약이 집에 있나요?

내담자: 예. 정신과 의사가 처방한 약이 있습니다.

치료사: Sarah, 어젯밤에는 얼마 동안 자살에 대해 생각했나요?

내담자: 잠깐이었던 것 같아요. 소파에 앉아 있었는데...2, 3시간 정도요.

치료사: 그동안에 그런 생각이 머릿속에서 사라졌다가 나타났다가 하던가요? 아니면, 계속 자살 생각에 몰두했었나요?

내담자: 다른 생각은 없었어요. 마지막에는 일어나서 침실로 갔습

니다.

치료사: 그러셨다니 정말 다행입니다. Sarah, 자살을 생각할 때, 대략 시간은 그 정도 하나요?

내담자: 보통 출퇴근하며 운전하는 약 30분 정도입니다.

치료사: 운전 중에 어떤 것을 생각하는지 제가 이해할 수 있도록 말씀해주시겠어요?

내담자: 차를 몰고 떨어지고 싶은 다리를 고르죠. 그다음에 가드레일에 부딪치고 넘게 되면 어떻게 될까, 어떻게 보이고 어떻게 생각할까 이런 것들을 반복해서 상상합니다.

치료사: Sarah, 이러한 자살 증상이 매우 걱정되는데, 이렇게 직접 이야기해줘서 고마워요. 이렇게 우리가 함께 대처할 수 있겠죠. [치료사는 계획이 구체적이고 선택한 자살 방법이 시각화되어 있다는 점을 통해 선택한 방법에 분명히 익숙해져있다는 것에 주의한다.] 이 시점에서 얼마나 강한 자살의도가 있는지 알려주세요. 10점 만점으로 생각해봅시다. 1점은 "전혀 의사가 없다"이고, 10점은 "상상할 수 있는 가장 강한 의도"입니다. 당신은 어느 정도인가요?

내담자: 매우 강하지는 않습니다. 이곳에 오니까 좋은데요. 2점 정도입니다.

치료사: 이번 주에 가장 높았던 경우는요?

내담자: 어젯밤이고 5점 정도입니다.

치료사: 그러면 지금까지 가장 나빴을 때는 언제인가요?

내담자: 아마 몇 년 전일 겁니다. 8점 정도일 거예요. 차를 몰고 다

리에서 떨어진다는 생각을 오랫동안 했고, 다리 한 곳을 골랐습니다.

치료사: 그때는 정말로 절망감을 느꼈겠군요, 상황은 결코 좋아지지 않을 것이라고 느꼈을 것이고요. [내담자는 끄덕이고, 치료사에게서 휴지를 받았다.] Sarah, 여러 계획 가운데, 운전하면서 다리에서 떨어지는 것과 같은 방법을 언제 실행할지, 정한 시간은 있나요?

내담자: 아니요. 그런 생각을 다시 안 했으면 좋겠어요.

치료사: 다른 평가를 할까요. 괜찮습니까? 이번은 자살한다는 생각이 당신에게 얼마나 무서운지에 대해 알려주기 바랍니다. 1점은 "전혀 무섭지 않다."이고, 10점은 "정말 무섭다."로 10단계 척도를 쓰도록 하죠. 당신은 어느 정도인가요?

내담자: 상당히 무섭습니다. 5점입니다.

치료사: 조금 더 질문하려는데, 괜찮나요? 과거에 자살을 시도했던 적이 있습니까?

내담자: 아니요. 그런데 자신을 해치는 것이 아닐까 무서워서 한 번 병원에 간 적이 있습니다.

치료사: 무섭다는 느낌이 들기 시작했군요. 다행입니다. Sarah, 무섭다는 느낌이 있는 거예요. 또 한 가지, 자살하려고 했는데 마지막 순간에 생각을 바꿨던 적은 있나요? [내담자는 고개를 가로젓고 "아니요"라고 답했다.] 피부에 상처를 주거나 태우는 것과 같이 몸 일부에 의도적으로 상처를 냈던 적이 있나요? [내담자는 다시 고개를 가로젓고, "아

니요"라고 답했다.] 가족 중에 자살미수를 했거나 자살로 돌아가신 분이 계십니까? [내담자는 다시 고개를 가로젓고, "아니요"라고 답했다.] 최근 몇 개월 동안 우울하다고 말씀하셨는데, 장래에 대한 희망이 없다고 느끼시나요?

내담자: 예, 상황이 어떻게 좋아질지 모르겠어요. 35살이고, 실업상태예요. 나 자신이 낙오자처럼 느껴지고 계속 이렇게 될 것 같아요.

치료사: 지금처럼 기분이 정말로 안 좋다고 말하는 분들의 경우, 가끔 충동적으로 행동을 통해 기분을 좋게 하려는 분들이 있습니다. 술을 마시거나 마약, 가출, 과식, 문란한 성생활, 폭력적인 신체 활동, 도둑질과 같은 행동들요. 당신은 기분을 좋게 하려고 이런 것들을 시도해본 적이 있나요? [내담자는 이러한 행동을 부정했다.] Sarah, 신체적으로 학대를 당하거나 군대에 있었던 경우와 같이, 어떤 폭력적인 상황에 노출되었던 적이 있나요? [내담자는 신체적인 폭력에 노출된 적이 없다고 부정했다.]

치료사: 여러 질문에 답해주시고 저와 함께 해주신 데 대해 감사드립니다. 저에게 말씀해주신 내용들에 대해 제가 어떻게 생각하고 있는지 말씀드릴게요. 저희 클리닉에서는 자살 위험을 판단하는 표준화된 측정법을 사용하고 있습니다. 이 평가 기준을 적용해보면, 당신의 위험 수준은 높다고 [더 정확하게 말하자면, '중도'] 생각됩니다. 그래서 자살 증상을 관리하기 위한 계획을 함께 생각하도록 합시다.

이 시점에서 치료사는 Sarah의 위험 수준을 판단하기 위한 충분한 정보를 얻었다. 그녀에게 복수의 자살 시도력이 없고 습득된 자살 잠재능력을 증가시킬 수 있는 다른 고통과 자극을 유발할 사건(예, 자살 중단, 자기 주사로 인한 약물사용, 비자살성 자상행위, 신체 폭력에 노출되거나 참여)이 없다는 점에 주목할 수 있다. 그런데, Sarah는 계획 수립과 준비의 중등도 증상을 나타내고 있다. 보고 내용에 따르면, 그녀는 매우 구체적인 계획(예, 특정한 다리를 골랐음)이 있으며 그 계획은 매우 생생했다(예, 운전하다가 다리에서 떨어지면 어떻게 느낄 것인지에 대해 반복해서 상상함). Sarah의 치료사는 입원 치료의 가능성을 고려하고, 이 결정에 대해 동료의 의견을 구했다. 그것에 대해 치료사는 Sarah와도 상의했다. 일단, 외래치료를 통해 그녀의 자살위험을 관리하기로 결정했다. 왜냐하면, 그녀에게는 급박한 자살위험이 없었고 스스로 위기계획을 사용하기로 했기 때문이다. 즉, 보고 내용을 보면, 자살희구에 따라 행동으로 옮기는 것에 대해 득점이 낮았고(10단계 중 2단계), 공포심이 없는 정도에 대해서는 중등도의 득점(10단계 중 2단계)이었던 것이다. 그녀는 계획을 실행할 특정 시간을 정하고 있지 않았다. 그녀에게는 갑작스러운 스트레스 유발원(실직), 절망감, 정신질환이라는 기타 중요한 위험인자가 있고, 이것이 자살위험 수준과 관련되어 있다. 따라서 자살위험측정 결정 트리에 따르면, Sarah의 경우는 다음과 같이 평가된다. 복수의 자살 시도력이 없고, 계획 수립과 준비의 중도 정도의 증상이 있으며, 적어도 한 가지 이상의 기타 심각한 위험인자가 있다. 이것이 중도의 자살위험을 나타내고 있다.

이 단계에서 치료사는 자살위험측정 결정 트리의 제3단계-위험 수준에 적합한 조치를 취함-로 이행하기 위한 충분한 정보를 갖고 있다. 이 주제에 대한 자세한 내용은 제3장에서 논의된다. 여기에서는 Sarah의 치료사가 취한 위험 관리 단계를 간략하게 언급하는 것으로 하자. 이미 언급한 것처럼, 치료사는 입원치료를 검토하고, 동료에게 의견을 구했다. 치료사는 그녀와 함께 생각하고 두 가지 위기카드-하나는 집에서 사용하는 것이고, 또 하나는 차 안에서 사용하는 것-를 만들었다. 양쪽 카드에도 그녀의 고통을 줄이기 위해 취할 수 있는 단계(예, 친구에게 전화하기, 정원 가꾸기. 아들 사진 보기)와 긴급 전화번호(치료사의 휴대전화 번호와 전미 자살예방 전화, 1-800-273-TALK)가 포함되어 있다. 증상-매칭계통도 만들었다. 즉, Sarah는 불면이 가장 힘든 증상이라고 보고되어 있기 때문에, 수면위생(sleep hygiene)에 관한 책자를 주고, 몇 가지 방법을 일주일 동안 시도하도록 권했다. 주중에 전화 예약을 통해 그 주의 후반부에 위험 수준을 재평가할 수 있도록 했다. 마지막으로, Sarah가 위기계획을 친구와 함께하고, 그 친구와 함께 매일 Sarah의 자살희구 강도에 대해 전화로 확인해줄 것을 권했다. 그리고 치료사는 진료부에 이 모든 내용을 기록했다.

CAMS 중에 사용되는 수법(예, 내담자 곁에 앉음)과 같은 정도의 집중적인 수법은 사용하지 않지만, 치료사는 위험 측정을 하는 동안 공감, 지지, 배려가 이뤄지는 치료적인 관계를 통해 Sarah의 소속감을 증대시키려고 노력했다. 치료사를 산악가이드로 비유하는 우리의 견해로서는, 외래치료를 통한 Sarah의 치료는 험악한 날씨의 경고징후에도 불구하고 등산을 계속하는 것과 유사하다. 빈번하게 날씨 확인은 이뤄지게 된다(예, 자주 위험 재평가함). 산속이나 산에서 떨어져 있는 경우에도 날씨가 나쁠 수 있겠지만, 이런 여정을 통해 산 정상에 오르는데 필요한 힘든 일을 하면서 기쁨과 성취감을 Sarah가 경험하기 시작했다는 것을 가이드는 알고 있다.

4. 위험 측정의 공통 주제

이번 장은 자살의 대인관계이론이라는 렌즈를 통해, 자살위험 측정법 가운데 몇 가지, 특히 CAMS, CASE, UWRAP, 자살위험측정 결정 트리의 네 가지를 고찰했다. 이 가운데 여러 공통적인 주제가 나타났다. 하나는 임상가와 내담자 간의 라포이다. CAMS와 CASE는 유효한 측정을 위한 중요하고 필요불가결한 구성요소인 것으로 간주하고 있지만, UWRAP와 자살위험측정 결정 트리에서는 이 구성요소에 대해 그다지 강조하지 않는다. 라포나 치료적 관계에 주의하는 것은 대인관계이론에 따르면, 소속감의 좌절을 감소시키는 것으로서, 자살욕구에 대한 개입 기능을 하는 것으로 된다. 앞으로의 연구에서 이 가설을 검증할 수 있을 것이다.

또 하나의 공통 주제는 자살의 계획과 준비를 급박한 위험의 잠재적인 증상으로 평가하는 것에 대한 필요성이다. CASE와 UWRAP, 자살위험측정 결정 트리는 이 요소를 타당하고 유용한 평가법의 주요 구성요소이면서 필수불가결한 것으로 간주하고 있지만, CAMS

은 이 요소를 그다지 강조하지 않는다(그리고 자살욕구에서 눈에 띄는 주제들을 강조하고 있다). 계획과 준비에 주의함으로써 내담자가 자살 잠재능력을 습득하기 시작하는 정도를 평가할 수 있기 때문에, 자살의 대인관계이론에서는 급박한 위험에 대한 평가가 이뤄지는 중요한 구성요소가 된다. 마지막으로, 자살 요구의 내용을 강조하는 것은 CAMS와 자살위험측정 결정 트리의 공통점이다. CAMS에서는 내담자가 자신의 고통스러워하는 내용 및 사는 이유, 죽는 이유에 대한 질적 반응을 기재할 수 있도록 한다. CAMS 매뉴얼에는 질적 데이터를 내담자의 자살욕구 주제(예, '타자에게 속내를 털어놓는 것', '고독감', '절망감')에 부호화할 수 있는 지시가 있다. 자살위험 측정 결정 트리 또한 자살욕구의 내용을 평가해야 한다는 점을 강조하고 있는데, 소속감의 좌절과 부담감의 지각에 대해 평가하는 주제로 한정하고 있다. CAMS 중에서 질적 부호화는 임상가가 이러한 영역을 평가할 수 있도록 하지만, 내담자가 자발적으로 그 정보를 제공하지 않는 한, 이러한 영역이 CAMS 수법 안에서 적절하게 평가될 수는 없을 것이다. 단지 두 주제 내용만이 평가된다는 점에서 자살위험측정 결정 트리 또한 다르지만, 이것은 자살의 대인관계이론에서 소속감의 좌절과 부담감의 지각이 동시에 존재하는 것이 심각한 자살위험의 가장 가까운 원인이고 지표라는 점을 제시하고 있기 때문이다.

모든 위험측정법에 공통 주제가 나타나기도 하지만, 많은 차이점도 분명해진다. 이런 점은 위험분류의 정의에서 가장 두드러진다. 고위험의 정의(예, 무엇을 평가하고, 모인 데이터에 어떻게 의미를 부여할 것인가 등)는 유용한 위험측정법의 중요한 요소이다. 이러한 정의가 없다면, 임상가는 수집된 데이터를 바탕으로 평가할 때도 단순히 임상적 직감에 의존할 수밖에 없게 된다. 다시 말해서, 위험측정법은 그들이 어떤 영역을 평가해야 할 것인지에 대한 가이드라인을 제공할 뿐만 아니라, 위험 수준을 결정하고 적절한 개입방법을 고를 수 있도록 할 때 가장 유용하다. 고위험의 사례에서 적절한 임상 개입은 제3장에서 더 자세히 논의하겠지만, 입원 치료를 고려하는 것이다. 따라서 고위험의 정의에 대한 여러 측정법의 내용에 대해서는 이번 장에서 마무리하고자 한다.

CAMS은 Shneidman(1987) 모델을 사용해, (대부분이) 고통, 스트레스, 감정의 격렬함이라는 세 영역에 대해 5단계의 Likert 척도로 내담자의 자기보고 평가를 사용해서 고위험을 정의하고 있다. 세 개의 모든 척도가 5점인 내담자는 고위험에 속한다고 판단된다. 임상가는 정신의 현재 상태 측정과 임상가가 평가하는 질문(예, 계획, 준비, 최근의 의도 등)에서 모인 정보를 통합하여 위험 수준을 '특별한 위험 없음'에서 '극도'까지 정하게 된다. 그런데 CAMS는 어떻게 이 정보의 통합을 수행할지에 대해 분명하게 명시하고 있지 않기 때문에, 고위험을 결정하기 위한 기준도 모호하다. 마찬가지로 CASE도 내담자에게 여러 가지 위험 수준으로 분류하기 위한 표준화 방법을 제공하고 있지는 않다. 내담자의 세 가지 증상, 즉 치사성의 세 징후 −(a) 심각한 자살시도 있음, (b) 자살이 임박한 구체적인 계획 있음, (c) 치명적인 행동 가능성이 있는 정신병 증상(예, 자살하라는 명령성 환청)−이 고위험을 가리키고, 이것 때문에 입원도 검토된다. 이미 언급했듯이, UWRAP는 고위험인 내담자를 대상으로 급박한 위험을 평가하기 위해 작성된다. 즉, 면접에서 수집한 정보를 이용하여 내담자를 다른 위험 범주로 나누는 방법은 제시되지 않는다. 평가가 끝날 때, 임상가는 내담자를 '임박한 위험 없음, 몇 가지 임박한 위험을 나타냄, 임박한 위험에 있음'이라고 범주화하여 구분하고, 마지막 범주인 '임박한 위험'의 경우에는 긴급개입이 필요하게 된다. 그 과정에서 임상가는 자살위험에 영향을 미치거나 위기계획을 사용하는 것에 확실하게 동의하는 것과 같이 문제를 해결하는 완화요인을 기재하는 것으로 절박한 위험의 여부를 결정한다.

자살위험측정 결정 트리에서는 입원을 고려해야 하는 자살위험이 높은 내담자는 '중도'나 '극도'로 분류된다. UWRAP의 용어를 사용한다면, '중요'에 분류된 내담자는 어느 정도 임박한 위험을 나타내는 것이고, '극도'로 분류된 경우는 위험이 가정 절박한 경우이다. 자살위험측정 결정 트리는 '경도'로부터 '극도'까지의 범주로 내담자의 위험 수준을 분류하기 위하여 구조화 면접을 제공하고 있다. 각 위험 수준에 포함되는 증상 기준이 명시되어 있고(<그림 2-5>), 그 최종목표는 위험측정의 신뢰성과 타당성을 늘리고 궁극적으로 내담자의 안전을 촉진시키는 적절하고 임상적인 조치를 취하는 것이다.

선행연구는 퇴원 후에 단순한 전화 연락을 시작하는 것(Vaiva et al., 2006)과 자신들을 지원해주는 자원으로 병원을 생각하도록 하고 건강을 기원하는 엽서를 보내는 것으로(Carter, Clover, Whyte, Dawsow, & D'Este, 2005), 자살 시도율이 낮아졌다는 점을 보여주고 있다.

퇴원 후에 치료를 거부할 위험성이 높은 환자에게 걱정하고 있다는 내용의 편지를 보내는 등의 아웃리치(outreach) 개입이 자살을 현저히 줄인다(Motto & Bostrom, 2001)는 것은 매우 고무적이다. 이들 연구에서는 직접 검증되지는 않았지만, 이러한 개입으로 소속감이 증대했기 때문에 자살행동이나 자살사가 낮아졌을 것이다. 이러한 가능성은 이 장 전체에서 공통된 주제이다. 임상가는 소속감의 좌절, 부담감의 지각, 습득된 자살 잠재능력을 고려한 위험측정 수법을 갖추는 것으로 내담자의 자살위험을 잘 평가함으로써 자살시도를 막는 것이 가능하게 된다. 이것은 마치 산악가이드가 그 지형도나 날씨에 대한 정보나 내담자의 배경을 앎으로써 급한 경사길에서 죽음을 예방할 수 있는 것과 같다.

제3장

위기개입

자살의 대인관계이론

자살의 대인관계이론(Joiner, 2005)에 따르면, 가장 강한 자살욕구는 부담감의 지각과 소속감의 좌절에 기인한다고 본다. 즉, 자살위기에 있는 사람은 이들 두 가지를 느끼고 있지는 않더라도 적어도 한 가지는 경험하고 있을 것이다. 이 이론은 습득된 자살 잠재능력이 치명적인 자살시도의 필요조건이라고 말하고 있는데, 이 개념은 정태적이기 때문에, 자살위기를 완화시키기 위해 권장되는 단기적인 개입에는 적당하지 않은 것으로 평가되기도 한다. 자살의 대인관계이론에 따르면, 부담감의 지각이나 소속감의 좌절 느낌을 약하게 하는 것은 자살욕구를 약하게 만들고, 자살시도를 막을 수 있게 된다. 따라서 위기개입의 틀로서 이 이론을 사용할 때, 임상가는 내담자가 타자와의 연대감을 통해 자신에게 가치가 있고 사회 일원으로서 공헌하고 있다는 자각을 강하게 하는 것을 목표로 해야 한다. 단기적인 위기개입에서 부담감의 지각이나 소속감의 좌절을 완전히 없앨 수는 없겠지만, 비교적 단기간에 이들의 고통을 둔화시킬 수 있고, 그렇게 함으로써 자살시도를 생각하는 역치보다 낮게 자살욕구를 낮추는 것을 생각할 수 있을 것이다. 이번 장에서는 자살위기의 특성과 어떻게 그러한 점이 내담자와 치료사 양쪽에서 인식될 수 있는지에 대해 간결하게 논의하고자 한다. 그런 뒤에 자살의 대인관계이론과 특별히 관련 있는 다른 몇 가지 위기개입에 대해 기법을 검토하겠다.

1. 위기란 무엇인가

자살희구를 경험하는 사람들 모두가 자살위기 속에 있다고 해야 할까? 반드시 그렇지는 않다. 우리는 제2장에서 논의한 것과 유사한 구조화된 위험측정법을 모든 임상가들이 사용할 것을 권한다. 그 측정법을 사용함으로써 내담자가 실제로 자살위기에 있는지(그러면, 어떤 위기개입을 필요로 하는 것인지)를 판단하는 데 도움이 될 것이다. 위기에 대한 정의에서 우리가 선호하는 것은(Rudd, Joiner, & Rajab, 2001에서 논의된 점을 바탕으로 함) 개인이 강한 자살희구를 경험하면서 그것에 불쾌한 기분이 결합하고, 이러한 감정에 효과적으로 대처할 수 없게 되면서 자살희구에 준거해서 행동한다는 것이다. 우리가 이 장의 후반에서 제시할 위기개입의 계획을 내담자에게 언제 실행할지에 대해 내담자 자신이 이해할 수 있도록, 이 정의에 대해 내담자와 논의해야 한다. 자살의 대인관계이론에 따르면, 위기 상태인 개인의 경우 부담감의 지각과 소속감의 좌절이 함께 있는 것이 가장 강렬한 자살욕구의 형태로 나타난다고 상정하고 있기 때문에, 이 두 가지의 강한 감각을 경험하고 있을 것으로 보인다. 실제로 이들 개념과 관계있는 상황에서 스트레스 유발원(예, 실직이 부담감의 지각을 야기하고, 인간관계의 단절이 소속감의 좌절을 발생시킴)이 자살위기의 계기가 되는 것이다.

Hendin, Maltsberger, Lipschitz, Haas, and Kyle(2001)은 치료 중에 자살로 죽은 26건의 사례를 보고하고 있다. 이 보고의 목적은 개인이 자살위기의 한가운데에 있다는 정보를 제공하는 데 있다. 보고에 따르면, 자살한 내담자 26명 가운데 21명은 아이가 치사율이 높은 질병에 걸리거나(아이가 죽는다고 생각하고 있었다면, 소속감의 좌절과 연결됨), 중대한 인생에서의 좌절(부담감의 지각), 연애 관계의 파탄(소속감의 좌절) 등 갑자기 일어난 사건들을 경험하고 있었다고 한다. 자살의 대인관계이론과도 관련이 있는 점을 보면, 자살을 시도한 시기에 가까워지면서 자상행위의 중증도가 증가했고 모두가 이전에도 적어도 한번은 자살을 시도했었으며 이것은 자살 잠재능력이 습득되어 있다는 것을 시사한다는 것이다.

자살위기의 매개변수는 그 사람이 단일 자살시도자인가 복수의 자살 시도력을 갖고 있는가 하는 상관 요소로서 변할 수 있다고 언급해두는 것이 중요하다. 자살의 대인관계이론은 고통과 자극 유발의 체험에 반복적으로 노출됨으로써 자살의 잠재능력이 습득된다는 점을 강조하고 있다. 복수의 자살시도가 치명적인 자살시도 행동과 가장 가까운 것으로 보이기 때문에, 그들이 자살 잠재능력을 습득하는 가장 강력한 매커니즘의 하나라고 가정된다. 따라서 복수의 자살 시도력이 있는 사람은 단일 시도자나 시도력이 없는 사람에 비해 자살행동의 방향으로 끊임없이 나아가게 된다. 더구나 정신질환이 있는 거의 대부분의 사람들이 이 그룹에서 속하기 때문에, 복수의 자살 시도력이 있는 사람은 단일 시도자나 시도 이력이 없는 사람보다 소속감의 좌절과 부담감의 지각에 특히 노출되기 쉬울 수도 있다. 예를 들면, 복수의 자살 시도력이 있는 사람은 실직 상태이고 우울하고 정신장애를 가지고 있고 사회적 문제해결 능력이 빈곤할 가능성이 더 높고, 이 모든 특성은 자살 대인관계이론의 3가지 주요 개념과

관련되어 있다(Forman, Berk, Henriques, Brown, & Beck, 2004). 실
제로, Joiner and Rudd(2000)은 부정적인 인생사의 존재 여부에 관
계없이, 복수의 자살 시도자는 자살위기에 들어가는 '상당히 가벼운
방아쇠'를 가지고 있는 것으로 묘사되고 있다. 복수의 자살 시도자
는 대인관계의 자원이 적고 더 심각하면서도 오랫동안 정신질환을
갖고 있기 때문에, 자살위기를 경험할 때 그들의 자원을 동원하면서
성공적으로 해결한다는 것이 더욱 어렵다.

　이러한 정보는 제2장에서 논의했던 자살위험측정이라는 관점에
서뿐만 아니라 위기개입의 예측이라는 관점에서도 매우 중요하다.
복수의 자살 시도자를 치료할 때, 그들은 일련의 여러 사건들로 위
기에 빠질 수 있다는 것, 그들의 위기를 해결하는 것이 더 어렵다는
것을 명심해야 할 것이다. 우리는 이 문제에 관해 내담자에게 열린
마음으로 솔직할 것과 그들이 자살위기를 경험하고 있을 때 더욱 잘
대처하기 위한 위기개입 계획을 강구하는 점에 대해 공동으로 이뤄
지는 브레인스토밍에 참여할 것을 제안한다.

2. 위기개입 기법

　Rudd et al.(2001)은 위기개입의 세 가지 주요목표를 다음과 같이
기술하고 있다. (a) 환자가 위기의 계기를 식별하고, 그 계기가 되는
것에 대한 생각과 느낌을 이해하도록 돕는다, (b) 환자가 자살을 생각
하지 않도록 하는 방향으로 행동할 수 있도록 돕는다, (c) 제안한 전

략이 자살 증상을 낮추는 효과가 없을 때, 환자가 응급기관과 연결될 수 있도록 돕는다. 환자가 오랫동안 취약성을 지니고 있고 우연한 사건으로 악화될 수 있다는 점을 고려한다면, 위기개입이 이뤄질 때는 환자의 모든 문제를 단기간에 해결할 수 없다는 것을 알아야만 한다. 더구나 심적으로 명료한 상태에서도 환자에게 지속적인 변화를 끌어낸다는 것은 매우 어려운 일이다. 오히려 이러한 세션에서 우리가 논의하는 기법을 사용함으로써 내담자의 증상 정도를 둔화시키는 것을 목표로 하도록 임상가에게 제안하고 싶다. 자살의 대인관계이론 원칙을 활용하는 것은 가장 강렬한 고통을 일으킬 수 있는 자살 증상(예, 소속감의 좌절과 부담감의 지각)에 임상가가 목표를 정할 수 있도록 한다는 점에서 특히 도움이 될 것이다.

위기개입은 가장 기본적이면서도 제약 역시 가장 적은 것에서부터 제약이 가장 많은 것—강제입원—까지 하나의 연속체로서 생각할 수 있다. 임상가나 다른 형태의 위기 개입자의 주요과제는 과도하게 제약하지 않으면서도 내담자의 위험 수준에 적절한 기법으로 자살위기를 해결하는 것이다. UWRAP에 대한 설명에서, Reynolds, Lindenboim, Comtois, Murray, and Linehan(2006)은 위기개입전략 리스트에서 '경도'(예, 산책, 내담자의 인생에 대해 긍정적인 것을 이야기 함)로부터 '중등도'(예, 내담자에게 긴급전화 번호를 줌, 내담자의 사회적 지원 네트워크에 연락함), 그리고 '고도'(예, 병원 응급실까지 내담자와 동행함)까지의 범위를 정하고 있다. 이러한 개입은 다른 사람들이 권장하는 것과 매우 유사하다(A.T.Beck, Rush, Shaw, & Emery, 1979; Chiles & Strosahl, 1995; Jobes, 2006; Rudd et al., 2001). 매우 기본적인 기법이 자살위기를 감소시키는 데에 매우 효과적이라는 사실에 주의할 필요가 있다. 즉, 위기개입 도구로서 마법과 같은 효과를 내는 신비롭고 복잡한 기법이 있는 것은 아니다. 이것은 자살위기의 한가운데 있는 사람들을 접하는 임상가나 관계자들에게 좋은 소식이다. 임상가와 산책하거나 사회적 지원 네트워크에 전화를 거는 것과 같은 기본적인 어떤 것이 위기를 감소시킬 수 있다는 사실은 자살의 대인관계이론의 예측과 일치하고 있다. 자살을 실행으로 옮긴다는 것은 무섭고도 어려운 일이다. 즉, 살고 싶다는 어느 정도의 욕구는 늘 있는 것으로서, 비교적 간단하면서 직접적인 방법을 통해 목표로 정한 개입으로 강화시킬 수 있는 것이다. 자살의 대인관계이론에 따르면, 사회에 소속되어 있거나 공헌하고 있다고 느끼고 있다면, 자살로 죽지 않는다. 따라서 이러한 감정을 부드럽게 증가시키는 단순한 개입으로도 자살위기에 몰린 사람을 되돌릴 수 있는 것이다.

이상적인 것을 말하자면, 내담자가 위기 상황에 처하기 전에 위기개입 계획을 개발해야 하겠지만, 이것이 언제나 가능한 것은 아닐 것이다. 일시적인 입원 치료와 비교해서, 단기적인 위기개입 기법이 더 심리적 고통이나 이후에 입원할 필요성을 낮추는 데 효과적이라는 근거가 적어도 여러 자료들에서 보인다(Everly, Lating, & Mitchell, 2005). 자신의 가정환경에서 자살위기에 처한 사람의 자살위기 정도를 완화시킬 수 있다는 말이 있다. 가장 제약이 적은 환경에서 위기를 해결한다는 명백한 이점이 있다는 것 이외에도-윤리적으로 중요하게 고려되는 점이지만, 내담자가 대부분의 시간을 보내는 환경에서 자신의 위기를 어떻게 해결할 것인지 스스로 배운다는 것에 분명한 이점이 있다. 아마도 그들은 장래에 유사한 상황이 주어지더라도 쉽게 대처할 수 있을 것이다. 물론, 입원 이외에 선택의 여지가 없는 상황도 있겠지만, 입원이 필요한 상황까지 위기를 악화시키지 않기 위해 할 수 있는 것이 있다면, 그것이 자살시도와 자살로 인한 죽음을 방지하는 가장 효율적인 방법일 것이다.

다음의 세션에서는 자살희구를 비활성화하고 집안의 환경 속에 있으면서 환자의 안전을 확보할 수 있도록 계획된 몇 가지 위기개입 전략을 검토한다. 우리는 이것을 자살의 대인관계이론의 관점에서 살펴본다. 먼저, 가장 제약이 있는 위기개입 기법인 입원에서부터 시작해보자. 산악가이드는 폭풍우가 일어나면 산에서 돌아오거나 대피할 가능성을 염두에 두어야 한다. 이와 마찬가지로 임상가 역시 위기개입 과정에서 처음부터 끝까지 입원을 염두에 두고 있어야 한다. 폭풍우의 징조가 있으면, 산악가이드는 날씨를 계속 점검하면서 비옷을 착용하도록 고객에게 지시하고, 산악 대피소를 찾거나 돌아가는 것까지도 고려할 것이다. 산악가이드는 그때 날씨를 계속 관찰하면서 고객이 비옷을 입고서 출발하도록 선택할 수도 있다. 그리고 필요한 경우에는 고객에게 자신을 따라 산에서 내려가도록 지시를 할 것이다. 즉, 입원에 대한 논의부터 시작하는 것은 임상가가 이 전략을 가장 먼저 사용해야 한다는 것이 아니라, 이것을 조기-위기의 초기 징후-에 생각해야 하고, 위기를 줄이는 전 과정을 통해 계속 생각해야 하는 것이기 때문이다.

(1) 입원

제2장에서 검토한 모든 자살위험 측정 도구 가운데 고위험 환자에 대응하는 방법으로 추천된 것이 입원 치료이다. 적어도 입원 가능성을 치료 세션에서 언급하는 데 익숙한 (그리고 그것을 기록하는) 임상가는 그렇게 함으로써 자신의 법적 책임을 줄이기도 한다 (다른 표준적 행위를 충족하고 또 그러한 내용을 문서로 남기는 것이 전제된다). 이러한 사실을 보면, 많은 연구에서 입원의 유익한 효과(예, 자살로 인한 죽음 감소)를 보고하고 있는 것처럼 보인다. 그러나, 이러한 연구가 쌓일 정도로 많이 있는 것은 아니다. 입원 치료가 자살로 인한 죽음을 막는다고 지지하는 근거는 매우 빈약하다. 이에 대해 Smith and Pell(2003)이 지적하는 것처럼, 의료개입의 비용과 그 유익성을 생각한다면, 사용되어야 하는 것은 무작위 임상시험(randomized clinical trial[이하 RCT]) 대신에 상식이라야 한다. Smith and Pell(2003)는 유머러스하게 비유를 통해, 낙하산의 유효성을 검증하는 데에 RCT가 사용되지는 않는다는 것과 개입이 이뤄지기 전에 RCT가 이뤄져야 한다고 고집스럽게 요구하는 사람은 그렇다면 '중력에 대한 도전'을 하는데 외상을 입지 않기 위해 낙하산의 더블 블라인드 RCT에 자발적으로 참가 신청을 해야 할 것이라고 지적하고 있다. 이 시나리오에서 사람들 대부분은 "싫어요! 나는 대조군에 있고 싶지 않아요. 낙하산도 없이 비행기 밖으로 뛰어내리지는 않을 거예요!"라고 반응할 것이다. 이러한 연구에 왜 참여하고 싶지 않은지 이유를 묻는다면, 과학자를 포함해서 대부분의 사람들은

"낙하산이 유효하다는 것을 알고 있으니까요"라고 답할 것이다. 이러한 비유는 '사실에 근거한' 전제를 테스트하려는 어리석음을 강조하는 것이고, '알고 있는' 하나의 형태인 RCT를 실행했을 때 나타나는 안 좋은 결과를 보여주는 것이다.

또 다른 비유를 생각해보자. 어떤 남자가 Central Park 벤치에 혼자 앉아서 손가락으로 딱소리를 내고 있었다. 경찰관이 지나다가 그 남자에게 왜 손가락으로 소리를 내는지 물었다. "호랑이가 오지 않도록 하려고요"라고 답했다. 움찔한 경찰관은 "그런데, 이 Central Park에는 호랑이가 없잖아!"라고 반응했다. 남자는 손가락으로 딱소리를 내면서, "봐요, 효과가 있다니까요!"라고 반응했다. 이 비유의 논리를 사용한다면, 입원과 관계없이 같은 수의 사람이 자살로 죽는다는 것이 된다. 이 가설을 결정적으로 검증할 수 있는 데이터는 존재하지 않지만, 입원환자의 입원 중 자살 발생을 연구한 내용에 따르면, 입원이 '낙하산'이 아닐 수도 있다는 점이 보고되고 있다. 미국에서는 매년 약 3만 명이 자살로 인해 죽고 있는데, 그중 적어도 1,000명은 입원 중에 자살로 인한 것이다(물론, 많은 중증환자가 입원하고 있기 때문이란 점도 하나의 이유이다; S. Simpson, personal communication, July 21, 2008). 어느 영국의 자살 연구를 보면, 정신건강 돌봄 서비스를 이용한 적이 있는 자살자 중 16%가 입원 중에, 23%가 퇴원 후 3개월 미만인 시점에 자살하는 것으로 보고하고 있다(Meehan et al., 2006). 정신질환을 이유로 입원한 고령자의 자살을 조사한 다른 연구에서는 자살의 절반 이상이 입원이 이뤄진 일주일간 혹은 퇴원 후 일주일 동안에 자살하고 있는 것으로 보고하고 있다(Erlangsen, Zarit, Tu, & Conwell, 2006). 네덜란드에서 이뤄진 정신질환 이력이 있는 사람에 대한 연구에서도 같은 패턴이 나타났다(Qin & Nordrntoft, 2005).

자살예방에 입원이 효과가 있는지를 확인하기 위해서는 RCT를 통한 조사가 필요하다. 정신과 입원이 필요하다고 판단된 청년에 대해 집중적인 외래치료(예, 다중체계 치료)를 할 것이냐 아니면 정신과 입원을 시킬 것이냐에 대한 연구(Huey et al., 2004)가 있다. 이 연구는 1년 후의 자살 시도율을 측정하고 외래치료군이 입원치료군보다 유의하게 자살 시도율이 낮았다고 보고하고 있다. 이들 데이터에서 적절한 집중적인 외래치료는 자살을 막는 데 적어도 입원과 같은 효과가 있다고 볼 수 있다. 낙하산의 비유가 사람들에게 설득력을 갖는 이유는 사람들이 낙하산의 효과가 어떤지 알고 있기 때문이다. Huey et al.(2004)의 연구와 같은 RCT가 이뤄지기 어렵다는 점을 고려한다면, 입원이 어떻게 자살을 낮추는지에 대한 연구는 필요하다.

여기에서 자살의 대인관계이론을 통해, 입원 또는 강제입원을 권하는 몇 가지 이유를 검토해보자. 첫째, 입원은 이용 가능한 수단을 줄이고 관찰을 늘림으로써 환자가 자살욕구에 따라 행동하거나 습득된 자살 잠재능력을 사용하는 정도를 제한할 것이다. 습관화가 더 증가하는 것을 막을 수도 있다(예, 자살 연습, 웹사이트의 'How to' 방문). 둘째, 입원은 환자에게 부담감의 지각과 소속감의 좌절이 완전히 타당한지에 대한 여부를 생각하는 기회가 될 것이다. 이렇게 입원은 안전한 대피소로서 기능하고, 그러한 것에서 타자의 케어나

배려, 심리요법적 개입은 환자가 자신의 안전을 촉진하는 외래치료에 전념할 수 있을 정도가 될 때까지 소속감의 좌절과 부담감의 지각을 줄여줄 것이다. 또 입원으로 인해 환자에게 도움이 되는 약물치료를 받는 기회가 주어지고, 그것은 우울증과 같은 증상을 치료함으로써 소속감의 좌절과 부담감의 지각에도 간접적으로 영향을 줄 것이다. 적어도 몇 명의 내담자의 경우에는 (꼭 보장하지는 못하지만) 입원할 필요가 없는 방법이 있는데, 비교적 덜 제한적인 이러한 위기개입 수단에 대해 이제 검토해보자.

(2) 자살수단에 대한 접근 없애기

누군가 자살위기에 있다고 임상가가 판단했을 때, 할 수 있는 많은 것 가운데 기본적인 (틀림없이 더 중요한) 개입 가운데 하나가 자살수단이 손에 닿지 않도록 하는 것이다. 위험 수단으로는 가정에 있는 유독물질, 약물, 총기류가 있다. 우리는 자살위기에 있는 사람을 위한 안전성의 문제로서 이러한 점을 주장하고 있다. 다양하게 설계된 수명에 관한 복수의 연구자료들을 보면, 총기류의 입수와 자살로 인한 죽음 간에는 정의 관계가 있는 것으로 보고되고 있다(Brent et al., 1991; Conner & Zhong, 2003; Conwell et al., 2002). 이것은 자살의 대인관계이론에서 예측되는 것과 일치하기 때문에 놀랄 일이 아니다. 자살은 공포를 일으키는 자극이다. 자살사의 수단도 마찬가지다. 죽음에 이루는 무기(예, 총, 칼, 로프)에 계속 노출되어 있다는 것은 이것들에 대한 습관화를 증가시킨다. 물론, 총이 사람들의 자살을 일으킨다고 말하는 것은 아니다. 자살하기 위해서는 욕구와 습득된 자살 잠재능력 모두 있어야 한다고 자살의 대인관계이론에서는 말하고 있는 점을 상기해주기 바란다. 그러나, 자살욕구를 갖기 쉬운 사람의 경우, 가능한 자살행동의 습관화를 막는 것-자살수단에 대한 노출 제한을 포함-은 권장할 수 있을 것이다. 일단 획득되었다면, 자살하는 능력을 없앤다는 것은 어렵다. 위험한 수단에 손이 닿지 않도록 하는 것은 개인이 자살할 수 있는 수단의 입수를 제한하는 명확한 효과는 별도로 하더라도, 위의 개념에 초점을 맞추는 가장 효과적인 방법일 것이다.

임상의 관점에서 이러한 것은 종종 행동하기 보다 말하기가 더 쉽다. 성인 환자와 함께 하는 경우, 이 문제는 더욱 어렵다. 왜냐하면, 치명적인 수단에 대한 접근 책임은 위험에 처한 사람, 그 자신에게 요청하는 것이 되기 때문이다. 그러나 이것은 불가능한 것이 아니다. 신뢰할 수 있는 누군가에게 이러한 수단을 일시적으로라도 보관해주도록 내담자에게 제안하는 것은 해볼 가치가 있는 것이다. Jobes (2006)는 더 나아가 자살수단을 보관하는 것에 동의한 사람에게 내담자의 승낙을 얻고 연락함으로써 실제로 그렇게 했는지 확인할 것을 제안하고 있다. 어린이나 청년기인 내담자의 경우는, 부모가 자살수단에 대한 접근을 제한하는 것에 대해 이해하기 때문에 비교적 쉽게 이뤄진다. 불행하게도, 이것을 거부하면 중대한 결과가 일어남에도 불구하고, 이러한 제안에 놀랄 정도로 저항을 보이는 부모도 있다. 상대할 때 내담자가 저항하든 부모가 저항하든, 자기결정이론의 원칙은 유용하다(Sheldon, Williams, & Joiner, 2003). 즉, 누군가의 자율성을 제한할 때에는 명확한 논리적 근거를 제시해야 한다. 내담자나 내담자의 보호자가 이러한 제안에 동의하는지의 여부에 관계없이, 임상가는 이 문제를 언급했다는 점을 기록한다. 상황의 중요성을 생각하면, 이렇게 권했다는 점을 기억해두지 않으면 안 된다(그리고 매번 기록한다).

유사한 것이지만, '자살 찬성'과 관련된 정보에 접근하는 것에 대해서는 내담자와 공개적이고 솔직하게 대화하는 것이 좋을 것이다. 특히 내담자가 자살 방법에 대한 정보를 접하는 것이 서적인지 아니면 더 위험한 인터넷 사이트를 통한 것인지 등에 따라 대처할 수 있도록 노력해야 한다. 자살을 찬성하는 채팅에 참가하는 것이나 사이트를 방문하는 것은 자살 증가와도 관련되어 있다(Mishara & Weisstub, 2007). 자살에 대한 화상 정보나 구체적인 내용에 노출되는 것은 습득된 자살 잠재능력을 증가시킬 수 있다. 이러한 웹사이트를 찾아가는 것은 적어도 어떤 형태의 자살욕구(와 자살 계획의 수립과 준비)의 지표일 가능성이 있다는 점에서 우려의 정도를 높이는 것이 된다. 이러한 웹사이트를 내담자가 방문하는 것에 대해 완전히 금지시키는 것은 자기결정이론의 원칙에 어긋나는 것이기도 하지만, 이렇게 하는 것보다 내담자에 대한 깊은 관심이나 공감을 표현하고 그러한 웹사이트에 접근하는 것에 대해 임상가가 염려하는 논리적인 근거를 설명해주는 것이 현명하다. 또한 자실예방에 적합한 웹사이트를 내담자에게 알려주고, 자살에 우호적인 웹사이트 대신에 그런 웹사이트의 방문을 권하는 것이 유용하다는 점이 증명될 수 있을 것이다. 예를 들면, 전미자살예방전화는 요즘 MySpace라는 인기 소셜 네트워크 사이트상에 프로필을 만들었다(http://www.myspace.com/800273talk). 이곳은 자살 경고징후나 24시간 전미 자살예방 전화(1-800-273-TALK)에 대한 정보를 제공하고 있으며, 자살예방(이것은 소속감을 키우는 잠재적인 점도 있다)을 하고 있다고 생각하는 4,700명 이상의 커뮤니티가 되었다. 또 하나의 좋은 정보 제공처는 AAS의 웹사이트(http://www.suicidology.org)이다. 내담자는 유사한 행동(예, 자신의 상태에 대한 지식을 얻는다는 점)에 몰두하지만, 결정적으로 다른 점은 이러한 사이트가 희망을 제공하고 그들의 생명을 빼앗는 것으로부터 막는 것을 목표로 한다는 점이다.

(3) 사회적 지원을 끌어냄

또 하나의 기본적인 전략은 가족이나 친구들에게서 가능한 한 많은 사회적 지원을 모을 수 있도록 위기에 있는 개인을 지원하는 것이다. 자살의 대인관계이론이 소속감의 좌절이나 부담감의 지각을 경험하고 있는 많은 자살자들이란 점을 고려한 것이라면, 이것은 요청하기 어려운 것일 수도 있다. 즉, 그들은 마치 자신들을 케어해주는 사람이 아무도 없는 것처럼, 그리고 인생에서 의지할 수 있는 사람은 아무도 없는 것처럼 느끼고 있을 것이다. 반면, 평균적으로 자살 사망자에게는 6명에서 10명 정도의 친한 사람들이 있는 것으로 추정되고 있다. 이들 자살 유가족들은 극도의 비탄을 경험한다(Mitchell, Kim, Prigerson, & Mortimer-Stephens, 2004). 이러한 점이 보여주는 것은 자살자의 경우, 타인과의 연계가 결여되어 있고 심각한 고독감을 체험하고 있을지 모르겠지만, 불필요한 죽음을 예방하기 위해 개입하고자 하는 사람들이 그들에게 있다는 것을 말해준다. 내담자에게 이 통계를 알려주는 것은 사실을 객관적으로 파악할 수 있도록 하기 때문에 (자살 사망자의 대부분은 다른 사람과의 연계가 결여되어 있다고 오해하고 있음) 가치가 있다고 본다. 또 자살의 대인관계이론과 관계가 있는 내용이지만, 자살 위험성이 있는 사람은 자신들의 주위 사람들에게 부담이 된다고 느끼고 있고, 따라서 사회적 지원을 요청하는 데 소극적일 수 있다. 만약 내담자가 이러한 생각을 가지고 있다면, 임상가는 내담자가 다른 중요한 사람이 필요로 했을 때, 그 자신이 도움이 되었던 때를 생각하도록 한다. 또 하나의 전략은 사랑하는 사람이 위기 상황에 있을 때 도움을 요청받는다면, 내담자는 어떻게 반응할 것인지를 내담자에게 물어보는 것이다. 이렇게 함으로써, 사랑하는 사람이라면 분명히 자살시도 또는 자살로 인한 죽음을 막기 위해 사회적 지원을 더 제공할 것이라는 사실을 내담자는 이해하게 될 것이다.

자살의 대인관계이론에서는 다른 사람과 어느 정도 연대를 느끼고 있는 경우, 사람은 자살로 죽지 않는다고 예측하고 있기 때문에, 사회적 지원이 어느 정도 적절하게 강화된다면 자살욕구를 줄일 수 있게 된다. 이러한 지원 강화는 친구나 친척이 직접 자살의 위험성이 있는 사람에게 전화나 규칙적으로 연락을 취하고 함께 즐거운 활동을 계획하는 것으로 이뤄질 수 있을 것이다. 임상가 자신이 내담자의 친척이나 친구, 애인에게 연락을 취하는 것에 대해 내담자에게 동의를 구하는 것도 검토할 수 있겠다. 만약 동의를 얻을 수 있다면,

임상가는 중요한 타자에게 연락하여, 내담자에게 사회적 지원이 필요하다는 점을 강조한다. 그 중요한 타자에게는 친척이나 친구가 자살위기 상황에 있다고 생각될 때, 취할 조치들과 자살 경고징후에 대한 심리교육을 제공하고, 중요한 타자에게 이러한 어려운 상황을 대처하는 데 필요한 점이 있는지를 묻는다. 자살 위험성이 있거나 그렇게 분류될 수 있는 사람과 인간관계가 있거나 함께 생활하는 것에 대한 스트레스를 고려한다면, 중요한 타자에 대한 자신의 자살 위험성 평가를 실시하는 것도 권장될 수 있을 것이다.

실천적인 측면에서 검토해보면, 내담자를 위해 사회적 지원을 모으는 것은 책임 과정에서 방어적일 수 있다(Jobes, 2006; Wise, Jobes, Simpson, & Berman, 2005). Jobes(2006)에 따르면, 많은 변호사들은 임상가들이 내담자의 친척이나 핵심이 되는 사회적 지지자들과 연락을 취하는 것에 서면으로 동의를 얻으려는 시도를 적극적으로 해야 한다고 권하고 있다. 이러한 행동은 내담자가 타자와 연계되어 있다는 느낌을 증가시키기도 하지만, 자살시도나 자살로 인한 죽음이 자살자의 인생에서 중요한 타자의 관점에서도 보더라도 '갑자기 일어난' 자살시도나 자살로 인한 죽음이라는 느낌을 주지 않기 때문이다. 이 과정에서 중요한 점은 임상가가 내담자의 가족이나 친구에게 임상적인 책임을 전가하지 않는다는 것이다. 신중한 가족이나 친구를 참가시키는 것은 많은 이점이 있다. 예를 들면, 내담자의 중요한 사람들과 내담자의 상태에 대해 연락을 주고받으면, 치명적인 자살시도와 같은 불운한 사건이 있더라도 임상가를 상대로 소송을 벌일 가능성은 낮다. 물론 이와 같은 조치를 주장하는 것이 단지 이러한 이유 때문만은 아니지만, 이러한 요인이 적극적인 임상가의 경우에 중요한 사항이기 때문이다.

(4) 치료 참가의 제시

'자살하지 않겠다는 계약'보다 오히려 치료 참가서(commitment-to-treatment statement)가 실시되어야 한다고 우리는 추천하고 있는데, 이러한 점을 이 섹션에서 자세히 다루고자 한다. '자살하지 않겠다는 계약'은 내담자 측이 자살시도를 하지 않겠다고 선언하는 문서 또는 언어적인 동의이다. 정신과 의사의 약 70%와 심리사의 80% 정도가 이러한 계약을 사용하고 있는데(M.C. Miller, Jacobs, & Gutheil, 1998), 우리가 아는 한, 자살예방의 유효성을 지지하는 실증적 근거는 존재하지 않고, 그것이 모든 자살이나 자살시도를 막는 것이 아니라는 것을 제시하는 몇 가지 근거도 있다(Kroll, 2000). 많은 정신과 의료 종사자들은 자살하지 않겠다는 이러한 계약이 의료 과실 소송에서 그들을 법적으로 지켜줄 것이라고 오해하고 있다. 실제로 자살위험이 있는 경우에 적절한 위험 평가나 적절한 조치가 이뤄지지 않고 단순히 자살하지 않겠다는 계약을 내담자에게 요구하는 것은 법적 책임을 증가시킬 수 있다(Simon, 1992). 이러한 것은 또한 치료를 위한 라포에 장애가 될 수 있다. 왜냐하면, 계약의 목적이 환자에게 가능한 가장 좋은 케어를 제시하는 것이라기보다 법적인 책임으로부터 치료사를 지키는 데 있는 것으로 환자가 생각할 수 있기 때문이다.

M.C. Miller, et al.(1998)은 또한 내담자에 따라서는 임상가가 자살희구에 대한 이야기를 불편해하기 때문에 계약을 작성하는 것으로 볼 수도 있다는 점을 제시하고 있다. 이러한 것은 위기 사건이 있어서 내담자가 자살 증상을 밝히려고 하더라도 막아버리기 때문에 이러한 계약을 실시하는 것이 위험하다는 인상을 줄 수도 있는 것이다. Simon(1992)은 자살하지 않는다는 계약을 통해 임상가는 내담자에 대해 거짓된 안전감을 느끼게 되고, 이것은 위험 측정과 위험 관리 절차를 느슨하게 만들 수 있다는 점을 보여준다. 예를 들면, 내담자의 자살위험 수준이 어느 정도인지, 또는 자살위험의 평가 여부를 상세히 기재하지 않고 자살하지 않겠다는 계약에 내담자가 서명했다는 것을 단순히 기록하는 임상가도 있을 것이다(M.C. Miller et al., 1998). 이러한 논거와 데이터를 바탕으로 American Psychiatric Association[미국 정신의학협회](2003)는 자살을 적극적으로 생각하는 환자에게는 자살하지 않겠다는 계약을 사용하지 말아야 한다고 발표했다. 이 주제에 대해서는 Rudd, Mandrusiak, and Joiner(2006)와 Lewis(2007)를 참조하기 바란다.

우리는 자살 위험성이 있는 환자에 대해 치료 참가서를 사용하는 것이 더 좋다고 생각한다(그리고 권하고 있다). 이러한 접근은 몇 가지 중요한 점에서 자살하지 않겠다는 계약과 다르다. 먼저, 금지되어 있다는 것보다 오히려 해야한다는 것이 하나의 가이드라인을 내담자에게 제공한다는 것이다. 자살을 생각하는 사람의 경우, 마치 다른 선택지가 없는 것처럼 느낀다는 것에 대해서는 믿을 만한 강력한 이유가 있다. 따라서 대응할 수 있는 대체수단을 제공하지 않으면, 자살행동을 단순히 금지하더라도 자실시도는 거의 예방할 수 없다. 자살하는 사람들의 경우 문제해결과 대응 능력이 결여되어 있다는 것이 명백하다면 (우울이나 절망 등으로 인해 이렇게 결여되었다고 설명되어야 하겠지만; Speckens & Hawton, 2005), 자살위기가 있을 때, 그에 따라 이뤄져야 하는 구체적인 조치들을 제공하는 것은 매우 큰 도움이 될 것이다. 치료 참가서와 자살하지 않겠다는 계약의 또 다른 차이점은 전자의 경우 치료를 담당하는 임상가의 책임을 상세히 기술하고 있다는 점이다.

자살의 대인관계이론 관점에서 보면, 치료 참가서에서는 내담자가 자살하지 않겠다고 동의하는 것보다도 치료 관계에 초점을 더 맞추고 있기 때문에, 치료 참가서 쪽이 자살하지 않겠다는 계약보다 소속감을 키울 가능성이 더 크다고 볼 수 있다. 치료 참가서를 함께 작성하는 공동 작업도 치료사와 연계되어 있다고 하는 내담자의 마음을 증가시켜줄 것이다. 더구나 치료 참가서를 완성하고 서명함으로써, 내담자는 치료목표를 달성하겠다는 자신의 명확한 책임에 동의하는 것이 된다. 이 동의를 통해 자신의 능력 범위 내에서 적절한 목표가 주어진다면, 내담자의 유능감(부담감의 지각과 반대)을 키울 수 있는 것이다. 치료사에게 짐이 된다고 느끼기보다 치료 참가서를 함께 작성하는 것에서 내담자는 자신이 치료팀의 가치있는 멤버라는 것을 느낄 것이다.

치료 참가서의 핵심이 되는 구성요소는 명확하게 기술된 위기계획이다. 이 계획을 내담자와 공동으로 작성한다는 것이 핵심이고, 우리는 사전에 인쇄된 복사본을 이용하는 것보다 오히려 손으로 쓸 것을 적극 추천한다. 이렇게 하는 것은 내담자가 계약에 대해 법적 책임을 중심으로 하는 서류작성 작업의 하나일 뿐이라는 생각을 낮추고, 그것이 치료에 불가결한 구성요소라고 인식할 가능성을 높일 것이다. 우리가 제안한 내용의 사례에 대해서 이미 발표했지만(Rudd et al., 2001, p. 180), 그것을 여기에 다시 게시한다(<그림 3-1>). 치료 참가서의 한 모델을 여기에 제시하겠다. 다시 말하자면, 이 서식은 내담자와 공동 작업을 통해 손으로 작성되어야 한다.

치료 참가서의 서식은 <그림 3-1>에 정확히 따를 필요는 없지만, 몇 가지 핵심점은 명확히 언급해야 한다. 서식은 치료과정에 책임을 가질 것을 내담자에게 요구하는 것으로 시작하고, 그 책임이 어떻게 입증되는지에 대한 명확한 기준표(예, 규칙적으로 세션에 출석한다, 지시된 과제를 완성한다, 치료사에게 치료에 대한 걱정을 표현한다)를 포함해야 한다. 치료 참가서에 서명함으로써 내담자는 필요하면 위기대응 계획을 실행하는 것에 동의한다. 이 계획은 내담자와 함께 작성하며 문서로 한다(다음 섹션에서 이것에 대해 더 자세히 언급한다). 이러한 방법으로 자살희구가 생겨났을 때, 자살을 시도하는 것 이외에 다른 어떤 것을 하는 것에도 동의하게 된다. 제안된 행동 가운데 적어도 몇 가지는 직접적으로 소속감의 증대와 부담감의 경감을 목적으로 한다. 치료사가 다른 대응의 선택지를 제공함으로써, 자살이 유일한 선택지라고 생각하고 있던 내담자에게 희망을 줄 수 있게 된다. 치료 참가서는 (자살하지 않겠다는 것에 동의하는 것과 반대로) 살아가는 것에 책임을 지도록 내담자에게 요구하는 진술을 포함한다. 살아가는 것에 책임을 지도록 강조하는 것은 전반적으

치료 참가서

나 _____는 치료과정에 참가하는 것에 동의합니다.
이것은 이하의 내용에서 거론되는 치료의 모든 면에 적극적으로 참여하는
것에 동의한다는 것을 의미하며, 나는 이 내용을 이해하고 있습니다.

· 세션에 출석하는 것(또는 할 수 없는 경우에 치료사에게 알릴 것).
· 목표를 설정하는 것.
· 나의 의견, 생각, 감정을 치료사에게 정직하고 솔직하게 말할 것(그것들
  이 부정적이든 긍정적이든 모두 말하지만, 가장 중요한 것은 부정적인
  느낌).
· 세션 중에 적극적으로 참여할 것.
· 과제를 완수할 것.
· 새로운 행동이나 새로운 일처리 방식을 체험할 것.
· 필요할 때, 위기대응 계획을 실행할 것.

나는 성공적인 치료 결과가 대부분 나의 힘과 노력에 달려 있다는 점을 이
해하고 인정합니다. 만약, 치료에 효과가 없다고 느끼면, 나는 치료사와 의
논하고 그 문제가 무엇인지에 대해 공통된 이해가 이뤄질 수 있도록 노력
하고, 해결 가능한 방법을 찾아내는 것에 동의합니다.
즉, 나는 살아가는 것에 책임이 있다는 것에 동의합니다.

서명 _____
날짜 _____
입회인 _____

출처: *Treating Suicidal Behavior: An Effective, Time-Limited Approach*,
by M. D. Rudd, T. E. Joiner Jr., and M. H. Rajab, 2001, p. 180. New York:
Guilford Press. Copyright 2001 by The Guilford Press. Reprinted with
permission.

〈그림 3-1〉 치료 참가서

로 긍정적인 메시지를 의미하는 것 이외에, 치료사의 역할이 단지 내담자를 살리는 것만이 아니라 내담자의 전반적인 건강을 증가시키는 것임을 시사한다.

처음의 치료 참가서는 구체적인 기한을 상정하여(예, 3개월) 설계하고, 그 후 재검토를 통해 필요하면 수정한다. 즉, 내담자는 모든 조항과 조건에 무기한으로 동의하도록 요구받는 것이 아니다. 만약, 그렇다면 압도되어버릴 것이다. 치료사의 책임을 기술하는 부분도 치료 참가서에 더하는 것이 현명할 것이다(예, 치료사가 연락 가능하다는 것, 문제가 나타날 경우 그 문제들을 기꺼이 검토한다는 것). 치료가 시작될 때, 내담자가 치료사에게 무엇을 기대하고 있는지 묻고, 그것을 기술해 놓음으로써 장래에 오해를 예방하고, 치료적 환경을 더욱 함께 만들어갈 수 있을 것이다.

(5) 위기카드

초기의 치료단계에서도 입원이나 기타 긴급돌봄 서비스가 필요할 때까지, 임상가는 다가오는 자살위기를 완화시키려고 시도할 것이다. 왜냐하면, 내담자는 일단 이러한 극도의 위기를 막기 위한 스킬을 아직 내재화하고 있지 않기 때문이다. 치료과정에서 가능한 한 조기에 치료사는 위기 상황이 되었을 때, 내담자가 이용할 구체적인 계획을 개발한다. 이 계획은 늘 휴대할 수 있도록 아주 작은 카드에 기재한다. 긴급 시 전화번호를 기재하는 것만으로는 이후의 자살시도나 다른 자상행위를 막을 수 없다는 것을 최근의 연구에서 보여주

고 있기 때문에(Evans, Morgan, Hayward, & Gunnell, 2005), 위기
카드의 내용은 이러한 전화번호보다 더 많은 것을 제공해야 한다.
위기카드는 내담자와 공동 작업을 통해 개발하는 것으로서, 기분 조
절법, 즐거운 활동, 그리고 이러한 기법들이 자살 증상을 줄일 수 없
을 때 사용할 긴급전화 번호를 포함한다. 이 책의 제2장에서 논의되
었던 것처럼, 타당성이 검증된 위험 측정 절차의 맥락에서 위기카드
를 사용하는 것(과 이들의 임상적 활동을 적절하게 기록하는 것)은
자살시도의 가능성을 줄이고 동시에 케어의 기준에 부합해야 하며,
이러한 것은 내담자의 부담을 줄여줄 것이다.

내담자와 함께 위기카드를 만들 때, 당신이 지금 하는 것에 대한
논리적인 근거를 제시하는 것이 중요하다. 다음과 같은 설명이 이뤄
지면 좋을 것이다.

당신이 혼란스럽고 자살 생각을 하게 될 때, 어떤 것을 하면 좋을
지에 대해 저와 함께 생각해봅시다. 당신이 매우 혼란스러울 때,
냉정하게 생각한다는 것은 어렵습니다. 그래서 이 카드를 가지고
있다가 자살 생각이 들면, 바로 꺼내시기 바랍니다.

중요한 것은 위기카드 작성이 공동의 노력으로 이뤄진다고 보는
것이다. 내담자는 대부분 과거에 힘든 시간을 많이 경험했고 지금 그
것들에 대처하고 있다. 치료사는 이들의 성공적인 과거를 끌어내어
어떻게 이전의 위기에서 벗어났는지를 내담자에게 묻는다. 위기카
드에는 불쾌감이나 절망의 상태에 있는 사람이 해낼 수 있는 현실적

인 목표를 포함하도록 한다. 이러한 점을 마음에 두면서, 강렬한 느낌을 둔화시키고 자살 생각에서부터 마음을 달래고 기분을 조정하는 데에 도움이 될 수 있는 활동을 내담자가 선택할 수 있도록 지원한다. 수동적인 활동(예, 텔레비전 시청)보다도 능동적인 참여(예, 십자말풀이에 도전)를 동반한 활동을 선택하는 쪽이 좋다. 능동적으로 참여함으로써, 내담자의 마음이 그러한 활동에 전념할 수 있고 자살 생각이 지속되지 않도록 하는 데도 도움이 된다. 즐길 수 있는 활동이 잘 생각나지 않는 내담자에게는 비교적 쉽게 할 수 있는 345가지의 활동 목록인 '즐거운 활동 일정(Pleasant Events Schedule)' (Marra, 2004, pp. 150-154)을 추천한다.

위기카드의 목록에서 거론한 활동들 가운데 최소한 몇 가지는 소속감의 좌절과 부담감의 지각이라는 자살의 대인관계이론의 구성요소와 관계가 있고, 또 그렇게 명명되어야 한다고 생각한다. 자살의 대인관계이론에서는 자살희구의 가장 강렬한 형태가 이들 구성요소로부터 나타난다고 보기 때문에, 직접적인 관계가 없는 즐거운 활동들보다 이것들은 치료목표의 중요한 영역으로서 직접적으로 더 개선될 가능성이 크다. 이 일을 완수하는 하나의 방법은 타자에 대한 역할 의무 활동에 참여하도록 환자를 격려하는 것이다(예, 개호시설에서 자원봉사를 함, 자선단체 등에 편지 쓰기, 외국인에게 영어 가르치기 등). 실증적으로 우울 치료에 유효하다고 증명된 행동 활성화로서 도움이 된다는 점 이외에(Jacobson et al., 1996), 타자의 행복에 공헌하는 행동에 참여하는 것은 부담감의 경감과 타자와의 소속감 증가에 기여한다. 단순하게 들리겠지만, 자살위험이 있는 많은 사람들은 고립되어 있고 인생에서 중요한 타자에게 도움주는 것이 없거나 소속되어 있다는 느낌이 없다고 느끼기 때문에, 이러한 작업은 어려운 과제일 것이다. 임상에서 충분히 시간을 들여 이러한 노력을 하는 것은 가치 있는 일이다. 이러한 행동에 관여하려는 내담자에게 내재되어 있는 동기를 높이기 위해 동기부여 면접법(motivational interviewing techniques; W.R. Miller & Rollnick, 2002)을 이용하는 것도 좋다. 자살위기의 시작 단계보다 이러한 동기가 성장해나가는 것이 중요하다. 그리고 타자에 대한 역할 의무에 참여하도록 내담자를 격려하는 것은 그들이 성취감을 느끼는 것과 장기적으로 소속되어 있다는 느낌이 증가하게 되면서 자살위기를 잘 예방할 수 있을 것이다. 내담자가 이러한 폭넓은 활동(예, 장시간이 필요하기 때문에, 단순하고 심지어 심각한 위기의 상황에서도 이뤄질 수 있는 활동들)에 접할 수 있도록 격려하는 것도 중요하다. '즐거운 활동 일정'에서 인용된 활동을 보면, 자선사업에 기부, 몸이 안 좋거나 집에 틀어박혀 있는 사람 방문, 집안의 잡일 하기 등이 있다. 비교적 단순한 이러한 것조차 어려운 중증의 심리증상을 보이는 사람의 경우에는 그들이 남들에게 공헌했다거나 자신들이 소속되어 있다고 느꼈던 시간을 상상하도록 하는 것만으로도 충분할 것이다. 다시 말해서, 이러한 기법은 위기가 일어나더라도 내담자가 즉시, 효과적으로 쓸 수 있도록 연습해야만 한다.

치료사와 내담자가 6, 7가지의 즐거운 활동 일정을 만들었다면, 다음 단계는 그 카드를 실제로 써서 완성하는 것이다. 이것은 <그림 3-2>에 제시된 내용을 변형한 것이다. 미리 위기카드를 만들고 단순히 빈칸을 채우는 것보다, 치료사가 빈칸의 색인 카드(index card)에 내담자와 함께 <그림 3-2>에 지시된 것을 변용한 내용을 함께 적어 보는 것에 진정한 가치가 있을 것이다. 내담자가 스스로 적을 수 있도록 돕는 것이 더 도움이 될 것이다. 또 위기카드의 단계 5와 단계 6에 주목해보자. 그 내용에는 배려가 필요한 자살 증상의 특성에 대해 명시하고 있다(내담자가 자살에 대해 막연히 생각하는 것만으로 응급기관에 가도록 주장하는 것이 아님). 이 카드의 내용은 다음과 같은 사실을 확인하는 치료 경과를 통해 정기적으로 재검토한다. (a) 내담자가 그 카드를 잃지 않았다, (b) 카드에 적힌 즐거운 활동에 대해 내담자는 여전히 즐거운 것이고 실행할 수 있다고 보고 있다, (c) 내담자가 위기 사건 속에서 그러한 계획이 있다는 것에 대한 중요성을 이해하고 있다. 제2장에서 언급한 것처럼, 매회 치료 세션에서 자살위험을 평가할 것을 권한다. 자살위험을 평가할 때는 위기카드를 지참하고 있는지 간단히 물어보는 것도 좋다.

　우리의 예시에서 보이는 것처럼, 위기카드에는 즐길 수 있는 활동이나 다른 대처전략으로도 내담자의 자살사고가 줄어들지 않을 때, 연락할 수 있는 1-800-273-TALK를 포함한 긴급전화 번호가 포함되어 있어야만 한다. 그리고 자살 위험성의 유무와 관계없이 모든 내담자에게 전미 자살예방전화 연락처를 제공해야 한다. 이 서비스를 자세히 모르는 사람들을 위해 말하자면, 전미 자살예방전화는 훈련을 받은 전문가가 근무하는 24시간 위기 핫라인이다. 전미 자살예방전화는 실제로 미국 전역에 있는 120곳 이상의 위기센터들의 네트워크 역할을 한다. 즉, 전화를 거는 사람이 무료통화 번호로 전화하면 자동적으로 가장 가까운 센터에 전송된다(Joiner, Kalafat, et al., 2007). 위기 핫라인은 오래전부터 있었지만, 자살위험평가 절차를 표준화하여 대처하기 시작한 것은 최근의 일이다. 전미 자살예방전화의 자살위험평가 절차의 세부적인 내용에 대해 관심있는 독자는 Joiner, Kalafat, et al.(2007)을 정독해보기 바란다. 간단히 말하자면, 위기대응 요원(crisis worker)은 현재 일어나고 있는 문제에 관계없이 전화를 건 모든 사람에 대해 그 자살위험을 평가하도록 훈련되어 있다. 그들은 자살욕구, 잠재 능력, 의도와 자살 완충제 등을 포함하여 실증적인 것에 기반한 위험평가를 실시하도록 되어 있다. 위기대응 요원은 전화를 건 사람과 라포를 형성하며, 문제해결에 관여하고 커뮤니티 자원의 이용을 권장하고, 필요하다고 판단되면 긴급돌봄을 시작한다. 최근의 두 연구에 따르면, 전화를 건 사람에게 자살위험이 없는 경우(Kalafat, Gould, Munfakh, & Kleinman, 2007)와 자살위험이 있는 경우(Gould, Kalafat, Munfakh, & Kleinman, 2007) 모두에서 자살핫라인의 유효성이 인정되고 있다. Kalafat et al.(2007)은 전화를 건 사람(자살 위험성이 없는 사람)이 통화 과정을 통해 절망감이나 위기상태의 감소를 경험하고, 이러한 효과가 이후 몇 주간의 추적에서도 유지되고 있다는 점을 발견했다. 마찬가지로 Gould et al.(2007)은 자살 위험성이 있는 전화를 건 사람도 전화를 걺으로써 자살 증상이 감소했다는 점을 보고하고 있다. 더구나 그들은 팔로우업에서도 절망감이나 심리적 고통의 감소를 유지하고 있었다. 이러한 연구들을 보면, 자살핫라인은 임상가가 이용할 수 있는 효과적인 도구라는 아주 매력적이며 예비적인 근거를 제공하고 있다.

나는 혼란스럽고 자살을 생각할 때, 이하의 단계 내용을 따를 것이다.

단계 1: [즐거운 활동 또는 치료 스킬]
단계 2: [즐거운 활동 또는 치료 스킬]
단계 3: [즐거운 활동 또는 치료 스킬]
단계 4: 위의 모든 단계를 반복한다.
단계 5: 만약 자살 생각이 계속될 경우, 구체적인 방법을 취한다. 만약 내가
　　　　자살시도를 준비하고 있다면, 나는 [긴급전화를 걸 사람의 전화번
　　　　호를 적음]에 전화를 걸거나 전미 자살예방전화(1-8-273-TALK)
　　　　에 전화한다.
단계 6: 만약 내가 여전히 자살하고 싶은 생각이 들고 자신의 행동을 조절
　　　　할 수 없다는 생각이 들 경우, 911에 전화하거나 응급외래로 간다.

출처: *Treating Suicidal Behavior: An Effective, Time-Limited Approach,*
by M. D. Rudd, T. E. Joiner Jr., and M. H. Rajab, 2001, p. 168. New
York: Guilford Press. Copyright 2001 by The Guilford Press.
Reprinted with permission.

〈그림 3-2〉 위기카드

(6) 증상매칭 계층(Symptom-matching Hierarchy)

임상가는 급격하게 발생한 고통이나 다양한 종류의 불쾌한 심리적
증상을 경험하고 있는 새로운 내담자를 흔히 마주한다. 초기의 치료 세
션이 흔히 어려운 이유는 치료계획을 정형화하기 위하여 내담자에 대
해 가능한 많은 정보를 얻어야 하고, 심리증상을 빨리 줄이고 싶은 내담
자의 요구에 대응해야 하는 이중의 과제에 직면하기 때문이다. 이 두 가
지 과제에 초점을 맞추는 단기적인 개입의 하나가 **증상매칭 계층**이고,
이것은 괴로운 증상에 대한 단기적 위기개입 활동을 대응시키는 것이
다. 증상매칭 계층을 만들 때, 치료사는 내담자에게 가장 힘든 증상을

목록화하도록 한다. 이것을 통해 임상가는 내담자의 가장 큰 문제를 개
괄할 수 있고, 내담자에게 치료사가 이러한 문제에 관심을 갖고 있으며,
또 해결하는 데 도움을 줄 수 있다는 메시지를 보낼 수 있게 된다. 이들
증상은 가장 큰 고통에서부터 가장 작은 고통까지 계층적으로 평정한
다. 구체적으로는 내담자에게 증상의 장애나 고통의 정도를 1부터 10
까지 척도로 평가하도록 하고, 이 척도 득점에 따라 증상의 순번을 매기
는 것으로 이뤄진다. 그러면 치료사는 각 증상을 줄이기 위한 구체적이
고 특정한 지시를 하게 된다. <표 3-1>은 증상매칭 계층의 한 예이다.

　소속감의 좌절과 부담감의 지각이 관련되는 증상에는 특별히 주
의해야 한다. 일반적인 우울감이나 절망감에 대해 내담자에게 질문
하고 내담자가 타자에게 부담이 되고 있는지 또는 어느 곳에도 소속
되어 있지 않다고 느끼기 때문에 우울하고 절망감을 느끼고 있는 것
인지에 대한 여부를 판단한다. 만약 그렇다면, 그것에 따라 권장되
는 개입 내용을 조정하게 된다. 다음은 새로운 내담자에게 증상매칭
계층을 설명하는 치료사의 한 사례이다.

치료사: 상당히 강렬하고 불쾌한 증상을 경험하고 있다고 말씀하
　　　　셨어요. 우선 당신을 돕기 위해 제가 여기 있다는 것을 알
　　　　아주시기 바랍니다. 증상이 100%, 하룻밤에 좋아진다고
　　　　기대할 수는 없어요. 그렇지만, 조금 시간이 지나면 부분
　　　　적으로 좋아질 수 있도록 몇 가지 제안할 수 있습니다. 지
　　　　금 현재, 어떤 증상이 가장 힘든지 말씀해주시겠어요? 더
　　　　이상은 참을 수 없다고 느끼는 증상이 있나요?

〈표 3-1〉 증상매칭 계층(Symptom-matching Hierarchy)

1. 불면증 → 수면위생(매일 밤 같은 시각에 취침하고 아침 같은 시각에 기상, 카페인 음료는 제한, 낮잠 자지 않기, 잠을 잘 수 없을 때 20분 이상 침대에 있지 않기)
2. 흥미 상실이나 슬픔 → 행동 활성화(Pleasant Events Schedule; Marra, 2004, pp. 150-154 참조)
3. 흥분 → 완화, 운동
4. 고독 → 대인관계에 초점을 둔 행동 활성화(예, 종교활동 참석, 친구 나 가족에게 전화하기)
5. 절망 → 즐거운 활동에 참여
6. 불안 → 운동, 흥미를 끄는 활동에 참여하여 주의 분산시킴(예, 십자 말풀이)

내담자: 글쎄요. 늘 우울하게 느끼니까요. 지금은 정말 희망이 없어요.

치료사: 힘드시겠어요. 치료가 진행되면 그것에 대해 좀 더 대응할 수 있는데, 그때까지 그런 느낌을 조금 편하게 할 수 있는 한두 가지에 대해 같이 생각할 수 있을 거예요. 늘 우울하다고 느끼게 만드는 어떤 특별한 일이 있나요?

내담자: 글쎄요. 아내가 일 때문에 너무 바빠서 저와 함께 하는 시간이 전혀 없어요. 때로는 정말 외롭다고 느낍니다.

치료사: 그러면, 외로움을 줄여서 주위 사람들과 연계되어 있다고 느낄 수 있는 방법을 생각해봅시다. 그러면, 우울한 느낌을 조금은 피할 수 있을까요?

내담자: 시도해 볼 만 하네요.

치료사: 외롭다고 느낄 때, 연락하거나 찾아갈 수 있는 가족이나

친구가 있습니까?

내담자: 여동생에게 전화할 수 있을 것 같아요. 낮이면 대부분 만날 수 있습니다.

치료사: 좋은 생각이네요. 여기 "늘 우울한 느낌을 느끼고 있다" 옆에 그 내용을 적도록 합시다. 그리고 심한 절망을 느낀다고도 말씀하셨는데, 조금 더 말씀해주시겠어요?

내담자: 결코 좋아지지 않을 것이라는 생각이 들고, 제가 없어지고 저의 문제들이 없어지는 편이 아내에게 더 좋지 않을까 하는 생각이 때로는 들기도 합니다.

치료사: 알겠습니다. 당신의 증상이 부인에게 부담이 되고 있다고 느끼고, 또 이런 점에 절망을 느끼고 있는 것으로 들리네요. 부인의 행복에 당신이 도움이 될 수 있는 방법은 무엇이 있을지 생각해봅시다. 이렇게 하는 것이 도움이 되시나요?

내담자: 어쩌면요. 무엇인가 제가 필요하다고 느낄 수 있다면, 조금은 좋아질 것 같네요.

치료사: 부인에게 도움이 되거나 좋겠다고 생각하는 것 가운데, 부인에게 자신이 덜 부담을 줄 것이라거나 자신을 가치 있는 파트너로 느낄 것이라고 생각되는 것이 있습니까?

내담자: 집안일을 하거나 맛있는 식사를 만드는 것이겠네요. 제가 그런 일을 할 때, 아내는 늘 감사해하니까요.

치료사: 좋습니다. 그러면, 여기 "더 좋아지지 않을 것이라는 절망감을 느낀다" 옆에 그 일을 적도록 할게요.

이 인용 중에서 치료사는 내담자에게 있는 부담감의 지각과 소속감의 좌절을 찾아내고, 그런 느낌을 개선할 수 있는 점을 제안하고 있다. 이러한 팔로우는 자살의 대인관계이론에 따르면, 소속감의 좌절과 부담감의 지각이라는 느낌에 기반하고 있는 자살 감정의 억제에 도움이 될 뿐만 아니라 내담자와 그 문제에 대해 치료자가 충분히 이해하고자 하는 데 관심이 있다는 점을 보여주는 것이기도 하다.

대부분의 이러한 개입들과 마찬가지로 모든 결과가 좋은 것은 아니다. 예를 들면, 위의 사례의 경우 내담자가 여동생에게 전화를 하는 것에 대해 그녀에게 부담을 주고 있다는 느낌을 받을 수도 있을 것이다. 식사 준비를 하려고 해도 하지 못할 수 있다. 물론 모든 가능성이 예측되는 것은 아니다. 다음과 같은 가이드라인이 이러한 문제에는 도움이 된다. "천천히 시작하기"(예, 저녁식사 전체와 그 준비를 하는 것보다 조금 정리하는 정도의 것)와 "이것이 완벽하게 좋은 결과로 되지 않을 수도 있지만, 인생에서 모든 것이 완전할 필요도 없으며 치료하면서 다음은 어떻게 할 것인지에 대해 의논하기"이다.

증상매칭 계층을 만들 때는 제안하는 개입이 매우 단순하고 급격하게 발생한 고통에 괴로워하는 사람이면 누구나 실행할 수 있는 것이라야 하는 것이 중요하다. 이러한 형태의 개입은 치료과정에서 아주 이른 시점(내담자가 부정적 감정과 증상을 다루는 다른 스킬을 학습하기 전의 시간)에 이뤄지도록 설계되기 때문에, 그 제안을 초급자인 내담자가 쉽게 실행할 수 있도록 하는 것이 중요하다. 첫 번째 세션에서 증상매칭 계층을 도입하는 목적은 내담자의 증상이 치료될 수 있고 이러한 점은 단순한 기법의 유효성을 통해서도 알 수 있다는 희망을 내담자에게 주는 데 있다. 또 증상매칭 계층은 내담자가 자신의 증상을 어느 정도 조절할 수 있다는 점을 보여줌으로써 그들에게 위임하는 것이고, 치료사에 대한 신뢰감과 신용을 내담자에게 주는 것이다. 이러한 점이 내담자의 절망감을 줄이고 자살이 유일한 선택이라는 잘못된 신념을 서서히 줄일 것이라고 우리는 기대하고 있다.

(7) 기분 그래프(Mood Graphing)

증상매칭 계층보다 더 단순한 기법이 **기분 그래프**(Rudd et al., 2001)일 것이다. 간간이 상당히 부정적인 감정을 경험하는 내담자는 이러한 감정이 매우 강하고 거의 자동적으로 발생하는 현상이라고 생각하기 쉬울 것이다. 감정이 이렇다고 볼 때, 자신의 상태에 대해 절망을 느끼고 자살행동이 부정적인 감정에서 벗어나는 유일한 선택지라고 믿기 시작하는 것도 쉽게 이해할 수 있을 것이다. 이 기법에 대한 지도내용은 간명하다. 내담자에게 하루에 특정 간격으로(예, 기상, 조식, 점심, 저녁, 취침 시각) 자신의 기분을 1점에서 10점까지 척도로 기록하도록 하거나 매시, 매분, 또는 개입을 원하는 시간에 따라 기록하도록 한다. 그다음에 치료사는 이 기록을 기분 그래프에 표시하여 변환시킨다. 이 도표는 '-5'부터 '+5'까지의 척도를 사용하고, 부정적 기분, 중립적 기분, 긍정적 기분으로 구분한다.

이러한 도표가 그려지면, 내담자의 기분이 어떻게 변동하는지 패턴으로 인식할 수 있게 된다. 첫째로 매우 분명하게 보이는 패턴이

기도 하지만 <그림 3-3>에 제시된 예를 보면, 내담자의 기분이 늘 일
정하지 않다. 여기에는 여러 가지 이유가 있는데, 이러한 점은 이 섹
션의 후반부에서 검토될 것이다. 첫 번째 메시지는 그것이 시간의
경과, 생활에서의 긍정적인 사건 또는 다른 어떤 것에 따른 것이든,
가장 부정적인 기분은 지나갈 것이라는 점이다. 만약 내담자가 불쾌

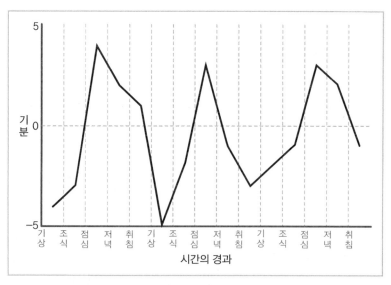

출처: *Treating Suicidal Behavior: An Effective, Time-Limited Approach,*
by M. D. Rudd, T. E. Joiner Jr., and M. H. Rajab, 2001, p. 161. New York:
Guilford Press. Copyright 2001 by The Guilford Press. Reprinted with
permission.

〈그림 3-3〉 기분 그래프의 예

한 기분이 드는 동안에 단지 '이것도 지나갈 거야'라고 생각할 수 있
게 된다면, 이러한 것도 자살위기를 해소하는 데 마법처럼 효과를 발
휘하게 될 것이다. 20분 정도의 코스라도 기분을 매분마다 기록하게

하면서, 이 기법의 사용법을 내담자에게 가르쳐주는 것도 좋을 것이다. 이렇게 좀 앉아 있는 것만으로도 부정적인 기분을 둔화시킬 수 있다는 가장 강력한 원칙의 예를 내담자에게 제공해줄 수 있을 것이다.

기분 그래프에서 배울 수 있는 또 다른 교훈은 어떤 활동이 부정적인 기분을 증가시키고 또 어떤 활동은 긍정적인 기분을 증가시키는 경향이 있다는 것이다. 임상가는 자살의 대인관계이론의 주요 구성요소와 관련된 부정적인 기분에 특히 주의해야 한다. 예를 들면, 그래프로 보이는 내담자의 기분은 기상 시, 일어나기 전에 부정적인 기분을 습관적으로 경험하는 것 같다. 이것은 내담자와 함께 검토할 수 있을 것이다. 내담자는 아침 기상 시에 극도의 외로움을 경험하는 경향이 있는 것 같다. 만약, 이것이 사실이라면 이 패턴을 내담자에게 설명하고 나아가 무엇이 이러한 느낌을 억제할 수 있을지에 대해 생각한다. 제시할 수 있는 한 가지는 친구나 가족사진을 아침, 제일 먼저 볼 수 있는 자리에 놓는 것이고, 소속감을 증대시킬 수 있는 것을 내담자에게 권하는 것이다. 내담자가 긍정적인 기분을 경험하는 경향이 있는 시기를 탐색하는 것도 똑같이 중요하다. 이 사례에서는 내담자가 점심시간에 매우 긍정적인 기분을 경험하는 것으로 보인다. 이것은 평일 낮에 자신이 가치가 있고, 사회에 공헌하고 있는 구성원이라고 느끼게 하는 (부담감의 지각과 반대인) 활동에 참여하기 때문일 것이다. 어떤 활동이 긍정적인 기분을 증가시키는지를 알면, 위기로 이끄는 극도의 부정적인 기분을 막기 위해서 정기적으로 이러한 활동 일정을 세우는 것이 중요하다.

(8) 희망 키트(Hope Kit)

이 기법은 다른 곳에서 언급되어 있지만(Henriques, Beck, & Brown, 2003; Jobes, 2006), 여기에서도 언급할 가치가 있고, 조금 조정해서 자살의 대인관계이론에 더 가깝게 연관지을 수도 있다. 희망 키트의 목적은 내담자가 위기에 있을 때를 대비해서 긴급 키트를 제공하는 것이다. 기본적으로는 내담자에게 살아가기 위한 구체적인 이유를 제공하는 아이템들로 작은 상자를 가득 채우도록 한다. 희망 키트를 구성하는 것은 치료 세션 내에서 이뤄지고 내담자에게 희망을 불어넣을 수 있고 자살위기를 둔화시킬 수 있는 물건들을 집에서 가져오도록 한다. 자살욕구가 부담감의 지각과 소속감의 좌절에 기인한다는 이론적 예측을 가정한다면, 자신이 타자와의 연대를 가지고 세계에 가치 있는 공헌을 하고 있다는 점을 스스로 알아차리게 하는 아이템으로 희망 키트를 채우는 것은 현명한 것이다. 아이템의 한 예로서 관련이 있을지 모르겠지만, 좋아하는 사람과 함께 찍은 내담자의 사진, 학교나 직장에서 받은 상, 친구나 지인에게서 받은 편지이다. 내담자에게는 집에서 중요한 장소에 상자를 놓도록 해야 한다. 그것은 희망 키트를 자주 보는 것만으로도 그 상자에는 희망적인 많은 구체적인 이유가 있다는 것을 인식함으로써 자살위기를 예방하는 데 도움이 될 것이기 때문이다.

희망 키트를 여는 것이나 안의 물건을 보는 것은 긴급 서비스에 전화하기 전에 하나의 대응 조치로서 내담자의 위기카드에 추가될 수 있다. 희망 키트가 특히 가치가 있는 한 가지 이유는 급격히 발생한 자살위기 상태에 있을 때, 내담자 쪽에 많은 행동을 요구할 필요가 없다는 것이다. 오히려 내담자는 상자를 여는 것만으로도 긍정적인 기억과 감정을 불러일으키는 물건들을 통해 마음이 편안해진다. 위기개입의 가장 즉각적인 목적은 자살위기를 둔화시키는 것이다. 이 기법이 위기 상황에 있는 많은 내담자들에게 유효할 것이라는 점은 어렵지 않게 생각할 수 있을 것이다.

3. 치료 중이 아닌 사람에 대한 위기개입

이 섹션의 목적은 일반인의 경우까지 포함해서 전문가와 자원봉사자가 사느냐 죽느냐 하는 상황에 있는 자살 위험성이 있는 사람들을 대해야 하는 상황을 위해 그들에게 하나의 도구를 제공하는 데 있다. 앞의 섹션에서 묘사한 기법은 주로 장기간 치료 중인 내담자를 위한 위기개입 도구로 설계된 것이다. 이러한 일이 중요한데도 자살사를 하는 많은 사람들은 치료를 받지 않기 때문에, 준비된 자살 위기관리 계획도 없다. 선행연구를 검토한 자료(Luoma, Martin, & Pearson, 2002)에서는 자살사한 사람들의 약 19%만이 죽기 한 달 사이에 정신과 의료종사자와 연락을 취했고, 13%만이 죽기 일 년 사이에 정신과 의료종사자와 연락을 취하고 있었다고 보고하고 있다. 그렇다면, 1년 이상 정신과 의료종사자와 연락을 취한 적이 없는 나머지 68%의 사람들에 대해서는 무엇을 할 수 있을까? 이 섹션에서는 이와 관련된 몇 가지 가이드라인에 대해 간단히 논의해보자. 여기에서는 자살위험 측정과 이것에 수반되는 위탁이나 개입(1-800-273-TALK 같은 서비스 덕분에 예전보다 점차 쉬워짐) 훈련을 받은 사람으로부터 돌봄을 받는 것이 최우선이라는 점을 말한다. 모든 상황에서 맞다고 볼 수는 없겠지만 대부분의 경우에 그렇다.

Omer and Elitzur(2001)은 급박하게 발생한 자살시도를 막기 위한 실증적인 수법을 제안하고 있다, 이 접근법은 2개의 단계로 구성되어 있다. 첫 번째 단계에서는 경청, 공감, 그리고 위기 상황에 있는 내담자가 말한 내용을 다시 반복해서 언급하는 것이다. 이들 두 저자는 자살자 대부분은 극도로 외로움(예, 소속감의 좌절)을 느끼기 때문에, 개입자가 어떤 대인관계적인 연계를 만드는 것이 매우 중요하다고 보고 있다. 또 단순히 내담자에게 이름을 묻는 것(그리고 면접 중에 자주 이름을 사용하는 것)이나 자신의 이름을 알려주는 것도 제안하고 있다. Omer and Elitzur는 가장 심각한 자살위기에 있는 사람이라도 자살에 대한 상반된 감정을 어느 정도 갖고 있고, 관건은 여전히 살아있다는 데에 관심을 두고 있는 내담자의 측면에 호소해 보는 것이다. 이러한 생각은 자살이 무서운 것이고, 인간 본성에 반하는 어려운 과정이라는 자살의 대인관계이론이 제시하고 있는 점과 비슷하다. 즉, 자기보존 본능을 완전히 뒤집는 것은 불가능한 것이기 때문이다. Omer and Elitzur의 주장에서 결정적인 구성요소는 자살위기의 한가운데에 있는 사람의 괴로움이나 고통을 받아들이는 것이 중요하다는 것이다. 그들은 내담자의 생각을 바꾸기 위해서 바로 설득을 시도하는 것보다, 오히려 시간을 들여 내담자의 발언을 주의 깊게 듣고 그가 말하는 내용을 반복해서 언급할 것을 권하고 있다. 그들이 강조하는 점은 자살위기에 있는 사람이 자신이 없는 편이 이 세상에 더 좋을 것이라고 느끼는 것(부담감의 지각)을 이해하고 있다고 표현해주는 것이 중요하다는 것이다. 이 일은 위기개입에 관여하고 있는 사람들에게 두려울 수도 있는 관점이다. 그들은 본능적으로 이러한 잘못된 신념을 가진 사람을 즉시 설득하려고 할 것이다. 그러나 이렇게 하는 것은 자살 위험성이 있는 사람들의 입장에서 볼 때 기대에 어긋난 것으로서, 그들의 저항을 더 키우는 결과를 가져올 수도 있다.

일단 개입자가 라포를 형성하고 내담자가 그 시점까지 이르게 된 생각이나 감정을 이해하기 위해 노력하고 있다는 점에 대해 자살 위험성이 있는 사람과 충분히 소통하고 있다면, 다음 단계로 이행할 시기가 된다. 다음 단계의 도입 부분은 그때까지 소통한 내용을 개입자가 요약하는 것이다. 그런 뒤에, Omer and Elitzur(2001)는 매우 단순하지만 감정을 드러내는 표현인 "그럼에도…"라는 말을 하도록 제안하고 있다. 이 시점에서 개입자는 다른 측면을 주장하면서 자살위험이 있는 사람이 살고 싶어하는 부분에 호소하기 시작한다. 여기에는 친구나 가족이 내담자의 죽음으로 얼마나 영향을 받을 것인지에 대한 논의도 포함된다. 자살위기에 있는 사람은 소속감의 좌절이나 부담감의 지각을 극도로 경험하고 있고, 만약 자신이 죽더라도 아무도 신경을 쓰지 않을 것이라고 주장한다는 점을 인식하는 것이 중요하다. 아무도 신경 쓰지 않을 것이라고 인정하는 동안에 이러한 발언에 대해 진지하게 의문을 제기하는 것도 중요하다. 이미 언급했듯이, 자살사한 후에 6명에서 10명 정도의 남겨진 주위 사람들이 비탄에 빠진다는 통계를 인용하는 것도 유용할 것이다.

AAS가 자살위기에 있는 사람을 돕기 위해 발간하고 있는 책자에는 일반적인 가이드라인이 기술되어 있는데(AAS, n.d.a), 관심 있는 독자도 쉽게 참조할 수 있으므로 참고하기 바란다. AAS가 매우 중요하게 언급하는 내용을 보면, 자살하는 사람에 대해 가능한 개방적이고 솔직한 태도를 보이라는 것이다. 이를 위해서는 한 명의 인간으로서 그 사람과 관계를 형성하려는 노력이 중요하고 그 자체로서 소속감을 형성할 수 있게 된다. 이러한 것에는 직접 자살에 대한 이야기를 하는 것도 포함될 수밖에 없다. 자살은 누구에게나 이야기하기가 어렵다. 당연하겠지만, 사람들을 두렵게 하거나 불쾌하게 만들기도 한다. 자살 위험성을 보이는 사람은 자신의 자살에 대한 정보를 숨김으로써 자신과 대화하는 상대방이 자살 이야기에 불쾌한 생각이 들지 않도록 해야 한다고 생각하기도 한다. 따라서 이렇게 되지 않도록 그 사람의 생각이나 감정에 대해 기꺼이 논의하려는 태도를 보이는 것이 중요하다. 자살의 옳고 그름에 대해 자살하려는 사람에게 강의하듯이 하는 것은 피하는 것이 중요하다. 왜냐하면, 이런 것은 자기 결정이론의 원칙에 반하는 것이기도 하며 새롭게 알게 된 사람과의 취약한 라포 형성에도 악영향을 주기 때문이다.

4. 모든 것을 함께 시도하기

위기개입 전략을 몇 가지 제시했기 때문에 마지막으로 이번 장에

서 기술한 자살위기에 있는 내담자에 대한 기법을 사용하는 구조화
된 프로토콜을 제시하고자 한다. 여기에서 제안한 프로토콜은 다른
것(예, UWRAP)과 유사하다. 기본적으로는 위기개입 계획의 중요한
목표는 위험 수준에 적합한 대응을 하는 것이다. 자살위험 측정 결정
트리(Cukrowicz, Wingate, Driscoll, & Joiner, 2004; Joiner, Walker,
Rudd, & Jobes, 1999)의 프로토콜은 내담자의 위험 수준에 기반한
위기개입 전략을 선택할 수 있도록 조직화된 수법을 제공하는 것이
다. <표 3-2>는 자살위험 수준을 범주화하여 일람표로 제시하고 있
다. 자살위험 수준과 관계없이 긴급 전화번호(1-800-273-TALK를
포함)를 제공하고, 정기적으로 자살위험을 평가하며 주의 깊게 그들
의 카르테에 이러한 활동들을 기록한다. 위험이 낮고 현재 자살희구
가 있지 않은 내담자에게는 자살 생각을 갖기 시작했을 때 어떤 행동
을 취할 수 있는지에 대한 안내가 이뤄져야 한다(예, 사회적 지원을
구함, 제공되는 긴급 전화번호에 전화함). 현재, 자살희구가 있는 위
험이 낮은 내담자의 경우는 위기 키트 작성에 참여시키고, 치료사와
함께 증상-매칭 계통을 완성한다. 중등도 위험의 내담자에 대해서
는 (경도 위험의 내담자를 위한 추천에 추가해서) 주중에 전화 연락
하는 것을 검토하고(소속감을 형성함), 적절한 치료가 있다는 것을
알리고(약물치료 포함), 사회적 지지를 확대하도록 내담자를 격려
한다(예, 내담자의 상황을 정기적으로 확인할 어떤 사람을 생각하는
것도 함께 계획한다). 내담자의 위험이 고도의 수준이라고 판단되면,
앞에 언급한 기법에 더해서 긴급 정신건강 대응도 검토하고(내담자
가 최근에 정신과 응급기관에서 퇴소·퇴원했다고 하더라도), 내담

〈표 3-2〉 자살위험 수준에 따른 위기개입

경도

현재, 자살희구 없음

- 다음과 유사한 내용을 내담자에게 알려준다 : "만약 자살할 마음이 생기기 시작하면, 당신이 하고자 하는 것을 이야기합니다. 먼저, 우리가 논의할 self-control 기법을 사용해주세요, 여기에는 주위에서 지원을 받는 것도 포함되어 있습니다. 그래도 자살하고 싶은 마음이 남아 있다면, [긴급 시에 전화할 사람]에게 전화를 겁시다. 만약, 어떤 이유가 있어서 도움을 받을 수 없거나 기다릴 수 없다고 느껴지면, 911에 전화하거나, 응급실로 갑니다."
- 긴급전화 번호를 준다. 여기에는 전미 자살예방전화(1-800-273-TALK)도 포함된다.
- 이어지는 세션에서 위험 관찰을 계속한다.
- 카르테에 활동 등을 기록한다.

현재, 자살희구 있음

- 긴급전화 번호를 전해 준다.
- 위기카드를 만든다.
- 증상-매칭 계통을 완성한다.
- 카르테에 활동 등을 기록한다.

중등도

- 긴급전화 번호를 전해 준다.
- 위기카드를 만든다.
- 증상-매칭 계통을 완성한다.
- 다음 면접까지 주중에 전화 확인을 검토한다.
- 부가적인 치료(예, 약물치료)가 있다는 점을 알려 준다.
- 사회적 지지를 확대시킨다.
  - 친구나 가족으로부터 지지를 얻도록 격려한다.
  - 내담자에 대해 정기적으로 확인해줄 사람을 내담자와 함께 계획한다.
  - 내담자의 동의를 얻고 내담자를 정기적으로 확인해줄 사람과 연락을 취한다.
  - 카르테에 활동 등을 기록한다.

고도(중도·극도)

- 만약 당신이 연수의(연수생)라면 수퍼바이저와 상의하고, 연수의(연수생)가 아니라면 동료와 상의한다.
- 긴급 정신건강 대응의 옵션을 검토한다.
- 내담자는 늘 누군가와 함께 있게 하고 관찰이 이뤄지도록 한다.
- 만약, 입원할 수 없다면 중등도의 자살위험에서의 제시 내용을 사용한다.
- 카르테에 모든 활동을 기록한다(적어도 입원 치료를 검토했다는 기록도 포함).

자와 항상 동행하고 관찰한다. 더 나아가 수퍼바이저(연수의·연수생의 경우) 또는 동료(연수의·연수생이 아닌 경우)와 상담한다.

요약하자면, 자살위기에 있는 내담자에게 사용할 수 있는 절대적으로 안전장치인 마술적인 대본은 존재하지 않는다. 그러나 소속감의 좌절이라는 상황이 있을 때 심각한 자살행동이 일어나게 된다는 자살의 대인관계이론의 전제가 옳다면, 위기 개입자의 연민과 관심은 자살하는 사람에게 안도감을 가져오고 위기는 지나갈 것이라는 희망을 준다. 이번 장에서 그려진 위기개입 전략의 목표는 위험한 절벽으로부터 떨어져 있도록 하는 것에 동의하도록 내담자를 유도하거나 더 이상의 돌봄이 필요하지 않을 정도로 모든 병이 완전히 치료되었다고 내담자가 느끼면서 집에 갈 수 있도록 하는 것이 아니다. 오히려 미래에 대해 어느 정도 적당하게 희망을 느끼도록 하고, 위기 개입자를 통해 얻을 수 있는 자원들에 기꺼이 접근할 수 있도록 하는 것이다. 등산의 비유로 돌아가서, 산악가이드의 역할은 내담자에게 당장의 안전을 제공하는 것이고 앞으로 산악가이드의 도움을 받아들이려는 마음을 확대시키는 것이다. 시간이 지나면서, 내담자는 스킬 수준을 높이고 위기개입의 필요성도 줄어들 수 있겠지만, 필요하다면 도움을 받을 수 있다는 것을 알아두는 것이 도움이 될 것이다.

자살의 대인관계이론

치료

자살의 대인관계이론

우리 중에 기동 위기대책팀에서 일하는 팀원(Van Orden)이 있다, 그는 내담자가 "감사합니다. 당신들이 오늘 밤 제 목숨을 구해주셨습니다"라며 감사의 인사를 전하며 마무리할 수 있었던 어느 날 밤의 일을 돌이켰다. 이 팀은 자살위험을 평가하고 위기개입의 기법을 사용했다. 이 주제는 이 책에서 지금까지 언급해온 주제이기도 하다. 이 팀은 내담자가 심리요법을 위한 외래진료나 약물요법을 위해 정신과 의사와도 연락할 수 있도록 도와줬다. 위기개입의 전략은 분명히 생명을 구하는 것이지만 이것만으로는 충분하지 않다. 자살위험의 가능성을 줄이기 위해서는 장기간의 치료가 필요불가결하다는 것을 팀은 인지하고 있었다. 임상가를 산악가이드에 계속 비유해서 설명하면, 위험 평가(예, "지금 날씨는 어떨까?")나 위기관리(예, 상처 치료)를 하는 가이드와 동행하기만 하는 초보 고객이라면, 산의 정상까지 등정하기가 쉽지 않을 것이다. 가이드 이외에도 고객이 아이젠의 고정이나 크레바스를 피하는 방법 등과 같은 새로운 활동에 참여하려면, 스킬을 가르쳐주고 스킬의 사용법을 보여주고 더 잘 사용할 수 있도록 도와주는 강사가 필요하다. 비유를 통해 말하고자 하는 점은 자살위험이 있는 내담자를 치료하는 임상가는 가이드와 강사 양쪽의 책임을 져야 한다는 것이다. 이 장에서는 자살희구나 자살행동에 대한 심리요법이나 약물요법에 대한 논의에서 강사의 역할에 대해 다루고자 한다. 자살위험에 있는 사람에게 효과가 기대되는 치료법을 설명하는 것으로 시작해보자.

자살사 예방에 효과적이라고 제시된 유일한 위기개입의 내용은 이 책의 제2장(제6장도 참조)에서 설명된 아웃리치 개입이다. 이것

은 심리요법을 포함하고 있지 않으며, 퇴원 후에 치료를 거부하는
고위험 환자에게 염려하고 있다는 편지를 보내는 것이다(Motto &
Bostro, 2001). 임상연구에서는 입원이 자살사를 예방하지 못하는
것으로 나타났다는 점에 대해서는 다시 언급할 필요가 있다. 그러나
입원 치료는 American Psychiatric Association(2003)의 자살행동
치료를 위한 최선의 실천 가이드라인에 따르면 표준적인 케어로 되
어 있다.

외래환자 치료에 대해서는 가장 좋은 판단기준인 무작위 대조군
임상시험(randomized controlled trial[RCT]; 리뷰는 Comtois &
Linehan, 2006 참조; Rudd, Joiner, Trotter, Williams, & Cordero,
2009)에 따르면, 몇 가지 심리요법이 자살시도 예방에 효과적인 것으
로 나타났다. 이러한 것에는 인지요법(cognitive therapy[CT]; Brown,
Ten Have, Henriques, Xie, Hollander, & Beck, 2005), 변증법적 행
동요법(dialectical behavior therapy[DBT]; Koons et al., 2001;
Linehan, Armstrong, Suarez, Allmon, & Heard, 1991; Linehan,
Comtois, Murray, et al., 2006; Linehan, Heard, & Armstrong, 1993;
Verheul et al., 2003), 문제해결 요법(problem-solving therapy;
Rudd, Rajab, et al., 1996; Salkovskis, Atha, & Stoere, 1990), 다중
체계 치료(multisystemic therapy; Huey et al., 2004. 청년을 위한 치
료법), 정신분석적 부분 입원(Bateman & Fonagy, 1999, 2001)이 있다.
유효성을 보여주는 치료법으로서는 대인관계 심리치료(interpersonal
psychotherapy; Guthrie et al., 2001)와 마음챙김에 근거한 인지치료
(midfulness-Based cognitive therapy[이하 MBCT]; Williams, Duddan,

Crane, & Fennell, 2006)가 있다.

간단한 말로 언급하는 것이 좋겠다. 우리는 이들의 치료가 **유망하다**고 평가하고 있다. 자살행동에 대한 치료연구는 자살문제의 심각성을 고려할 때, 상대적으로 연구가 결여되어 있다는 점을 포함해서, 한계들로 인해 제약을 받고 있다. 우리는 이번 장을 쓰고 있는 시점에서 자살행동의 치료에 특정된 무작위 대조군 임상시험은 (심리사회적 요법과 약물요법을 합쳐서) 50미만 정도로밖에 실시되지 않았다. 또 자살자를 아웃컴으로 하는 임상시험이 존재하지 않고, 재현성이 확인된 시험은 DBT만이라는 사실을 고려해야 한다. 이러한 한계에도 불구하고, 유망하다는 용어를 사용한 것은 조금 낙관적으로 볼 수 있다는 의미이다. 우리 관점에서 볼 때, 자살행동에 관한 치료연구는 요즘 몇 년 사이에 양적으로도 질적으로도 증가하고 있다. 이러한 의견이 낙관주의를 자극하고, 우리가 희망하듯이 생명을 구하는 연구를 실행하는 데 흥분과 관심을 가져오고 있다.

다음 섹션에서는 자살의 대인관계이론(Joiner, 2005)의 렌즈를 통해, 지금까지 언급되었던 치료법을 간단히 검토하는 것으로부터 시작하고, 또 치료 효과의 메커니즘에 관한 가설도 설정한다. 다음으로 자기조절 대인관계 심리요법(self-control regulation interpersonal psychotherapy[이하 SCRIPT])이라는 치료법에 대해 기술한다. 이것은 다른 접근법의 장점을 많이 이용하고, 이상적으로는 소속감의 좌절, 부담감의 지각, 습득된 자살 잠재능력에 대해 직접 작용하는 것에 적합하다. 또 자살행동이나 자살희구에 대한 약물요법의 효과를 간결하게 검토하여 재고하고, 다시 이론의 렌즈를 통해 효과의

메커니즘에 관한 가설을 설정한다. 이번 장이 임상가에게는 자살위
험이 있는 사람에 대한 치료의 선택이나 실시에 있어서 실질적으로
도움이 되고, 연구자들에게는 이론에 근거한 가설을 설정함으로써
과학적으로 유용하기를 바란다.

1. 치료 표적

여기에서는 임상가가 자살행동에 대해 무엇을 표적으로 해야 하
는지에 대해 우리 이론이 제시하고 있는 점들을 명확히 하겠다. 치
료의 표적은 소속감의 좌절, 부담감의 지각, 습득된 자살 잠재능력
이다. 그러나 이것은 무리이기 때문에, 가장 저항이 적은 방향에서
부터 시작하도록 권한다. 이것은 심리요법에서 가장 변화를 주기 쉬
운 측면을 표적으로 한다는 것을 의미한다. 자살의 대인관계이론에
따르면, 이것은 소속감의 좌절과 부담감의 지각이다. 왜냐하면, 그
들의 상태가 괴롭다는 것은 바로 상태(state)이지 특성이 아니기 때
문이다. 따라서 더 유동적이고 더 변화되기 쉽다. 이와 반대로, 습득
된 자살 잠재능력은 특성과 같은 것으로 파악되기 때문에 쉽게 변화
하기 어렵다.

우리의 위험 평가 도구의 기본은 습득된 자살 잠재능력이다. 자살
행동을 실시할 능력이 있다고 분명히 알 수 있는 환자는 다른 사람보
다도 자살위험이 더 높은 것으로 간주된다. 그렇다면, 변화가 어렵
다고 하더라도 습득된 자살 잠재능력을 치료의 표적으로 하지 않을

까? 우리의 답은 이 이론의 기본적 전제에 있다. 즉, 자살은 욕구와 잠재능력, 양쪽 모두 있지 않으면 생겨나지 않는다는 것이다. 임상적으로 말하자면, 만약 자살욕구를 억제할 수 있으면 자살 잠재능력이 있는 사람이라도 자살을 원하지 않기 때문에, 자살행동을 일으키지 않을 것이다. 욕구나 잠재능력의 어느 한쪽을 없앰으로써 극적으로 자살위험을 줄일 수 있는 것이다. 자살욕구가 잠재능력보다 영향을 받기 쉽다면, 자살욕구를 치료 표적으로 하는 것에서 시작하기를 우리는 제안한다. 계획성이 충분한 모델을 제시하고 알려주는 것은 충동성에 대한 대항수단이 되기 때문에, 습득된 자살 잠재능력의 표출을 막고 또 고통과 자극을 유발하는 사건들에 대한 익숙함을 막는데에도 도움이 된다. 이러한 기법의 영향은 축적되고 천천히 효력을 발생할 것이다. 따라서 치료는 다음과 같이 시작하는 것이 현명하다고 본다. 즉, (a) 소속감의 좌절이나 부담감의 지각을 직접 표적으로 하는 것은 직접적인 개입에 빠르게 반응할 수 있고, 동시에 (b) 치료 방법과 기법을 통해 습득된 자살 잠재능력을 간접적인 치료 표적으로 하고, 그것이 심리요법을 반복적으로 행함으로써 성과를 얻게 될 것이다.

2. 자살행동의 치료

자살의 대인관계이론을 통해서, 자살행동의 치료에 관해 고찰해보자. 우선 번잡하지 않게 종합적으로 개괄하겠다. 이러한 목적을 위해, 독자들은 관련성 있는 치료를 하는 방법에 관해 상세한 치료 매뉴얼(이 존재하는 경우)에 주목해주기 바란다. 소속감의 좌절과 부담감의 지각, 습득된 자살 잠재능력을 표적으로 한 치료법이 어떻게 경험적으로 지지되는지에 초점을 맞추고 또 그렇게 한 구체적인 수법에 대해서도 고찰할 것이다.

(1) 변증법적 행동요법(Dialectical Behavior Therapy)

변증법적 행동요법(DBT)은 감정조절의 어려움과 자살행동의 치료를 위한 인지행동요법(cognitive behavior therapy)이다. 연구팀 몇 곳이 실시한 연구에서는 DBT가 이 책의 제1장에서 논의한 5대 정신질환 중의 하나인 경계성 인격장애에 효과적이라고 제시하고 있다(Koons et al., 2001; Linehan, Comtois, Murray, et al., 2006; Linehan et al., 1991, 1999, 2002; Verheul et al., 2003). 이 가운데 몇 가지 시험에서 내담자는 심한 고통과 자극유발(자기 주사로 인한 약물사용)을 일으키는 헤로인 의존증 등 물질사용 장애를 동반하고 있고, 그것이 습득된 자살 잠재능력의 방향으로 사람들을 이끈다. 이들 환자에 대한 DBT의 효과는 그 기법이 습득된 자살 잠재능력을 낮출 수 있을 것이라는 점을 시사하고 있다. 그리고 DBT는 자살시도나 비자살성 자상행위의 빈도를 줄이는 효과가 있다는 점이 보고되고 있다. 자살행동에 대한 유일한 치료법이라는 점에서 복수의 연구를 통해서 제시되고 있기도 하다. 같은 방식으로 이뤄진 조사에서도 실증적으로 지지된 치료법에 대해 신뢰할 수 있다는 점을 증명하고 있다.

그리고 치료법을 통해 얻을 수 있는 긍정적이고 이로운 점이 재현될 수 있다는 점도 제시되었다. 청년기 환자에 대한 DBT의 개정도 이뤄지고 있고(A.L. Miller, Rathus, & Linehan, 2007), 자살위험에 있는 청년에 대한 치료법이 거의 없기 때문에, 이 프로토콜의 사용은 증가하고 있다.

치료의 창시자인 Marsha Linehan 등은 경계성 인격장애 판정을 받은 내담자나 최근의 자살 또는 비자살성 자상행위를 시도한 내담자를 대상으로 DBT의 인상적인 재시험을 실시했다(Linehan, Comtois, Murray, et al., 2006). 이 시험에서는 DBT를 **평소의 치료와** 비교하는 것이 아니라 대조 조건을 **전문가에 의한 지역사회 치료**(community treatment by experts)로 했다. 대조군에 이러한 사람을 선택함으로써, 환자는 어떤 치료조건에서도 '전문가'로부터 치료를 받는 것으로 되기 때문에, DBT의 치료 효과에 대한 설명에서 이 측면은 제외되는 것으로 한다. DBT그룹에서는 행동요법의 전문가가 내담자를 치료했다. 지역사회 치료그룹에서는 정신역동적 심리요법의 전문가가 내담자를 치료했고, 어떤 치료사들은 그 방침이 "절충적이지만 행동적이지 않다"고 언급하기도 했다(Linehan, Comtois, Murray, et al., 2006, p. 760). 지역사회 치료그룹의 치료사 가운데 누구도 그 치료방침이 인지행동적이라고 언급한 사람은 한 명도 없었다. 자살행동을 치료목표로 한 경우, DBT그룹의 내담자는 지역사회 치료그룹과 비교해서 치료 기간(1년)과 팔로업 기간(1년) 사이에 자살을 시도한 경우는 절반 정도였다. 또 DBT를 받은 내담자는 정신의학적 이유로 구급과를 찾는 경우가 적고, 정신과 병동에 입원하는 경우도 적었다. 그러면 치료의 어떤 요소가 자살행동에 대한 DBT의 효과를 설명할 수 있는 것일까?

DBT는 정신병리학의 이론에 따른 일련의 치료기법 이상의 것이다(그들의 요소를 포함하고는 있다). 치료 개발자에 따르면, "순전히 형식의 면에서 DBT는 경계성 인격장애자의 커뮤니티와 정신건강 전문가의 커뮤니티 간의 교류관계"(Linehan, 1993a, p. 424)이다. DBT의 이러한 측면은 내담자가 이 요법으로 치료에 참여하면, 지역사회 인식과 소속감을 경험할 것이라는 점을 시사해준다. 내담자는 다원적인 치료 방법-매주마다 개인 심리요법, 매주 그룹 스킬 트레이닝, 전화상담 등-에 참여함으로써, DBT의 커뮤니티 측면을 경험하게 될 것이다. 치료에 참여하면서 촉진되는 소속감은 직접적으로 소속감의 좌절을 치료 표적으로 하고, 더 나아가 치료 동기를 증대시키기 위해 내담자가 소속감의 좌절, 부담감의 지각, 습득된 자살 잠재능력에 대응하기 위한 스킬을 배울 수 있는 기간을 충분히 두고 치료가 이뤄질 수 있도록 함으로써, 이들 3요소를 간접적으로 표적화한다. 치료 스킬을 사용하는 것(그룹 스킬 트래이닝에서 가르침)이 정신질환으로부터 회복하는 자신의 능력에 기여한다는 구체적인 증거로 제시되고 있기 때문에, 부담감의 지각을 완화시킬 수 있는 경험으로 된다.

DBT의 연구자는 여러 치료 메커니즘을 제안하고 있는데, 그것에는 감정조절이나 주의 조절, 동기부여의 강화가 포함되어 있고, DBT 특유의 개입법과 함께 다른 치료법에서도 공유하고 있는 개입법에 근거한 것도 있다(Lynch, Chapman, Rosenthal, Kuo, & Linehan,

2006). 자살행동 치료에서 DBT의 효과는 변증접적 행동요법 특유
의 개입법−과 다른 치료에 공통된 많은 개입법−이 대인관계이론
의 요소 가운데 하나 또는 복수를 표적으로 하고 있다고 볼 수 있다.
다음으로, Lynch et al.(2006)에 의해서 제시되었던 몇 가지 DBT의
특유한 개입법에 대해, 자살의 대인관계이론의 렌즈를 통해 검토해
보고자 한다.

　DBT의 타당성 확인 전략은 소속감의 좌절에 대해 특히 도움이 될
것이다. 문제행동−자살적 자상행위와 비자살적 자상행위를 포함−
의 타당성을 확인하는 작업은 명확한 DBT의 전략이다. 타당성 확
인은 문제행동을 승인하거나 변화에 대한 요구를 하지 않는 것을 시
사하는 것이 아니란 점을 여기에서는 유의해야 할 것이다. 변증적 행
동요법에서, 타당성 확인은 환자의 행동이 현재 맥락에서 의미 있는
것이고, 그들이 그것을 사용하는 이유를 치료사가 이해한다는 점에
대해 환자와 소통하는 것이 포함된다. 자세한 내용은 제5장에서 논
의하겠지만, 타당성 확인에 기초한 환자와 치료사의 관계성은 더 강
력한 동맹을 가능하게 하고, 나아가 소속감을 가질 수 있는 다른 기
반을 결여하고 있을 때(또는 환자가 다른 어느 곳에서 소속기반을
찾아내는 스킬을 갖지 못할 때), 일시적인 소속감의 기반으로 기능
할 수 있도록 한다. 역설적으로, 타당성 확인은 변화에 필요한 환경
을 만들 수도 있는 것이다. 이 주제는 제5장에서 자세히 다루겠다.

　DBT에서 사용되는 또 하나의 전략은 부담감의 지각에 특히 도움
이 될 것이다. DBT에서 변증법의 역할−즉, 언뜻 보기에는 반대인 두
입장이 동시에 진리일 수 있다고 인정하는 것을 포함하는 세계관−에

관한 논의는 이번 장에서 다루는 범위를 넘어선다. 그러나 변증법적 인지교정 전략을 사용하는 것은 부담감의 지각, 즉 높은 수준의 흑백론(J. S. Beck, 1995. 인지 왜곡에 관한 논의 참조)에 관련된 인지 왜곡의 감소와 특히 밀접한 관계가 있다. Linehan(1993a)은 이 전략에 대해 **진실의 일면**을 발견하는 것을 포함한 인지적 타당성 확인의 한 형태인 것으로 묘사하고 있다. 치료 초기에 이 전략을 사용함으로써 부담감이 지각에 특히 효과가 있다고 생각되는 데에는 몇 가지 이유가 있다. 첫째, 진실의 일면을 인정한다는 것은 내담자가 강력히 믿고 있는, 그러나 왜곡된 신념에서 벗어나는 데 필요한 정도의 타당성을 제공할 수 있다. 둘째, 치료 초기에 부담감의 지각을 완전히 없애는 것은 불가능하지만, 그들의 지각 강도를 줄이는 것만으로도 사람의 생명을 구하는 것이 된다. "남자친구에게 저는 짐이 되네요"라는 말은 여러 가지 진실의 일면과 관계될 것이다. 예를 들면, 치료사는 내담자가 "남자친구에게 부담이 된다는 생각이 들어요. 그렇지만, 여러 가지 방식으로 우리 둘의 관계에 공헌하고 있다는 것을 알고 있어요"라는 결론에 도달할 수 있도록 도울 수 있을 것이다. 또 다른 예로, "저는 직업이 없어서, 지금 경제적으로 우리 관계에 도움을 주고 있지는 않지만, 그래도 집안일을 하거나 그에게 제가 사랑하고 있다는 것을 보여주는 것으로 우리 둘의 관계에 공헌하고 있어요"라는 결론으로 이끌 수도 있을 것이다. 자살의 대인관계이론에 따르면, DBT의 전략이 내담자의 부담감 지각을 줄일수록 자살욕구도 줄어들 것이다.

DBT의 스킬 트레이닝 그룹에서 배우는 많은 행동 스킬은 소속감의 좌절이나 부담감의 지각을 치료 표적으로 할 때 도움이 된다. 예를 들면, **반대인 행동**은 소속감의 좌절에 대응하기 위해서 사용되는 감정조절 스킬이다(원하지 않거나 도움이 되지 않는 감정 상태를 변화시키기 위해서 사용됨). 이 스킬에는 두 단계가 있다. 첫 번째 단계는 감정 상태가 어떤 **행동 충동**(acting urge)을 만드는 것인가에 대해 찾아내는 것이다. 예를 들면, 슬픔이나 우울함에 공통하는 행동 충동은 타자로부터 위축되는 것, 즉 소속감의 좌절을 초래하는 행동이다. 두 번째 단계는 행동 충동과 반대인 행동을 하는 것이다. 이 스킬에 대한 내담자용 책자는 우울 또는 슬퍼하는 내담자에게 "행동하세요, 다가가세요, 회피하면 안 돼요. 자신의 능력이나 자신을 느낄 수 있는 일을 하세요"라고 지시하고 있다(Linehan, 1993b, p, 161). 이 지시에 따름으로써, 내담자는 사회적 지지 네트워크에 참여하거나 자기 효능감 또는 달성감을 촉진하는 행동에 동기부여를 할 수 있을 것이다. 반대의 행동을 하는 것은 소속감의 좌절이나 부담감의 지각에 대한 강력한 대응책으로 기능할 수 있다.

긍정적인 경험을 쌓는 것(building positive experience)은 또 하나의 중핵적인 감정조절 스킬이다. 이 스킬은 행동 활성화를 재촉하기 위한 구체적이고 단순한 방법을 포함하고 있다. DBT의 기법 매뉴얼(Linehan, 1993b)에는 176가지의 즐거운 활동이 등록되어 있다. 마음이 내키지 않는 내담자조차 이 리스트에서 즐거운 일이나 시도할 가치가 없다고 할 수는 없을 것이다. 이 스킬의 가능성을 최대화하기 위해서, 치료사와 내담자는 소속감을 일으키고(예, 함께 노래하기, 편지쓰기, 친구와 점심 먹기), 부담감의 지각을 완화시킬 수 있는

(예, 누군가에게 선물하기, 누군가의 이야기 듣기, 자원봉사 참여하기) 활동을 선택할 수 있다.

　전문가에 의한 DBT와 지역사회 치료를 비교한 임상시험을 다시 살펴보면, DBT그룹의 내담자 자살 시도율은 반 정도였다. 우리의 관점에서 보면, 이것은 DBT의 치료사가 자살욕구를 줄일 뿐만 아니라 습득된 자살 잠재능력의 표출을 억지하는 전략을 사용하기 때문이라고 생각된다. 예를 들면, DBT의 세션 가운데 또는 그 세션을 통해서 사용되는 치료계통을 검토할 수 있겠다. 최초의 치료 표적은 언제나 생명에 방해가 되는 행동이다. 실제로 환자와 치료사가 함께 대처하는 제1의 치료 표적(치료의 제1목표)이 자살행동이나 비자살성 자상을 없애는 것이다. 세션 중에는 자상과 자살위험을 평가하고 대처하는 것이 다른 치료목표보다 우선시 된다. 최우선적으로 자살의도가 없는 만성적인 자살희구로까지 확장되는 것은 아니다. 왜냐하면, 여기에는 자살희구를 일으킨다고 예측되는 '생활의 질' 문제에 대한 대응이 제외되기 때문이다. 자살의 대인관계이론의 관점에서 볼 때, DBT에서 자살행동을 일으키는 명확한 우선적인 순위가 의미하는 것은 습득된 자살 잠재능력의 표출이 억지되기 전까지는 다른 치료작업을 진행할 수 없다는 것을 뜻한다. DBT에서는 세션과 다음 세션 사이에 치료사가 내담자에게 전화를 걸어, 자살행동이나 자상행위 행하는 것보다 스킬의 사용을 촉진시킴으로써, 이 목표의 실현 가능성을 높인다(세션과 다음 세션 사이의 관계 등에 관한 논의는 제5장 참고).

　DBT가 습득된 자살 잠재능력의 표출을 억지하는 메커니즘은 자극유발의 경험에 관여하는 것을 멈추게 하는 것과 동시에 계획적인 문제해결을 하도록 장려하는 전략을 사용하기 때문이라고 생각한다. DBT의 치료사가 사용하는 전략은 역기능적인 행동을 찾아내어 부정적인 결과를 초래하지 않고 문제를 해결하는, 더 적응성을 보이는 행동을 정하기 위하여 연쇄·해결분석(chain and solution analysis)을 실시하는 것이다. 내담자가 자살행동이나 자상행위를 행할 때 연쇄분석을 실시하는데, 이것은 시계열에 따른 사건들을 상세하게 검토하는 것이다. 계기가 되는 사건으로부터 시작해서, 치료사와 환자는 연쇄적인 내용에서 각 연계점을 검토해간다. 여기에는 자살에 이르는 생각, 감정, 행동이 포함되어 있다. Linehan(1993a)에 따르면, 이것은 '매우 상세'하게(p. 258) 실시된다. 이렇게 함으로써, 환자들은 그들의 행동에 원인과 결과가 있고, 행동은 그 자신들의 통제에 있다는 것을 알게 된다. 이러한 **필연적 사고**(consequential thinking)(A. L. Miller et al., 2007)를 배워서 자살행동과 같은 마음의 고통에서 벗어나는 데 활용한다. 우리의 관점에서 보면, '연쇄의 연결점'(Linehan, 1993b, p. 259)을 찾아내는 능력은 내담자가 마음 고통에 대해 충동적으로 반응하지 않고 차분하게 건전한 방법을 선택하는 데 도움이 된다. 단기적으로 보면, 마음의 고통을 관리하기 위한 (예, 자살행동 이외의) 대체적인 해결법을 제공함으로써 습득된 자살 잠재능력의 표출을 억지할 수 있다. 또 장기적으로 보면, 충동적 반응이 약해짐으로써 고통과 자극을 유발하는 사건에 노출이 줄어들고, 그렇게 함으로써 습득된 자살 잠재능력에 익숙해지는 것과 강화하는 것을 예방할 수 있다.

문제행동의 연쇄분석을 실시한 뒤에, 치료사와 내담자는 자상을 대체하기 위하여 더 적응을 잘하고 스킬이 풍부한 행동 패턴을 고안하고 해결법의 분석을 완성시킨다. DBT의 내담자는 스킬 트레이닝에서 수많은 스킬을 배우는데, 이것은 해결법의 분석에 사용될 수 있어야 하고 사용되어야만 한다. 특히 자살행동의 관리-와 습득된 자살 잠재능력의 억제-에 적용 가능한 두 가지 스킬은 마음챙김(mindfulness)과 고통 감내 스킬(distress tolerance skills)이다. 마음챙김은 선의 전통에 기반하는데, 내담자가 자신의 사고, 감정, 경험에 반드시 행동을 취할 필요가 없으며, 관찰하거나 표현하는 데 평가하지 않도록 가르친다. 마음챙김은 충동성의 중화제라고 볼 수 있고 습득된 자살 잠재능력의 표출을 억제하는 것 같다. 고통 감내 스킬은 내담자가 상태를 악화시키지 않고 위기를 넘기는 구체적인 방법이다. 자살행동이나 자상은 상태를 악화시키는 하나의 사례이다. 자기 진정화가 고통 감내 스킬의 한 예이고, 이 스킬은 즐겁고 무해하고 감각적인 경험을 포함하며, 아픈 감정보다 이러한 경험에 주의하도록 한다. 향긋한 양초(후각), 버블 목욕(촉각), 차(미각), 별을 바라보는 것(시각) 또는 잔잔한 음악을 듣는 것(청각) 등이 그 예이다. 고통 감내 스킬로 고통스러운 정신상태에서 일시적이나마 안심감이 들고, 내담자에게 감정조절의 전략으로서 자살이나 자상행위를 억제하는-이것으로 습득된 자살 잠재능력을 강화시키는 행동을 예방할 수 있다. 또 자기 진정화의 경험은 고통과 자극 유발적인 것과 거리가 멀고 습득된 자살 잠재능력에 대해 치료 효과가 있을 가능성이 있다.

DBT의 내담자가 1년간에 걸쳐 집중적 스킬 트레이닝을 받으면서 배우는 여러 행동 스킬의 한 예가 여기에서 검토되고 있을 뿐이다. 거의 모든 스킬이 위기개입 전략에 사용될 수 있고, 자살행동 치료에서 변증적 행동요법의 성공은 소속감의 좌절과 부담감의 지각을 감소시키는 스킬과 습득된 자살 잠재능력의 표출이나 강화를 억제하는 스킬을 내담자가 사용하는 것에서 일부 기인한다고 우리는 보고 있는데, 이것이 우리가 세우고 있는 가설이다. DBT는 생명을 위협하는 행동을 우선시하는 것이다. 자살의 대인관계이론을 하나의 가이드로 사용한다는 것은 이러한 DBT가 습득된 자살 잠재능력의 표출과 전개를 억제하는 기능을 할 것이라는 점을 제시하는 것이다. 자살의 대인관계이론의 관점에서는 DBT의 치료사가 강한 부담감의 지각과 소속감의 완전한 결여를 생명 위협의 행동 범주에 포함시키는 것이 유익할 것이라고 보고 있다. 왜냐하면, 이러한 점들은 자살욕구를 일으키기 쉽고 습득된 자살 잠재능력보다 쉽게 완화시킬 수 있는 것이기 때문이다.

(2) 인지요법(Cognitive Therapy)

1960년대 후반, 인지요법(CT)의 창시자인 정신과 의사 A.T. Beck은 심리학의 한 모델을 발전시켰는데, 그것은 사유의 문제가 심리적 장애의 근저에 있다는 가설에 기반한 치료법의 개발에 영향을 미쳤다(J. S. Beck, 2005 참조). 인지적 편견은 왜곡된 사유를 일으키며, 이것은 극단적인 일반화나 장래예측과 같은 인지적 오류의 형식을 취하고 있다. 이러한 인지적 오류는 비기능적인 가설(예, '다른 사람들 앞에서 이야기하면, 그들은 나를 놀릴 거야')이나 자신에 대한 핵심 신념(예, '나는 형편없는 인간이다')으로 인해 증대하게 된다. J. S. Beck(2005)은 **인지행동요법**(cognitive- behavioral therapy[이하 CBT])이라는 용어가 표준적 CT(인지모델에 따른 치료)와 CT를 행동기법에 결합한 치료를 포함하는 포괄적 용어라고 말한다. 이 섹션에서는 인지적 초점인 치료(A.T. Beck의 표준적 CT와 전통적인 Beck의 접근법에서 출발한 것)를 CT라고 부르고 DBT와 같은 CBT와는 구별하고자 한다. CBT는 특별한 행동적 스킬 훈련과 행동 기법을 더 강조하고 있다.

이 책의 제1장에서 언급한 5대 정신질환의 치료와 관리에 여러 형식의 CT가 도움이 된다고 제시하고 있는데, 그 질환들은 주요우울장애(Butlre, Chapman, Forman, & Beck, 2006; Gloaguen, Cottraux, Cucherat, & Blackburn, 1998), 양극성 장애(Lam et al., 2003), 신경성 식욕무진증(Pike, Walsh, Vitousek, Wilson, & Bauer, 2003), 조현병(A.T. Beck & Rector, 2005 참조), 경계성 인격장애(Davidson, Norrie, et al., 2006; Davidson, Tyrer, et al., 2006)이다. 자살위험이 있는 내담자 치료에서 이러한 치료는 유용한 수단이 될 수 있다. 주요 진단을 치료 표적으로 하고, 부담감의 지각, 소속감의 좌절, 습득된 자살 잠재능력을 변화시킬 수 있는 치료법은 자살행동 예방에 도움이 될 것이다. 자살행동을 특정하여 표적하는 CT 패키지도 개발되어 있다. 그래서 자살의 대인관계이론의 관점에서 이러한 치료법을 간단히 검토해보자.

Brown et al.(2005)은 인상적인 임상연구를 실시했는데, 연구가 이뤄지기 얼마 전에 자살을 시도한 성인 표본을 통해 A.T.Beck의 모델을 사용한 단기간(약 10세션)의 CT가 자살시도 예방에 효과적이라는 점을 보고하고 있다(A. T. Beck, 1976; Beck, Henriques, Warman, Brown, & Beck, 2004). 구체적으로, CT를 받은 내담자그룹의 경우 통상적인 케어를 받은 내담자그룹과 비교해서, 18개월간의 팔로업 기간에 자살시도의 가능성이 50% 낮았다. 자살시도에 대한 CT (Berk et al., 2004)는 일반적인 CT의 원칙을 특별한 목표, 즉 자살시도 예방에 적용하는 것이다. 표준적인 CT와 달리 이러한 수정은 특정한 정신장애를 표적으로 하지 않고, 치료에서 거론되는 모든 소재가 과거의(혹은 잠재적으로 장래의) 자살시도와 관련되어 논의된다. 일반적인 CT의 원칙을 이해하는 것과 그것을 사용하는 능력, 두 가지가 이 치료를 시행하는 데 필수적이다. 따라서 임상가는 J. S, Beck (1995, 2005)의 CT기법과 세션 구성의 원칙에 관한 2권의 훌륭한 책, 즉 *Cognitive Therapy; Basics and Beyond*와 *Cognitive Therapy for Challenging Problems; What to Do When the Basics Don't Work*을 참고하기 바란다.

자살시도에 대한 CT에는 3단계의 치료단계(치료의 개괄적 내용과 사례 제시에 대해서는 Berk et al., 2004 참고)가 있으며, 청년기 환자에 대한 치료방법도 있다(Henriques, Beck, & Brown, 2003). 제1단계에는 4가지 주요 목표가 있으며, 다음과 같다. (a) 환자를 치료에 참여시킨다, (b) 위기계획을 세운다, (c) 인지 모델을 가르친다, (d) 치료목표를 세운다, Berk et al.(2004)은 치료사들이 이 치료를 시행할 때 내담자에게 다음 세션을 생각하도록 전화를 거는 것을 포함해서, 치료에 참석하도록 재촉하는 데에 그들의 노력이 보통이상으로 요구된다고 말하고 있다. 왜냐하면, 이들의 노력은 내담자가 치료에 충분히 참여하는 데 필수적이라고 생각되기 때문이다. 자살의 대인관계이론을 통해서 보면, 이들의 노력은 일시적인 소속감의 근원으로 기능할 수 있으며, 성공적으로 기여하는 것이 된다.

치료목표를 세울 때는 문제 해결적인 접근법을 취한다. 치료사와 내담자는 함께 가장 최근에 자살시도를 초래했던 내담자의 생활상의 문제를 생각하고 그것을 목록화한다. 그렇게 함으로써, 치료사는 내담자가 그 문제들과 자살시도와의 관계를 이해하도록 돕고, 내담자에게는 비록 부적응적인 것이기는 하지만 문제에 대처하기 위한 노력으로서 자살행동을 개념화하도록 한다. 이렇게 함으로써 치료사와 내담자가 문제에 대처하기 위한 더 적절한 방법, 즉 자살희구에 의거하여 행동하는 것이 아닌, 다른 방법을 함께 생각해낼 수 있도록 한다. 이 단계에서 소속감의 좌절이나 부담감의 지각(예, 사회적 고립이나 실업)과 관련된 중요한 역할상의 문제가 있으면, 그것이 자살충동이나 시도에 관여하고 있다고 강조하는 것도 우리의 이론에서는 제시할 수 있다. CT의 목표 가운데 하나는 내담자 자신이 인지요법가로서 역할을 할 수 있도록 돕는 것이다. 따라서 이러한 형태의 특히 치사적인 성질의 문제들에 대해 내담자에게 경고하는 것은 일종의 경고 시스템을 적절히 배치함으로써 자살시도를 예방하는 데에 도움을 줄 수 있을 것이다(예, 소속감의 좌절이 있다면, 위기계획을 꺼낸다).

제1단계에서 치료사는 또한 인지적 개념화를 발전시키기 시작한
다. 이러한 개념화는 표준적인 CT에서 내담자에게 초점을 두지만,
이 치료에서 개념화는 자살시도에 초점을 둔다(예, 자살시도 전에
활성화되고 있던 자동 사고나 핵심 신념). 이 과제를 달성하기 위해
서는 내담자가 자살시도에 대해 매우 상세히 (DBT에서 연쇄분석을
실시하는 것과 같은 방법으로) 묘사하도록 한다. 제1단계에서는 위
기계획도 작성한다(제3장 참조). 자살의 대인관계이론의 틀에서 생
각해보면, 이러한 개념화에서 부담감의 지각이나 소속감의 좌절이
라는 주제와 관련된 인지를 우선하는 것과 위기계획에서 소속감이
나 사회적 효능감을 증대시키는 수단을 구체화하는 것이 현명할 것
이다.

치료의 제2단계는 인지재구성이나 행동적 기법을 사용해서 자살
행동에 철저히 초점을 맞춘다. 여기에는 대처카드 작성이나 희망 키
트의 구성(제3장 참조), 행동적 대처 기술을 가르치는 것이 포함된
다. 이 치료법에서는 대처카드 위기계획과 달리, 세션 내에서 진행
되는 인지재구성 작업을 내담자가 자살충동을 경험할 만한 상황으
로 변화시키기 위해 사용한다. 자살시도와 관련되는 핵심 신념은 작
은 지갑 크기인 카드에 기입되어 있고, 내담자와 치료사에 의해 만
들어진 적응의 대응도 그것에 첨부된다. Berk et al.(2004)은 대처카
드의 사례를 제시하고 있는데, 그것은 자살의 대인관계이론 원칙을
어떻게 CT에 통합시킬 것인지에 대해 설명하고 있다. "나는 짐이 된
다"라는 자살과 관련된 핵심 신념에는 일련의 적응적 반응이 이어지
고 있는데, 그 가운데에는 "만약 내가 사랑하는 사람이 병을 앓고 있

어도, 그 사람이 나에게 짐이 된다고 생각하지 않는다"(p. 276)라는 것도 포함되어 있다. 대처카드에는 (위기계획에서 발췌된) 다음과 같은 것도 포함되어 있다. "만약 자신을 다치게 하는 충동을 통제할 수 없다면, 응급실(XXX-XXXX), 자살위기센터(XXX-XXXX) 또는 911에 전화한다."

이 단계에서는 이러한 인지적 기법 이외에 고통을 감내하기 위한 행동적 기법도 가르친다. 이 기법에는 기분전환, 자기 진정화, 격심한 감정의 일과성에 대한 초점화, 완화, 신체감각(예, 얼음 잡기)에 대한 초점화가 있다. 내담자에게 유효하다고 생각되는 기법은 위기계획에 추가된다. 자살의 대인관계이론의 렌즈를 통해 보면, 행동적 기법은 습득된 자살 잠재능력을 억지하고 약화시킬 수도 있다. 이들 기법은 DBT의 고통 감내 스킬 가운데 '최고의' 샘플을 대표하는 것이기 때문에, 장기간의 DBT에 적합하지 않은 내담자에게 1회의 CBT를 제공하는 것도 하나의 방법일 것이다.

표준적인 CT에서 최종단계는 재발을 예방하는 데 초점을 맞춘다. 그렇지만 이 치료법에서는 재발 예방에 변형시킨 형태를 적용하고 있다. 최근의 자살시도 상황을 재구성하기 위해 이미지 도입이 이뤄지고, 환자는 자살시도 대신에 치료에서 습득한 대처 스킬을 사용하는 장면을 이미지화한다. 또 내담자는 자살충동에 이를 수 있는 장래의 상황을 이미지하고, 그 적합한 대처를 하는 장면을 이미지한다. 내담자가 적합한 대처를 이미지하지 못하면, 추가로 스킬 지도가 필요한 것으로 보인다. 이런 경우에 추가적인 세션이 제공된다. 이 기법은 습득된 자살 잠재능력을 이용할 가능성을 줄이는 방법으로서 기능할 것이다. 자살계획을 사전에 시도하는 대신에 내담자는 적응행동(adaptive behavior)을 매우 상세하게 이미지할 수 있도록 한다. 자살 잠재능력을 없앨 수는 없지만, 같은 정도의 적응적 능력을 창출함으로써 자살위기에 있는 상황에서 치료 스킬을 사용할 수 있도록 도울 것이다.

표준적 CT의 프로토콜을 경계성 인격장애의 치료에 적용하는 것도 임상시험에서 시도되고 있다(Davidson, Norrie, et al., 2006; Davidson, Tyrer, et al., 2006). 이 저자들에 따르면, 경계성 인격장애를 위한 다른 치료(예, 부분 입원이나 DBT)와 비교해서, 이 치료법은 치료사에게 그다지 집중적인 치료는 아니라고 보고하고 있다. 이 치료에서는 내담자에게 30회의 개인 CT 세션이 1년에 걸쳐 제공되고, 1년의 팔로우업도 진행되었다. 치료내용을 설명하는 매뉴얼도 도움이 된다(Davidson, 2007). 통상적인 치료와 비교해서, CT는 자살행동과 입원 치료의 빈도 양쪽을 모두 줄이는 데에 효과적이었다.

자살행동을 표적으로 하는 CT에 관한 이 두 가지 임상시험은 수정된 CT 프로토콜이 자살위험 상태에 있는 내담자를 치료하는 견실한 선택지라는 것을 시사한다. 앞에서 소개된 *Treating Suicidal Behavior*(Rudd, Joiner, & Rajab, 2001)에서 우리는 자살위험이 있는 환자에게 인지재구성 스킬을 가르치는 일반적인 접근법에 대해 설명했다. 연습을 통하여, 내담자는 이 접근법을 쉽게 떠올릴 수 있다. 이 접근법은 앞의 글자를 따서 ICARE로 나타내는데, 위기적 상황이나 감정이 격해져 있는 상황에서 사용할 때의 특징을 나타낸다. 즉, 내담자가 자살위험이 있을 때 생기는 사고를 알아내고(Identify), 사고를 인지적 왜곡과 연결하고(Connect), 사고의 타당성을 평가하고(Assess), 사고를 재구성하고(Restructure), 새롭고 보다 정확하며 도움이 되는 사고를 실행하는(Enact) 것을 배운다. 자살의 대인관계이론의 맥락에서는 내담자가 소속감의 좌절이나 부담감의 지각이라는 주제와 관련된 사고에 초점을 맞추도록 한다. 재구성된 사고를 실행에 옮기는 것은 사회적 연대나 타자에 대한 기여에 촉진하는 활동, 예를 들면, 친구와 점심을 먹으러 가거나 지역의 동물보호소에서 자원봉사를 하는 것 등을 포함한다.

자살위험이 있는 내담자에게 인지재구성을 행하는 또 하나의 접근법은 상황분석(situational analysis)이고, 임상가가 자살의 대인관계이론의 모든 측면을 표적할 수 있도록 하는 것이다. 이 기법은 만성 우울증 치료법인 심리치료의 인지행동 분석 시스템(Cognitive Behavioral Analysis System of Psychotherapy; McCullough, 2003)의 기초가 되는 것이다. New England Journal of Medicine에서 발표된 대규모 임상시험(Keller et al., 2000)에서 인지행동 분석 시스템은 만성 우울증에 효과적인 치료법인 것으로 제시되어 있다. 상황분석은 내담자가 문제해결이나 괴로운 감정의 관리를 위한 접근에 있어서, 목표 지향적이고 계획적이라야 한다고 가르치기 때문에, 표적으로 하는 것은 습득된 자살 잠재능력이 된다. 내담자는 자신의 사고나 행동의 실용성을 검토하는 것도 배우기 때문에, 치료사가 소속감의 좌절이나 부담감의 지각을 목표로 하는 것이 가능하게 된다. 자살 위험성이 있는 환자에 대한 상황분석을 사용하는 접근법에 대해서는 이번 장의 후반부에서 자세히 설명하겠다.

CT의 문제해결 지향은 반복적인 자살 시도율을 줄이고(Salkovskis et al., 1990), 자살희구도 줄이는 것으로(Rudd, Rajab, et al., 1996) 보고되고 있다. 후자의 개입에 관해서는 스킬의 결함-특히 문제해결 스킬의 결함-을 보완하는 것으로 치료가 작용한다고 생각된다 (Wingate, Van Orden, Joiner, Williams, & Rudd, 2005). 우리는 앞의 책에서 자살위험이 있는 내담자에게 문제해결 스킬을 가르치기 위한 접근법을 설명했는데(Rudd et al., 2001), 간단히 그 접근법에 대해 재검토해보자. 이 접근법은 Nezu, Nezu, and Perri(1989)의 우울증 문제해결 요법에서 만들어졌다. 이 접근법의 목표는 문제해결을 향한 구조화된 방법론적인 접근법을 내담자에게 가르치는 것으로서, 문제해결 스킬의 약점을 보완하는 것이다. 내담자는 문제의 확인과 평가, 그리고 자살 이외의 해결법을 추구하는 것에 관한 6단계를 배운다. 이 6단계와 그것을 실행하기 위한 어드바이스는 내담자가 따라서 할 수 있도록 문제해결 대처카드(그림 4-1)에 적혀 있다. 시간을 들이면서 이 접근법을 스트레스가 많은 상황에서 철저히 사용함으로써 충동적 반응을 줄이고 결과적으로 습득된 자살 잠재능력에 쉽게 대처할 수 있게 된다.

충동적 대처를 줄이는 방법으로 특히 기대할 수 있는 또 다른 개입법이 MBCT(Segal, Willams, & Teasdate, 2001)이다. 원래 MBCT는 반복성 우울증이라고 진단된 내담자의 재발 예방을 위한 보조 치료로 발전되었다. 그룹 스킬 트레이닝 코스로 고안된 MBCT는 임상시험에서 과거에 3회 이상 우울 에피소드가 있던 회복기의 내담자에 대해 우울증 에피소드 재발이나 반복 리스크를 줄이는 효과가 있는 것으로 보고되고 있다(Teasdale et al., 2000). 치료는 내담자에게 사고나 감정과 관련된 새로운 방식을-마음챙김을 통해서-가르치도록 기획되어 있고, 우울증 에피소드로 급격히 악화되는 것을 예방할 수 있다. 표준적인 CT와는 대조적으로 MBCT에서는 내담자에게 자신의 생각을 변화시키도록 하지 않는다. 오히려 자신의 사고를 사고로, 감정을 감정으로 비판단적으로 관찰할 것을 강조하는 데 중점을 둔다. 이것은 말 그대로 사고는 사실 혹은 자신의 구성물로 해석되지 않는다는 것을 의미한다. 감정은 자신을 정의하는 것이 아니며, 또 행위를 반드시 필요로 하지는 않는 일시적인 상태로 간주된다. 반복성 우울증 환자의 경우 가벼운 불쾌한 기분까지도 사고패턴을 우울 상태의 특징으로 활성화시켜 버리기 때문에, 그들은 재발에 쉽게 취약하다는 것이 치료의 전제이다. 마음챙김은 불쾌한 기분이나 부정적인 생각과 대치하는 여러 가지 방법을 내담자에게 가르치도록 고안되어 있고, 그 방법은 부정적인 기분이나 생각의 반응을 줄임으로써 우울증의 사이클을 막는 것이다.

MBCT는 자살행동에도 적용되고 있다(Williams et al., 2006). 자살 위험성이 있었지만 회복된 사람은 **자살모드**(suicidal mode)로 돌아가는 것이 염려되며(Rudd et al., 2001), 자살희구는 관련된 사고·감정·상황으로 인해 쉽게 일어나게 된다. 자살행동에 적용되는 MBCT는 자살 위험성이 있지만, 그 상황에서 회복된 사람들에게 자살희구가 다시 일어날 때, 지금까지와는 다른 방법으로 대응할 수 있도록 구성되어 있다. 마음챙김을 통해 자살희구와 대면한다는 것은 자신이나 자살희구에 따른 행동에 대해 부정적으로 판단하지 말고 자살희구를 관찰하라는 뜻이다. 이 치료법에서 초점은 자살희구 자체에 있는 것이 아니라, 자살희구를 포함한 모든 심리적 체험에 대해 마음챙김을 가지고 대응하는 데에 있다. 이 접근법의 임상시험이 아직 진행 중인 상황에서 이 책이 집필되었다. 이 치료는 자신의 사고에 대한 비판단적 알아차림을 강조하기 때문에, 이 치료법은 소속감의 좌절과 부담감의 지각에 대해 어떻게 대치할 것인지를 자살위험이 있는 사람에게 가르치고 그러한 것으로부터 어느 정도의 아픔을 완화시킬 수 있을 것이다. 이 치료법은 내담자에게 자신의 사고로부터 거리를 두고, 그 생각에 반응하기 전에 잠깐 중지하도록 하는데, 이러한 접근은 습득된 자살 잠재능력을 저하시킬 수 있는 방법이다.

요약하면, 자살위험이 있는 내담자를 치료하는 데 CT는 현명한 선택이며, 소속감의 좌절과 부담감의 지각과 같은 과제에 관한 인지를 치료 표적으로 할 때 특히 그렇다. 또한 계획적이고 목표 지향적인 CT의 방법은 충동적이지 않은 문제해결의 접근을 내재화하는 데에 도움을 줄 수 있으며, 그러한 접근을 통해 자살위험이 있는 사람이 습득된 자살 잠재능력에 대치할 수 있는 것이다. 마음챙김을 표준적 CT 프로토콜에 도입한 MBCT와 같은 개입방법이 특히 유망한 이유는 자살의 대인관계 가설에서 볼 때, 이러한 개입방법이 습득된 자살 잠재능력을 직접 그 치료 표적으로 삼고 있기 때문이다. 자살위험이 있는 내담자를 치료할 때, 이 섹션에서 설명하는 치료법을 보조적 치료법(*Diagnostic and Statistical Manual of Mental Disorders diagnosis;* 4th ed., text rev.; American Psychiatric Association,

제1 단계: 문제를 명확하게 합니다.
문제를 한 문장으로 요약합니다. 만약 여러 가지 문제가 있는 것이라면, 지금 현재, 가장 중요한 것을 하나 뽑아봅시다. 만약 너무 큰 문제라면, 그 문제를 세 부분으로 나눕니다. 그리고 해결할 필요성이 높은 순으로 순서를 매겨봅시다.

제2 단계: 당신의 목표를 정합니다.
목표를 적습니다. 가까운 미래에 무엇을 달성하기를 원합니까? 장기적으로 보면 어떻습니까? 만약 목표를 정할 수 없다면, 문제를 명확하게 파악하지 못하고 있는 것일 수 있습니다. 제1단계로 돌아가서 다시 더 명확히 파악한 뒤에 다시 목표를 정합니다.

제3 단계: 대체방안을 생각합니다.
대체방안을 몇 가지 생각할 수 있습니까? 이 시점에서는 아직 어느 것이 적합한지 판단하지 않습니다. 가능한 많은 대체방안을 생각하는 것으로 충분합니다. 만약 어려움이 있다면, 당신에게 중요한 사람 또는 이제까지 당신과의 관계에서 책임감을 보여줬던 사람과 함께 논의해보는 것을 검토합니다.

제4 단계: 대체방안을 평가합니다.
이제, 대처방안들을 평가할 시간입니다. 다음 질문을 자신에게 해봅니다. "내가 찾은 방안을 현실적으로 할 수 있을까?" "자신이 선택한 사항을 실시하기 위해 무엇이 필요할까?" "얼마나 시간, 체력, 노력이 필요할까?" "나의 가치관과 일치하는가?" "나, 가족, 친구에게 현시점과 장래에 어떤 영향이 있을까?"

제5 단계: 실행합니다.
가장 좋은 대체방안을 선택하여 실행합니다. 자신에게 몇 가지 간단한 질문을 합니다. "선택한 사항을 실행하기 위해서 어떤 절차가 필요할까?" "혼자서 할 수 있는 일이 있을까?" "누군가의 도움이 필요할까?"

제6 단계: 첫 번째의 노력을 평가하고 접근 방법을 수정합니다.
상황은 어떻게 되었습니까? 잘 되었나요? 그렇지 않다면, 무엇이 잘못되었습니까? (만약 잘되지 않았다면) 다시 도전하기 위해, 이 첫 번째 노력에서 무엇을 얻을 수 있었나요? 무엇인가 얻은 것이 있다면, 다시 제4단계로 돌아가서 시도해봅니다. 그렇지 않다면, 제1단계부터 시작합니다. 결과에 상관없이 두 가지를 유념합시다. 첫째, 당신은 어려운 문제를 해결하려고 적극적으로 시도하고 있습니다. 둘째, 당신은 충동적으로 행동하고 있는 것이 아닙니다.

출처: *Treating Suicidal Behavior: An Effective, Time-Limited Approach* (p. 236), by M. D. Rudd, T. E. Joiner Jr., and M. H. Rajab, 2001, new York: Guilford Press. Copyright 2001 by The Guilford Press.

〈그림 4-1〉 문제해결 대처카드

2000) 또는 장기간의 치료가 불가능하거나 그럴 의도가 없는 내담
자에게 단일 섹션의 치료법으로 사용할 수 있다. (왜냐하면, 이들 치
료는 비교적 단기적이고 시간이 제한적이기 때문이다.)

(3) 대인관계적 정신 역동적 치료

자살의 대인관계이론이 자살욕구의 원인으로서 대인관계적 요인을
강조한다는 것을 고려한다면, 대인관계에 초점을 둔 치료는 특히 소속
감의 좌절이나 부담감의 지각을 치료 표적으로 한다고 볼 수 있다. 대
인관계 요법은 이러한 치료의 하나이고 지금까지 상당한 실증적 지지
를 얻고 있다. 대인관계 요법은 원래 주요우울장애의 치료를 위해 고
안되었는데, 다른 장애나 문제들에 대해서도 효과적이며, 여기에는 기
분부전, 신경성 대식증, 양극성 장애(사회적 리듬에 사용될 때는 대인
관계의 사회적 리듬 치료), HIV 양성자의 우울과 우울증이 있는 내담
자의 부부간 불화 문제도 포함되어 있다(내용과 치료의 실천적 정보에
대해서는 Weissman, Markowitz, & Klerman, 2000 참고).

대인관계 요법이 신경성 대식증에 최소한으로 조정할 뿐이라는
사실을 고려할 때, 이 치료법을 신경성 대식증에 적용한다는 것이
흥미롭기도 하다. 이렇게 말하는 이유는, 대부분의 임상시험에서 대
인관계 요법이 섭식증상에 특별히 작용하지 않더라도, 대인관계 요법
이 신경성 대식증 증상에 특별히 초점을 맞춘 CBT의 한 형식과 같이
유효하기 때문이다(Fairburn et al., 1991; Fairburn, Jones, Peveler,
Hope, & O'Connor, 1993). 이러한 의외의 발견에 대해 우리의 자살

모델의 렌즈를 통해 생각해보면, (여전히 흥미롭기는 하지만) 그다
지 놀랄 만한 것도 아니다. 신경성 대식증의 식욕 이상 증상은 자살
행동과 같은 심적 기능을 야기하는, 즉 건강한 감정조절 전략이 결
여된 고통스러운 심리상태로부터 벗어나려는 수단이다(자살의 도
피이론에 대해서는 Baumeister, 1990, 폭식의 도피이론에 대해서는
Heatherton & Baumeister, 1990 참조). 우리의 이론에서 보며, 섭식
장애 환자나 자살위험이 있는 환자가 도피하고자 하는 괴로운 심리
상태는 소속감의 좌절과 부담감의 지각이다. 대인관계 요법이 신경
성 대식증에 효과적일 수 있는 이유는 그 치료법이 내담자의 부담감
지각이나 소속감의 좌절을 관리해서 줄이는 데에 도움이 되고, 폭식
과 배출의 식욕 이상과 같은 감정조절 전략에 대한 필요성도 줄이기
때문이다.

　대인관계 요법은 네 가지 주된 문제영역, 즉 역할 변화, 비애, 대인
관계 역할 상의 불화, 사회적 기술을 특정한다. 치료사와 환자는 환
자의 우울증에 영향을 주는 최대요인으로 생각되는 영역을 선택하
고, 그 영역에 초점을 맞춘다. 특히 이들 각 영역은 소속감의 좌절이
나 부담감의 지각에 초점을 맞춘다. 예를 들면, 대인관계 역할 상의
불화는 관계성의 문제와 관련이 있다. 왜냐하면, 상대와의 관계(예,
부부간의 관계) 사이에 서로 다른 기대가 있기 때문이다. 이러한 경
우에 그 관계성은 스트레스가 많은 상호교류로 특징된다. 이러한 상
황이 되면-즉, 관계성이 케어 지원의 원천이 아니게 되었을 때-더
이상 최상의 소속감은 제공되지 않게 된다. 치료를 통해 이들의 불화
를 해결하는 것이 환자의 소속감을 증가시키는 것이 된다.

척추손상 때문에 마비가 남아 있는 우울증 환자가 치료를 위해 내원한 경우를 생각해보자. 이 환자는 "가족들에게 짐이 되고 있다"고 호소하고 있는데, 하루 24시간 내내 가족들이 자신을 케어하고 있다는 점 때문이다. 그녀는 "제가 교통사고로 죽는다면 모두 행복할 것이다"라고 말하고 있다. 치료사는 매우 어려운 인생 전환의 방향을 환자가 할 수 있도록 돕는다는 목표를 가지고, 역할의 변화 영역에 초점을 두는 것을 선택한다. 치료사는 환자 가족에게 영향을 주는 환자의 손상에 대해 보다 균형 잡힌 관점을 찾을 수 있도록 돕고, 부담감의 지각을 줄일 수 있도록 한다. 대인관계 요법의 과정이 끝난 뒤에, 환자는 다음과 같이 말한다.

제가 다쳐서 가족들에게 많은 일이 생겼고 그들을 슬프게 만들었습니다. 그러나 이것이 제가 가족에게 짐이 된다는 것은 아닙니다. 모두 저를 정말 사랑하고 있습니다. 저는 살아있고, 모두에게 사랑한다는 말을 전함으로써 여전히 가족의 행복에 기여할 수 있습니다.

치료사는 가족과 커뮤니티에 더 공헌할 수 있는 구체적인 방법을 찾아내기 위해, 환자와 함께하기도 한다(예, 온라인 대학에 등록, 지지단체에 참여 등).

대인관계 요법에서 치료사가 소속감의 좌절과 부담감의 지각을 치료 표적으로 간단하게 할 수 있다는 점 이외에, 또 하나의 잠재적인 이점은 치료사와 내담자가 대인관계의 문제영역을 하나 선택하고 그것을 계속 시행하는 것이 요구된다는 것이다. 그 다음에, 여기가 중요한 점이지만, 문제영역의 선택이 이뤄진 뒤에는 다른 스트레스가 내담자의 상황에서 부각되더라도 치료사와 내담자는 스스로 선택한 치료의 길에서 벗어나지 않는다. 치료의 이러한 측면은 내담자와 치료사가 소속감의 좌절과 부담감의 지각(즉, 치료 표적)을 개선하는 데 도움이 된다. 그렇지 않고 초점을 계속 바꾼다면, 이것은 달성하기 어려울 것이다. 이러한 치료 측면은 간접적으로 습득된 자살 잠재능력을 목표로 하는 메타 메시지를 내담자에게 보내기도 한다. 즉, 보기에 큰 스트레스 유발원이나 부정적 감정 상태인 것이 패닉이나 행동 급변의 원인은 아니라는 사실이다. 인생은 복잡하고 스트레스로 가득하다. 이것은 예상 가능한 것이고 경고에 대한 이유가 되지 않는다. 다시 말해서, 부정적인 기분, 상실, 실망, 실패를 경험했다고 하더라도, 그 과정에 머물러 있어야 한다는 것이다. 이것은 스트레스 유발원에 대한 충동적인 반응이나 과잉반응에 주의를 촉구하는 메타 메시지이고, 시간이 경과하면서 습득된 자살 잠재능력을 약화시킬 것이다.

대인관계 요법의 비교대조 시험에서 자살이나 자상행위의 빈도를 줄여준다는 것을 보여주는 연구는 아직까지 (우리가 알고 있는 한) 없다. 그러나 우울증에 대한 강력하고 신뢰성 있는 치료 효과는 자살위험이 있는 우울증 환자(또는 신경성 대식증 환자)에게 대인관계적 요법이 확실한 선택지라는 점을 보여준다. 이러한 점 이외에 대인관계 요법의 이점은 많은 양의 치료 매뉴얼을 이용할 수 있다는 것이다. 이러한 매뉴얼들은 효과가 있다고 알려진 방법으로 치료사가 치료를 배우고 실시할 수 있도록 도움을 준다. 최신(이 집필이 이뤄지는 시점에서는) 매뉴얼은 Weissman et al.(2000)의 *Comprehensive Guide to Interpersonal Psychotherapy*이다. 이 매뉴얼은 특정 집단이나 특정 장애에 대한 매뉴얼화된 치료를 적용하는 데에 참고가 된다.

대인관계에 의거한 또 하나의 치료법인 정신 역동적 대인관계 요법(psychodynamic interpersonal psychotherapy)도 자살행동에 대한 치료 효과를 기대할 수 있다. 정신 역동적 대인관계 요법과 CBT의 한 형식을 비교한 Shapiro et al.(1994)의 연구에서는 두 치료법 모두 우울증에 동등한 효과가 있는 것으로 나타났다. 그들은 정신 역동적 대인관계 요법이 "우울증의 주요 원인으로 간주되는 대인관계의 어려움을 밝히거나 해결하는 수단으로서 치료사·내담자 관계에 초점을 둔다"(p. 525)라고 말하고 있다. 정신 역동적 대인관계 요법(입원환자 병동에서 실시한 4세션)과 통상적인 케어를 대비시킨 무작위화 시험에서, 자살행동에 치료 효과가 있다는 것을 제시하는 몇 가지 증거가 나타났다(Guthrie et al., 2001). 치료종료 후, 6개월의 팔로우업 시점에서 통상적 케어를 받은 내담자와 비교할 때 치료를 받은 내담자가 보고한(팔로업 기간 중) 자상 에피소드는 유의하게 적었다. 저자에 따르면, 치료모델은 Hobson(1985)이 설명하고 있고, 치료 매뉴얼(Shapiro & Startup, 1990)도 이용가능하다고 보고하고 있다. 치료자가 치료 관계에서 생기는 소속감의 좌절과 부담감의 지각에 세션을 집중하고, 내담자가 배운 것을 치료 외의 관계로 일반화하는 데 도움을 줄 수 있으면, 자살의 대인관계이론에서는 내담자가

235

자살욕구의 감소를 경험할 수 있다고 예상하고 있다.

유사한 치료 매커니즘이 정신분석적 부분입원 프로그램의 성공에 대해서도 설명할 수 있을 것이다(Bateman & Fonagy, 1999, 2001). 경계성 인격장애인 여성에 대한 이 치료 프로그램은 장기적으로 집중이 요구된다. 치료 효과를 검토하는 연구에서는 환자를 부분입원 프로그램에 참가하도록 하거나 표준적 정신과 케어에 무작위로 배정했다. 치료는 18개월 이어졌다. 연구에서는 치료종결 후, 6, 12, 18개월 때에 팔로업 평가를 위해 환자에게 연락을 취했다. 그 결과, 치료는 자살행동 감소에 효과가 있었고 치료 기간 및 팔로우업 기간 중에 자살시도 횟수는 부분입원 프로그램 참가자 쪽이 유의하게 적었다.

치료는 어떻게 작용하고 있는 것일까? 저자에 따르면, 정신 역동적 대인관계 요법을 연구한 저자는 부분입원 프로그램이 여러 요소로 이뤄져 있고, 그것에는 주 1회의 정신분석적 개인 정신요법, 주 3회의 '사이코드라마 기법을 위한 표출적 정신요법'(expressive psychotherapy oriented toward psychodrama technique; Bateman & Fonagy, 1999, p. 1565)이 포함되어 있다. 치료환경에는 내담자와 스태프 사이의 비공식적인 접촉도 포함되어 있으며, 경계성 인격장애의 정신분석적 모델을 기반으로 했다. 저자들은 이 모델이 애착 문제를 장애의 중핵인 것으로 개념화하고 있다. 치료목표의 핵심적인 두 개념은 **분리의 내성과 정신화**(separation tolerance and mentalization)의 발달을 포함하고 있다. 자살의 대인관계이론의 틀에서 보면, 분리의 내성을 높이는 것은 소속감의 좌절을 잘 관리하는 능력(예, 자살시도를 하지 않고, 고독이나 고립이라는 감정에 견디는 것)을 내담자에게 줄 수 있다. 정신화는 타자와의 관계에서 자기 자신에 대해 생각하는 능력-더 구체적으로 말하면, 외부에 나타나는 행동을 관찰할 때, 개인의 마음 상태를 이해하거나 타자의 마음 상태를 이해하는 능력-을 포함하는 것이다(Bateman & Fonagy, 2003, 2004; Fonagy & Bateman, 2006). 이 개념을 우리 나름대로 이해하면, 이것은 인지 심리학자들이 자주 사용하는 마음에 대한 이론 개념과 비슷해 보인다. 정신화는 아동기 초기에-초기 애착 관계의 맥락 속에서-케어 제공자와 상호작용을 통해 발달하는 것으로 보인다(Bateman & Fonagy, 2004). 여기에 관여된 하나의 과정이 **미러링**(mirroring)이라고 불리는 것이다. 초기 케어 제공자에 의해 이러한 상태를 정확하게 미러링(즉, 반사나 반응)함으로써, 어린이는 자신의 마음 상태에 대한 이해를 발전시킨다. 이 이론가들이 주장하는 내용에 따르면, 부적절한 미러링이 건전한 사회적 발달을 방해하고, 애착과 감정조절의 문제로 이어진다는 것이다. 왜냐하면, "마음을 지닌 사람으로서 누군가 이해를 해준다는 것이 어떤 것인지를 알지 못한다면, 타자의 마음을 이해한다는 것은 어려운" 것이기 때문이다(Fonagy & Target, 2006, p. 547).

정신화의 증가가 자살시도를 예방할 수 있을까? 부담감의 지각이나 소속감의 좌절은 정신화의 잘못(예, 타자의 마음 상태를 추론하는 데에 오해함)으로 개념화될 수 있다. 자신이 없어지는 편이 좋을 것이라고 타자가 바라고 있다는 내담자의 왜곡된 추론을 수정하는데에 정신화라는 치료기법이 도움을 줄 수 있다면, 부담감의 지각은 감소하게 될 것이다. Bateman and Fonagy(2004)는 정신화의 치료

기법이 건강한 감정조절을 촉진하기 때문에, 충동성을 줄인다고 주장하고 있다. 즉, 이 가능성은 정신화 기법이 습득된 자살 잠재능력의 표출을 억지한다는 점도 시사한다. 개괄하자면, 정신화에 기반한 치료는 초기의 유효성을 보여주는 데이터뿐만 아니라 이론 기반의 치료 매커니즘에도 기반하는 자살행동을 위한 치료로서 유망하다는 점을 보여준다고 볼 수 있다.

(4) 청년기 환자의 치료

다중체계 치료(multisystemic therapy: MST)에 대해서는 매우 인상적인 비교대조시험이 실시되어 있고, 입원치료와 비교해서 1년의 팔로우업 시점에서 자살시도의 빈도를 즐이는 효과가 있는 것으로 보고되었다(Huey et al., 2004). 이 책의 제2장에서 이 연구에 대해 논의했었는데, 우리가 알기로는 협력자를 무작위로 입원치료나 외래 심리사회적 치료에 배정하고 실시한 유일한 연구이기 때문이다. 다중체계 치료 환경에서 청년의 44%가 외래 환경에서의 관리가 불가능할 정도의 비상사태이기 때문에, 치료 중에 입원했다는 점을 언급하는 것이 중요하기는 하지만, 이 연구의 결과는 자살시도를 줄인다는 점에서 집중적 외래 개입이 입원 치료와 적어도 같은 효과를 나타낸다는 점을 말해주고 있다. 이 연구에서 환자는 정신의학적 비상사태(자살행동, 살해 협박, 정신증)에 있는 청년과 그 가족 혹은 보호자이다. 가족이나 보호자를 포함시키는 것은 다중체계 치료 접근법의 핵심이다. 치료는 내담자의 사회적 네트워크를 표적으로 하도록 고안되어 있고, 가족이나 커뮤니티에 기반한 치료법이다(Henggeler, Schoenwald, Rowland, & Cunningham, 2002). 이 치료법은 원래 청년기의 반사회적 행동을 치료하기 위해 고안된 것이다. 이 치료목표에는 충분한 실증적 기초가 축적되어 있고, 자세한 매뉴얼도 얻을 수 있다(Henggeler, Schoenwald, Borduin, Roeland, & Cunningham, 1998). 이 치료법은 또한 청년기 환자를 가정의 외부(예, 정신병원)로 이동시켜야 할 정도로 중증의 경우인, 중증의 정서문제를 표적으로 하는 데 확장되어 있으며, 이러한 목적을 위한 자세한 매뉴얼도 제공되고 있다(Henggeler et al, 2002). 후자의 매뉴얼은 정신과적 응급 상황의 관리를 논의하고 있는데, 여기에는 자살행동도 포함하고 있다.

청년은 사회적 맥락 속에 포함되며 이러한 맥락은 개입 포인트를 제공한다. 이것은 다중체계 치료의 전제 사항으로서 자살의 대인관계이론과 전혀 모순되지 않는다. 다중체계 치료의 주된 목표 가운데 하나는 그 가족이 청년의 사회적 맥락을 바꿈으로써 건강한 행동을 지지하고, 건강하지 않은 행동은 억제하도록 돕는 것이다. 예를 들면, 이 치료법의 개입전략 중에는 그 청년이 일탈한 동료와의 관계에서 떨어져, 사회적으로 받아들일 수 있는 동료와의 관계를 촉진할 수 있도록 돕는 것이 포함되어 있다. 이와 같이 다중체계 치료는 청년의 소속감을 치료 대상으로 한다. 더구나 이 치료는 가정, 학교, 기타 커뮤니티 환경에서 치료세션을 실시한다. 이 치료법에서 치료사들은 가족과 함께 상황에 참여하는데, 이것은 치료 관계 속에서 공동작업이나 팀워크의 감각을 키우는 전략이다. 따라서 이러한 지지가 더 영속적인 다른 원천으로부터 이뤄지기 전까지, 다중체계 치료 그 자체가 치료를 통해 가족에 대한 소속감의 원천으로 기능할 수 있게 된다. 다중체계 치료는 부모 문제(예, 부모의 약물 남용 치료)가 청년의 치료에 방해가 될 때, 그러한 부모 문제에 대해서도 실증적으로 지지된 치료를 제공한다. 다중체계 치료는 부담감의 지각을 줄이는 데에도 도움이 될 것이다. 예를 들면, 자살위험이 있는 청년의 가족은 그 어린이나 청소년에 대해 (직접 또는 간접적으로) 자신들에게 짐이 되고 있다거나 가족에게 필요없다고 표현해버리는 경우가 자주 있다(즉, "없어도 되는 아이"; Sabbath, 1969; Woznica & Shapiro, 1990)는 것이 연구에서 밝혀졌다. 다중체계 치료는 부모의 정신증상을 치료 표적으로 하거나 부모의 소속감을 촉진시키고 육아에 대해 절망하지 않도록 함으로써, 부모의 생활에서 청년들이 불필요한 스트레스 유발원이라는 가족 간의 대화가 그 당사자에게 전달되는 것을 줄일 수 있을 것이다. 그리고 청년의 문제행동을 감소시키는 것은 결국 부모나 보호자의 스트레스를 줄이는 것이 된다. 따라서 청년의 사회적 맥락 전체성을 치료 표적으로 함으로써, 가족의 스트레스나 부담감의 지각을 야기하는 환경이 제거되는 것이다.

정서적인 장애나 정신의학적 위기가 있는 청년에 대한 다중체계 치료의 적용은 자살행동과 특히 습득된 자살 잠재능력의 발현을 직접적으로 치료목표로 한다. Huey et al.(2004)은 다중체계 치료를 시행하는 치료사가 자살위험이 있는 청년의 안전성을 촉진시키는 임상시험에 있어서, 충실히 지켜야 할 몇 가지 원칙에 대해 언급하고 있다. 그 가운데 하나는 가족이 가정 내의 안전을 확인하고, 그 청년에 대한 관찰 특히 부정적인 동료의 영향에 관한 관찰을 촉진하도록

함으로써 자상 수단에 접하는 것을 제한하고 예방하는 것이다. 이들
의 안정책은 청년의 습득된 자살 잠재능력의 발현을 막는 방안을 제
시하고 있다. 다중체계 치료가 반사회적 행동의 치료법으로서 성공
하고 있는 것은 이 치료법이 습득된 자살 잠재능력을 더욱 증가시키
는 고통과 자극 유발적 사건에 대한 청년의 관여를 줄인다는 점도 시
사하고 있다.

다중체계 치료는 자살위험이 있는 청년에 대해 기대되는 개입인
것으로 보인다. 그러나 다중체계 치료에서는 한 명의 치료사가 맡는
사례 수가 적고(예, 4~6 가족), 광범위하게 수퍼비전과 상담을 받고
있다. 또 이 치료는 가정 밖으로의 조치가 필요 없는 위험성 없는 청
년의 경우에는 권장되지 않는다. 따라서 다중체계 치료가 모든 치료
사와 내담자들에게 적합한 것은 아닐 수 있다. 그렇다면 어떻게 해
야 할까. 복수의 자상 에피소드가 있는 청소년에 대한 어떤 집단요법
의 연구에서는 **발달적 집단요법**(developmental group therapy)이 통
상의 치료보다도 장래의 자살 에피소드 예방에 효과적이라는 것이
밝혀져 있다(Wood, Trainor, Rothwell, Moore, & Harrington, 2001).
발달적 집단요법이란 무엇일까? 이 치료법의 저자는 DBT나 CBT,
문제해결요법(problem-solving therapy), 역동적 집단요법 등을 포
함한 여러 치료법이 섞인 것이라고 말한다. 발달적 심리요법의 치료
매뉴얼이 없기 때문에, 임상가가 이 치료법을 이용하는 데에는 한계
가 있다.

자살위험이 있는 청소년 치료에서 하나의 해결책은 이 연령군에
대한 DBT(앞에서 논의됨)를 수정하는 것이다. 청년기의 환자에 대

해 다중체계 치료이나 DBT를 완전하게 실시할 수 없는 경우, 다중
체계 치료의 원칙을 가능한 한 많이 도입함으로써 소속감의 좌절, 부
담감의 지각, 습득된 자살 잠재능력을 치료 표적으로 할 것을 권한다.
예를 들면, 실증적으로 검증되어 있는 부모 트레이닝 치료(Barkley,
1997)를 사용함으로써, 행동 관리에 관한 양육능력을 높일 수 있을
것이다. 이 매뉴얼화된 부모 트레이닝 치료는 가정에서 안정성이 분
명히 보장되어 있다. 현재 자살위험이 있는 청년을 치료하는 경우,
치명적 수단에 대한 접근을 제거할 필요성을 구체적으로 다루고 있
고, 자살행동이나 아이들의 위험 관리 방법에 대해 심리교육을 제공
하는 것으로 치료 효과를 높일 수 있다. (이용 가능한 경우는) 청년기
환자의 질환을 위해 실증적으로 검증된 개입을 이용할 수도 있고,
(적절한 경우는) 약물치료의 소개도 좋을 것이다. 자살위험이 있는
청년의 소속감을 촉진시키는 것(예, 방과 후 활동을 권함)이나 필요
없는 아이라는 메시지를 억제하려는 노력을 하는 것으로, 가족의 스
트레스를 감소시키는 것에 초점을 맞춰야 한다. 다음 섹션에서 설명
하는 CBT의 한 형태인 SCRIPT은 자살위험이 있는 청년에게 직접
사용할 수 있을 뿐만 아니라 그러한 청년의 부모에게도 사용할 수 있
는 개입법이 될 수 있다.

3. 이론에 따른 자살행동예방 접근법

앞에서 언급한 모든 치료방법은 자살행동의 치료에 사용될 수 있

는 것이다. 또 이 치료법들의 효과에 대해서는 어느 정도의 실증적 근거도 있다. 모든 치료법이 소속감의 좌절, 부담감의 지각, 습득된 자살 잠재능력에 대응하는 효과적인 틀을 제공하고 있다. 이 치료법들 가운데 대부분은 자신이 타자에게 부담을 주고, 또 가치 있는 관계나 그룹에 속하지 않는다는 내담자의 신념을 체계적으로 전환하도록 하기 때문에 효과가 있다고 보는 것이 우리의 관점이다. 이들 치료법은 마음챙김, 충분한 계획성, 감정과 행동의 조정을 강조함으로써, 습득된 자살 잠재능력의 표출도 억지하고, 이 잠재능력을 강화하는 자극 유발적인 경험에 관여하는 것도 억제할 수 있다. 그러나 치료 중에는 습득된 자살 잠재능력이라는 측면을 (완전히 이것만은 아니지만) 제1의 표적으로 하는 것도 있고, 소속감의 좌절이나 부담감의 지각을 제1의 표적으로 하는 것도 있다. 우리의 분석에 따르면, DBT는 습득된 자살 잠재능력을 제1의(적어도 초기에) 표적으로 하는데, CT는 소속감의 좌절이나 부담감의 지각을 제1의(적어도 초기에) 표적으로 하고 있다. 다중체계 치료(MST) 등 다른 치료법은 우리의 자살행동 모델의 모든 구성요소를 동등하게 치료 표적으로 하고 있지만, 너무 포괄적이기 때문에 대부분은 아니더라도 많은 임상가들이 그 치료법을 실행할 수는 없을 것이다. 다음은 SCRIPT의 치료법에 대한 설명으로서, 이것은 앞에서 설명한 치료법의 장점을 이용한 것이다. 즉, 자살 대인관계이론의 모든 측면을 강조하고, 상대적으로 가르치거나 배우기 쉽고 실행하기도 쉽다.

　　SCRIPT는 CBT의 하나이고, 원래 인격장애의 치료를 위해 개발되었다(Cukrowicz & Joiner, 2005). 이후에 대인관계의 어려움, 감정조절의 어려움(기분장애 포함), 행동조절 이상(자살행동과 자상 포함; Van Orden et al., in press)을 치료하기 위한 유연성있는 접근 법을 개발하는 것으로 발전했다. 3가지 주요 원칙은 SCRIPT 전체 의 기초가 되며, 특히 SCRIPT를 자살행동에 적용하는 기법의 근저 가 되고 있다.

(1) SCRIPT 원칙1: 대인관계 문제가 중심 목표이다.

대인관계 문제는 많은 정신질환의 원인과 결과이고 따라서 치료 개입의 이상적인 포인트라는 것이 SCRIPT의 제1원칙이다. 이것은 SCRIPT의 'I'(즉, 대인관계 'interpersonal'의 'I')로 대표된다. 자살 행동에 관해 핵심점이 되는 대인관계상의 치료목표는 주위와의 단 절과 부담감과 관련된 인지 및 거절, 고립, 대인관계의 혼란, 소극성 의 가능성을 늘리는 행동(즉, 소속감의 좌절이나 부담담의 지각을 촉진하는 행동)이다.

(2) SCRIPT 원칙2: 치료의 동기부여가 중심 목표이다.

SCRIPT의 제2원칙과 제3원칙은 매우 관련되어 있다. 제2원칙은 내담자가 치료를 받아들일 동기부여가 없으면 치료가 잘 이루어지 지 않는다는 것이다. CBT는 상당히 엄한 작업과 노력을 요구한다. 치료에서는 상실을 깊이 슬퍼하는 것, 공포와 대면하는 것, 괴로운 감정을 경험하는 것이 요구된다. 많은 내담자들에게 치료는 실행 불가능한, 그러나 강하게 고집하는 자신과 세계에 대한 관점을 포기한다는 것을 수반하고 있다. 따라서 많은 내담자에게 있어서 치료작업은 본질적으로 동기부여되는 것이 아니다. 성공적인 치료(와 치료사)는 내담자가 치료에 대한 동기부여를 높이고, 유지할 수 있도록 지원해야 한다는 것을 의미한다. 치료가 특히 힘든 일이라면, 내담자와 치료사가 힘을 내기 위해서는 상당한 자기조절이 필요하게 된다. Baumeister, Heatherton, and Tice(1994)는 **자기조절**(혹은 자기통제)을 "자기 자신의 반응을 바꾸기 위한 노력"이라고 정의했다(p. 7). 치료의 본질은 타자가 자신의 반응(사고, 감정, 행동)을 바꾸는 것을 돕는 것이다. 치료가 효과적이려면 내담자가 적절하게 자기조절을 하는 것이 요구된다.

치료를 위한 동기부여를 강화하기 위해서, SCRIPT는 사람의 동기부여 이론인 자기결정이론(self-determination theory; Ryan & Deci, 2000)을 이용하고 있다. 이미 언급한 것처럼, 이 이론은 인간에게 3가지 기본적인 욕구, 즉 관계성, 유능성, 자율성이 있다고 말한다. 내적 동기와 행복감은 이들 욕구가 충족됨으로써 촉진된다고 말하고 있다. SCRIPT는 앞에서 언급했던 이유를 근거로 자기결정이론을 이용하고 있다. 치료가 성공하기 위해서는, 내담자가 동기부여를 할 수 있도록 치료사가 도울 필요가 있다. 자기결정이론의 원칙에 관심을 갖는 것은 치료에 대한 동기부여를 촉진하는 하나의 방법을 보여주는 것이다. 내담자의 치료를 위한 동기부여에 관심을 갖는다는 것은 필수적인 것으로서, SCRIPT의 보조적인 구성요소가 아니다. Sheldon, Williams, and Joiner(2003)는 치료가 이뤄지는 동안 동기부여를 위해 치료자가 자기결정의 원칙에 주목할 수 있는 방법에 대해 언급하고 있다. 예를 들면, 3가지 전략, 즉 상대의 견해를 이해하는 것, 선택지를 주는 것, 논리적 근거를 주는 것을 사용함으로써 자율성을 촉진할 수 있다. 이러한 전략은 내담자의 견해를 인정하고, 그 정당성을 확증하는 것, 치료에서 일어날 수 있는 것에 대한 선택지를 주는 것(가능할 때), 그리고 특히 선택지가 한정되는 경우, 치료에서 일어날 수 있는 것에 대한 논리적 근거를 주는 것을 포함하고 있다.

SCRIPT는 동기부여면접(motivational interviewing; W.R. Miller & Rollnick, 2002)의 기법을 이용하고 있고, 원래 동기부여면접은 물질사용장애가 있는 환자의 약물사용 행동을 변화시킬 동기부여의 강화에 도움이 되도록 개발된 치료법이다. 동기부여면접 기법의 한 예는 **저항하면서 구르기**(rolling with resistance)라는 것이다. 이 기법을 사용할 때, 치료사는 내담자에게 변화하는 것을 강요하는 것이 아니라, 오히려 변화에 대한 저항을 비춰보도록 한다. 이러한 생각은 내담자가 자신이 이해되고 있다고 느끼고 자율적이라고 느끼게 된다면, 건강에 대한 자연적인 본능이 일어나게 되고, 그때까지 있던 변화에 대한 저항이 줄어들고 최종적으로는 저항이 소실된다는 것이다. 이러한 주제는 이 책의 제5장에서 자세히 언급하겠다. 여기에서는 SCRIPT 치료사가 자기결정이론의 원칙에 주의를 기울이고 치료 세션 전반에 걸쳐 동기부여면접(MI)의 기법을 사용함으로써, 치료 동기를 촉진한다는 사실을 아는 것으로 충분하다. 이것은 치료에 참여하기를 꺼리는 내담자의 마음에 전념하는 전체 세션의 형태를 취하거나, (최종적인 변화를 목표로) 한 시점의 수용에 초점을 맞춘 동기부여의 틀과 내담자의 변화에 치료초점을 둔 CBT기법 사이를 빈번하게 왕복하는 것이다. 이것은 수용과 변화 사이의 변증법에 주의를 기울일 때, DBT를 실시하는 치료사가 취하는 것과 유사한 태도이다. 자기결정이론의 원칙에 주목하는 발언은 치료세션 전체에 포함되어 있다. 만약 내담자가 CBASP에서 적용되는 상황분석(이번 장의 후반에서 논의됨)을 사용한 치료에 특히 힘들어한다면, 치료사는 내담자의 변화에 초점을 맞춘 발언을 시작할 때, 반드시 상대의 견해를 이해하는 것에 전념하는 것도 좋다.

(3) SCRIPT 원칙3: 자기조절을 향상시키는 것이 중심 목표이다

SCRIPT 제3원칙은 많은 내담자, 특히 자살행동을 하는 사람의 경우 자기조절에 어려움이 있다-자기조절을 하는 데 일관성이 없거나 전체적으로 약하다-는 것이다. 이 원칙은 SCRIPT의 생략형인 SCR(self-control regulation)을 나타낸다. 여기에 자살위험이 있는 내담자와 함께하려는 하나의 노력이 있다. 치료가 성공하기 위해서는 상당한 동기부여가 필요하다. 이러한 동기부여를 얻기 위해서는 충분한 자기조절이 필요하다. 자살위험이 있는 사람들은 양쪽 모두에 결함이 있을 것이다. 이러한 어려움을 이겨내기 위해서, SCRIPT 치료는 자기조절과 동기부여에 관한 기본적인 사회심리학 연구를 응용한다. 이것은 내담자가 치료에 참여하고 치료를 통한 효과를 증가시키고 자기조절을 촉진시키며, 이러한 점은 직접적으로 습득된 자살 잠재능력을 약화시킨다.

SCRIPT는 사회심리학자인 Roy Baumeister와 그 공동연구자(예, Baumeister, Bratslavsky, Muraven, & Tice, 1998)가 개발한 자기조절 모델을 이용하고 있다. 자아 소모에 관한 그들의 연구는 자아조절이 우리 몸의 근육처럼 기능하고 있다고 주장한다. 장시간의 신체적 훈련 후에 근육의 피로로 다음의 훈련은 어려워지는데, 정신 훈련(예, 자기조절 훈련)에서도 마찬가지이다. 그들은 처음의 자기조절 활동을 하면 이어지는 자기조절 활동을 해치게 되는 것, 즉 정신이란 근육이 소모된다는 점을 보여주고 있다. 특히 SCRIPT와 관련되어 있는 것은 정기적으로 자기조절이라는 '근육'을 운동시킴으로써, 서서히 자기조절이 향상된다는 점도 보여준다(Baumeister, Gailliot, DeWall, & Oaten, 2006). SCRIPT 치료사는 상황분석 기법을 사용한 반복적인 연습을 통해, 내담자에게 자기조절 '운동'을 제공하고 있는 것이다.

(4) SCRIPT의 핵심 기법: 상황분석

상황분석(situational analysis)은 일상의 상황을 반복적이고 매우 구조화한 방법으로 조사하는 행동분석에 대한 연습방법이다. 상황분석은 CBASP(McCullough, 2003)에서 적용되었던 기법인데, 이것에 대해서는 이미 인지재구성 기법 내용에서 간단하게 설명했다. 상황분석을 통해 치료사는 인지재구성 기법이나 그 이상의 것을 가르치는 것이 가능하게 된다. 상황분석의 구조화된 포맷과 대인관계

상황에서의 행동과 목표를 동시에 생각함으로써, 치료사와 내담자는 상황분석을 자기조절 운동으로 사용할 수 있게 된다. 그 아이디어는 반복적인 연습을 통해 자기조절의 근육을 강화하고, 내담자의 대인관계나 감정조절의 성공 빈도는 늘어나게 되는 것이다. 자살위험이 있는 내담자에게 이러한 자기조절 훈련을 향한 목표는 두 가지 요소로 이뤄진다. (a) 어려운 치료작업을 완수할 수 있는 필요한 만큼의 자기조절을 제공하는 것, (b) 행동상의 충동성을 줄여서 습득된 자살 잠재능력을 억지하거나 감소시키는 것이다.

DBT의 연쇄·해결분석(chain and solution analysis)에 정통한 독자라면 상황분석과 그 기법의 유사점과 상이점을 생각해보는 것이 좋겠다. 상황분석과 연쇄·해결분석, 이 두 가지는 특정 상황에 관한 자세한 분석과 내담자가 사용할 수 있었던 적용 가능한 인지와 행동이 무엇인지를 검토하는 인지－행동적 연습이다. 상황분석에는 두 단계, 즉 유도단계(elicitation phase)와 치료단계(remediation phase)가 있다. 유도단계는 연쇄분석과 비슷한 치료적 기능을 하고, 치료단계는 해결분석과 비슷한 기능을 한다. 그러나 상황분석 기법은 두 가지 핵심점에서 다르다. 즉, (a) 상황분석은 시간적으로 연쇄적인 전체 사건의 구성을 포함하지 않으며, (b) 상황분석은 그러한 상황에서 내담자의 목표(즉, 기대되는 결과, 이번 장의 후반부에 논의)에 중심적인 역할을 부여한다.

이어지는 다음 부분에서는 자살위험이 있는 내담자에게 상황분석을 실시하는 절차에 대해 간단히 언급하고자 한다. 더 많은 정보를 원하는 독자는 다음 자료를 참고하기 바란다. McCullough(2003),

*Treatment for Chronic Depression: Cognitive Behavioral Analysis System of Psychotherapy*와 Driscoll, Cukrowica, Reardon, and Joiner(2004), *Simple Treatment foe Complex Problems: A Flexible Cognitive Behavior Analysis System Approach to Psychotherapy.* CBASP에 익숙한 독자라면, CBASP에서 사용되는 대인관계 식별연습(Interpersonal Discrimination Exercise; McCullough, 2003)이 SCRIPT에 명시된 요소가 아니라는 사실을 알아차릴 것이다. 단적으로 말하자면, 이러한 결정은 모든 레벨의 스킬을 갖춘 치료사가 SCRIPT를 바로 이용할 수 있도록 하기 위해 이뤄진 것이다. SCRIPT 치료사는 자기결정이론의 원칙(Ryan & Deci, 2000)을 사용하는 치료 관계에 주의해야 한다. 이러한 원칙도 대인관계 식별연습과 함께 제5장에서 더 많이 설명될 것이다.

상황분석의 유도단계에서는 6단계의 절차가 포함되어 있다. 구조화된 워크시트는 복잡한 이들 여섯 절차를 진행하기 위해 사용할 수 있어야 하며, 이를 통해 내담자와 치료사 모두에게 학습효과를 촉진시킬 수 있게 된다.

절차1

절차1에서 내담자는 어떤 일괄적인 사건-내담자에게는 '시간의 한 단락'이라고 표현된다-에 대해 설명해볼 것을 요청받는다. 상황분석 시스템을 수행하는데 가장 직접적인 상황은 대인관계 상황이다. 더구나 자살위험이 있는 내담자에게 소속감의 좌절과 부담감의 지각이라는 테마는 특히 관계가 깊다. 이러한 이유로 자살위험이 있

는 내담자에게는 힘든 대인관계를 선택하도록 격려하고 상황분석에
서 사용하도록 한다. 이 단계에서는 내담자가 어렵거나 스트레스가
많은 상황을 객관적인 방법으로 간결하게 말할 수 있도록 지도한다.
이것은 편집이나 판단의 코멘트를 삽입하지 않고, 대략 2, 3문장으
로 상황을 묘사하는 것이다. 아주 분명하게 개개의 상황을 설명하
는 행위가 이뤄지기 위해서는 자살 생각이나 행동을 하는 사람들의
경우 결여되기 쉬운 일종의 자기조절이 요구된다. 이러한 수법은 또
한 초점을 명확하게 하고 조금씩 문제에 접근하는 방법으로서 모델
이 된다. 내담자가 간결하게 설명할 수 있게 될 때까지, 많은 세션이
필요하게 되는 경우도 있다. 다음의 사례를 보자. 내담자는 Elena라
는 경계성 인격장애로 진단된 35세 히스패닉계 여성이다. 이것은
상황분석을 사용하는 첫 번째 세션이다.

치료사: 이번 주에 SCRIPT치료를 시작하자고 이야기했었어요.
　　　　이 치료를 어떻게 할 것인지에 대해 말씀드리겠습니다.
　　　　첫 번째 절차에서는 상황분석 용지를 작성합니다. 먼저
　　　　저에게 이야기해주신 상황을 [상황분석 용지를 가리키
　　　　며] 이 형식에 맞춰 본인이 적어봅시다. 상황을 몇 줄로
　　　　요약해주시겠어요?
내담자: 예, 이미 말했던 것처럼 남자친구인 David는 정말 바보이
　　　　고 제가 말하는 것은 아무것도 안 들었어요. 그래서 서로
　　　　큰소리로 다퉜어요. 제가 상처받지 않도록, 그에게 떠나
　　　　지 말고 있어 달라고 말했지만, 그는 문을 쾅 닫고 나가버

렸죠. 그는 늘 이래요. 잘 안 되면 언제나 사라져버리죠. 너무 무섭고 그래서 그와의 관계는 잘되지 않아요. 저에게 인간관계는 안 되나 봐요[울음].

치료사: 그렇군요, 이런 상황이 자주 있고 마음이 많이 괴롭겠어요[내담자에게 휴지를 꺼냄]. Elena, 당신이 힘든 것을 줄일 수 있도록 진심으로 도와주고 싶은데, 제가 알고 있는 최선의 방법은 상황분석을 사용하는 것입니다. 저와 함께 힘내서, 어젯밤의 사건을 몇 줄로 요약해줄 수 있겠어요? 사실만 적어주세요. 연습 삼아서 자신이 그때 벽에 있던 파리라고 생각해봅시다. 파리는 무엇을 보고 있나요?

내담자: 알겠어요. 해볼게요. 어젯밤, 남자친구 David와 저는 다퉜어요. 저는 그에게 집에 함께 있어 달라고 부탁했지요. 저는 우울했고 그가 없어지면 저 자신을 다치게 할지도 몰랐기 때문이에요. 그리고 우리는 그가 친구와 외출하는 것을 취소하고 집에 저와 함께 있어야 하는 문제를 두고 다투기 시작했죠. 그는 화를 내면서 방에서 나갔어요. 그는 늘 이렇게 해요...그리고 다음에...

치료사: 자, 우리가 필요로 한 것은 이제부터니까, 여기에서 일단 멈춥시다. 제가 확실히 이해하고 있는지 당신이 말한 것을 요약해볼게요.

절차2

  상황분석의 유도단계 절차2와 절차3에서는 해당 상황에서 그들
이 어떤 경험을 했는지 내담자에게 자세한 내용을 제공한다. 우선
절차2에서, 그들이 해당 상황에서 생각한 것(인지적 해석)을 제시하
도록 한다. 내담자가 주위로부터 단절이나 부담감의 지각에 관여하
는 상황을 고를 수 있도록 치료사가 이미 돕고 있기 때문에, 치료사
는 이 단계에서 상황분석을 사용하는 기회가 최대한 이뤄질 수 있도
록 이 주제를 반영하면서 인지에 주목한다. 여기에서 주제는 상황분
석이 자살욕구를 줄일 것이며 내담자는 장래에 자살희구가 나타날
때 스스로 그 상황을 관리하는 데 상황분석을 도구로 쓴다는 것이다.
내담자 중에는 사고를 결정하는 개념을 빨리 파악하는 사람도 있지
만 그렇지 않고 처음에 힘들어하는 사람도 있다. 임상가 자신이 인
내심을 갖고 이 방법이 최종적으로 효과가 있다는 것을 믿는 것이 중
요하다.

치료사: 다음 절차는 당신의 상황에 대해 해석해보는 것입니다.
    그 상황에서 당신의 머리에 어떤 생각이 스치던가요?
내담자: 모르겠습니다. 너무 화가 났어요. 생각하는 것조차 제대
    로 할 수 없었어요. 그는 저를 걱정도 하지 않았을 거예요.
치료사: 그렇네요. Elena, 그것이 해석입니다. "그는 나를 걱정하
    지 않는다." 이것이 제가 이야기하는 것입니다. 이 해석,
    "그는 나를 걱정하고 있지 않다"를 기입용지에 적어주세
    요. [내담자는 그렇게 한다.] 당신은 어젯밤 혼자였다고

느끼고 - 그리고 무서웠던 거지요.

내담자: 예, 그래요. 얼마나 무서웠는지조차 알 수 없었던 것 같아
요. 그에게 완전히 화가 나 있었어요.

치료사: 분노라는 것이 정말 대단해요, 그렇죠. 이 해석에 대해 좀
더 생각해봅시다. 어젯밤의 그 상황으로 돌아왔다고 상상
하고, 다음의 빈칸을 채워보세요. "David가 집에 있을 것
인지에 대해, 나와 그가 다투고 있는 것은 ＿＿＿＿＿ 을
뜻한다."

내담자: 그는 바보야! 그는 저를 걱정하지 않아요. 모두가 그래요.
저는 David에게 부담을 줘요. 이렇게 해서 뭐가 있죠? 그
만 죽고 싶어요.

치료사: 정말 힘들겠어요. 마음속에 상처받고 있군요. 그래도 저
와 함께 힘내주셔서 기뻐요. 지금의 해석을 기록해두시
겠어요?

절차3

절차3에서는 그 상황에서 내담자가 스스로 자신의 행동을 특정할
수 있도록 돕는 것이 목표이다. 여기에서 말하는 행동에는 그들이 말
하는 것 이외에도 시선이나 몸짓, 몸의 자세, 표정과 같이 그들이 어
떻게 말했는지도 포함된다. 그 목표는 가능한 한 객관적이고 구체적
인 방법으로 행동을 기록하는 것이다. 벽에 멈추고 있는 파리라는 발
상은 이 절차에서도 유용하다. 자살위험이 있는 내담자의 경우, 다음
예시와 같이 어떤 자살행동까지 포함하고 있다는 것이 중요하다.

치료사: 다음 절차는 그러한 상황에서 당신이 실제로 했던 일을 적어보는 것입니다. 가능한 구체적으로 적을 수 있는지 봅시다. 벽에 멈춰있는 파리처럼 말이죠. David에 대한 당신의 시선은 어땠나요?

내담자: 그를 많이 보지는 못했던 것 같아요. 저는 울고 있었고, 한동안 두 팔로 머리를 감싸고 있었어요.

치료사: 알겠습니다. 기록용지에 그것을 기록해주겠어요? 몸의 위치나 동작에 대해서는 어땠나요?

내담자: 저는 팔짱을 끼고 있거나 말했듯이 두 팔로 머리를 감싸고 있었어요.

치료사: 표정은 어땠나요?

내담자: 화가 많이 나 있었어요. 그리고 울고 있고요.

치료사: 당신이 말했던 시점이나 목소리 톤은 어땠나요?

내담자: 우리는 서로 계속 이야기를 하는데, 실제로는 큰소리를 지르고 있었어요.

치료사: 당신이 한 말은요...?

내담자: "David, 오늘 밤은 곁에 있어 주세요. 정말 우울해요. 당신이 있어 주지 않으면, 손목을 긋거나 약을 안 먹을지도 모르겠어요. 당신은 나를 걱정하지 않아요. 내 곁에 있을 리가 없어요."라고 말했어요.

치료사: 그 외에 그 상황에서 당신이 한 일을 적을 것이 있나요? 손목을 긋거나 약을 먹는다고 하셨어요.

내담자: 예. 그가 나가려고 해서, 가방에서 약병을 꺼냈어요. 그가

255

나갔을 때, 말했던 것처럼 손목을 그었어요.

절차4

다음 절차에서는 원하는 결과(desired outcome)를 선택한다. 이 단계는 매우 중요하다. 원하는 결과는 상황분석방식의 요점이다. 원하는 결과란, 내담자가 어떻게 상황이 변했으면 좋겠다고 바라는 것이다. 내담자에게도 "만약 내가 요술 지팡이로 내가 바라는 대로 상황을 바꿀 수 있다면, 내가 바라는 것은…"과 같은 '요술 지팡이' 질문이 도움된다. 이것은 내담자가 비현실적인 원하는 결과를 낼 위험에 이를 수도 있지만, 자살위험이 있는 내담자의 경우는 매우 드물다. 그들이 원하는 결과를 생각해내는 데 어려워하는 것은 흔히 보이지만, 요술 지팡이의 비유를 사용함으로써, 그들의 능력을 넓힐 수 있다. 원하는 결과는 현실의 결과(actual outcome), 즉 현실적으로 상황은 어떻게 변했는지와 자주 대비된다. 내담자에게 (다음 절차에서) 현실의 결과를 말하도록 한다. 내담자가 목표지향적인 사고를 할 수 있도록 돕거나 명확하고 구체적으로 자신의 목표를 말할 수 있도록 도와주면, 그 자체로 유익한 결과를 가져올 것이다. 인생을 일련의 원하는 결과로서 접근하는 것은 절망감에 대항하고, 충동적 반응에 대항함으로써 습득된 자살 잠재능력을 조절하게 된다.

자살위험이 있는 내담자에게 상황분석을 사용하는 이론적 전제의 하나는 그들의 괴로움은 대부분 자신이 바라는 것과 얻을 수 있는 것 사이의 차이에 따른 것이다. 내담자는 타자와 관계를 갖고 배려를 받고자 한다. 그러나 실제로는 그 관계가 끊어져 있고, 사랑해

주지 않는다고 느끼고 있다. 내담자는 자신들이 일상생활에서 주위 사람들에게 상황을 좋게 만들고 있다고 생각하기를 바란다. 그러나 실제로는 자신이 부담되고 있고, 만약 죽는다면 타자는 더 행복해질 것이라고 생각하고 있다. 그들의 감정은 괴로운 상태이다. 상황분석의 목표는 사고와 행동을 바꾸는 것으로서, 원하는 결과와 현실의 결과의 차이를 줄이는 것이다 ─ 감정은 결과로서 생긴다. 상황분석의 제2단계에서는 만약 내담자가 원하는 결과를 달성하는 데 도움이 되는 생각이라면 도움이 되는 생각으로 분류하고, 만약 원하는 결과를 달성하는 데 오히려 방해된다면 유해한 생각으로 분류한다.

그러나 상황분석에서는 이전에 원했던 결과라고 해서 그것을 취할 수만은 없다. 치료에서 효과를 내고, 따라서 내담자의 괴로움을 줄이는 데 도움이 되는 이러한 원하는 결과는 현실적이고 달성할 수 있는 것이라야 한다. 이것을 내담자에게 설명하기 위해서, 불행한 일이지만 요술 지팡이가 할 수 있는 것에도 한계가 있다는 점을 그들에게 알려준다. 첫째, 타자의 행동을 바꿀 수는 없다(예, "그녀가 미안하다고 말해줬으면 좋겠다"). 둘째, 자연이나 물리적 법칙을 부정할 수는 없다(예, "시간에 늦지 않게 돌아와서 대회가 시작하지 않도록 하고 싶다"). 효과적인 다른 원하는 결과의 특징은 'SUPERB'라고 앞글자를 따서 외울 수 있을 것이다. 즉, '짧은(Short)', '불변의(Unchanging)', '명확한(Precise)', '단순한(Elementary)'. '순서를 매긴(Ranked)', '행동적(Behavioral)'이라는 것이다. 이러한 특징은 치료사와 내담자가 사용하는 '원하는 결과 체크리스트(Desired Outcome Checklist)'에 기술되어 있다(<그림 4-2>). 만약 원하는 결

절차4: 원하는 결과

1. 다음 문장을 채우세요.
"만약 내가 처했던 상황에서 요술 지팡이를 사용할 수 있었다면, 내가 바라는 것은
_____"

_____

_____

2. 당신이 결정한 원하는 결과:
다른 사람의 행동을 직접 조정하려고 하고 있습니까?　　예 ____ 아니요 ____
물리법칙이나 자연법칙에 위배되는 것인가요?　　　예 ____ 아니요 ____

3. 당신이 결정한 원하는 결과가 SUPERB의 원칙에 어긋나는지 비교하세요.
SUPERB 원칙
당신이 결정한 원하는 결과는...

간단합니다　　　　　____ **예. 한 문장입니다.**
(Short)　　　　　　____ 아니요. 한 문장 이상입니다.

변하지 않습니다　　____ **예. 수정한 뒤에도 이 결과를 원할 것입니다.**
(Unchanging)　　　　____ 아니요. 나는 이후의 상황분석 단계에서 이 결과를 바
　　　　　　　　　　　　　꿀 수도 있습니다.

명확합니다　　　　　____ **예. 구체적이고 내 시간의 어느 시점과 연관되어 있습니다.**
(Preciset)　　　　　 ____ 아니요. 한 문장 이상입니다.

단순합니다　　　　　____ **예. 절차가 1, 2차 정도입니다.**
(Elementary)　　　　____ 아니요. 3차 이상의 절차가 있습니다.

순서를 매기고 있습니다 ____ **예. 내가 원하는 결과는 여러 가지가 있지만, 가장 원하**
(Ranked)　　　　　　　　**는 결과를 하나 선택했습니다. 또는 내가 원하는 결과**
　　　　　　　　　　　　는 한 가지뿐입니다.
　　　　　　　　　　____ 아니요. 내가 원하는 결과는 여러 가지 있습니다.

행동적인 것입니다　　____ **예. 내가 원하는 결과는 행동과 관련되어 있습니다.**
(Behavioral)　　　　 ____ 아니요. 내가 원하는 결과는 감정에 기반한 것입니다.

만약 당신이 진하게 쓰인 답에 표기했다면, 당신이 원하는 결과는 치료에 사용될 수 있기
때문에, 다음 상황분석의 절차를 계속 진행합니다. 그리고 다음 질문을 반드시 검토해주
기 바랍니다. "이것이 내가 원하는 결과인가? 즉, 이것이 나에게 분명 도움이 되는가?"

출처: *Simple Treatments for Complex Problems: A Patient Workbook*(p. 59), by K. C. Cukrowicz, A. B. Burns, J. A. Minnix, L. R. Reitzel, and T. E. Joiner., 2004, Tallahassee, FL: Center Circle Press. Copyright 2004 by Center Circle Press. Reprinted with permission.

〈그림 4-2〉 원하는 결과 체크 리스트(The Desired Outcome Checklist)

과가 길고 두서없다면, 내담자가 이러한 절차의 목표를 달성할 수 있을지 단정하기 어렵게 된다. 마찬가지로 생각과 행동이 변하면서 원하는 결과도 변하는 것이라면, 이것은 생각이 도움이 되는지 해로운지를 판단하기에 유효한 기준이 되지 않는다. 원하는 바람직한 결과가 의미가 넓어서 문제가 되는 시간의 어느 한 지점에 고정적이지 않거나 복수의 부분과 관여되어 있어도 도움이 되는 기준으로서 기능하지 않는다. 이런 경우에 내담자에게 원하는 결과의 하나에 관해 어떤 생각이 도움이 되었는지 아니면 해로웠는지를 물으면, 아마 "상황에 따라서…"라고 답할 것이다. 마지막으로, 감정적인 말로 표현된 원하는 결과는 별 효과가 없다. 사람이 자신의 감정을 직접 변화시킨다는 것이 그리 쉬운 일은 아니다. 만약 이것이 가능하다면, 많은 내담자가 치료받으러 오지도 않을 것이다. 감정적인 말로 표현된 원하는 결과의 내용은 다시 기술되어야만 한다. 그래야만 그들은 감정에 동반하는 행동을 표현할 수 있다. 행동이라면 사람들은 직접 바꿀 수 있는 것이다.

자살위험이 있는 내담자들 가운데 많은 경우가 이상적으로 원하는 결과를 정형화하는 데 어려워한다. 따라서 처음에 선택한 원하는 결과가 이상적이지 않더라도 사용해가는 동안에 서서히 엄밀한 기준에 도달해가는 형성적 접근법(shaping approach)을 권한다. 선택한 원하는 결과가 비현실적이나 달성불가능한 것이어도 이것을 치료 과정에 사용하는 것이 좋다. 이것은 내담자가 원하는 결과의 실행불가능성을 이해하는 데 도움이 될 것이다. 또 내담자에게 실행불가능성을 직접 지적하는 것도 다른 시기에 이뤄질 수 있을 것이다.

절차5

다음 절차는 상황이 실제로 어떠한 결과로 되는지 – 즉, 현실의 결과 – 를 내담자에게 묻는 것이다. 적절한 원하는 결과를 구성하는 과정과 마찬가지로, 이 절차에서 치료사의 목표는 상황이 어떻게 되었는지에 대해 행동적이고 객관적이며 간결한 표현으로 내담자가 말하도록 돕는 것이다.

절차6

유도단계에서의 마지막 절차는 원하는 결과를 현실의 결과와 비교하는 것이다. 내담자는 자신이 바라는 것을 얻을 수 있었는가? 치료사에게는 내담자의 답이 명확했다고 하더라도, 이 질문을 반드시 내담자에게 제시한다. 현실의 결과와 원하는 결과를 검토하는, 다음에 인용된 사례를 읽기 전에 만약 당신이 치료사라면 "자기 자신을 다치지 않도록 하기 위해 David에게 집에 함께 있기를 바랐다"는 Elena가 선택한 원하는 결과에 대해 어떤 전략을 취할 것인지 생각해보자.

치료사: 자, 만약 여기에 요술 지팡이가 있다면, 당신은 David가 집에 함께 있기를 바라고, 그랬다면 손목을 긋지 않으려고 했다. 이것이 맞나요? [내담자는 고개를 끄덕인다.] 즉, 바라는 결과는 두 가지가 되는 거네요.
내담자: 글쎄, 그렇다고 해야 하는지...두 가지가 연관되어 있네요.
치료사: 당신 자신을 다치지 않게 하는 유일한 방법은 David가 당

신과 함께 있어 주는 것이군요. 음…당신의 생각이 어떤 점에서 온 것인지 알겠네요. 제가 찬성할 수 있을지는 모르겠지만요.

내담자: 왜요? 상태가 안 좋거나 그가 가버릴 때면 언제나 저 자신에게 손상을 입혀요.

치료사: 말씀하시는 내용은 잘 알아들었습니다. 말씀해준 내용을 보면, "David는 나를 걱정하지 않아요"라는 생각이 들 때, 당신의 행동은 David에게 소리를 지르고, 그는 떠나버리고, 당신은 자해를 한다는 것이군요.

내담자: 맞아요.

치료사: 제가 궁금한 것은 당신의 생각이나 행동의 변화 여부가 상황이 어떻게 되는지에 영향을 미칠 수 있는가 하는 점입니다. 만약 David가 떠나는 것을 막을 수 없어도, 당신이 자신을 다치지 않게 할 수 있는 어떤 스킬을 쓸 수 있지 않을까요? 이 치료를 통해서, 바라는 결과의 부족한 부분을 메워보고 우리가 할 수 있는 것을 생각해볼까요?

내담자: David가 떠날 때 저 자신을 다치게 하는 것이 아니라 다른 무엇인가를 하는 것으로 바꾼다는 것을 말하시나요? [치료사 끄덕인다.] 그런 것 같군요.

치료사: 그럼, 해봅시다. 이 새로운 바라는 결과를 사용하고서, David가 떠났을 때, 자신을 다치게 하는 것 이외에 어떤 다른 것을 한다면, 어떤 원하는 것이 떠오르나요?

내담자: 아니요. David가 떠나자마자, 저는 바로 부엌에서 칼을

　　　　　잡고 자해를 합니다.

치료사: 음...당신이 바라는 결과는 David가 떠났을 때 자신을 다
　　　　치게 하는 것 이외에 무언가 다른 일을 하는 것인데, 현실
　　　　적인 결과는 David가 떠나고 당신은 손을 그었군요. 당신
　　　　이 원하는 것과 행동하여 얻은 것 사이에는 상당히 큰 차
　　　　이가 있는 것 같군요.

관점 바꾸기 전략(Perspective-taking Strategy)과 공감적인 말 걸
기를 통하여 치료사가 동기부여의 문제에 간단히 참여하는 이상적
인 시점이 여기이다. 치료사와 내담자가 상황을 개선하고 내담자가
바라는 것과 얻은 것(예, 자기결정이론의 틀에서 능력과 관계성)의
차이를 줄이기 위해, 하나의 팀으로서 작업을 함께한다고 하는 취지
의 말을 한다.

치료단계

이 시점까지 오면, 치료사와 내담자가 치료단계를 시작할 준비가
된 것이다. 우리는 상황분석의 기능을 묘사하는 데 있어서 많은 시간
을 들여서 유도단계를 설명했다. 그러나 상황분석의 치료 작업 대부
분은 유도단계가 아니라 치료단계에서 진행된다. 치료단계에서 치
료사와 내담자는 유도단계 중에 찾아낸 사고와 행동을 검토하고, 선
택된 바람직한 결과에 대해 도움이 되는지 유해한지를 결정한다. 이
렇게 상황분석은 (표준적인 CT에서 강조된) 진실성보다 오히려 사
고와 행동의 실용성에 초점을 맞추고 있다.

자살위험이 있는 내담자를 치료하는 경우, "그 생각이나 행동이
당신이 바라는 결과, 즉 …을 얻는데 도움이 되었나요 아니면 해가
되었나요?"라고 물음으로써, 특정한 생각이나 행동이 왜 도움이 되
는지 또는 해가 되는지에 대해 시간을 들여 내담자와 함께 결정하도
록 권한다. 이 단계에서는 행동의 기능에 대해 곰곰이 생각하고, 변
증접적 행동요법의 연쇄분석과 마찬가지로 장래에 일어날 인간관
계에 대해 계획적으로 접근하는 것을 촉진함으로써, 자살위험이 있
는 내담자에게서 자주 보이는 충동성을 명확히 치료목표로 하는 것
이 가능하게 된다. 사고나 행동이 '해롭다'라고 판단되면, 내담자에
게 그 사고나 행동을 바람직한 결과의 관점에서 도움이 되도록 수정
하게 한다. 치료사는 그 사고나 행동이 얼마나 해로운지에 대해 내
담자가 알아차리도록 함으로써, 수정이 이뤄지도록 돕는다. 다음과
같이 진행 중인 사례에서 설명되는 것을 참고하자.

치료사: 그때의 상황, 특히 당신이 생각했거나 실제로 했던 때로 돌아가
봅시다. 자신이 바라는 결과를 얻기 위해, 즉 David가 떠났을
때, 자신을 다치게 하는 것이 아닌 다른 무언가 다르게 행동할
수 있는 것이 있었는지 생각해봅시다. 당신의 해석을 보는 것부
터 시작합시다. "그는 나를 걱정하지 않아"라고 생각한다고 말
씀하셨지요. "그는 나를 걱정하지 않는다"라는 생각은 당신이
바라는 결과를 얻을 기회, 즉 David가 떠났을 때 자신을 다치게
하는 것 이외에 다른 어떤 것을 하는 데에 도움이 되었나요 아
니면 해가 되었나요?

내담자: 도움이 되지 않았어요. 정말 그래요. 그는 저를 걱정하지 않아요.

치료사: 음...그가 걱정하지 않는 것이 사실이라고 **느끼고** 있군요. 그렇게 생각할 때, 마음에 정말 상처를 받겠군요. [내담자는 끄덕인다.] 그것이 사실인지 아닌지는 모르겠어요. 하루 종일 논쟁해도 알 수 없을 거예요. 그렇지만, 확실히 알 수 있는 것은 당신이 바라는 것─즉, 자신을 다치게 하는 것 이외의 일을 하는 것─에는 도움이 되지 않았다는 것입니다. "그가 나를 걱정하지 않는다"라는 생각이 David가 떠났을 때, 자해하지 않기를 원하는 결과를 얻는 데에 어떻게 안 좋았나요?

내담자: 정말 슬프고 외로운 마음에 사로잡혔어요. David가 저를 배려해줬을 때도 있었는데 모두 잊어버렸어요. 저는 혼자 있는 것이 싫어요. 그렇게 만들지 않을 거예요. 그리고 제가 자해를 하게 되면 그러한 기분은 한동안 사라져요.

치료사: Elena, 잘하고 있어요. 제가 잘 이해하고 있는지 확인해볼게요. "그는 나를 걱정하지 않는다"라고 당신이 생각할 때는 David가 배려해줬던 때를 잊어버리게 되고 그것이 슬프고 외롭게 만드는군요. 그러한 마음은 견디기 힘들고 이런 점이 자해하도록 하는군요. 손목을 긋는 것이 슬픔이나 외로움의 고통을 줄이니까요. [내담자는 끄덕인다.] 당신이 왜 자신을 다치게 하는지 이해되네요. 그렇게 되겠군요─당신이 바라는 결과가 슬픔이나 외로움의 고통을 줄이는 것이라면 그렇게 되겠어요. 그런데 문제는 당신이 바라는 결과는 David가 떠났을 때, 손목을 긋는 것이 아니라는 것입니다. 자신을 다치게 하는 일 이외에 슬픔이나 외로움을 줄일

수 있는 어떤 것을 하는 것이 당신이 바라는 결과지요. 그런 결과를 얻는 기회를 늘릴 수 있는 다른 생각을 할 수 있지 않을까요?

내담자: 그것이 좋겠어요. 그런데, 어떤 생각이 좋을지 모르겠어요.

치료사: 그래요 – 어려운 것이죠. 해로운 생각은 David가 당신을 걱정하면서 보여주고 행동했던 일을 떠오를 수 없도록 하기 때문에, 그런 생각은 해로운 것이라고 말씀하셨어요. 그렇다면 그것과 반대로 도움이 되는 생각은...

내담자: 그가 배려해줬을 때를 떠오르게 하는 것?

치료사: 그래요. 해봅시다. "그는 걱정해주지 않는다"라는 말에 대해 어떻게 뒤받거나 완전히 새로운 생각으로 대체할 수 있을까요?

내담자: '지금 David는 화를 내고 있지만, 그가 배려해준다는 것은 알고 있다'라고 생각할 수 있겠죠.

치료사: 그 상황에 자신이 다시 있다고 생각하고, David가 방금 나갔다고 상상해보세요. '지금 David는 화를 내고 있지만, 그가 배려해준다는 것은 알고 있다'라고 생각하고 있다면, David가 떠났을 때 자신을 다치게 하는 일 이외에 다른 무엇인가를 하는 것, 즉 당신이 원하는 것을 얻는 데에 도움이 된다고 생각하시나요?

내담자: 도움이 된다고 생각해요. 마음이 차분해지고, 지난주에 우리가 작성했던 대처카드를 꺼내는 것처럼, 자해하는 일이 아닌 다른 어떤 일을 할 수 있을 정도로 분명히 생각할 수 있겠어요.

이 사례에서는 내담자가 소속감의 좌절을 가져오는 인지에 맞서 도록 지원하기 위해, 어떻게 상황분석을 사용할지에 대해 고찰했다.

내담자의 이외의 다른 사고나 행동에 대해서도 마찬가지로 검토하고, 그러한 사고나 행동이 내담자가 바람직하다고 선택한 결과에 대해 도움이 되는지 해로운지, 내담자가 정하는 것을 체계적으로 지원하고, 해로운 사고나 행동을 도움이 되는 것으로 대체하도록 한다. 시간의 제약 때문에 사고와 행동 모두를 치료 표적으로 하는 것이 어려우면, 자살위험이 있는 내담자를 치료할 때, 소속감의 좌절, 부담감의 지각, 그러한 상태를 증가시키는 행동들, 그리고 충동 행위들(예, 습득된 자살 잠재능력과 관련이 있는 것)과 같은 주제에 대한 인지를 우선으로 한다.

자살위험이 있는 내담자의 최종 치료목표는 순간적으로 이 목표지향적 접근을 자발적으로 사용할 수 있도록 하는 데에 있다. 그렇게 함으로써, 내담자는 문제를 파악하고 문제에 접근하며, 이 목표를 달성할 기회를 최대화하기 위하여 자신의 행동을 계획한다. 이러한 방법으로, 습득된 자살 잠재능력으로 향하는 궤도에 사람을 올려놓는 충동성이나 계획성의 결여에 대해, 목표지향적이고 문제해결지향적인 감정적 고통에 대한 접근을 재촉함으로써 간접적으로 대처할 수 있게 된다. 이외에 '아무도 걱정해주지 않는다', '나는 짐이 되고 있다'와 같은 사고에 대해 그러한 생각이 나타나는 순간에 대처할 수 있다는 것은 내담자의 자살욕구를 줄임으로써 자살위기에서 벗어나는 데 도움이 될 것이다. 자살희구, 소속감의 좌절, 부담감의 지각에 대한 확실한 심리측정을 위한 평가수치를 배포함으로써, 개입이 효과적으로 작용하는지 정기적으로 확인해야 한다(제2장 참조, 대인관계 욕구 질문지[INQ; Van Orden et al., 2008]는 이러한 구성요소 측정함).

자살위험이 있는 내담자를 위한 상황분석에는 이외에도 유연하고 다른 치료법의 치료 스킬을 통합시킨다는 장점이 있다. 경계성 인격장애나 자살행동이 있는 내담자를 대상으로 하는 SCRIPT치료의 개방적 시험(open pilot)이 현재 진행 중이며 기대를 모으고 있다(Van Orden et al., press). 여기에서는 상황분석을 사용한 주1회 개인 요법과 주1회 DBT 스킬 트레이닝 그룹을 진행하고 있다. CBASP에서 변형된 형태의 상황분석 기법은 DBT와 마찬가지로 실증적 뒷받침이 충분하다. 상황분석의 개인요법은 내담자가 마음챙김, 대인관계의 유효성, 감정조절, 고통 감내 스킬을 종합하는 데 도움이 된다. 이들 스킬은 내담자가 자신의 사고나 행동을 개선할 수 있도록 하는 데에 사용된다.

이번 장의 사례는 성인 내담자를 대상으로 하고 있지만, 상황분석은 자살위험이 있는 청년의 치료에 사용할 수도 있다. Repper and Driscoll(2004)은 사회적 갈등이나 고독(소속감의 좌절)을 줄이기 위해 청년의 사회적 스킬 결여를 표적으로 하는 상황분석을 사용하는 접근법에 대해 기술하고 있다. 그들이 제시한 두 사례에 관심이 있는 독자들은 해당 문헌을 참고하기 바란다.

4. 가이드의 도구 벨트: 본질적인 요소

이번 장에서는 대인관계이론의 관점을 통하여, 자살희구나 자살행동 치료에 대해 논의했다. 자살의 대인관계이론에 따르면, 포괄적

치료는 자살행동 모델의 모든 측면-자살욕구와 습득된 자살 잠재
능력 모두-을 표적으로 해야 한다. 구체적으로 말하자면, 소속감의
좌절과 부담감의 지각 및 그들의 상태를 촉진하는 행동과 관련되어
있는 인지를 치료표적으로 해야 한다는 뜻이다. 습득된 자살 잠재능
력으로 향하는 궤도에 내담자를 올려버리는 충동적 행동도 치료표
적으로 해야 한다. 자살행동 치료에서 가능성 있는 치료법을 검토하
고, 다중체계 치료, 대인관계에 따른 치료, CT, DBT 등 이들 치료법
이 각각 어떻게 자살의 대인관계이론의 요소를 치료표적으로 하는
지에 대해 논의했다.

　SCRIPT라는 치료법에 대해 세부적으로 기술한 것은 그것이 자살
의 대인관계이론의 모든 요소를 치료표적으로 하는 비교적 직접적
인 방법을 대표하기 때문이다. SCRIPT는 의식적이고 계획적인 대
인관계 상황에 대한 접근을 가르친다. 이 치료법은 충동적 접근법으
로 문제를 해결하려고 하는 경향에 제동을 거는 것이다. 왜냐하면,
이것이 자상행위를 포함한 고통과 자극을 유발하는 경험에 개인을
노출시키고 치사적인 자살 잠재능력을 심어놓기 때문이다. SCRIPT
는 CBASP에서 유래된 기초적인 응용 행동 분석적 접근법을 적용하
고 있고, 그것으로 내담자 자신이 본인의 사고나 행위를 관리하고
구체적인 상황 결과를 산출하도록 되어 있다. 이러한 능력은 그 자체
가 기분조절기법으로서, 자살희구나 자살행동을 하는 사람들에게
공통적으로 결여되어 있는 것이다. 대인관계에서의 의식적이고 계
획적인 접근을 강조하는 것도 관리 가능한 개별상황에서의 기분조
절을 강조하는 것과 마찬가지로 전반적으로 충동 조절, 특히 자상에

서의 충동 조절에 도움이 된다. SCRIPT는 내담자에게 인지재구성 스킬을 가르치는 것으로서, 내담자가 부담감이나 주위와의 단절과 관련된 생각을 지니고 있을 때, 그것에 대응하는 것이 가능하게 된다. 그렇게 함으로써 자살희구나 죽음에 대한 욕구를 줄이게 되는 것이다.

치료 도구 벨트의 본질적인 요소를 생각할 때, 언급할 만한 마지막 영역은 자살위험이 있는 내담자에 대한 보조적인 치료로서의 향정신제 사용이다. 항우울약이 효능감이나 자기 가치감을 높이고 그것이 다음에는 회복에 기여하는 것으로 보고하는 사례가 있다(Deakin, 1996; Petty, Davis, Kabel, & Kramer, 1996). 이러한 견해는 동물계의 사회적 지배계급이 serotonin 대사물질의 농도와 관계되어 있다는 것이나 사회적 계급의 변화가 대사물질의 변화와 관련되어 있다는 연구보고(Hinley et al., 1996)와도 일치하고 있고, 여기에는 SSRIs (selective serotonin reuptake inhibitors)도 포함되어 있다. 자살의 대인관계이론의 맥락에서 이러한 약물은 부분적으로 부담감의 지각을 줄이는 작용을 한다. 따라서 자살위험이 있는 내담자나 약이 효과적으로 작용하는 장애가 있는 내담자의 경우(예, 주요우울장애)에 약물로 보조적 치료를 하는 것은 임상적으로도 또 이론적으로도 합리적이다. 그러나 이러한 약물을 청년에게 투여하는 것에 대한 안정성이 우려된다는 점에서, 자살위험이 있는 아동 · 사춘기의 내담자에게는 보조적인 치료로서 항우울약의 처방을 경계해야 한다(예, Bostwick, 2006). 그런데 여기에서 **경계**는 단순히 '주의'라는 것을 의미하는 것이며 '사용하지 말라'고 하는 것은 아니다.

이번 장은 임상가나 치료사를 다시 산악가이드에 비유하는 것에
서 시작했다. 제 자리로 돌아오기 위해, 힘든 야외교육 과정을 마친
학생의 발언을 들어보자. "저는 정적 속에서 견뎌낸 것, 인내심을 갖
고 달성할 수 있었던 것이 무엇인지를 정말 깊이 깨달았습니다"
(Outward Bound Internal, 2006, p. 9). 환자도 심리요법에서 이러한
과정을 배운다. 주위 사람들과 단절된 감각이나 부담감의 지각에 따
른 고통을, 그들의 감각이 변화할 수 있을 때까지 견디는 것, 이것이
정적에 견디는 것이다. 충동적인 반응을 자제하면서 왜곡된 지각을
변화시키는 어려운 작업을 이어가는 것, 이것이 인내심을 갖고 달성
하는 것이다.

제5장

치료 관계

자살의 대인관계이론

Lauren Slater(1996)는 심리요법가로서의 경험과 관련된 자서전에서, 새로운 내담자와의 첫 만남을 다음과 같이 묘사하고 있다. "환자와 나는 앉아서 서로 바라본다. 나는 그녀에게서 나를 발견한다. 그리고 나는 그녀가 내 안에서 그녀 자신을 발견한다고 믿는다. 이것에서 나와 환자는 시작하는 것이다"(p. 199). 이 내용은 어려우면서도 고통을 동반하는 치료작업에서 치료 관계 자체가 이해와 지원, 희망의 공급원이 되고, 치료작업의 기초로서 기능한다는 것을 잘 표현해준다. 이번 장은 자살 위험성이 있는 내담자의 치료에서 이러한 기반으로서의 치료 관계를 갖는 기능, 즉 치료에 대한 희망과 동기부여를 촉진하고 이외에 자살위험이 있을 때 소속감과 사회적 능력에 대한 인간의 기본적인 요구를 부분적으로 충족하는 대인관계에 대해 검토한다.

심리요법에서 성공적인 예측인자로서 가장 신뢰성이 있는 것 중의 하나가 치료동맹(therapeutic alliance) 관계의 긴밀한 정도라는 것은 이미 많은 연구에서 보고되어 있다(예, Martin, Garske, & Davis, 2000; 이에 대한 자세한 검토는 Norcross, 2002). 각각의 심리요법들은 내담자의 변화를 촉진하는 치료 관계의 역할을 강조하는 데 차이가 있다. 인간주의적 치료법은 치료 관계를 내담자 변화의 매개수단으로 본다. 치료사는 공감, 긍정적 배려, 대인관계적인 따뜻함을 제공하는 것으로 내담자의 변화에 필요한 상황을 만들어낸다(Rogers, 1965). 이러한 환경이 심리적 건강이나 인간으로서의 성장을 추구하는 자연스럽고 선천적인 경향을 활성화시킨다. 내담자는 치유의 치료 관계를 통해 일단 지지가 이뤄지게 되면, 자신의 변화를 위한 행위 주체로서 행동할 수 있게 된다(여러 이론적 적응에서 치료 관계에 대한 간단한 개요는 Gilbert & Leahy, 2007 참조). 한편, CBT (cognitive-behavioral therapy)에서는 강력한 치료동맹을 필요로 하지만, 치료가 성공하기 위한 구성요소로서는 충분하다고 말할 수 없다(예, Newman, 2007), CBT에서의 메커니즘에 관한 조사에서는 치료성과와 치료 관계 간의 관계성이라는 것이 증상의 감소로 인해서 그러한 관계에 긍정적인 영향을 미치기 때문이지 그 반대의 경우로 인한 것이 아니라는 점을 나타내고 있다(Feeley, DeRubeis, & Gelfand, 1999; Tang & DeRubeis, 1999). 이것은 치료 관계가 CBT 치료사와 연구자에게 주의할 점이 아니라는 것을 말하는 것이 아니다. 강력한 치료 관계는 DBT의 핵심적인 구성요소이다. 따라서 CBT 치료사와 연구자들은 좋은 성과를 촉진하기 위하여, 그 치료 관계가 어떻게, 왜 가능한지 더 잘 이해하기 위한 연구를 활발하게 진행하고 있다(Gilbert & Leahy, 2007; Safran & Segal, 1990).

이번 장에서는 자살위험이 있는 내담자의 치료에서 적절하다고 생각되는 치료적 자세에 대해 다음의 항목에 따라 설명한다. (a) 내담자의 최종적인 자기 결정, (b) 일체감과 팀워크 감각, (c) 치료의 전 측면에 대한 열린 태도, (d) 세션과 세션 사이의 적절한 접촉이다. 자살의 대인관계이론에 따른 작업가설(Joiner, 2005)은 이러한 자세를 취함으로써 치료 관계가 인간주의적 접근법을 취하는 치료사와 CBT 치료사가 주장하는 기능에 기여한다는 것이다. 즉, 치료 관계는 CBT의 문헌에서 제안하고 있는 것처럼 변화를 위해 필요한 분위기를 제공하며, 인간주의적 치료에서 상정하고 있듯이 변화를 위한 직접 매개수단으로서 기능할 수 있는 것이다. 공동작업과 자기결정 양쪽 모두를 강조하는 자세를 취하는 목적은 치료에 대한 동기부여를 촉진하고, 자살욕구의 원인인 (소속감의 좌절과 부담감의 지각)에 직접 초점을 맞추는 치료적 환경을 만드는 것이다. 자살위기를 내담자 스스로 관리할 수 있고, 치료장면 이외에도 그들의 일을 실행하기 위한 필요한 스킬을 습득하기까지 치료 관계가 내담자의 소속감과 능력의 근원으로서 기능하도록 함으로써, 자살욕구는 치료 관계를 통해 직접적으로 표적이 될 수 있다. 이것은 경계가 설정되지 않는다는 것이 아니라 더 영속적인 해결(예를 들면, 스킬)이 적절하게 이뤄질 때까지 케어와 지원을 해주는 다른 사람의 존재가 안전한 로프 역할을 하는 것에 지나지 않는다. 산악가이드는 험한 경사면에서 고객이 미끄러져 떨어질 때 로프로 고객을 붙잡은 뒤에, 절차를 통해 그들이 자세를 바르게 잡을 수 있도록 지도할 것이다. 그 결과 충분한 스킬 지도와 실천을 통해 고객들은 스스로 험한 경사면을 올라갈 수 있을 것이다.

1. 자기결정: 유능성과 자율성

앞의 장에서 언급했듯이, 우리가 주장하는 치료적 자세는 자살의 대인관계이론과 사람의 동기부여 이론인 자기결정이론에 기초하고 있다. 인간에게 있는 3가지 기본적인 욕구, 즉 관계성, 유능성, 자율성, 이것들을 충족시킴으로써 동기부여와 행복감을 키운다는 것이 자기결정이론의 주장이다. 자기결정이론의 원칙을 임상에 응용하는 것은 치료동맹에 필요한 구성요소를 제공하는 것으로서, 이러한 구성요소는 내담자가 자신의 건강을 위한 목소리를 찾을 수 있도록 하며(Sheldon, Williams, & Joiner, 2003), 이러한 목소리에는 살고자 하는 욕구를 포함하고 있다(Britton, Williams, & Conner, 2007). 이 방법에서 치료 관계는 치료도구로 사용되어 자살의 대인관계이론에서 제안하는 자살욕구의 두 가지 원인을 직접 치료하는 것으로 될 수 있다. 첫째, 관계성의 요구에 맞는 치료 관계를 만들어냄으로써, 치료사는 소속감의 좌절에 초점을 맞춘다. 치료 관계의 이러한 기능에 대해서는 다음 섹션에서 설명할 것이다. 둘째, 치료사는 유능성과 자율성 요구에 맞는 치료 관계를 만들어냄으로써 부담감의 지각에 초점을 맞출 수 있다. 이와 같이 자기결정이론의 원칙은 긍정적인 배려와 따뜻함이 있는 인간주의적인 이상을 과학적으로 지지된 방법과 치료 메커니즘을 강조하는 입장과 결합시키고 있다.

치료 관계가 유능성의 공급원이 되는 하나의 방법은 CBT의 스킬을 기본으로 하는 구조를 통해서 진행된다. 이러한 점에서 CBT 치료사는 교사와 같은 역할을 담당하며, 내담자의 스킬 수준에 맞게 소재를 변화시키는 것은 물론, 내담자가 이해하고 있고 소재를 잘 사용할 때, 칭찬과 긍정적인 피드백을 주는 것을 모두 할 수 있는 것이다. 치료사는 사회적 능력을 키우는 환경을 만들어낼 수도 있다. 많은 사회적 상황 속에서 내담자는 타자와의 커뮤니케이션이나 관계성을 유지하는 것에 대해 어렵게 생각할지도 모르겠지만, 어떤 의미에서 치료사와 상호 교류하는 것은 프로 선수와 테니스를 하는 것과 같은 일이다. 즉 프로는 기술적으로 잘하지 못하는 플레이어에게 정확하게 볼이 가도록 받아치면서 발리볼을 칠 수 있기 때문이다. 치료사는 내담자와 대인관계의 부적응적인 행동을 경험하면서, 내담자가 다른 사람들과 교류하는 숙련된 방법을 가르쳐줄 수 있다. 이렇게 치료사는 내담자에게 사회적 성공과 유효한 대인관계를 갖는 기회를 제공한다. 이와 같이 능력에 대한 요구는 스킬에 기초한 CBT을 통해 거의 자연스럽게 길러지는 것이다.

자율성 요구에 대해서는 치료사측의 더 명확한 작업이 필요하다. 자기결정이론을 기본으로(Ryan & Deci, 2000), Sheldon et al.,(2003)는 세 가지 전략을 통해 자율성을 키울 것을 주장한다. 즉, "상대의 견해 수용", "선택지 제공", "논리적 근거 제공"이다. **상대의 견해를 수용**(perspective taking)한다는 것은 내담자의 견해를 인정하고 승인함으로써 내담자가 자신의 말을 들어주고 이해해주고 있다고 느끼는 것이다. **선택지 제공**(choice provision)은 치료 과정에 (가능할 때) 일어날 만한 일에 대한 선택을 내담자에게 제공하는 것이다. **논리적 근거 제공**(rationale provision)은 특히 내담자의 선택이 제한되어 있을 때, 치료사의 결정이나 치료의 다른 측면의 이면에 있는 이유를 내담자가 이해하도록 지원하는 것이다. 이러한 세 가지 전략이 동기부여를 강화한다는 것은 실증적 연구에서 제시되어 있다(Deci, Eghrari, Patrick, & Leonem, 1994). 이 연구에서는 자율성 지원 전략을 적용함으로써 참가자가 원래는 추구하려는 동기가 없었던 목표에 대해 내재화를 증진시킨다는 점을 보여주고 있다. 달리 말하자면, 참가자는 새로운 목표를 받아들일 뿐만 아니라 그 목표를 자신의 목표로 간주하게 되는 것이다. 자살욕구의 경우에 치료목표를 내재화하도록 내담자를 도와주는 것은 생명을 구하는 것이 되는 것이다.

Brotton et al.,(2007)은 일반적 심리요법에서 작성되는 자율성 지원 전략을 자살위험이 있는 내담자의 치료에 어떻게 적용할지에 대해 설명하고 있다. 그들은 자율성을 지원하는 것과 자살위험에서 내담자를 지키는 것이 상호배타적인 것이 아니며, 자율성 지원과 위험 관리 양쪽 모두에 관심을 갖는 것이 가장 바람직한 결과를 가져올 것이라고 제언하고 있다. 또 자살위험이 있는 내담자가 자살에 대해 양면적인 것처럼, 그들은 치료에 대해서도 양면적이라고 지적하고 있다. 자율성 지원을 제공하는 것은 내담자가 치료를 계속해서 받도록 필요한 동기부여를 촉진하고 생명을 구하는 개입을 통해 도움을 받는 것이다.

첫 번째 전략인 상대의 견해 수용은 내담자의 견해를 경청하고 인정하는 것이다. Britton et al.,(2007)이 언급한 것처럼, 자살위험이 있는 내담자는 양면적인 경우가 많고, 살고 싶어 하면서도 죽고 싶어하는 상태에 있다. 이러한 내담자의 견해를 이해하는 것은 살고 싶다는 욕구와 죽고 싶다는 욕구 양쪽 모두를 인정하는 것이다. 두 번째 전략인 선택지 제공은 내담자에게 선택지가 있다는 것을 전하는 것이다. 치료에 대해서 말하자면, 이 일은 치료선택의 과정에 (가능한) 내담자를 참가시키는 것, 보조적 치료(예, 약물치료)에 대해 교육하는 것, 치료를 시작하거나 계속하는 것도 선택이라는 점을 지적하는 것이다. 내담자는 이러한 결정 과정에 영향을 주고 필요한 경우는 강제입원을 시킴으로써 내담자가 원하는 것과 반대로 개입하는 경우도 있다. 그러나 이 책의 제3장에서 언급한 것처럼, 정신병동의 입원환자 가운데 자살률은 놀랄 정도로 높다. 가장 신체 제한이 강한 개입조치로도 자살을 막을 수는 없다. 임상가는 질적으로 높은 임상적 케어를 제공하는 책임을 맡고 있으며 그 이상도 이하도 아니다. Britton 등이 지적하고 있듯이, "내담자의 선택지를 인정하는 것은 그들이 자신의 생명에 대한 책임을 맡을 기회를 제공하는 것이고, 이것은 생명보호라는 본래 있는 경향을 강하게 하는 것이다"(p. 56). 자살이라는 선택을 인정하는 것은 주어진 어느 순간에 무엇이 진실인지를 인정하는 것이지 자살을 지지하는 것이 아니다. 이러한 선택지를 인정하는 것은 내담자에게 자율성을 느끼게 하고, 치료자로부터 제공되는 다른 선택지가 내담자의 고통을 경감시키는 방법을 제공할 수 있을지도 모른다고 생각하도록 한다. DBT가 "자살예방 프로그램이 아니라 인생 개선 프로그램"이라는 Linehan(1993a)의 주장은 간결하고 품위있게 양쪽의 선택을 인정하는 것이고, Linehan의 말을 빌리자면, "사는 쪽"에 있는 것이다(p. 126). 선택지를 제공할 수 없는 경우에는 제3의 전략인 논리적 근거를 주는 것이 특히 중요하게 된다. 이것은 강제입원 때 유용하고 선택지가 제한되는 배경에 있는 이유를 내담자의 목표와 가치관에 잘 맞도록 설명하는 것이다.

　간단한 하나의 예로서, 치료세션 중에 자율성 지원 전략이 어떤 것인지 살펴보자. Brian이라는 내담자는 50세의 남성으로서, 중도의 자살위험이 있다고 판단된다. 왜냐하면, 과거에 여러 차례 자살시도와 중도(severe risk)의 계획수립과 준비, 두 가지 이상의 기타 중요한 위험인자(예, 주요우울장애의 진단, 실업을 포함한 최근의 스트레스 유발원, 약물의존 병력을 포함한 충동적 대처 행동)가 있기 때문이다. 내담자와 치료사가 위기개입 전략을 적용하면서 치료세션에 들어가게 된다.

> 치료사: Brian, 위기카드를 만들어봅시다. 기분이 좀 좋아지기 위해서 실제로 했었던 몇 가지 활동들에 대해 말씀해주시겠어요?
> 내담자: 어떤 것도 도움이 되지 않았어요. 그러니까 여기에 있죠.
> 치료사: 아무런 생각도 떠오르지 않는 것처럼 느끼시는군요. 열심히 노력했지만 우울한 느낌은 약해지지 않은 것 같네요. [상대의 견해 수용]
> 내담자: 예. 계속 생각해요. 왜 이렇게 성가실까? 모든 것을 끝낸다는 생각을 할 때만 조금이나마 기분이 좋아져요. 인터넷을 클릭하면 여러 가지 방법이나 수단이 올라와 있는 사이트가 있어요. 저 이외에도 이런 생각을 하는 사람들이 있으니까 덜 외롭다는 생각이 듭니다.
> 치료사: 왜 그런 사이트를 클릭하는지 잘 알겠어요. 당신이 느끼고 있는 강한 고통을 이해해주는 사람들이 많이 있다는 것을 알면 편안해지는군요. 자살까지 생각하는 사람들요. [내담자는 끄덕인다.] 이런 이야기를 잘 해주셨어요. Brian, 이런 이야기를 하는 것이 우리에게는 매우 중요해요. 그런데 당신이 자살사이트를 보고 있다니 걱정이 되네요. 왜냐하면, 자살수단을 검토하면서 자살이라는 생

각에 익숙해져 버리고 더 이상 무섭지 않게 되어버리니까요. 자살사이트를 보는 것 대신에 할 수 있는 것을 생각해봅시다. 왜냐하면, 자살에 대한 공포가 줄어들면, 자살위험이 높아지기 때문입니다. [선택을 제한하므로 논리적 근거 제공]. 집중할 수 있는 활동이라면, 어떤 타입의 활동이 좋을까요? 밤에 할 수 있는 것은요?

내담자: 예. 모델카를 조립하는 것이 좋아서 자주 했었는데 요즘은 하지 않아요. 십자말풀이도 잘합니다.

치료사: 이렇게 생각하는 것을 보니 정말 재능이 있으신가 보군요. Brian, 우린 좋은 팀이 될 것 같아요. [유능성과 관계성을 지원]. 대처카드에서 시도해볼 첫 번째 활동을 모델카로 할까요 퍼즐로 할까요? [선택지 제공]

위 예시에서 우리는 치료사가 위기카드를 만들어내는 핵심 작업으로 비약하기 전에 내담자의 자율성 요구를 경청함으로써 자기결정이론의 원칙에 주의하고 있다는 것을 알 수 있다. 내담자의 견해를 수용하고 논리적 근거를 제공하며 선택지를 주는 짧은 시간이 매우 가치가 있는 것이다. 잘 설계된 위기카드라도 내담자가 사용하지 않으면 가치가 없다. 자기결정이론의 원칙에 주의함으로써, 생명을 구하는 위기개입의 전략에 참여하는 내담자의 잠재적 동기를 강화시킬 수 있다. 즉, 자살위험이 있는 내담자를 치료하는 과정에서 임상가가 위험평가, 위기개입, 심리요법을 포함해서 자기결정이론의 원칙을 포함하도록 권장한다.

Britton et al.(2007)은 자기결정이론에 근거한 전략을 심리요법에서 사용하는 것에 관해서 분명하게 보여주고 있는데, 그 내용은 자살위험이 있는 내담자를 치료할 때, 구체적인 치료적 접근법인 동기부여면접에 자기결정이론의 원칙을 어떻게 통합시킬 것인가를 제시하는 것이다. 동기부여면접은 원래 약물사용 장애에 대한 개입법으로 설계된 것이지만(W.R. Miller & Rollnick, 2002), 여러 가지 약물사용 장애(예, Stepens, Roffman, & Curtin, 2000), 금연(예, Pbert et al., 2006), 신체 건강 증진(예, Naar-King et al., 2006)을 포함해서 많은 다른 문제들에도 성공적으로 적용되고 있다. 동기부여면접의 이론가와 자기결정이론의 이론가는 모두 어떻게 그리고 왜 동기부여면접이 효과를 올릴 수 있는지에 대해 자기결정이론으로 설명할 수 있다(Foote et al., 1999; Ginsberg, Mann, Rotgers, & Weekes, 2002; Markland, Ryan, Tobin, & Rollnick, 2005; Vansteenkiste & Sheldon, 2006). 동기부여면접은 임상경험을 통해 개발되었고, 원래 특정한 이론적 모델에 바탕을 둔 것이 아니었다. Markland et al.,(2005)은 자기결정이론과 동기부여면접 양쪽 모두 인간이 건강과 성장의 방향으로 향하는 선천적 경향을 가지고 있으며, 동기부여면접의 유효성이 자기결정에 관계하는 요인을 촉진한다는 사실에 따른다고 말하고 있다.

Britton et al.(2007)는 구급의료 병동에서 급성의 자살희구에 개입하는 수법으로 설계된 MI-SI(Motivational Interview to Address Suicide Ideation)에 대해 기술하고 있다. 이 개입법은 자기결정이론에 기초한 동기부여면접의 기술을 사용하고 있다. 그들은 자기결정이론에서 기본적 요구 과제(예, 관계성, 유능성, 자율성)를 키우는 동기부여면접 기술을 구체적으로 제시한다. 예를 들면, 공감성을 표현하고, 저항에 유연하게 대처하는 기술을 통해 자율성을 키울 것을 제안한다. 또 자살위험이 있는 내담자 대부분이 죽는 것에 양면성을 갖기 때문에, 양면성의 두 측면을 탐색하는 것에 초점을 맞추는 것이 동기부여면접의 핵심전략이라고 기술하고 있다. 그들은 또 이러한 양면성의 두 측면-죽는 것에 대한 욕구와 사는 것에 욕구-을 탐색하는 것이 필수라고 주장한다. 만약 내담자가 죽는 이유에 대해서만 말한다면, 그 논의에 대해 믿기 시작할지도 모른다. 그러나 임상가가 살아야 하는 이유에 대해서만 말하도록 내담자에게 강요한다면, 이러한 전략은 역효과를 내어 저항을 활성화시키고 내담자가 죽는 이유를 거론하며 반발하게 만들어 버린다. 이러한 이유로 MI-SI을 사용할 때는 먼저 죽는 이유를 묻는 것으로부터 논하기 시작한다. 이렇게 상대의 견해를 경청한다는 전략을 사용하며, 사는 것에 대한 이유를 표현하는 것에 대한 필요성을 자극할 수 있기를 바라는 것이다. **사는 것에 대한 이야기**(living talk)를 끄집어내기 위해서는 개방적인 질문을 하는데, 이것은 표준적 동기부여면접의 '변화에 대한 이야기(change talk)' 개념과 유사하다. 사는 것에 대한 이야기가 있다는 것은 위기개입이나 생명 활동을 위한 다른 전략에 참여할 수 있다는 것을 의미한다. 이렇게 **MI-SI**는 자살위험이 있는 내담자를 치료할 때, 자기결정이론과 동기부여면접의 원칙과 전략을 통합하는 방법을 제시한다. 자기결정이론의 원칙에 주의해야 하는 것에 대해 많은 요점이 있으며, 이러한 것을 기억하는 방법에 대해서는 다음과 같이 요약할 수 있겠다. 즉, 치료는 치료사 자신의 개인적 견해를 일시적으로 정지하는 45분간이다. 산악가이드가 산에 올라갈 루트를 따라 어려움을 예측하고 예방하기 위해서 고객의 입장이 되어 보듯이, 치료사의 코멘트, 지시, 피드백이 어떻게 내담자에게 받아들여지고 있을까에 대해 가설을 세우면서 내담자의 입장에서 생각해야한다.

2. 일체감과 팀워크

자기결정이론이 가정하는 인간의 기본적 요구 가운데 하나가 관계성이다. 이 기본적 요구는 Baumeister and Leary(1995)이 가정하는 소속감의 요구와 대비할 수 있고, 이것은 소속감의 좌절이라는 자살의 대인관계이론 개념의 기초가 된다. 이 기본적 요구는 Andersen et al.(Andersen & Chen, 2002; Miranda & Andersen, 2007)의 치료적 전이의 사회적 인지적 모델의 일부로서, 치료 관계의 기능에 직접 관여하고 있다. Andersen 등의 사회–인지 모델은 정신 역동적인 의미로서의 전이개념과 달리 치료 관계에 특별한 역할을 가정한 것이 아니다. 오히려 그것은 여러 관계성과 과거의 경험에 대한 추론에 영향을 받는 것들과 유사한 하나의 관계성이다. 자살위험이 있는 내담자를 치료하는 경우에 우리가 권장하는 치료적 태도는 치료적 관계성의 사회–인지적 개념화와 양립한다. 이러한 것은 치료 관계가 질적으로 어떤 특별한 점을 갖고 있다는 것을 말하는 것이 아니다.

오히려 다른 중요한 형태의 관계성과 차이가 있다기보다 유사성을 더 공유하고 있다. 이러한 개념화를 통해 임상가는 자살위험이 있는 내담자를 치료하면서, 치료 관계에 잠재적으로 있는 생명을 구하려는 요소를 충분히 이용할 수 있게 된다. 만약 그 치료 관계가 중요한 다른 관계성과 유사하다면, 그것은 부분적으로 소속감에 대한 요구를 충족시킬 수 있을 것이다. 심각한 소속감의 좌절에 대해 지각하면서 자살위기에 있는 내담자의 경우, 치료사와 연결되어 있다는 것은 소속감의 부재를 막는 것이며, 따라서 강한 자살욕구를 완화시키고 자살시도까지 예방하게 된다.

치료 관계가 약하고 내담자의 불만이 있을수록 치료는 조기에 중단되는 것으로 보고되고 있다(Reis & Brown, 1999). 자살 증상에 대한 가장 효과적인 치료도 내담자가 치료 프로그램을 완수하여 '충분량'을 받지 못하면 생명을 구할 수 없다. 즉, 치료 관계에 주의하면서 내담자가 소속감의 욕구를 충족하도록 도와주고 그렇게 함으로써 직접적, 간접적으로 자살 증상에 대응할 수 있는 것이다. 내담자의 생활에서 임상가를 케어와 신뢰의 존재로 앞에서 언급했던 임상가는 자살 증상에 직접적으로 영향을 줄 수 있다. 소속감을 이용해서 치료에 대한 동기부여를 증가시키고, 이러한 치료 관계를 이용해서 임상가는 자살 증상에 간접적으로 영향을 줄 수도 있다. 자기결정이론에서는 관계성의 요구에 맞추는 것이 본질적으로 동기가 결여된 과제에 그러한 동기를 촉진한다고 단정하고 있다. 치료에 대한 동기부여가 증가한다는 것은 이와 같이 내담자가 충분한 정도의 심리요법을 받을 가능성을 높여준다.

　　내담자의 소속감 지각을 증가시키기 위해 치료 관계를 이용하려면 어떻게 하는 것이 좋을까? 제2장에서 살펴본 위험측정 도구 가운데 하나인 CAMS는 치료 관계를 사용하면서 좌절된 소속감의 지각에 대응하는 여러 전략을 잘 보여준다. CAMS의 중핵적인 특징은 공동작업이고 이것은 내담자를 말려들게 만드는 자살욕구를 완화시키고 소속감의 좌절만이 아니라 부담감의 지각에도 대응할 수 있도록 한다. CAMS에서는 공동작업이 몇 가지 방법으로 이뤄진다. 가장 먼저, 제2장에서 간단히 묘사한 것처럼, CAMS에서 임상가는 자리를 바꿔 내담자 옆에 앉는다. Jobes(2006)는 이러한 치료에서의 작전행동이 상징적 가치를 지닌다고 말한다. 누군가 옆에 앉는다는 것은 공유하는 목표를 함께 작업한다는 것을 상징한다. 앉는 위치가 치료동맹에 미치는 영향을 고려하면, 매우 흥미로운 가능성이 나타난다. 즉, 치료세션에서 치료사가 위험측정을 하는 경우, 내담자와 대면해서 앉는 전통적인 자리배치에 비해 내담자 옆에 앉는(물론 내담자의 허락을 받음) 쪽이 더 높은 수준의 소속감을 가져올 수 있다는 것이다. 이러한 가능성은 치료사가 치료 관계를 소속감의 한 자원으로서 사용하는 잠재적인 매커니즘을 나타낸다. 치료 관계는 내담자의 행복감을 염려하는 또 다른 사람과의 지속적인 상호관계를 제공해줌으로써, 내담자의 유일한 소속감의 한 자원으로서 기능하게 된다.

　　CAMS는 중핵적인 자살 측정 양식(예, 자살 상태 양식(Suicide Status Form))을 치료사와 내담자 쌍방이 완성함으로써, 치료사와 내담자 간의 공동작업을 촉진할 수 있도록 모색한다. 클립보드에 번

갈아 가면서 기재하는 것도 공동작업의 지각을 촉진하는 신체적인 작전행동이다. 공동작업의 이러한 측면, 즉 팀에 공헌하는 치료팀의 일원이라는 것이 자신의 유능감을 느끼도록 하는 경험을 만들어냄으로써, 부담감의 지각에 대응하도록 하는 것일 수 있다. Jobes(2006)는 CAMS에서 그들이 공동작업에 참여할 때, 내담자에게 "당신의 고통과 괴로움에 더 잘 대처하기 위하여 자살 대신에 선택할 수 있는 선택지를 우리 함께 찾아봅시다"(p. 41와 같이 논리적 근거를 제공할 것을 제안하고 있다. 이러한 표현은 내담자의 생각이나 제안이 가치가 있고 그들이 치료에 적극적으로 참여한다는 것을 내담자에게 알려주는 것이다. 이러한 메시지는 자신을 배려해주는 또 다른 사람과 내담자가 연결되어 있다는 것과 내담자가 공동작업팀에 공헌하고 있는 일원이라는 것도 의미힌다.

만약, 앞으로의 연구에서 앉는 위치를 바꾸거나 클립보드를 교환하는 것, 협력적 관계를 갖는 존재라고 직접 전하는 것과 같은 단순한 개입을 통해 소속감의 좌절과 부담감의 지각이 경감된다는 것이 증명된다면, 이들 자료는 실제로 강력한 자료가 될 것이다. 그렇다면, 치료사는 자신의 치료 도구벨트 속에 간단히 사용할 수 있고, 생명을 구할 수 있고, 조치를 취할 수 있는 행동이 3가지 있다는 것을 알면서 자살위험이 있는 내담자와의 세션을 시작할 수 있을 것이다.

부담감의 지각과 소속감의 좌절에 대항하기 위해서 치료 관계를 사용할 또 하나의 도구는 CBASP(Cognitive Behavioral Analysis System of Psychotherapy; McCullough, 2003)에서 사용되는 대인관계 식별 연습(interpersonal discrimination exercise)이다. 이 연습

법은 치료 관계를 일종의 행동실험으로 기능하도록 하는 기법으로
서, 내담자가 자신의 행동이 직접 치료사에게 어떻게 영향을 끼치
고, 또 어떻게 치료사로부터 영향을 받는지에 대해 학습하는 것이다.
McCullough(2003)은 자살위험이 있는 내담자에게 사용하는 대인
관계 식별 연습의 실례를 제시하고 있는데, 그 내용에서 치료사는
내담자의 자살이 치료사에게 줄 수 있는 충격을 내담자 스스로 탐색
할 수 있도록 돕는다. 이것을 통해 내담자는 자신이 치료사와 중요
한 관계에 있다는 사실을 배우게 된다. 이 사례는 부담감의 지각에
대한 강력한 대응 수단이며 소속감의 한 자원으로서 기능하는 치료
관계의 잠재능력을 강조하고 있다. 내담자는 치료사와의 관계에서
자신이 죽는 것이 사는 것보다 가치가 있는 것은 아니라는 것을 학습
하게 된다.

치료사는 소속감을 키우는 도구를 하나 더 가지고 있다. 그것은 정
신질환에 관한 이해이다. 내담자는 대인관계 문제에 몸부림치면서
치료 관계에 이러한 어려움을 가져오는 경우가 많다. Segrin(2001)의
주장에 따르면, "심리적 고통을 가져오거나 가져올 사람들 가운데
대인관계 영역에서 거의 항상 문제가 발견된다"(p.11)는 것이다. 정
신질환에 대한 이해 없이, 내담자가 세션과정에서 보여주는 대인관
계 상의 회피적 행동을 공감하기는 어렵다. 예를 들면, 우울증과 대
인관계적 문제 간의 관계에 대한 연구는 많다(Segrin & Dillard,
1992 참조). 그런 행동의 하나는 과도하게 재확신을 추구하는 것으
로서 피드백이 이미 제공되고 있는데도 자신에게 가치가 있는지 남에
게 반복해서 묻는 것이다(Joiner & Metalsky, 2001; Joiner, Metalsky,

Katz, & Beach, 1999). 우울증인 사람이 극단적으로 재확신을 탐색하는 일에 몰두하면, 결국 거절당한다는 것을 많은 연구에서 보여주고 있다(Van Orden & Joiner, 2006 참조). 결국 과도하게 재확신을 탐색하는 행동은 주위 사람들을 짜증나게 하며, 우울증인 사람은 남으로부터 거부당하게 된다. 그러면 우울증이 있는 사람들은 소속감의 좌절을 경험하게 된다. 치료사는 극단적으로 재확신을 탐색하는 행동이 빈번하더라도 내담자를 거부하지 않고 배려할 수 있는 부류의 사람이다. 이것은 소속감의 강력한 자원이다. 그런데 이것이 치료사가 표면적으로 칭찬하고 대인의 회피행동을 무시해야 한다고 말하는 것은 아니다. 오히려 치료사는 정신질환을 이해함으로써, 이러한 행동에 대한 피드백을 제공할 수 있고, 내담자가 바뀔 수 있도록 도울 수 있다. 극단적으로 재확신을 탐색하는 것은 자기 회의(self-doubt)뿐만 아니라 이러한 자기 의심을 하는 사람들에게 자주 제공되는 혼란과 서로 모순적인 피드백을 통해 더 자극된다는 점이 연구들을 통해 제시되고 있다(Van Orden & Joiner, 2006). 정신질환과 이것이 인관관계에 끼치는 영향에 대한 지식이 있는 치료사는 모순되지 않는 명확한 피드백을 내담자에게 제공하고, 이것을 통해 내담자는 대인관계의 문제점을 알고 변화시키는 것이 가능하게 되는 것이다.

다음의 사례를 보고, 치료세션에서 팀워크와 공동작업을 강조하는 전략은 어떤가에 대해 생각해보자. 내담자는 Soraya라는 26세 여성이다. 과거에 여러 번 자살시도가 있었고, 자살욕구와 자살희구의 중증도 증상, 경계성 인격장애와 주요우울장애가 동반 진단되기 때문에, 자살위험은 중등도로 평가되고 있다. SCRIPT 치료의 38회 세션의 시작 부분에서 이뤄지는 대화 내용이다.

치료사: 안녕하세요. Soraya. 설문 조사[Beck Depression Inventory 등]에 답해주셔서 감사합니다. 이 설문 결과에서 보면, 지난 번에 만난 이후로 더 우울하다고 느끼고 있고, 자살도 생각하고 있는 것 같네요. 이것에 대해서 좀 더 이야기해 주시겠어요?

내담자: 그러한 평가는 제가 지금 실제로 느끼는 것에 영향을 받고 있기 때문일지도 모르겠네요. 저는 오늘 별로 오고 싶지 않았어요.

치료사: 그렇군요. 힘드셨겠군요. [관심 있는 어조로] 무슨 일이 있었나요?

내담자: 이전과 같아요. 과제를 또 하지 않아서 여기에 오는 것도 아주 부끄럽고요. 뭐가 잘못된 거죠? [울기 시작한다.]

치료사: 어떻게 하면 과제를 기한에 맞출 수 있는지 모르겠고, 그것이 늦어지는 데 대해서 지금 부끄럽다고 느끼고 있군요. 알겠어요, Soraya. 제가 지금 당신에 대해 생각하고 있을지도 모르는 것에 대해 상상하고 있는 것인가요?

내담자: 물론, 저를 '참 못났구나'라고 생각하고 있겠지요. [치료사는 내담자에게 휴지를 건네준다.] 차를 운전하고 여기에 오면서, 치료를 그만두고 싶다는 생각을 했었어요. 전혀 효과가 없어요.

치료사: 그렇군요. 그것에 대해 좀 더 이야기하는 것이 좋겠네요.

내담자: 모르겠어요. 핵심이 무엇인지 알지 못하겠어요. 지금까지 아무것도 효과가 없었어요. 주어진 과제를 적어놓기는 했지만, 하지 않았어요. 이제 못하겠어요.

치료사: 많이 절망하고 계시는군요. Soraya, 당신이 얼마나 괴로운지 생각하면, 제 마음도 아파요. 그래도 당신과 제가 꽤 괜찮은 팀이라고 생각하고 있어요. 저는 당신과 함께 작업하고 있는 것이 기쁩니다. 저와 함께 힘을 내서 과제와 치료에 대한 절망에 대처할 수 있는지 생각해볼까요? [치료사는 의자를 살짝 내담자쪽으로 가까이 한다. 내담자는 쳐다보지만 반응이 없다.] 어떻게 생각해요, Soraya?

내담자: [울기를 멈춘다.] 모르겠어요.

치료사: 그거 아세요? [내담자는 머리를 흔든다.] 제가 마음속으로 당신은 치료과정에서 숙제하고 치료하러 다닐 자격도 있다고 생각하는 이유는 당신이 겪는 고통을 줄일 만한 가치가 있기 때문이라고 보기 때문입니다. 당신은 이미 충분히 고통받았어요.

내담자: 예, 제 인생에서 계속 힘들었어요. 그런데 고통을 줄이기 위해 과제를 한다고, 그렇게 생각했던 적은 없었어요.

치료사: 그래요. 당신은 오랜 기간 괴로워해 왔어요. 당신과 저는 한 팀으로서 당신의 괴로움을 줄이기 위해 함께 일을 할 수 있습니다. 저는 정말로 당신과 이 작업을 하고 싶어요.

내담자: 저도 그래요. 선생님과 함께하고 싶어요.

치료사: 정말 기쁘네요. Soraya, 당신 몸의 안전도 소중하다고 생
각하기 때문에, 다시 과제를 수행하면서 고통을 줄이는 것
에 대해 이야기하기 전에, 자살에 대해 어떻게 생각하고 있
는지 체크해봅시다...[치료사는 자살위험 평가를 한다.]

이 사례에서 내담자는 끊임없이 도움을 부정하는 행위(예, 치료를
그만두겠다는 협박; Rudd, Joiner, & Rajab, 1995)를 하고 있음에도
불구하고, 치료사는 지속적으로 내담자에게 케어와 관심의 마음을
표현하고 있다. 치료사는 내담자의 고통에 공감하려고 노력하고, 내
담자가 혼자 이러한 고통에 괴로워한다는 것을 언어와 그 이외의 방
법으로 표현하고 있다. 내담자가 자신을 매우 싫어하고 자살을 생각
하고 있을 때에는 치료를 열심히 할 수 있는 동기를 부여하기 위한
응원과 배려의 표현이 필요할 것이다.

3. 치료의 전 측면에 대해 열려 있음

우리는 자살위험이 있는 내담자의 치료를 위해 최적이라고 생각
하는 치료사의 입장에서 일하고 있다. 내담자의 자기결정을 지지하
고 유대감과 팀워크를 고양시키기 위하여 고안된 전략을 설명했다.
이제부터는 치료의 모든 측면에 있어서 열린 개방성을 논의하도록
하겠다. 치료 관계의 이 측면은 진단, 위험 측정, 치료 등 기본적으로
치료사가 의사결정을 진행하는 과정에 포함되는 모든 정보를 내담

자와 공유하면서 치료사 쪽에 적극적인 면이 있다는 것을 강조하는 것이다. 이 전략은 "모든 일에 카드가 다 나와 있다"는 말로 요약할 수 있을 것이다.

이것에 대해서는 제1장에서 진단 피드백에 대해 검토했을 때 논의를 시작했었다. 진단에 대해서 명확한 피드백을 한다는 형태의 개방성이 내담자에게 긍정과 안도감을 줄 수 있고, 치료사에게 라포를 강화할 기회가 주어질 수 있다고 제시했었다. 사실, 진단에 대한 피드백은 치료사가 환자에 대해 사용할 수 있는, 상대의 입장에서 사물을 보는 가장 강력한 형태의 하나이다. 본질적으로 진단에 대한 명확하고 정확한 피드백은 내담자에게 "저는 당신이 어디에서 오고 무엇 때문에 괴로워하고, 또 어떻게 제가 도움이 될 수 있는지 알고 있습니다"라는 메시지를 전하는 것이다. 진단에 대한 피드백은 또한 내담자가 혼자서 그것을 괴로워하는 것이 아니라는 것, 치료사와 같은 질환을 지닌 다른 사람들이 내담자가 몸부림치고 있다는 것을 이해하고 있다고 내담자에게 전하는 것이기도 하다.

우리는 자살위험이 있는 (그리고 자살위험이 없는 경우에도) 내담자와 함께하는 모든 임상에서 마찬가지로 개방적이고 솔직한 태도로 임할 것을 주장한다. 우리는 위험평가에서 위험 수준의 정보를 내담자와 공유하는 사례를 사용하여 이 전략을 설명했다. 이 정보를 공유함으로써, 치료자가 내담자의 안전에 신경을 쓰고 있고, 구조화된 틀을 사용한다는 것이 그들에게 전달되고, 따라서 위험평가에서 비밀을 제외하고 그렇게 함으로써 내담자가 자살에 대한 생각을 언급했을 때 혹시 치료사가 입원시키지 않을까 하는 두려움을 완화시킬 수 있게 된다. 우리는 위기개입 전략에 대한 고찰에서도 이러한 열린 태도에 대해 설명했다. 예를 들면, 우리는 자살사이트를 웹상에서 보는 것에 대한 잠재적인 악영향에 대해 숨기지 않고 솔직하게 이야기할 것을 제안했다(이번 장에서도 사례를 소개하고 논의 내용을 소개했다). 마지막으로 제4장에서 논의한 것처럼, 이용 가능한 치료의 종류 및 특정 치료법의 내용과 그들의 배경이 된 이론에 대해서도 이러한 열린 태도로 임하는 것이 중요하다.

  그런데 이러한 "모든 일에 카드가 다 나와 있다"는 수법을 사용하는 것에 대해 찬성하지 않는 임상가들도 있다. 하나의 사례로서, 제2장에서 자세히 설명한 자살위험 측정 도구인 Shea(2002)의 CASE가 있다. CASE의 전략은 내담자가 자살 증상에 대한 정보를 공유하는 것에 소극적이기 때문에, 위험측정 과정에서 이 정보를 알아내는 것이 어렵다는 것을 전제로 한다. 결과적으로, Shea는 위험측정의 정확성을 높이기 위해 라포형성을 높이는 방법을 사용할 것을 제안하고 있다. 그는 위험성을 측정할 때, 그 정확성을 높이기 위해 자신이 **타당성 기법**(validity techniques)이라고 이름을 붙인 6가지 **면접 전략**(interviewing strategy)을 사용할 것을 주장한다. Shea의 제안에 포함된 것은 적어도 일부 내담자에게 그들의 자살 증상을 공유하도록 유도하기 위해서는 특수한 기법이 필요하다는 메시지이다. 이것은 우리가 주장하는 손에 든 모든 카드를 탁상에 내놓은 수법과 대조적이다.

  Shea의 타당성 기법에는 모든 카드를 탁상에 내놓는다는 태도와 함께하는 부분도 많다. 예를 들면, **행동적 사건**(behavioral incident)

은 내담자의 개인적인 의견(예, "죽으려고 했던 것이 진심이었어요?")을 묻지 않고 그 대신에 자살행동이나 자살희구의 구체적인 세부사항에 초점을 맞추는 것이다. 연쇄분석을 진행하는 DBT 모델을 잘 아는 독자에게는 이 기법이 그것과 유사하다고 느낄 것이다. 임상가는 내담자가 시계열에 따라 사건을 재정리하고(예, "그다음은 어떻게 되었나요?"), 여러 구체적인 세부사항을 보고한다(예, "약은 몇 알 먹었습니까?"). 또 하나의 기법인 **조심스러운 가정**(gentle assumption)은 우리가 주장하는 열린 태도와 잘 맞고, 임상가가 민감한 화제를 듣는 데에 열려 있다는 것을 내담자에게 전달해줄 수 있을 것이다. 예를 들면, 조심스러운 가정을 사용하는 임상가는 "자살하는 데 구체적인 방법을 생각했던 적이 있습니까?"라고 묻는 것이 아니라, "자살하는 데 어떤 방법을 생각했었나요?"라고 묻는다. 비슷한 기법인 **상세의 부정**(denial of the specific)은 일반적이고 포괄적인 질문(예, "자신을 죽이는 방법에 대해 생각해본 적이 있습니까?")을 피하고, 일련의 구체적인 질문(예, "다리에서 뛰어내리는 것을 생각해 본 적이 있습니까?")을 취하는 것이다. 이 기법은 내담자가 구체적인 질문에 대해 거짓으로 부정하기는 어려울 것이라는 Shea의 가설을 근거로 하고 있다. Shea는 또 증상에 대해 걱정하거나 당황스러워하는 내담자에게 임상가가 **정상화**(normalization)라는 기법을 사용하도록 권장하고 있다. 예를 들면, "내담자들 가운데 몇 분은 가끔 우울로 인한 고통이 너무 심해서 자살하고 싶을 때가 있다고 말씀하세요. 당신은 이러한 생각을 해보신 적이 있나요?"(p. 137)와 같이 묻는 것이다.

Shea(2002)의 타당성 기법은 우리가 주장하는 치료의 모든 측면에 대한 개방성과 대립하는 것이 아니다. 이들 기법은 라포형성에 도움은 되겠지만, Shea(2002)가 주장하는 것처럼 정확한 위험측정에 필요하지 않을 수도 있다는 것이 우리의 견해이다. Shea는 타당성 기법의 또 다른 두 가지, 즉 **증상의 확대평가**(symptom amplification)와 **수치심의 경감**(shame attenuation)을 주장하고 있는데, 이것은 열린 태도와 양립하기가 어려운 것이다. 증상의 확대평가라는 것은 문제가 되는 증상의 세부사항을 특정하지만, 내담자가 그 심각성을 줄여서 말할 가능성에 있기 때문에 확대된 형태로 파악하는 것이다. 이러한 생각은 심각성의 상한이 상당히 높게 설정되어 있으면, 내담자가 심각성을 경시하고 있는 경우에도 임상가는 문제의 심각성에 대해 느낄 수 있다는 것이다. 예를 들면, 내담자가 자상행위를 한 횟수에 대해 임상가가 물을 때, 예시로 ("100번이나 200번?"이라고) 제시하는 것이다. 수치심의 경감은 내담자가 "과도하게 죄악감을 갖지 않는다"(p. 129)와 같은 말투로 질문을 하는 것이다. Shea는 수치심을 경감시키지 않는 질문으로서 "당신은 급한 성격이고 자주 싸움을 거는 편입니까?"와 같은 예를 들고 있다. 이에 비해서, "당신은 단지 술집에서 즐기려고 할 뿐인데, 주위 사람이 당신에게 싸움을 걸어옵니까?"라는 질문은 수치심을 경감시키는 것이다(pp. 129-130). Shea의 주장에 따르면, 이 기법을 사용한다는 것은 문제가 되는 행동을 내담자가 그때 취했던 방법으로 구성한다는 점을 시사하고 있고, 이러한 주장이 부적절하거나 부적응의 행동을 시인하는 것은 아니라는 점을 말하고 있다. 그러나 잘못 전달될 가능성이 있다는 것이 우리가 열린 태도를 주장하는 이유의 하나이다. 이떤 기법이든 부정확하고 잘못 전달될 가능성이 있지만, 자살행동이라는 영역에서는 심각한 실수가 될 수 있다. Shea는 또한 "치명성에 대해 물을 때, 솔직하라. '스스로 죽인다', '자살을 시도한다', '자신의 목숨을 빼앗는다'와 같은 구체적인 말을 사용하라. 치명성에 대한 질문은 어떠한 오해도 끼어들 여지가 있으면 안 된다고 생각한다"(p. 120)라고 주장하고 있다. 우리는 이러한 주장에 대해 전적으로 찬성하고 있으며, 치명성의 측정이 이뤄지는 동안만이 아니라 모든 대화에서 개방적이고 솔직한 태도로 임하는 이유도 여기에 있다.

Shea(2002)는 옳고 우리는 틀릴 수 있다고 주장하는 것은 중요한 것이다. 이러한 의문은 데이터로 답을 가장 잘 얻을 수 있을 것이므로, 연구자들은 이 영역을 탐구하기 바란다. 위험측정에 대한 평가나 임상활동의 참여 정도와 같은 매개변수에 대한 처리 방법을 비교하는 연구가 필요하다.

치료사가 어떻게 자기결정이론의 틀과 열린 치료적 태도를 사용하여, 자살의 논의에 대해 소극적인 내담자에게 대응하는지에 대한 설명은 다음의 대화를 통해 살펴볼 수 있다. 내담자는 Ahmed라는 28세 남성이다. 그는 '대학원 수업의 스트레스로 인한 매우 심각한 문제' 때문에, 대학에 기반을 둔 클리닉을 찾아왔다. 첫 인터뷰의 시작 부분에서 이뤄진 대화이다. 치료사는 비밀보장을 확인하고, Ahmed는 간단히 몇 문장으로 현재의 문제를 이야기했다. 인터뷰는 예약없이 방문으로 이뤄졌기 때문에, 치료사는 자살의 위험성에 대한 주제로 곧바로 시작했다.

치료사: Ahmed, 오늘 여기에 오기 위해서 스스로 설득도 하느라 힘들었을 것 같네요. 결정을 정말 잘하셨어요. 조금 다른 점에 대해 묻고 싶은데 괜찮겠어요? 이곳을 나간 뒤에, 당신의 안전을 확인하기 위해서 몇 가지 질문을 할게요. 자신을 죽인다는 생각을 했던 적이 있습니까?

내담자: 이런 이야기들은 별로 내키지 않네요. 단지 저는 스트레스에 대해 이야기할 수 있는 사람을 원합니다. 더 이상은 이러한 스트레스를 견딜 수 없어요. 무엇을 해야하는지 모르겠어요, 레포트를 제출해야 하는데......

치료사: [중간에 막으며] Ahmed, 미안하지만 잠깐만요. 물론 당신의 이야기를 들어야 하겠지만, 먼저 자살 위험성을 확인할 필요가 있답니다. 클리닉에 오는 모든 사람들이 안전하게 있도록 하는 것이 저에게는 매우 중요합니다. 자신을 죽인다는 생각을 했었는지에 대해 저에게 말하는 것이 그다지 내키지 않는다고 하셨는데, 그것에 대해서 좀 더 말씀해주시겠어요?

내담자: 그런 이야기를 제가 이야기해야 하는 것은 아니라고 봅니다. 스트레스가 너무 심하고 레포트를 마치는 데 도움이 필요해요. 당신의 생각에는......

치료사: [부드러운 말투로 이야기를 막으며] Ahmed, 우리는 조금 자살이란 문제에 대해 이야기할 필요가 있어요. 제 질문에 답해주셨으면 좋겠는데, 괜찮겠어요? 제가 자살에 대해 묻고 있는데, 답하는 데 어떤 걱정이 되는 것이 있나요?

내담자: 병원에 가는 것이 걱정입니다. 과제와 레포트를 해야 합니다.

치료사: 그렇군요. 만약 저에게 자살에 대해 생각한 적이 있다고 말하면, 제가 당신을 입원시키지 않을까 걱정하고 있는 것이로군요. 그러면 당신은 과제를 마칠 수 없으니까요.

내담자: 그렇습니다. 저는 병원에 갈 필요가 없어요.

치료사: 그런 걱정을 말씀해주셔서 고마워요. 당신이 이야기하지 않으려고 했던 이유를 알겠습니다. 제가 병원에 가도록 권하는 경우에 대해 조금 말씀드려도 괜찮겠어요? 그렇게 하는 것이 당신의 걱정을 좀 덜어줄 수 있는지 봅시다. [내담자는 끄덕인다.] 이 클리닉에서는 자살 위험성을 평가하기 위해서 구조화된 방법을 사용하고 있습니다. 우리가 여기에 앉았을 때, 비밀보장 의무를 어기는 경우는 임박한 자살위기 상황이라고 말했던 것을 기억하시나요? 그런 때가 병원에 가는 것을 고려할 때입니다. 임박한 위험이라는 것은 예를 들면, 당신이 저에게 어떻게 자신을 다치게 할 계획이 있다고 말하고, 이곳을 나간 뒤에 그 계획을 실행할 것이라고 말할 때입니다. 그런 경우라면, 당신의 안전을 위해서 입원시킬 필요가 있을지도 모릅니다. 그렇지 않다면, 우리는 병원을 이용하지 않고 사람들의 안전을 지키는 방법을 찾아낼 수 있습니다. 지금까지 내용에서 질문할 것이 있나요?

내담자: 아니요, 없는 것 같습니다. 무슨 말인지 알겠습니다. 제

일을 지도교수에게 전합니까?

치료사: 아니요, 긴급사태라면 다르겠지만, 저는 당신의 서면 동
의가 없이 타인에게 이야기할 수 없습니다. 그 이외에 필
요한 것이 있습니까?

내담자: 아니요, 없습니다. 잘 알겠습니다.

치료사: Ahmed, 제 이야기에 들어주셔서 감사합니다. 그럼, 우리
의 경우는 어떤지 볼까요? 자신을 죽인다는 것에 대해 생
각했던 적이 있습니까?

내담자: 예, 가끔 생각합니다.

이 시점에서 치료사는 위험측정을 진행한다. 이 사례는 내담자가
자살에 대한 이야기를 꺼려할 때, 대하는 하나의 방식이다. 치료사
는 내담자에 대해 위험측정의 모든 측면에 대해 열린 태도를 갖는다.
이 사례에서는 그렇게 하는 것이 논리적 근거를 제공하는 것과 같은
기능을 하고 있고, 그 결과 내담자의 자율성을 촉진하고 있다. 자살
위험이 있는 내담자에게 손에 든 모든 카드를 테이블에 내놓는 수법
을 사용함으로써, 의사소통이 잘못 이뤄질 가능성을 낮추는 것은 물
론 자기결정이론에서 주장하는 기본적 욕구를 충족하는 것에도 도
움이 될 것이다. 구체적으로 솔직하고 열린 태도는 내담자를 존중하
고 있다는 마음을 전하고 유능성의 지각을 키울 수 있다. 치료 관계
에서 유능성의 지각을 키우는 것은 치료 관계를 강화하고 부담감의
지각을 감소시킨다는 두 가지의 매우 긍정적인 결과를 가져온다.

앞에서 소개한 사례 가운데, 치료사가 내담자에게 제시한 임박한

위험에 대한 설명에서 보이는 잠재된 문제점은 입원을 피하기 위해 내담자가 사용할 수 있는 표현을 볼 수 있다는 것이다. 이러한 가능성을 부정하지는 않는다. 그러나 다른 선택지는 이 정보를 내담자에게 숨기거나 질문이 분명하게 이뤄졌을 때만 전한다는 것이다. 첫째로 그리고 가장 중요한 것은 이러한 태도가 내담자에게 정신건강 서비스를 받을 때, 그들의 권리에 대한 정보(즉, 어떤 때 강제입원이 법적으로 이뤄질 수 있는지)를 제공한다는 것이다. 이러한 정보는 치료사가 윤리적으로 제공해야만 한다. 둘째, 이러한 태도는 내담자를 존중하고 있다는 것을 전해준다. 이러한 수법은 내담자의 자기결정 욕구를 키우고 자살 증상에 대해 솔직하게 이야기하려는 의지를 높여줄 가능성이 있기 때문에, 자살위험을 단정할 수 있는 정확한 정보 데이터베이스를 제공할 수 있다는 것이 우리의 견해이다. 자살 증상을 명확히 하도록 내담자를 유도하는 이외의 다른 선택지가 더 효과적이라고 보기는 어렵다. 더구나 이러한 주제를 꺼내는 것조차 꺼리는 내담자인 경우는 더욱 그렇다. 셋째, 내담자의 언어 내용에 관계없이 임상가가 고려하는 비언어적인 위험인자—초조함과 불면이라는 두 가지 두드러진 인자—가 존재한다. 마지막으로, 어떤 경우에 강제입원이 진행되는지에 대한 정보를 명확히 제시함으로써 동요하는 임상가가 있을지도 모르겠지만, 이러한 점은 그것이 임상활동으로서 부적절하기 때문이 아니라 자살위험이 있는 내담자를 치료할 때의 진실을 눈에 띄게 만들기 때문이다. 즉, 임상가가 만능은 아니며, 임상가가 최선의 노력을 했음에도 불구하고 내담자가 죽을 수 있다는 것이다. 임상가는 마법사도 아니며 사립탐정도 아니다. 내담자가 스스로 죽기 위해서 거짓말을 했다고 하면, 그것은 임상가가 감당할 수 없는 상황일 것이다. 임상가의 책임이란 표준화된 위험측정을 하고 적절한 조치를 하는 가운데 기대되는 수준을 충족시키는 것이다. 궁극적으로 임상가가 책임을 질 수 있는 것은 자신의 활동뿐이며 내담자의 행동을 조절할 수는 없는 것이다.

4. 세션과 세션 사이의 접촉

자살위험이 있는 내담자를 치료하는 임상가는 위험관리상 어느 정도로 세션과 세션 사이에 내담자와의 접촉을 가져야 하는가? 세션과 세션 사이의 접촉에 관한 결정을 임상가가 하는 데에 도움이 되는 재료는 매우 적은 것으로 알고 있다. American Psychiatric Association (2004)의 자살행동 평가와 치료를 위한 실천 가이드라인을 보면, 이 문제에 대해 내담자나 그 가족과 전화로 이뤄진 접촉은 모두 문서화되어야 한다는 권고수준에 머물러 있다. Linehan(1993a)는 DBT에서 이 문제를 어떻게 취급할지에 대한 구체적인 제안을 마련하고 있는데, 나중에 이 책에서도 소개하겠다. 자살위험이 있는 내담자를 치료하는 치료사 모두가 DBT를 사용하는 것은 아니므로 좀 더 일반적인 제안이 요구된다. 여기에서는 자살위험이 있는 내담자와 세션과 세션 사이의 접촉을 어떻게 관리할 것인지에 대해, 자살의 대인관계이론과 자기결정이론의 원칙을 사용하여 이론에 맞는 제안을 설명하고자 한다.

자살의 대인관계이론을 사용하면 치료 관계 자체가 내담자에게
유익하다고 제시한 것과 같은 이유로, 세션과 세션 사이의 내담자와
의 전화 접촉은 자살위험이 있는 내담자에게 소속감과 유능성의 한
재료로서 기능할 수 있다. 치료사가 세션과 세션 사이에 통화하려고
한다는 사실을 알리는 것은 치료사가 내담자를 염려하고 있다는 메
시지를 암시적으로 전하고 있고, 소속감의 지각을 강화시킬 수 있
다. 내담자가 강한 소속감의 좌절을 경험하는 위기상황에서 5분간
의 통화는 스킬코칭(예, 자살행동을 하지 않고 외로움을 조절하는
방법 등)의 기회 및 내담자가 자신의 괴로움을 걱정하고 있는 사람
의 목소리를 듣는 기회를 제공하는 것이다. 이러한 접촉은 스킬코칭
(예, 다른 사람을 위해 어떤 좋은 일을 하는 것)이 이뤄지는 동안에
선택하는 활동을 통해, 성공적으로 코칭이 이뤄지는 동안에 선택한
스킬을 달성함으로써, 그리고 치료사에게 도움을 요청하는 과정(이
내용에 대해서는 나중에 논의함)을 통해, 부담감의 지각을 치료표적
으로 하는 기회를 제공하기도 한다. 세션 사이의 접촉은 습득된 자
살 잠재능력의 수준이 높은 내담자에 대해 치료사가 (위험이 급격히
높아지는) 자살욕구의 변화 및 세션에서 논의한 위기전략(예, 대처
카드를 사용하여 자살수단을 배제함)의 성공(또는 실패)을 평가하
는 기회가 되기도 한다.

세션과 세션 사이의 접촉은 DBT의 보조적 구성요소가 아니다. 오
히려 세션과 세션 사이의 전화상담은 개인 심리요법, 집단기능훈련,
치료팀 상의와 함께, DBT의 치료패키지를 구성하고 있다(Linehan,
1993a). 전화상담을 통합된 치료의 구성요소로 포함시키는 것에 대

해 Linehan(1993a)는 소속감의 좌절과 부담감의 지각을 개선하는 것에 관해 이미 앞에서 언급했던 잠재적인 이점과 같은 이유를 제시하고 있다. 첫째, 치료사에게 전화를 거는 것은 내담자에게 적절한 방법(예, 요구된 것이 아님)으로 도움을 요청하는 연습장면을 내담자에게 제공하고 있다. 이미 설명한 것처럼, 치료사는 타인이 싫어할 것 같은 내담자의 대인관계 방식을 직접적인 피드백이나 사회적 학습을 통해 수정할 수 있도록 돕는 독특한 입장에 있다. 세션 사이에 전화를 통한 접촉을 통해 내담자는 세션 중에 배우고 모델로 했던 대인기술을 연습하고 사회적으로 성공할 수 있는 실생활의 상황을 제공함으로써, 내담자의 사회적 효능감을 높이고 잠재적으로 부담감의 지각을 개선하게 된다. 둘째, Linehan은 세션과 세션 사이의 전화 접촉이 내담자가 개인치료에서 학습한 기술과 집단에서의 스킬을 일반화할 수 있도록 돕는 통합적 기능을 제공한다고 주장했다. 이렇게 치료사는 스킬코치로서의 역할을 담당한다. 내담자의 전화를 받지 않는 것에 대해 비유하자면 연습(즉, 치료 세션)에는 참석하지만 시합(즉, 외부 생활에서의 치료)에는 오지 않는다는 것과 같다고 생각한다. 자살위험이 있는 내담자는 특히 치료과정에서 배운 스킬을 사용하기 어려운 위기상황에 있을 때, 매주 치료 세션과 집단의 스킬훈련에서 제공되는 것보다 더 많은 도움이 필요할 수 있다고 Linehan은 주장하고 있다. 외부에서 치료의 스킬을 실행하고 위기상황에서 도움이 되는 경험을 얻음으로써, 내담자는 타인에게 의지하지 않고 타인을 힘들게 만들지 않으면서(효과적인 대인관계 스킬을 사용하면) 대응할 수 있다는 것을 알게 되고, 부담감의 지각을 치료목표로 할 수 있게 된다.

전화상담은 잘못된 소통이나 갈등이 일어난 치료 세션 후에 내담자에게 치료사와 접촉할 기회를 제공한다고 Linehan(1993a)은 주장하며 다음과 같이 언급하고 있다. "전화상담은 내담자에게 다음 치료 세션까지 기다리지 않고 긴밀한 치료 관계의 감각을 되찾을 수 있는 수단을 제공한다"(p. 104). '내담자의 감각'이라는 말의 사용은 이 전화상담의 스킬이 치료 관계를 통해 소속감을 키우는 일부라는 것을 시사하고 있다. 전화상담은 치료 관계의 어려움을 보완하는 수단으로서가 아니라(치료사의 입장에서 세션에서의 어려움은 당연한 일이다), 치료사가 그래도 내담자를 걱정하고 있고 함께 대응하고 싶다는 것을 내담자에게 재확신시켜주는 수단이라고 할 수 있다. 인간관계는 그것을 적극적인 관점에서 파악하지 않는 한, 소속감의 재료로서 기능하지 않는다(Baumeister & Leary, 1995). 따라서 전화상담은 어려운 치료 세션이 이뤄지는 가운데 내담자가 치료 관계를 소속감의 재료로서 유지할 수 있도록 도와준다.

자살위기에 있는 내담자의 경우, 세션과 세션 사이의 전화 접촉은 그들이 타자와의 관계에서 필요한 스킬을 획득할 때까지, 소속감의 좌절이나 부담감의 지각에 대한 대책의 자원으로서 일시적으로 치료 관계가 기능하는 잠재력을 높이는 유용한 치료의 구성요소가 된다고 우리는 보고 있다. 전화 접촉은 PRN약(필요할 때마다 사용할 수 있도록 처방된 약)과 유사하다. 의사는 PRN약을 처방할 때, 24시간 내에 사용 가능한 용법과 용량을 구체적으로 정한다. 그렇다면, 내담자는 어떤 빈도로 'PRN 전화'를 사용해야 할까? 내담자 중에는 빈번하게 전화를 걸고, 통화 시간의 연장을 요청하거나 한밤중에도 전화를 거는 경우가 있다는 것을 감안하면, 제한 설정을 함으로써 자율성과 프라이버시가 필요하다는 것을 보여줄 필요가 있다.

치료사는 개인의 한계가 어느 정도인지에 따라 세부적인 제한 설정이 이뤄져야 한다고 Linehan(1993a)가 권고하고 있는데 이 점에 우리도 동의한다. 이러한 제한 설정은 치료사가 담당하고 또 그 한계도 유동적이기는 하지만 정상적인 정도에서 설정되어야 한다. 과도한 전화 때문에 치료사가 피폐해지고 내담자와 이야기하고 싶지 않게 되어버리는 것은 당연한 결과이다. 내담자의 전화를 일주일에 한 번까지만 받겠다는 것은 독단적으로 제한 설정을 한 사례가 될 것이다. 자연스러운 제한은 고정적이지 않기 때문에 내담자에 따라 쉽게 정량화되거나 설명될 수 있는 것이 아니지만, 치료사는 어떤 행동이 제한을 넘는지에 대해 반드시 내담자에게 전할 필요가 있다고 Linehan은 주장하고 있다. Linehan은 솔직할 것을 주장하며, "솔직함은 매우 효과적인 전략이 될 수 있다. 치료사의 한계에 대해 솔직하다는 것은 궁극적으로 환자를 존중하는 것이다. 이것은 환자를 어른으로 대하는 것이다"(p. 324)라고 말하고 있다. 솔직함은 우리가 주장하는 열린 입장과 아주 일치하고 있다.

지역의 정신과 클리닉에서 이뤄지고 있는 전형적인 내담자 치료에 대해 우리 클리닉에서 조사한 내용에 따르면, 엄밀하게 정하는 상담회수 방침이 오히려 악영향을 주는 경향이 있는 것으로 나타났다(Reitzel, Burns, Repper, Wingate, & Joiner, 2004). 이 조사에서는 내담자의 전화를 적극적으로 받는 치료사일수록 내담자의 전화가 오히려 적었다. 이러한 모순은 자기결정이론의 틀에서 생각해보면 쉽게 이해할 수 있겠다. 치료사 쪽이 세션과 세션 사이의 전화를 적극적으로 받음으로써 내담자 쪽이 이런 전화를 걸려고 할 때의 경험을 변화시킬지도 모른다. 두 명의 내담자를 상상해보자. 두 명 모두 똑같이 피폐하고 같은 정신질환과 똑같은 스트레스 유발원을 가지고 있다고 생각해보자. 한쪽 내담자의 치료사는 세션과 세션 사이에는 전화하지 않고 911이나 긴급전화상담에 전화하도록 했다. 내담자는 필사적으로 치료사의 개인 전화번호를 찾아내어 결국 전화를 걸었다. 또 다른 내담자의 치료사는 밤늦은 경우 이외에는 세션과 세션 사이에 전화를 받고, 한밤중이라면 다음 날 아침에 치료사가 다시 전화를 (그 전까지는 911이나 긴급전화상담에 전화)건다고 전했다. 이 내담자는 치료사의 전화번호를 꺼냈지만, 다음 순간에 자신을 걱정하고 있는 사람과 언제든지 전화로 이야기할 수 있다는 것을 알고서 안심하게 된다. DBT 용어를 잘 아는 독자라면, 이렇게 앎으로써 내담자가 소위 **현명한 생각**(wise mind)을 지닐 수 있다는 것을 알 것이다. 이 내담자는 심호흡을 하고 치료사에게 전화하기 전에 자신이 가지고 있는 몇 가지 스킬을 시도한다. 그 결과 전화를 걸 필요가 없어지는 것이다. 이 차이는 무엇일까. 전화를 걸지 않았던 내담자는 전화를 걸 것인지를 결정할 때, 자율성이 있었다. 전화를 건 내담자는 자신으로서는 어쩔 수 없었다. 이러한 점에서 세션과 세션 사이에 내담자의 전화를 받는다고 전하는 것은 자율성을 지원하고 치료 관계가 강해지며 위기상황에서의 심리학적 완충이 이뤄진다는 가설이 성립한다.

DBT 치료사에게서 보이는 24시간 규칙이라는 독특한 제한 설정은 세션과 세션 사이의 접촉을 자살이나 기타 자상행위와 연관시켜서 고찰하고 있기 때문에, 특히 우리의 논의에 응용할 수 있다. 이 규칙은 생명과 관련되는 상해가 아니라면, 자상이 이뤄진 뒤 24시간 내에는 치료사에게 전화하지 말아야 한다는 것으로, 치료 시작 시에 내담자에게 분명히 설명된다. 만약, 내담자가 전화를 건 경우에는 간결하게 그 위험성을 평가하고 의료기관의 치료나 자살 증상을 위한 입원이 필요한지를 결정한다. 그리고 치료사는 전화를 끊는다(물론 즉각적인 치료나 경찰에 연락 등을 한다). 이 규칙의 이면에는 두 가지의 이론적 근거가 있다. 첫째, 자상 후에 치료사가 주목하는 것은 그 행위의 강화에 있다. 이 규칙의 또 하나의 측면으로, 내담자는 자상 행위를 하기 전이야말로 스킬코칭(이나 지원)을 요청하는 전화를 해야 한다는 것이다. 둘째, 자상으로 내담자는(부적응적 방법이 사용되었지만) 부정적인 감정에 대처할 수 있기 때문에 스킬코칭이 필요없다는 것이다. BDT에서 전화상담의 또 한 가지 제한은 전화로는 심리요법을 진행하지 않는다는 것이다. 전화로 스킬코칭이나 문제해결은 제공하지만, 추가적으로 치료세션이 더 진행되는 것은 아니다.

세션과 세션 사이의 전화상담이 DBT의 치료 결과에 미치는 영향을 특정하기는 어렵지만, 자살행동 치료에서의 DBT의 효과가 강하게 지지되고 있기 때문에, 전화 접촉은 적어도 악영향을 주는 것이 아니라 긍정적인 효과를 가져온다고 말할 수 있을 것이다. 이들 효과는 자살의 대인관계이론의 렌즈를 통해 보면, 치료 관계를 통해 소속 감이 증가하는 것과 치료스킬의 사용과 치료사와의 사회적 성공을 경험하는 것으로부터 부담감의 지각이 감소한다는 것을 포함하고 있다. 자기결정이론에서는 임상가가 관계성, 유능성, 자율성의 기본적인 요구를 충족시킨다는 목적을 가지고 치료세션에 접근하듯이, 같은 태도로 전화 접촉에 접근해야 한다고 제시하고 있다. 자살위험이 있는 내담자와의 세션과 세션 사이의 접촉은 치료사의 입장에서 도움이 된다. 이러한 우리의 주장을 일련의 이론에 근거한 권장 내용을 몇 가지 열거하는 것으로 이 논의를 정리하고자 한다.

1. 중등도(또는 그 이상)의 자살위험이 있다고 평정된 내담자의 치료에 임할 때, 자살의 위험수준이 소속감의 좌절이나 부담감의 지각 변화와 함께 급격히 변화될 가능성이 있기 때문에, 그 위험을 평가하기 위해 치료사는 주중에 전화를 걸고 확인하는 일정을 검토해야 한다. 이러한 전화는 짧고(약 5분~15분), 목적이 명확해야(즉, 자살 위험성을 평가하고 소속감을 위해 내담자에게 공감과 배려를 간단하게 표현)한다.

2. 치료사는 모든 내담자에게 위기나 자살예방을 위한 핫라인 정보를 언제, 어떻게 사용하는지에 대한 내용과 함께 제공해야 한다. 이들 핫라인(전미 자살예방전화, 1-800-273-TALK 등)에서는 직원이 위험성을 평가하고 필요한 경우에 구조활동을 개시할 수 있도록 훈련을 받고 있기 때문에, 치료사와 연락이 되지 않을 때(예, 새벽 3시 등)에도 위험관리를 도와줄 수 있다. 이들 핫라인은 사회지원 네트워크가 매우 적은 내담자에게 소속감의 공급원으로서도 도움이 된다. 치료사나 주위 사람들은

309

(위기가 일어날지 모르는) 새벽 3시에 대화하려고 하지 않겠지 만 핫라인 직원들은 24시간 대응해준다.

3. 자살위험이 있는 내담자를 치료하는 치료사는 세션과 세션 사이의 전화를 받는 것에 대해 고려해야만 한다. 왜냐하면, 이러한 전화는 치료 관계에 유익할 수 있고 소속감의 좌절이나 부담감의 지각을 치료목표로 함으로써 자살위기 관리에 직접적으로 도움도 되기 때문이다.

4. 치료사가 세션과 세션 사이의 전화를 받아들이는 것을 선택할 경우, 그 일에 적극적이라는 것을 내담자에게 전해야 하고, 이것은 내담자와 치료사 양쪽 모두에 유익하다는 것이 제시되어 있다(Reitzel, wt al., 2004). 동시에 치료사는 전화대응에 관한 자신의 한계에 대해서도 치료 초기에 전한다(Linehan, 1993a).

5. 치료사는 자상행위 직후에 이뤄지는 전화상담에서 24시간 규칙(Linehan, 1993a)을 사용할 것을 검토한다. 전화에서는 당장의 안정성 평가를 간단히 제한하는 것으로 한다. 내담자에게는 자상행위를 하기 전에 그러한 행위를 예방하는 스킬코칭을 위하여 전화해줄 것을 권고한다.

6. 치료사는 전화상담이 이뤄지는 동안에 자기결정이론(Ryan & Deci, 2002)에서 말하는 내담자의 기본적 요구인 관계성, 유능성, 자율성에 주목해야 한다.

   a. 자율성을 지원하기 위해서, 치료사는 기분을 조절하기 위한 치료스킬을 사용하는 데 장점과 단점을 내담자가 간결하게 검토할 수 있도록 도움을 준다. 여기에서는 부정적인 결과를

포함해서 모든 결과는 내담자가 결정한다는 것을 강조한다.

b. 관계성을 지원하기 위해서, 치료사는 진정한 공감과 배려를 표현한다. 이렇게 할 수 없는 경우에 치료사는 자신의 한계를 넘어서고 있는지에 대해 검토를 한다.

c. 유능성을 지원하기 위해서, 치료사는 전화상담을 (심리요법 세션이 아니라) 간단한 스킬코칭이나 문제해결의 세션으로 구조화한다. 치료사는 내담자에게 권하여 관련된 치료 워크시트와 백지를 꺼내도록 한다. 스킬사용에 대한 구체적인 계획(예, 5W: 어떤 스킬, 언제, 어디서, 왜, 누구와 함께)을 세우고 내담자가 숙달할 수 있도록 기회를 늘린다(부담감의 지각은 감소하게 된다).

결론적으로, 자살위험이 있는 내담자를 치료하는 치료사는 치료 관계라는 뺄 수 없는 도구를 지니고 있다. 자기결정이론에서 주장하는 것처럼, 이번 장에서 설명된 방법으로 치료 관계에 주목한다는 것은 변화를 위해 필요한 상황을 만듦으로써 치료에 대한 동기부여를 높일 수 있다는 것이다. 치료 관계는 부분적으로도 내담자의 소속감이나 사회적 능력에 대한 욕구를 충족시키기 때문에, 자살욕구를 감소시킬 직접적인 매개체로서도 기능할 것이다. 걱정이나 배려를 표현하고, 공개적이고 솔직하게 소통하고, 자신에게도 할 수 있다는 느낌을 촉진함으로써 치료사－내담자팀이 치료 작업을 달성하고 그 결과, 고통을 완화시키며 인생의 질을 향상시킬 수 있다는 것을 내담자에게 전한다. 이것은 대단히 희망적인 메시지이다.

자살의 대인관계이론

제6장

예방과 공중보건 활동

자살의 대인관계이론

앞에서 언급했던 것처럼, 자살로 죽는 사람들의 68%는 죽기 전 12개월간 정신건강의 체계 환경에서 배제되어 있었다(Luoma et al., 2002). 구체적으로는 미국 전체에서 매년 약 3만 2천 명에 이르는 자살 사망자 중(Centers for Disease Control and Prevention, 2004), 2만 1,760명이 전통적인 정신치료 요법의 범위 밖에 있다는 것이 된다. 따라서 모든 자살예방을 위한 대처 노력이 효과적인 자살방지의 치료법을 발전시키는 일에만 쏟아진다면, 자살사의 위험에 노출되어 있는 상당수의 사람들은 놓쳐버리는 것이 되는 것이다. 물론 자살예방의 치료법을 발전시켜왔거나 그 과정에 있는 임상가나 연구자가 힘들게 노력해왔던 것을 평가 절하하려는 것은 아니다. 이것은 분명히 중요한 시도이며, 사람들의 목숨을 구해줄 뿐 아니라 다행스럽게도 그러한 지원을 받을 수 있었던 사람들의 삶의 질도 향상시킨다. 오히려 여기에서는 공중보건 활동과 종래의 정신치료 요법이 함께 협력하여 자살예방을 위한 다각적인 대처가 필요하다는 점을 강조하고 싶다.

자살행동을 둘러싼 비밀과 편견 때문에, 실제로는 그렇지 않은데도 그것이 공중보건의 주요문제라는 것을 알아차리지 못하고 있다. 다음의 사실을 고찰해보자. 미국에서 2명은 살인, 3명은 자살로 사망하고 있고, HIV/AIDS로 1명이 죽는 데 비해 자살로 사망하는 사람은 2명이다(Kochanek, Murphy, Anderson, & Scott, 2004). 매년 자살로 사망하는 인원수를 볼 때, 자살예방 대처는 HIV/AIDS나 살인 문제에 대한 대처 활동과 비교해보면 과소평가되어 있다. 예를 들면, National Institutes of Heath(NIH)는 자살연구에 대해 2006년 회

계연도에 3,200만 달러를 계상했는데, HIV/AIDS 연구에 대해서는 90배인 29억 달러를 계상하고 있다. 마찬가지로, 2001년에는 주립 성인 교정시설의 운영에 29억 5천만 달러가 사용된 것에 비해(U.S. Department of Justice, 2004), 정신과 의료에는 5,360만 달러가 공적기금으로 사용되었다(Mark et al., 2005). 즉, 교정시설은 정신과 의료에 사용되는 550배의 자금을 받은 것이 된다. 미국에서는 매년 상당수가 자살로 인해 사망하고 있지만, 예방 가능한 다른 사망원인과 같은 정도의 주목이나 자금지원을 받고 있지 않은 것이다.

왜 이럴까? 공중보건 문제의 영역과 전반적인 사회 간에 괴리가 나타나는 데에는 많은 이유가 있을 것이다. 생각할 수 있는 이유의 하나는 자살행동에 대한 편견이다. 자료에 따르면, 자신의 상황에 어떤 역할을 할 수 있다고 생각되는 사람이 주위 환경에 따른 희생자라고 생각되는 경우보다 훨씬 강한 편견을 갖는 것으로 나타났다. 예를 들면, 비만, 동성애자, 알코올 사용 장애가 있는 사람들은 자신의 상황(또는 성적 지향)에 책임이 있는 것이라고 믿는 사람일수록 그러한 사람들에 대해 더 공격적이다(Crandall, 1994; Humphreys & Rapaport, 1993; Whitely, 1990). 자살에 대해서도 마찬가지로, 이러한 모든 상태나 지향성은 환경 및 유전적 원인과 관련되어 있음에도 불구하고, 편견과 차별이 남아 있다. (폐암으로 죽는 사람은 자신의 죽음에 간접적인 영향이 있는 것에 비해) 자살은 표면적으로 자신의 생명을 직접 끝내는 선택을 한 사람들에게 책임이 있다는 극단적인 경우를 대표한다.

이러한 주장에 대해, 이 책에서 전반적으로 우리의 입장은 가능한

한 모든 자살은 예방되어야 한다는 것을 전제로 한다. 그러나 이러한 입장이 보편적이지는 않기 때문에 자유방임적인 견해(즉, 생사의 결단은 개인에게 있다는 견해)를 옹호하는 사람들도 있다. 자살과 관련된 도덕 또는 윤리적인 여러 관점에 대한 논의에 관심이 있는 독자는 Mishara and Weisstub(2005)을 참고하기 바란다. 자살의 대인관계이론(Joiner, 2005)은 부담감의 지각(죽는 것이 사는 것보다도 가치가 있다고 생각하는 것)을 경험하는 것이 주로 오해에서 발생하고 있고, 자살사하는 사람이 올바른 정보에 따른 합리적인 결단을 내려서 시행하고 있는 것은 아니라는 것을 가정하고 있다. 자살 생각으로 직접 영향받는 사람뿐만 아니라 사랑하는 상대에게도 많은 고통을 주기 때문에 자살을 예방하는 데에 가치가 있다고 우리는 굳게 믿고 있다. 그런데, 여전히 자유방임적인 견해를 보이는 사람들은 그 사람이 원해서 하는 것을 방지하기 위해서 막대한 자금을 사용하는 것에 이로운 점을 찾을 수 없다고 하는 것을 우리는 알고 있다. 따라서 이러한 과제에 맞서 대처하는 것은 자살예방을 목표로 하는 사람들에게 매우 중요한 일이다.

자살예방을 위한 공중보건 캠페인을 입안하는 데에 지금까지 성공적으로 진행해 온 활동에 따르는 것은 유용하다. 미국에서 이러한 캠페인은 심혈관성 질환에 초점을 주고 입안되었다. Knox, Conwell, and Caine(2004)은 심혈관성 질환예방을 위한 대처와 자살예방에 대한 대처의 유사점과 상이점을 고찰했다. 심혈관성 질환은 그것이 명확히 생물학적인 요인으로 인한 것처럼 보이고, 자살은 생물학적, 사회적, 심리학적 요인이 보다 복잡하게 조합되어 있다고 인식되기 때문에, 언뜻 보기에는 심혈관성 질환의 예방은 자살예방과 전혀 다른 시도라고 생각하는 사람들도 있다. 그러나 이 전제는 틀린 것이다. 왜냐하면, 심혈관성 질환의 위험성도 성격이나 사회적 요인과 관련이 있고(T.Q. Miller, Smith, Turner, Guijarro, & Hallet, 1996), 이들 요인을 고려했을 때 예방 노력이 가장 효과적이기 때문이다. 대규모적으로 심장질환의 예방활동을 생각한다면, 심장질환의 위험 인자나 징후(예, 흡연, 적절한 체중 유지)에 대해 일반 대중을 교육하고, 이러한 것을 알고 예방할 수 있도록 하는 것이 합리적이다. 속담에서 말하듯이, 1온스의 예방은 1파운드의 치료 가치가 있는 것이다. 실제로 심장질환의 징후나 증상이 개인에게 나타났을 때, 적절한 약물치료의 여부에 관계없이 건강한 생활습관을 취하는 것이 나중에 심장질환을 예방하는 데에 큰 영향을 미친다. 자살행동의 경우, 자살위험이 있는 많은 사람들은 그 증상을 경험하고 있는데도 불구하고 치료하려고 하지 않기 때문에, 특히 예방을 위해 노력하는 것이 중요하다. 이렇게 시작 단계에서부터 이러한 증상이 전개되는 것을 막으려는 노력이 핵심이 된다.

Knox et al.(2004)이 고찰하고 있듯이, 심혈관성 질환과 자살의 주된 차이점 가운데 하나는 후자의 경우 공중보건의 대처가 방해받는다는 것이다. 심혈관성 질환의 연구자나 치료사와 달리, 자살 연구자나 예방에 노력하는 사람은 역사적으로 자살행동의 위험인자에 관한 명확한 리스트를 갖고 있지 않으며, 이러한 점 때문에 목표로 하는 예방 노력을 행동으로 옮기기가 더 어렵다. 예를 들면, 흡연과 심혈관성 질환의 발병 관련성은 비교적 명확하다. 이 관련성은 현재 심장질환의 증상을 나타내고 있는 환자에 대한 위험인자 연구를 통해 이미 발견되었고, 사람들이 흡연을 시작하게 되는 것을 막는 캠페인을 광범위하게 전개하는 데 이러한 정보가 이용되고 있다. 이렇게 하기 위해서는, 어떤 현저한 변화가 나오기 전에 우선 흡연을 둘러싼 문화적 논점에 대해 검토하는 것이 필요하다. 불행하게도 두 가지 이유로 자살사에 대한 분명하고 간결한 위험인자 리스트를 만드는 것은 더 어려웠다.

첫째, 자살 사망자의 대부분이 죽음과 가까운 시기에 정신의료 전문가의 진료를 받고 있지 않았고, 이것은 자살사의 위험인자 가운데 보다 가까운 위험요인을 단정하기가 더 어렵게 만든다. 둘째, 자살이 주요 사인이라도 인구에 비해 드물고(즉, 미국에서는 매년 10만 명 중 11명이 자살로 사망하고 있다; AAS, 2004), 이러한 점 때문에 조사가 어렵다. Knox et al.(2004)의 논문이 발표된 시점은 자살의 대인관계이론이 아직 발표되지 않은 때였다. 이 이론이 자살행동에 대한 포괄적인 심리학적, 사회적 이론을 제공한다는 점에서 예방을 위한 노력에 영향을 줄 수 있다고 우리는 보고 있다. 자살의 대인관계이론은 자살행동으로 향하는 궤도를 따라 진행하는 것을 막는 대규모적인 개입방법을 고찰할 수 있도록 한다. 이 일은 이 이론의 각 주요 개념에 대처함으로써 달성된다. 이 이론에서는 각 개념이 공동으로 필요하고 공동으로 충분할 때 자살사가 이뤄진다고 예측하고 있기 때문에, 이들 개념 중에 단 하나의 개념에 대해서만 대처하더라도 이론적으로 자살을 예방하는 것이 가능하다. 이와 같이, 지금은 이전에 심혈관성 질환 예방에 성공적으로 해왔던 것보다 더 면밀하게 자살예방 노력을 설계하는 것이 가능하다.

자살의 대인관계이론은 자살사의 예측과 예방을 주된 목적으로 하지만, 자살시도나 자살희구도 그 자체가 공중보건의 주요 문제이다. AAS(2004)에 따르면, 치사적이지 않은 자살시도가 매년 81만 1,000건이다. 한 명이 자살하면, 약 6명을 남겨둔 채 죽는 것(Mitchell, Kim, Prigersonm, Mortimer-Stephens, 2004)이라고 하는 숫자를 상기하면, 매년 자살시도를 하는 자에 대해 490만 명이 사랑하는 사람의 자살시도에 직면하고 있다는 계산이 나온다. 나아가 청소년(C.A. King et al., 1995)이나 성인(Brimblecombe, O'Sullivan, & Parkinson, 2003)이 입원치료를 받는 가장 많은 이유가 자살희구이다. 따라서 대부분의 자살희구는 실제로 신체 손상을 초래하지는 않지만, 막대한 비용과 감정적 비용을 초래하는 것이다. 이번 장의 나머지 부분에서는 공중보건 예방 캠페인에 대한 논의를 자살사 예방에 관한 것으로 구성한다. 대인관계이론에 따르면, 이러한 공중보건 예방 캠페인은 소속감을 높이고 부담감의 지각을 낮춤으로써 자살욕구도 낮출 수 있기 때문에, 결과적으로 자살시도와 자살희구에 대해서 영향을 줄 수 있는 것이다.

여기에서 우리는 자살과 관련해서 공중보건학적 예방의 대처를 두 가지로 분류하려고 한다. 첫 번째의 대처방법은 인구 전체에 대한 특정 질환을 대상으로 하는 개입법을 개발하는 것이다. 이러한 종류의 개입은 이론적으로 인구 전체를 대상으로 하고 있다. 이것은 일반적으로 '1차'예방(primary) 대처(Seidman, 1987)라고 불리며, '전체적 대처(universal approach)'라고도 한다(Rose, 1992). 1차예방

혹은 전체적 대처의 목표는 아직 징후나 증상을 나타내지 않는 사람, 즉 자살위험이 높다고 볼 수 없는 사람들 가운데 그 병적 상태를 방지하는 것이다(Seidman, 1987). 두 번째는 '2차(secondary)'라고 불리거나(Seidman, 1987) '고위험(high risk)' 접근법(Rose, 1992)이라고 불린다. 이러한 접근법은 어떤 질환으로 발전할 위험성이 높은 특정 개인을 표적으로 하고 있다. 어떤 대처이든지 대인관계이론의 3가지 구성요소에서 영향을 받은 것이다. 소속감이나 효능감을 증진시키는 이러한 대처들은 보호하려는 노력이다. 의도치 않게 자살자극에 익숙하도록 조장하는 대처(예, 자살사한 사람들의 사진을 보여줌)는 역효과가 될 수 있다(그리고, 그 가능성은 몇몇 대처 예방이 역효과가 있다는 기록도 있다).

1. 1차예방 전략

1차(전체적)예방 전략은 이상적으로는 인구 전체에 그 영향을 미치는 것을 말한다. 이러한 접근법을 고찰할 때, 인구 집단의 자살위험이 정규분포형태를 띤다고 시각화하면 좋다. <그림 6-1>은 인구 집단의 모든 구성원이 개입에서부터 어떤 개입을 통해 도움이 된다는 점을 나타내고 있다(Rose, 1985). 이러한 개입 여부에 관계없이 그들 대부분이 자살로 죽지는 않겠지만, 모든 사람에게 있어서 자살위험의 연속선이 안전한 쪽으로 이동하고 있다. 이론적으로는 이것은 각 구성원이 각각 자살의 위험성을 높일 가능성이 있는 환경 스트

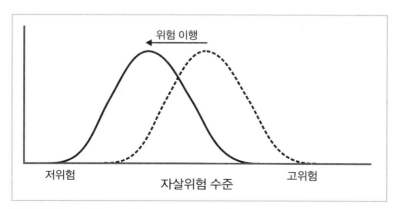

출처: "Sick Indiiduals and Sick Populations," by G. Rose, 1985, *International Journal of Epidemiology,* 14, p. 33. Copyright 1985 by Oxford University Press. Adapted with permission.

〈그림 6-1〉 1차예방 전략의 결과로서 상정되는 자살위험 이행

전체적인 공중보건 캠페인이 이뤄지기 이전, 모집단의 자살위험 분포는 점선으로 표시되어 있다. 실선은 1차개입이 성공적으로 이뤄진 뒤에 모집단에서의 자살위험을 보여준다.

레스 유발원에 대한 대비를 마련했다는 것이 된다. 이것은 이러한 개입의 결과를 극단적으로 단순화해서 묘사한 것(우리는 이러한 개입이 모든 사람에게 같은 효과를 가져온다고 현실적으로 기대하지는 않는다)이라는 것은 솔직하게 인정해야 하겠지만, 알기 쉽게 설명하는 데 유용할 것이다.

Joiner et al.(2003)이 설명하듯이, 어느 개인에게 최악인 시점에서의 자살계획이나 자살준비(실제 자살의 계획을 동반하는 가장 심각한 자살 에피소드)는 현시점의 자살희구 정도보다도 이후의 자살사를 더 잘 예측해주는 지표이다. 이것은 예전에 경험한 심각한 자살행동이 개인이 자살할 능력을 획득하는 데 영향을 준다는 자살의 대

인관계이론의 예측과 일치한다. 이 능력은 일단 획득되면 이후 완만하게 감소하며, 수년에 걸쳐 자살로 인한 죽음을 예측할 수 있다. 이것을 염두에 둔다면, 일반적으로 일반 대중의 자살위험성을 감소시키는 것을 목적으로 하는 공중보건 캠페인은 개인적으로 가장 심각한 시점에서의 자살행위를 덜 심각한 것으로 만들 필요가 있고, 이것은 장기적인 의미를 갖는 것이 된다. 이것은 실증적으로 증명될 필요가 있겠지만, 자살의 대인관계이론의 3가지 주요 개념을 발전시키는 것으로 충분히 자살사를 예측할 수 있을 것이다. 만약 이것이 옳다면, 전체 인구 집단의 이 구성개념에 대한 경험은 비교적 사소한 변화라고 해도, 그것은 몇 명에게 삶과 죽음을 가르는 실질적인 변화를 가져올 수 있다. 다음으로 우리는 자살에 대한 1차예방 전략 몇 가지를 검토할 것이다. 이 전략들은 이미 일부 영역에서 이뤄지고 있고 비교적 새로운 것이기도 하다.

(1) 치명적인 자살수단에 대한 접근 제한

1차예방 전략의 하나는 비교적 일반적이고 입수하기 쉬운 자살수단(진통제나 도시가스)이나 매우 치명적인 수단(총기)을 제한하는 것이다. 이러한 예방전략은 최근에 더 일반화되었지만, 전체 인구 집단의 자살률을 실제로 변화시켰다고 보고하는 발표 자료는 소수에 불과하다(Knox et al., 2004). 이러한 연구 가운데 첫 번째는 Kreitman and Platt(1984)의 연구로서, 그는 자살률 상승과 관련되어 있다고 하는 실업률 상승(대인관계이론에서 말하는 부담감의 지각과 관련)이 있

음에도 불구하고, 영국에서는 도시가스의 독성이 약해짐으로써 자살
률이 낮아졌다는 연구를 보여주고 있다. 두 번째는 최근에 실시된 것
으로서, 영국에서 진통제인 acetaminophen의 상자 크기를 작게 바꿈
으로써, 이 수단을 사용한 자살이 21% 감소되었다는 연구(Hawton
et al., 2001)이다. 또 다른 연구는 위계선형모델(Hierarchical Linear
Model)을 사용하여 가정 내 총기 소지율의 변화와 대응하는지를 분
석한 것이다(Ajdacic-Gross et al., 2006). 저자들은 그 사례를 발견
했지만, 그러한 변화가 총기법의 변화와 직접적으로 대응하는지에
대해서는 확실하게 주장할 수 없었다.

자살시도가 자주 이뤄지는 장소에 자살방지를 위한 장벽을 만드
는 것도 치명적인 수단에 대한 접근을 제한하는 또 하나의 방법이다.
세계 각지에는 어떤 이유에서든 특정 장소가 자살과 관련되어 있다.
그런 장소의 한 예는 사례연구(Beautrais, 2002)에서 보고된 오스트
레일리아 대도시에 있는 무명의 다리(unnamed bridge)이다. 이 다
리는 1937년부터 1995년까지 자살방지 장벽이 설치되어 있었는데.
이후에 미관상의 문제와 실제적인 이유(즉, 장벽 때문에 뛰어내린
사람을 구출하기 어렵다는 주장)로 제거되었다. 그 이후에 시 전체
적으로 투신으로 인한 자살자 수는 변하지 않았지만, 문제의 다리에
서 투신한 경우는 5배가 되었다. 이러한 결과는 다리의 장벽이 그 도
시의 투신자살로 목숨을 잃은 사람의 수 전체에 영향을 주지 않았다
는 점을 시사할 수도 있겠지만, 이 무명의 다리에서 뛰어내려 사망한
사람들과 다른 구조물에서 뛰어내린 사람들의 인구통계학적 요소나
정신의학적 프로필의 조사를 통해서 이 두 가지 사이에는 현저한 차

이가 있다는 것이 밝혀졌다(예, 그 무명 다리에서 뛰어내린 사람들은 조현병으로 진단된 경우가 유의하게 많았다). Beaureais(2001)는 무명의 다리에서 뛰어내린 사망자와 그 지역의 다른 구조물에서 뛰어내린 사망자의 정신의학적 프로필의 차이와 그 다리의 위치(즉, 인근에 정신병원이 있음)를 따라 다리의 장벽을 철거함으로써, 취약한 사람들이 보다 높은 위험에 노출되었다고 하는 점과 다리의 장벽을 철거하지 않았다면 투신으로 인한 자살률은 감소했을 것이라고 추론했다.

이러한 주장을 지지하는 것으로서 최근에 영국 Bristol의 Clifton 현수교에 대한 조사가 있었다. 1994년부터 1998년까지, 이 다리에서 투신하여 사망한 사람의 수는 같은 Bristol지역의 다른 곳보다 많았다(Bennewith, Nowers, & Cunnell, 2007). 이 다리에는 자살 방지를 위한 장벽이 오랫동안 설치되어 있지 않았기 때문에. Beautrais(2001)의 연구에서 언급된 다리의 경우와 반대인 상황이다. 미관상의 이유로 다리 양 끝에는 설치되지 않았지만, 1998년 말에 이 다리의 가장 긴 부분에 자살 방지용 장벽이 설치되었다. Bennewith et al.(2007)은 장벽이 설치되기 이전 5년간과 설치된 이후 5년간의 데이터를 제공하고 있다. 그들은 자살 방지용 장벽이 Cliftron 현수교에서의 자살률을 50% 감소시켰다는 것, 그동안 Bristol의 다른 장소에서의 투신자살은 유의한 상승을 보이지 않았다는 것, 즉 Clifton 현수교에서 뛰어내리려던 사람이 다른 장소에서 뛰어내리지는 않았다는 것을 시사한다고 말했다. 이것은 무명의 다리에서 장벽이 철거된 것이 철거되지 않은 경우보다 더 많은 사람을 자살로 이끌었다고

Beautrais가 강조한 내용과 일치한다. Clifton 현수교에서의 투신이 95% 이상의 치사율을 보인다는 데이터에 Bennewith 등 연구자들이 고무되기는 했지만, 이 지역에서 자살률의 감소가 전반적으로 일어나지 않았다는 점에 주목해보는 것이 중요하다. 즉, 이러한 치사성 높은 수단을 방지하는 것이 설령 치사성이 낮은 자살시도를 감소시킬 수 없다고 하더라도, 더 많은 자살을 막을 가능성이 있다는 것이다.

앞의 조사는 자살 방지 장벽이 집단의 자살률을 감소시키는 효과에 대한 체계적인 실증조사로서는 유일한 것으로 알고 있다. 따라서 당연히 향후 연구가 필요하다. 그런데 또 다른 연구에서는 보호 장벽이 설치된 특정 장소에서의 자살을 이러한 장벽이 방지하는 것으로 보고하는 연구도 있다. 자살자를 이끄는 것으로 유명한 장소(예, Empire State Bulding, Sydney Harbor Bridge, 일본의 Mihara산)에는 높은 보호 장벽이 설치되어 있고, 이들 장소에서 자살은 거의 일어나지 않을 정도로 감소하고 있다(Friend, 2003). 정리하자면, 이러한 장벽을 설치하는 것에 의미가 있다고 하는 예비적인 근거를 이 연구들에서 제공하고 있다. 나중에 논의하겠지만, 이 주제에 대해 직접적으로 이뤄진 조사는 적은 편이지만, 또 다른 조사에서는 다리에 보호 울타리를 설치하는 등 치명적인 수단에 대한 접근을 막는 것이 생명을 구할 가능성이 있다는 것을 보고하고 있다.

미국에서 사람들이 빈번히 자살을 시도하는 곳으로 유명한 장소이자 자살 방지 장벽이 현재까지 세워지지 않은 곳이 적어도 한 곳이 있는데, 바로 Golden Gate Bridge이다. 1936년 완성된 이후, 1,200명

이상이 이 다리에서 뛰어내려서 사망했고 이 숫자는 매년 약 19명씩 늘어나고 있다(Guthmann, 2005). 자살과 관련해서 악명 높은 이 다리에서는 예전에 자살명소로 알려진 많은 다른 구조물들보다도 더 많은 자살사례를 목격할 수 있다. Psychiatric Foundation of Northern California의 웹사이트에 따르면, Empire State Building에서 자살한 사람은 16명이고, 자살 방지 장벽이 설치되기 전의 Eiffel Tower에서 자살한 사람은 352명이었다(Blaustein, 2005). 현재 Golden Gate Bridge의 인도와 아래쪽 위험한 수면 사이에는 약 120m의 가드레일이 있을 뿐인데, 이것으로는 75세의 과체중 여성의 죽음을 막기에도 충분하지 않다(Guthmann, 2005).

자살 방지 장벽의 사용이 유용한데도, Golden Gate Bridge에 그런 장벽이 없는 것에 대해 왜 자살을 시도하는 사람들을 지키려는 조치를 행정당국이 취하지 않을까 하는 의문이 제기될 수 있다. 자살 예방에 관심이 있는 사람들이 납득하지 못하는 경우가 많기 때문이라고 답할 수 있겠다. 많은 사람들은 설령 다리에서 뛰어내리는 것을 막더라도 반드시 다른 **대체수단**(method substitution)으로 변경(그때까지 가장 일반적이었던 수단에 접근할 수 없을 때, 일어나게 되는 가장 일반적인 수단으로 변경)할 것이라고 생각한다. 따라서, 다리의 미관을 손상시키는 것은 정당하지 않다고 느끼는 것이다. 그런데, 약 30년 전에 발표된 연구에 따르면, 명확한 자살행동 때문에 Golden Gate Bridge에서 쫓겨난 515명 가운데 90%는 수년이 지난 뒤에도 여전히 생존하고 있었다는 것이 밝혀졌다(Seiden, 1978). 그들은 실제로 뛰어내린 사람에 비하면, 자살로 죽을 의사가 약했기 때문이라

고 해석될 수도 있을 것이다. 그러나 인구 통계학적 특징을 보면, 그
들은 치명적이지 않은 자살시도를 한 사람들보다 자살로 인해 사망
한 사람들에 더 가깝다는 것을 알 수 있다(예, 4명 중 3명이 남성).
Seiden(1978)은 자살을 시도한 이 사람들 대다수는 California의 고
속도로 순찰대에서 그들의 주거지로 보냈다는 점 이외에 어떤 정신과
적 개입을 받지 않았음에도 불구하고, 수년 후에도 여전히 생존하고
있다는 점에 주목하고 있다. 이 연구는 약 30년 전에 발표된 것이었다.
그런데도 같은 논의(즉, Golden Gate Bridge에서 자살을 예방하려는
노력은 헛된 일)가 반복되고 있다. 최근에 Minnesota의 Minneapolis
에서 끔찍한 사고가 발생했다. I-35 노선상의 다리가 Mississippi 강
위에서 붕괴되어 79명의 부상자와 9명의 사망자가 발생한 것이다.
당시 여론에서는 이 사건 직후, 다리의 안전성에 보다 주의깊게 조사
할 필요성이 있다는 소리가 높았다. 그런데, 놀랍게도 I-35 노선상의
다리에서 죽은 사람보다 그 두 배에 달하는 사람이 매년 사망하고 있
는 Golden Gate Bridge의 안정성 결여에 대한 외침은 상대적으로
적다.

　Golden Gate Bridge는 자살과 관련해서 국제적으로도 악명이 높
은 곳이지만, 이 다리에서 뛰어내린 사람의 87%는 San Francisco만
지역에 사는 사람들이고, California주 이외의 지역 출신자는 5% 미만
에 불과하다(Psychiatric Foundation of Northern California, 2005).
즉, 이 방법을 통해 자살을 어렵게 만듦으로써 다른 치명적인 자살수
단을 사용하지 않는 사람들의 죽음은 예방할 수 있을 것이다(이 다
리에서 뛰어내린 사람의 98%가 사망했다; Blaustein, 2005).

자살의 대인관계이론을 통해 Golden Gate Bridge가 자살욕구가 있는 사람을 끌어들인다는 점도 설명할 수 있다. 이 이론에 따르면, 자살을 원하는 사람은 매우 강한 소속감의 좌절을 경험한다. San Fransisco의 정신과 의사인 Malcolm Sowers(Guthmann, 2005)는 Golden Gate Bridge에서 뛰어내려 자살하는 것이 소속감의 좌절을 강하게 느끼는 사람들에게 왜 매력적인지 감동적인 표현으로 설명하고 있다. 즉, "다리에서 누군가 뛰어내릴 때, 어떤 의미에서 그는 그들보다 먼저 간 사람들과 함께하고 있다. 중요한 것은 자살할 때에도 사람들은 무리와 거리를 너무 두지 않으려고 한다는 것이다"(Guthmann, 2005, p. A1). 이것은 Golden Gate Bridge와 가까운 Bay Bridge에서는 투신이 거의 일어나지 않는다는 점을 설명해준다. 즉, Golden Gate Bridge에서 뛰어내려서 사망하는 사람들은 삶에서는 사람들과의 유대를 키울 수 없다고 느끼더라도 죽음을 통해서는 그렇게 할 수 있다고 (잘못) 믿을 수 있는 것이다.

치명적 수단에 접근을 제한하는 것이 1차예방의 효과적인 전략이라는 것에 설득력 있는 근거가 있다고 생각하고 있지만, 많은 자살명소에 여전히 자살 방지 장벽이 마련되어 있지 않고(예, Niagara Falls), 또 어떤 치명적인 수단(예, 총화기)의 입수를 제한하는 것은 미국을 포함한 여러 국가들에서 여전히 많은 논쟁이 이뤄지고 있다. 이 전략에 대한 주요 비판의 하나는 단순히 하나의 수단을 제한하더라도 다른 수단으로 자살하려는 사람을 예방할 수는 거의 없다는 것이다. 즉, 충동적으로 자살을 결단하는 사람의 경우는 치명적인 수단을 사용할 수 없을 때 예방할 수 있겠지만. 치밀하게 계획된 자살과 그 치명성 사이에는 관련이 있는 것으로 실증적 연구를 통해서 제시되고 있다(Beca-Garcia et al., 2001, 2005). 이것은 꼼꼼히 자살 계획을 세우는 사람일수록 자살로 목숨을 잃기 쉽다는 것을 시사한다. 실제로 몇 가지의 증거에서 수단의 변경이 이뤄지는 것을 지지하고 있다. 이러한 하나의 사례가 오스트레일리아에서 검토되었는데, 총화기로 인한 자살이 감소하면서 목을 매고 자살하는 경우는 증가하고 있다는 것이다(Australian Bureau of Statistics, 2000).

그러나 그 데이터를 자세히 검토해보면, 자살수단의 변경은 이뤄지지 않은 것으로 보인다(De Leo, Dwyer, Fireman, & Neulinger, 2003). De Lea et al.(2003)은 문헌조사 내용을 통해, 자살수단의 이용 가능성이 그들이 이용하는 것을 결정하는 유일한 요인은 아닐 수 있다는 점을 말하고 있다. 자살로 사망한 사람들의 인구통계학적이고 심리학적 프로필을 살펴보면, 다양한 수단이 사용되고 있는데 높은 곳에서 뛰어내려서 자살한 사람들의 경우는 정신병인 경우가 많고, 총화기를 사용한 사람들은 알코올 남용이나 경계성 인격장애로 진단되는 경우가 많았다(de Moore & Robertson, 1999). 이 정보에서 주장하는 점은 자살수단의 이용 가능성만으로 예측하는 것보다 특정 종류의 수단을 제한함으로써 자살 가능성을 감소시킬 수 있다는 것이다.

자살수단의 변경이 실제 일어나는지에 대한 여부는 별도로 하고, 자살수단을 단순히 제한하는 것이 대응 조치의 유일한 전략은 아니다. 하나의 예를 들면, 지금까지 고찰해온 것처럼 실제로 자살사하는 비교적 소수를 위해 거의 모든 사람의 개인적 자유를 제한하는 것(예, 총화기의 입수 제한)에는 어느 정도의 저항이 있는 것이 일반적이다. 단순히 자살사를 예방하는 것보다 더 중요한 논점은 치명적인 수단의 입수 제한이 사회 전체의 심리학적 행복감을 실제로 증진시키는지(그리고 자살희구나 자살시도를 감소시키는지)의 여부에 있다고 우리는 생각한다. 자살의 대인관계이론의 원칙을 사용함으로써 이러한 문제를 넘어설 수 있을 것이다. 왜냐하면, 우리는 공중보건 캠페인이 치명적인 수단의 입수 제한에 초점을 두는 것보다도 소속감을 증가시키고 부담감의 지각을 감소시키기 위해 노력해야 한다고 보기 때문이다. 이렇게 함으로써 자살자 수를 감소시키고 비치사성 자살행동, 나아가 자살희구도 감소시킬 수 있을 것이다. 이러한 형태의 개입은 치명적 수단의 입수 제한보다도 더 많은 사람들에게 도움이 될 것이다. 집단이 다른 사람들과 연결되어 있다고 느끼고 자신이 공헌하고 있다고 느낄 수 있도록 시도하는 것은 별다른 논의의 대상이 되지 않는다. 정리하자면, 치명적인 수단에 대한 접근을 제한하는 것이 생명을 구하는 것은 거의 확실하며 지속적으로 이뤄져야 한다는 것을 의미하지만, 다른 1차예방 전략도 고려하는 것이 중요하다.

(2) 자살에 대한 시민교육

매년 몇천 명의 사람들이 정신과 의료시설에서 진료를 받지 않고 자살하고 있다. 그런데 이들은 죽음 직전까지 자신의 인생에서 몇 명의 사람들과 유대 관계를 맺고 있었다(앞 장에서 언급했던 것처럼, 자살로 사망하는 사람에게는 평균 6명 정도가 남겨져 있다). 그런 사람들은 자살예방에서 매우 중요한 게이트키퍼(gatekeeper)가 될 수 있다. 즉, 일반 시민이 자살에 대한 기본적인 사실을 잘 알고 있으면, 위기에 있는 사람들에게 필요한 지원을 연결시킬 수 있는 것이다. 이렇게 진행되기 위해서는 자살에 대한 정보를 가능한 한 넓힐 필요가 있다. 물론 인터넷이나 기타 장소에서 자살위험 인자를 설명하고 있는 정보원은 많이 있다. 그러나 질적인 면에서 다양하고 어떤 리스트는 너무 길어서 일반인이 어떤 위험요인이 다른 것보다 더 중요시되는지 판단하기가 어렵다. 더구나 Mandrusiak et al.(2006)에 따르면, 많은 웹사이트가 경고징후 리스트를 제시하고 있지만('**자살**'과 '**위험 징후**'를 키워드로 포함하고 있는 사이트는 18만 3,000곳을 넘는다), 이들 사이트 간에 일치된 내용은 비교적 적다.

제2장에서 AAS의 실무진(Rudd, Berman, et al., 2006)이 작성한 자살위험 징후 리스트가 제시되어 있다. 이 리스트는 어느 개인에게 자살에 대한 개입이 필요한지를 결정하기 위한 간결하고 실증적으로 알려진 방법을 전해주기 때문에, 실천가와 일반인 모두에게 도움이 될 것이다. Rudd, Merman, et al.(2006)이 설명하고 있듯이, 이 위험 징후는 2개의 층 또는 중요도로 나뉘어 있으며, 제1층에 포함된 위험 징후(즉, 죽음에 대한 생각이나 명백한 자살행동과 직접 관련됨)는 즉각 지원(예, 911에 전화, 정신보건의 전문가 부름)이 필요하다는 것을 제시하고 있다. 제2층의 위험 징후는 긴급성이 적은 위험을 제시하고 있고, 생명의 전화 등 직통전화(예, 전미 자살예방전화는 1-800-273-TALK)나 정신보건 케어 제공자와 예약할 필요가 있

다는 것을 제시하고 있다. 이 권고들은 직설적이어서 사람들 대부분이 따르기 쉽다. 그리고 조사에서 보여주는 내용에 자살을 암시하는 대부분의 사람들은 자살하지 않는다는 내용이 있어서, 거짓 음성보다 거짓 양성의 결과를 더 많이 가져올 가능성도 있다. 그뿐만 아니라, 이 위험 징후 리스트는 게이트키퍼가 자신들의 자살위험을 처리할 수 있다기보다 전문가나 훈련된 보조 전문가의 도움을 제공해줄 수 있는 자원으로서 연계시키고 있다.

자살의 위험 징후에 대한 정보를 널리 알리는 데 장애가 되는 한 가지는 자살행동 그 자체의 특징에서 보인다. 구체적으로는 사람들에게 자살에 대한 교육을 제공하는 것이 의사와 관련된 영향을 받는 것이고 그러한 정보에 노출된 사람들 가운데 자살위험의 증대로 이어질 수도 있다고 염려하는 것이다. 예를 들면, Gould, Greenberg, Velting, and Shaffer(2003)는 자살 관련 커리큘럼을 학교에서 실시했을 때, 긍정적인 영향도 몇 가지 나타났지만 부정적인 영향을 나타내는 복수의 연구도 있다고 보고하고 있다. 자살에 대한 정보를 제시하는 사람이라면 그렇게 할 때 신중하게 책임을 가져야 하겠지만, 이러한 요인들을 안전하게 전파할 수 있는 확실한 방법들이 있다. 실제로 Rudd, Mandrusiak, Joiner, Berman et al.(2006)은 대학생에 대한 자살위험 사인을 제시한 경우와 심장발작의 위험 징후를 제시한 경우를 비교하는 실험연구를 실시했다. 그 결과, 자살위험 징후에 대한 내용을 읽은 학생의 경우 높은 우울, 불안, 절망감, 자살 희구의 득점이 유의하게 높지는 않았다. 심장발작의 위험 징후에 대한 정보를 제공받은 쪽이 약간 높은 정서적 괴로움의 수치(불안과 우울에 대해 통계학적으로 유의한 차이)를 보여주었다.

Van Orden, Joiner, et al.(2006)은 자살의 위험 징후 리스트가 피험자의 자살에 대한 태도나 신념 및 다른 사람의 위험 징후을 알아낼 능력에 영향을 미치는지 조사하기 위해 유사한 연구를 진행했다. 자살의 위험 징후를 읽도록 배정된 피험자 그룹은 다른 사람의 징후를 알아차릴 능력이 유의하게 높은 것으로 나타났다. 심장발작의 위험 징후를 읽도록 배정받은 피험자 그룹은 심장발작 징후를 알아차리는 능력에서 차이를 나타내지 않았다. 중요한 점은 자살의 위험 징후 리스트를 읽는 것이 자살위험이 있는 피험자에 대한 부의 신념을 높이지 않았다는 것이다(그러한 신념을 감소시킨 것도 아니었다). 이러한 내용을 바탕으로 생각해볼 때, 2가지 실험연구에서 얻을 수 있는 점은 자살위험 징후에 대한 정보를 제시하는 것이 해롭지 않다는 것이며, 자살로 인한 죽음을 예방하는 데 효과적이라고 증명할 만한 증거를 제시하고 있다는 것이다.

자살의 대인관계이론의 긍정적 특징의 하나는 간결함이다. 이러한 특징은 비전문가에게 자살의 대인관계이론의 주요 개념을 비교적 쉽게 교육할 수 있다는 것을 나타내며, 이것은 자살위험 징후의 지표로서 사용할 수 있다는 것을 시사한다. 이러한 발상은 아직 검증되지 않았지만, 보통 사람들에게 이 이론의 주요원리를 자살의 위험에 대한 지표로서 가르칠 수 있다고 생각하는 것은 타당하다고 볼 수 있다. 이 이론에서 자살사가 일어나기 위해서는 소속감의 좌절과 부담감의 지각, 습득된 자살 잠재능력, 이 모든 것이 갖춰져야 한다고 말하는 점을 고려한다면, 개인에게서 이 세 가지가 보인다는 것은 절박한 위험이 있다는 것을 나타낸다. 나아가 자살희구는 소속감의 좌절과 부담감의 지각에서 나타나는 것으로 상정되고 있다. 보통 사람에게 있어서는 자살욕구가 있는지 특히 자살에 대한 생각을 숨기고자 하는 사람에게 그러한 욕구가 있는지를 판단하는 것보다 이러한 요인들이 있는지를 평가하는 것이 더 쉬울 수 있을 것이다. 구체적으로 그 개인의 상황 요인(예, 최근의 이혼, 실직, 장기간의 부상, 만성 질환 등)이 소속감의 좌절과 부담감의 지각이 존재하는지를 추측하는 데(적어도 조사가 더 필요하다는 것을 나타내는 것)에 도움이 될 것이다. (a) 전문가가 아닌 사람이 이들 개념을 다른 사람들에게서 찾아낼 수 있을지, 그리고 (b) 이러한 형태의 공감이 기존의 위험 징후 리스트에 추가되거나 더 유용할 것인지에 대해 판단하기 위해서는 추가적인 연구가 필요하다.

물론 자살에 대한 정보가 보통 시민들에게 유용하기 위해서는 그들이 그러한 내용들을 입수할 수 있어야 한다. 어떤 공중보건 문제에서는 매스컴의 이용이 효과적인 경우도 있지만(예, 피임도구 이용; Kotler & Andreasen, 1996), 그다지 효과적이지 않은 경우도 있다(예, 자전거 사용 시 헬멧 사용; Ressler & Toledo, 1998). 아쉽게도 미디어의 자살예방 대처에 대한 연구는 적다. Daigle et al.(2006)은 자살에 대한 공중보건 캠페인이 대중의 태도, 도움을 구하려는 의사와 그 행동에 대한 것이어야 하며, 실제의 자살률이나 자살 위험성이 있는 사람들의 도움 요청 가능성에 영향을 주기 위해서는 이 모든 것들이 중요하다는 점을 논의하고 있다. 저자들은 캐나다의 Quebec에서 매년 실시되는 공중보건 캠페인인 자살예방 주간 활동의 영향

에 대해 검토했다. 이 연구에 따르면, 이 캠페인에서 연락이 왔다
고 보고한 소수의 사람들의 경우 단지 자살에 대한 지식과 이용 가능
한 자원에 대한 지식만 증진되어 있었다(즉, 필요한 경우에 지원 요
청에 대한 태도나 의사에는 변화를 보이지 않았다). 저자들은 이것
에 대해 메시지를 확산시키는 데 필요한 재원이 부족했기 때문에 강
한 영향을 줄 수 없었다고 결론을 짓고 있다. 이것은 지속적인 미디
어 활동이 이뤄질수록 (일주일 간의 집중 캠페인에 비해) 더 효과적
이라고 결론짓고 있는 DeJong and Winsten(1990)의 권고 내용과 일
치한다.

아쉽게도 미디어를 통한 활동은 아주 많은 비용이 요구되며, 이러
한 캠페인을 조직적으로 실시하기 위한 기금도 매우 한정되어 있다.
Austin and Husted(1998)은 시민들에게 정신건강 교육을 실시할 때
의 활용이라는 관점에서 비용대비 효과를 평가했다. 그들은 (a) 특정
문제에 대해 얻을 수 있는 기존 자원에 관한 인지도를 높이는 것, (b)
정책 변경으로 이어지도록 정신질환에 대한 여론의 태도를 변화시
키는 것, 이 두 가지를 정신건강을 위한 미디어 캠페인의 두 가지 목
표로 제시했다. 각각의 미디어(예, 라디오, 텔레비전, 종이 매체)에
는 장점과 단점이 있다. 저자는 정신건강에 대한 정보를 사회 일반
에 확산시키기 위해서는 라디오 프로그램이 가장 비용대비 효과가
높다고 결론짓고 있다. 특히 정신건강 문제에 대한 시청자의 참가형
프로그램이 효과적이고 비교적 낮은 비용으로 진행할 수 있는 것으
로 나타났다.

지속적인 공공광고는 사회의식을 높이는 데에 매우 도움이 되는

것 같다. Austin and Husted(1998)는 라디오방송이 가장 비용대비 효과가 높은 미디어라고 주장하고 있는데, 복수의 미디어를 병행하는 것이 가장 많은 사람들에게 메시지를 전달하는 것으로 보인다. 소속감을 키우기 위해 현재의 인간관계를 지속하도록 장려하는 것이 공공광고의 주제가 될 수 있다. 남성의 교우 관계는 여성의 그것만큼 친밀하지 않아서, 자살위험이 남성에게 더 높다는 점(Bank & Hansford, 2000)을 고려할 때, 공공광고 중에 몇 가지는 특히 남성을 표적으로 할 수도 있다. 자살하는 사람은 사랑하는 많은 사람들을 괴롭게 만든다는 사실을 사람들에게 상기시키고, 소속감의 좌절이나 부담감의 지각에 대한 잘못된 견해를 없애려는 노력도 공공광고의 또 다른 측면이 될 수 있다. 자살의 대인관계이론 개념을 직접 호소함으로써, 이러한 공공광고는 인생을 다른 관점에서 바라볼 수 있도록 권고하고, 정신건강의 지원을 구하지 않는 사람을 포함해서 사람들의 자살희구를 억제할 수 있도록 한다. 공공광고를 통해서 이 이론의 개념을 사람들에게 전하는 것은 다른 사람의 자살 위험성을 알아차리는 것에도 도움을 줄 수 있을 것이다.

(3) 1차예방의 한계

Duberstein and Witte(2009)은 자살예방의 1차예방 대처에서 예상되는 한계에 대해 고찰하고 있다. 1차예방의 몇 가지 대처는 실제로 자살위기에 있는 상대적으로 극히 소수인 사람들을 위해 다수의 자유를 제한한다고 인식될 가능성이 있다는 것이 하나의 한계이다.

이번 장과 제3장에서 고찰한 것처럼, 총화기의 입수 제한이 널리 이뤄지면 자살위기에 있는 사람의 목숨을 구할 수 있는 하나의 전략이 되겠지만, 이것이 무기 소지에 대한 자유를 침해한다고 생각하는 사람들에게는 상당한 논란이 될 수 있다.

1차예방의 또 다른 한계는 그 전략이 실제로 인구 집단의 구성원 모두에게 똑같이 미치지는 않을 가능성이 있고, 실질적으로 전체적인 예방이 되지는 않는다는 점이다. Neeleman(2002)은 다양한 자살 위험 인자에 대해 조정자로서 기능하는 사회 환경의 맥락적 요인을 검토했다. 예를 들면, 실업은 비교적 잘 알려진 자살의 위험인자이다. 그러나 실업과 자살의 관계는 지역의 실업률에 따라 영향을 받는다. 구체적으로 보자면, 실업상태이지만 비교적 일반적인 지역에 살고 있는 사람의 경우 비교적 흔하지 않은 지역에 사는 실업상태인 사람들보다도 자살위험이 유의하게 낮다(Charlton, 1995). 따라서 이 위험인자를 해결하기 위해서 사회 전체적으로 대처하는 것(즉, 실업률을 내리는 것)은 그 대처가 미치지 않는 사람들의 자살 위험성을 오히려 높이게 되는, 의도하지 않은 영향을 미칠 수 있다. 왜냐하면, 여전히 실업상태에 있게 될 그 사람들에게는 비교적 낮아진 실업률이라는 배경이 부정적으로 나타나기 때문이다.

정리하자면, 1차예방은 이론적으로 사회 전체의 모든 사람들에게 파급되며, 위험성이 높은 개인을 특정하기 위한 스크리닝법을 사용할 필요가 없다는 장점이 있다. 자살에 대한 1차예방은 효과적이며, 몇 가지 한계가 있기는 하지만 그 한계는 2차(고위험)예방 전략과 병행함으로써 극복할 수 있을 것이다.

2. 2차예방 전략

자살행동의 위험이 있다고 생각되는 특정 개인만을 표적으로 하는 예방 전략은 어떤 집단 전체에 영향을 주는 전략에 비해 의견의 대립이 적다는 장점이 있다. 왜냐하면, 그러한 개입은 일반 시민의 자유를 제한하는 일이 없으며, 오히려 자살위험이 높은 개인에 대한 영향을 의도하고 있기 때문이다. 이러한 전략은 사람들이 치료를 위해 등록할 필요도 없고 특히 지원을 요청할 필요도 없다는 점에서 전통적인 심리요법적 치료와는 다르다. 2차예방 전략은 개개인의 위험 수준을 적절하게 식별할 수 있고, 개입의 범위 내에 이 사람들이 있어야만 효과적이다. 위험성이 낮다고 잘못 유별된 사람들은 필요한 개입을 받을 수 없어서 자살행동의 경우에는 비극적인 결과를 가져올 수도 있다. 따라서 이러한 자살예방이 효과적이기 위해서는 실증적 근거가 있는 이론에 근거한 위험성 유별작업이 중요하다. 더나아가 만약 사람들이 높은 위험성이 있다고 올바로 평가되었다고 하더라도, 표적이 되는 개인이 충분히 동기부여가 되지 않았거나 이용가능한 지원에 접근할 수 없는 경우, 2차(고위험)예방 전략은 실패로 끝난다. 이러한 어려움에 대처하기 위해서는 개입하려는 사람들에 대한 철저한 이해가 중요하다.

임상 장면에서 개인에 대한 위험측정을 위해 자살의 대인관계이론을 활용하는 것에 대해서는 이미 언급했다. 이 이론은 특정 사람들의 위험수준을 결정하는 데에도 유용하고, 이러한 작업은 문제가 되는 그룹의 소속감 좌절, 부담감의 지각, 습득된 자살 잠재능력의 수준을 평가함으로써 이뤄지게 된다. 위험이라고 생각되는 그룹이 확인되면, 이 이론의 개념 가운데 하나 또는 그 이상을 완화시키기 위한 개입 전략이 이뤄진다. 이러한 전략은 제4장에서 고찰했듯이, 전통적인 심리요법적 치료를 어떤 이유에선가 거부하거나 수진할 수 없는 사람들에게 특히 가치가 있다.

다음 섹션에서는 자살의 위험성이 높다고 생각되는 몇 그룹(물론 이 리스트가 모두를 망라하는 것은 아니지만)에 대한 다른 예방정책을 논의하겠다. 효과가 있는 것으로 증명된 연구 데이터를 제시하고, 자살의 대인관계이론에 근거하여 소속감의 좌절과 부담감의 지각이라는 구성 개념을 적용함으로써 자살위험을 효과적으로 감소시킬 수 있는 개입을 제안하도록 하겠다.

(1) 최근의 자살시도자

사회적으로 고립된 개인을 알아내고 다른 사람과의 유대 수준을 상승시키는 것은 고위험군에 대한 개입전략이며, 이것은 자살의 대인관계이론에서 자살을 예방하는 것이라고 말하고 있다. 다른 사람과 정기적인 접촉을 하지 않는 사람들을 알아내고 지원한다는 것은 어려운 작업이기 때문에 실행으로 옮긴다는 것이 말로 하는 만큼 간단하지 않다. 이미 이뤄지고 있고 어느 정도 성공적이라고 하는 하나의 방법은 최근 자살위기에 있고 지속적인 케어를 거부하는 사람들에 대한 방문활동이다(Motto & Bostrom, 2001). 이 경우에 위험성이 높은 개인을 알아내는 작업은 비교적 단순하다. 이 사람들은 모두 최근에 시도한 자살행위로 인해 정신과 병원에 입원했다가 퇴원한 지 얼마 지나지 않은 사람들로서 자살행동의 가장 고위험군이다(Meehan et al., 2006). 이것은 자살의 대인관계이론에서 예측하는 것과 일치한다. 최근의 자살시도자는 그 행위에 따른 고통이나 공포에 익숙해 있다는 것이다. 이것은 소속감의 좌절과 부담감의 지각이라는 강렬한 느낌이 있게 되는 상황요인이 해결되지 않았을 가능성과 결합하면서, 왜 그 시기가 자살위험성이 높은지를 설명해준다.

Motto and Bostrom(2001)은 자살시도 후에 정신과 병동에 입원한 환자에 대해 대규모로 무작위 대조시험을 실시했다. 퇴원 후, 병원의 지속적인 치료를 거부하는 환자(3009명의 대상자 중 28%)를 대상으로 무작위로 정기적으로 병원 스태프로부터 짧은 편지를 받는 군과 전혀 편지를 받지 않는 군으로 나눴다. 그 편지는 정형화된 것이 아니라 매번 다른 문장으로 이뤄졌고 가능한 한 환자에 따라 개별적인 내용으로 작성되었다. 편지의 내용은 매우 기본적이고 간결하며, 요지는 병원 스태프가 환자의 건강을 걱정하고 있고 필요하면 언제든지 도움을 요청할 수 있다는 것이었다. 편지는 매월 한 통씩 4개월간, 격월로 1통씩 8개월간, 3개월에 한 통씩 3년간 발송되었다(총 24통을 5년간 보냈다).

편지를 받은 그룹은 자살사망자가 개입 시작 후 처음 2년간에 걸쳐 유의하게 낮았고, 그 후에 그 그룹은 유사한 위험성을 보였다. 저자들은 이 개입이 효과적이었던 것은 예전에 환자였던 사람들이 큰 기관, 이 경우에는 정신과 병동과 여전히 어떻게든 연결되어 있다고 느끼기 때문이라고 추론하고 있다. 이러한 개입은 배려되고 있다는 느낌이나 다른 사람과의 연대가 깊지는 않지만, 개입이 이뤄진 그룹의 사람들이 느끼는 소속감 좌절을 완화시키고, 그들의 자살희구를 감소시켜 치명적인 자살시도가 일어나지 않도록 한다. 이것은 바로 자살의 대인관계이론이 예측하는 점이다. 이러한 개입의 효력이 2년을 넘지는 않았다는 사실에도 불구하고, 이러한 개입은 유사한 개입의 경우에 유익한 출발점이 될 수 있다.

사실, 더 간략하고 개별적으로 맞춘 편지를 사용했을 때의 개입이 효과를 갖는다는 것을 실증하는 최근의 연구가 있다. Carter, Clover, Whyte. Dawson, and D'Este(2005)는 고의로 자상행위를 한 구급환자를 대상으로, 무작위로 12개월간 8통의 엽서를 받는 그룹과 통상적인 치료를 받는 그룹으로 나눴다. 전체적으로 볼 때 이후의 자상행위 비율이 감소하지는 않았지만, 개입이 이뤄진 그룹에서 실제로 자상행위가 이뤄진 인원수는 반으로 줄었다. 비용이 비교적 적은 이러한 개입(시간과 실제 비용 모두)과 구급의료의 높은 비용(자살환자나 가족의 정서적인 대가는 말할 것도 없음)을 비교해보면, 이러한 개입을 계속할 필요가 분명히 있을 것이다. 나아가 이러한 개입은 대상자에게 (우편물 수령 이외에) 어떠한 활동도 요구하지 않기 때문에, 고위험군에게 원조 개입의 이용에 동기를 부여할 때, 있을 수 있는 어려움을 효과적으로 피할 수도 있다. 마지막으로 자살의 대인관계이론과 연계했을 때, 자상 횟수의 감소는 습득된 자살 잠재 능력의 감소와 같은 뜻이다.

이 연구는 몇 가지 방법을 통해 확장될 수 있다. 첫째, 유사한 관심의 편지를 자살위험이 있고 정신과 의료를 보통 거부하는 다른 집단

(예, 고령자)에게 보낼 수 있을 것이다. 그리고, 그 편지를 외래치료를 중단한 환자에게 보내는 것도 가능하다. 특히 (제1장에서 언급했듯이) 자살위험이 높은 것으로 알려진 5대 정신질환의 하나로 진단된 환자가 표적이 될 수 있다. 이것을 발전시키는 또 하나의 방향은 관심 표현의 편지보다도 좀 더 관계를 부여하는 내용을 제공하는 것이다. 예를 들면, 병원이나 진료소 스태프가 운영하는 인터넷상의 포럼이나 채팅을 개설하는 것이다. 당뇨병에 대한 정보가 게재되고 동시에 동료 지원 그룹의 기능도 갖춘 웹사이트를 통해, 당뇨병 환자에게 사회적 지원에 대한 인지가 상승한다는 연구가 있는데, 이러한 개입이 자살위험성이 있는 환자에게 이뤄진 것에 대한 연구는 없는 것으로 알고 있다(Barrera, Glasgrow, McKay, Boles, & Fell, 2002). Motto and Bostrom(2001)의 연구 내용을 재생산하고 확대시킬 수 있는 더 많은 연구가 이뤄지기 바란다.

(2) 고령자

소속감의 좌절을 경험하는 기회가 늘어나기 때문이겠지만, 자살위험이 높아지는 집단 중의 하나가 고령자이다. 고령자는 사회적으로 고립되기 쉽고 자살을 시도하면 구출하는 데 더 어려울 수 있기 때문에(Conwell, 2001), 자살욕구를 조장하는 원인이 되기도 한다. 자살의 대인관계이론은 치명적인 자상행위를 하는 잠재능력이 반복되는 고통이나 자극 유발적인 경험에 노출됨으로써 몸에 밴다는 것을 전제로 한다. 고령자는 이러한 사건에 더 많이, 더 오랫동안 노출되어 있기 때문에, 공포감이 없거나 고통에 대한 내성을 높일 가능성이 있다. 이것은 고령자가 자살 계획을 면밀하게 세우고(Conwell, 1994), 폭력적 또는 치명적인 수단을 사용한다(McIntosh & Santos, 1985)는 소견과 일치한다. 고령자에 대한 자살예방을 어렵게 하는 몇 가지 요인이 있다. 첫째, 이 연령대의 사람들은 정신질환에 대해 강한 편견을 갖고있기 때문에, 스스로 심리적 치료를 요청하는 목소리를 내지 않는 경우가 있다. 자료에 따르면, 정신질환이 있는 젊은 이들이 고령자보다 더 강하게 편견을 지각하는 것으로 나타나 있지만, 편견을 지각함으로써 조기에 치료를 끝내버리는 것으로 예측되는 경우는 고령자들의 경우에만 해당되었다(Sirey et al., 2001), 이것은 정신질환에 대한 그들의 편견을 감소시키려는 노력과 함께 고령자가 편견을 지각했더라도 필요한 지원을 요청할 수 있도록 격려하는 노력이 필요하다는 것을 지적하고 있다.

고령자는 보통 정신과의 지원을 받는 것에 소극적이라는 사실과 그들이 청년층에 비해 더 높은 자살위험이 있다는 사실을 조합해보면, 고령자에 대해서는 다른 방법으로 접근할 필요가 있다는 것을 알 수 있다. 자살사에 대한 조사 연구를 보면, 55세 이상의 성인이 자살하기 직전 1년간 정신과 치료를 받았던 경우는 8.5%에 불과하고, 77%(여성은 100%, 남성은 78%)는 주치의로부터 진료를 받고 있었다(Luoma, et al., 2002). 즉, 주치의는 고령자의 우울증이나 자살희구를 발견하는 데 이상적인 게이트키퍼가 된다. 최근의 연구(즉, 주치의의 고령자의 자살예방－공동연구)에서는 주치의에게 있어서 고령자를 표적으로 한 개입의 효과를 조사했다(Bruce et al., 2001).

개입은 2개 부문에서 이뤄졌고, (a) 내과의에게 우울병 증상을 관리하기 위한 간단한 알고리즘을 주고(Mulsant et al., 2001), (b) 약물요법을 거부하는 사람에게 (우울증 대인관계요법[IPT]을 실시함; Klerman et al., 1984) 우울증 전문 사례관리자를 배치했다. 20곳의 주치의 병원은 무작위로 개입군과 통상적인 치료군으로 나뉘었으며, 주치의에게 진료받고 있는 60세 이상, 우울증으로 진단된 640명의 환자가 연구에 참여했다. 통상적인 치료군과 비교해서 개입군에서 자살희구, 우울증상, 그리고 우울증의 재발에 유의한 감소가 나타났다. 개입군의 절반 이상은 우울증 치료로서 약물요법을 받았을 뿐이었지만, 투약의 관리를 위해서 내과의나 정신의료 관계자와 접촉이 늘어난 것이 소속감을 높이고, 결과적으로 자살희구가 감소했다고 볼 수 있을 것이다. 실제로 환자 몇 명의 경우, 약물 자체 그리고 그것이 표현하는 모든 것과 함께 어떤 연계를 느끼고 있었다고 추측하는 것도 어렵지 않다. 나아가 심리요법을 받은 개입자군에서는 대인관계요법이 소속감의 좌절감에 직접적으로 작용하고 자살희구 또한 감소시켰을 것이다.

고위험의 고령자에 대한 효과를 기대할 수 있는 또 하나의 개입은 Tele-Help/Tele-Check(De Leo, Carollo, & Dello Buono, 1995)이다. 생명의 전화가 널리 보급되어 있고, 그것이 자살의 여러 증상을 감소시키는 것에 효과적이라는 증거도 쌓여있지만(이 책의 제3장), 그러한 전화를 이용하는 사람들 가운데 고령자는 소수이다(Osgood, 1985). 자살의 대인관계이론에서 예측하는 것처럼, 사회적으로 고립되어 있고 심신이 아프고 수입이 적은 고령자는 부담감의 지각이나 소속감의 좌절을 경험하기 쉽다는 점에서 자살위험이 클 수 있다. 앞에서 언급했던 범주에 해당되는 고령자에게는 사회복지사나 주치의가 Tele-Help/Tele-Check를 소개해줬다. 이러한 개입에는 두 부문이 있는데, 24시간 지원 요청이 가능한 휴대용 알람기기 사용(Tele-Help)과 훈련된 스태프가 일주일에 두 번 확인하는 전화(Tele-Check)이다. 1988년부터 1998년에 걸쳐, 1만 8,641명에게 시행되었던 이 개입은 자살률이 예상치의 28.8%이었다는 극적인 감소라고 말해도 좋은 결과를 보였다(De Leo, Dello Buono, & Dwyey, 2002).

고령자에게는 부담감의 지각에 초점을 맞춘 예방 전략도 유효할 것이다. 나이가 들면서 사람들은 배우자와 아이, 친구들에게 의존하게 되지만, 이러한 상황에서 자신이 주위에 의미있는 공헌을 할 수 없는 것처럼 느껴질 가능성도 있다. 이런 점에 대해서는 고령자에게 다른 방법으로 공헌하는 기회를 제공하는 것이 효과적일 것이다. 예를 들면, 그들은 가능한 범위에서 애완동물이나 식물을 돌보고, 아이를 돌보는 것으로 가족을 도울 수 있다. 이러한 활동이 아무런 의미를 갖지 않는다고 생각할지도 모르겠지만, 고전이라고 생각되는 Langer and Rodin(1976)의 심리학 연구에서 그렇지 않다는 것을 찾아낼 수 있다. 그들은 무작위로 고른 요양원 입주자에게 자기 판단으로 실내에 있는 화분을 돌보는 책임을 맡게 했다. 통제군의 입주자에게는 화분 식물에 대한 책임이 스태프에게 있다고 말했다. 그 결과 실험군 입주자는 통제군에 비해 유의하게 활동적이고 행복감을 지닌 것으로 나타났다. 더구나 사망률도 낮아진 것으로 나타났는데, 6개월 후 스스로 식물을 돌보고 있던 사람들의 경우는 15%가 사망했지만, 스태프들이 식물을 돌보고 있던 통제군의 경우는 30%가 사망했다. 해당 시설 입주자는 자살 우려가 있거나 우울감이 있었던 것은 아니었지만, 유사한 개입이 자살 우려가 있는 고령자들에게 좋은 영향을 줄 가능성이 있다. 나아가 실내의 식물을 돌보는 일보다 큰 책임을 동반하는 활동을 통해 보다 극적인 결과를 얻을 수 있을지도 모른다.

(3) 아동 · 청년기

성인과 비교해서 아동 · 청소년기의 자살로 인한 죽음의 위험은 낮지만, 자살은 이 연령대에서 3위의 사인이다(AAS, 2006). 더 우려되는 것은 과거 60년간, 청년층의 자살률이 엄청나게 상승하고 있고 여성은 2배, 남성은 4배의 비율로 늘어나고 있다(AAS, 2006). 자살의 대인관계이론에 따르면, 아동 · 청소년기에는 다른 사람과 연대를 갖기 쉽고(예, 그들은 혼자서 생활하는 경우가 거의 없고, 어린이들은 학교에 다니도록 되어 있다), 또 상대적으로 짧은 인생 기간에 고통과 자극을 유발하는 경험에 노출되는 기회도 적었기 때문에, 자살위험이 높다고 말할 수는 없다. 그러나 확실히 소속감의 좌절이나 부담감의 지각을 경험하는 아동 · 청소년기의 청소년들이 있고 동시에 폭력이나 심적 외상에 노출되면서 습득된 자살 잠재능력을 높이는 것으로 이어지는 경우가 있다.

아동 · 청소년기에 자살사의 위험이 비교적 낮음에도 불구하고, 많은 자살예방의 노력이 이 연령대를 대상으로 이뤄지고 있다. 이것은 몇 가지 요인에 따른 것이다. 먼저, 어떤 자살이든 비극이지만, 청소년의 죽음은 어떤 형태이든 훨씬 더 시기상조이고 안타깝다. 그것이 자살인 경우라면 더 충격적이다. 따라서 사람들은 청년층의 자살사를 생각하면 감정이 흔들리는 경향이 있고, 이러한 점이 그들을 행동으로 이끄는 것이다. 둘째, 청년의 자살행동은 예방하는 것이 합리적이다. 만약 청년을 자살로 향하는 길에서 벗어날 수 있도록 한다면, 장기적으로 위험을 감소시킬 것이다. 이론적으로는 청년을 대상으로 하는 효과적인 예방 대처가 그 세대의 자살률을 미래 시기에 걸쳐 감소시키고, 그 결과 성인의 자살률 감소에 간접적으로 좋은 영향을 끼친다. 셋째, 청년은 법적으로 학교에 다녀야 하는데, 그렇게 학교는 평소에 정신건강 케어의 대상이 되지 않는 사람들에게 다가서는 데 이상적인 장소가 된다.

American Foundation for Suicide Prevention(미국 자살예방재단)은 Suicide Prevention Resource Center(자살예방 자원센터)와 협력하여 가장 우수한 자살예방 실천의 온라인 데이터베이스를 구축하고 있다(Suicide Prevention Resource Center, 2005). 현재 12가지의 예방 프로그램이 '유망'이나 '효과적'이라고 인증되어 있고, 그 중 6가지는 학교 청소년을 예방대상으로 하고 있다. 그 6개의 예방 대처 가운데, 단 한 가지가 청년의 자살행동에 실제 영향을 미친 것으로 나타났다. Signs of Suicide(SOS; Aseltine & DeMartino, 2004)는 14세부터 18세까지의 청년을 표적으로 하는 2일간의 워크숍인데, 자살에 대한 1차예방적 교육과 자살위험에 있는 청년을 알아내기 위한 스크리닝 설문지를 조합한 것이다. 자살에 대한 교육은 청소년들에게 자살의 징후와 그것을 자기 자신이나 다른 사람에게서 발견했을 경우, 어떻게 반응할지를 가르치고 있다. 비디오 시청과 토론을 이용하여 자살의 위험 징후를 알아차리는 것(acknowledge), 걱정되는 사람에게 그것을 전하는 것(care), 어른에게 그것을 전하는 것(tell)을 학생들에게 가르치는 것이다-첫 글자를 따서 ACT라고 한다. 모든 학생이 우울증이나 자살 증상 스크리닝 설문지에 답하여 위험이 있다고 나타난 경우에는 치료에 대해 언급한다. Aseltine and DeMartino(2004)는 2,100명의 고등학생을 대상으로 무작위로 SOS에 참여하는 그룹과 SOS 참여를 기다리는 통제군으로 나눴다. SOS 참여에 배정된 학생은 우울증과 자살에 대한 지식이 증가한 것으로 나타났다. 그리고 더 중요한 것은 개입군의 3.6%, 통제군의 5.4%가 개입이 이뤄진 후에 자살을 시도한 것으로 나타났는데, 이러한 차이는 통계적으로 유의했다.

따라서 이 집단에게 사용할 수 있는 효과적인 예방전략이 있는 것으로 보인다. 청년을 대상으로 한 효과적인 자살예방 프로그램의 장애 가운데 하나는 학교관리자가 학교에서의 자살 스크리닝에 대해 소극적이라는 것이다(D.N. Miller, Eckert, DuPaul, & White, 1999). 그 이유는 학생에게 자살위험이 있어도 도울 수 없었다거나 스크리닝 기법에서 위험이 있는 어떤 학생을 적절하게 알아내지 못했을 경우, 그 책임이 학교관리자에게 향하는 것에 대한 염려 때문에 이러한 두려움이 생기는 것이다. 학교관리자가 소극적인 또 다른 이유는 학생에게 자살에 대한 설문을 기입하도록 하는 것이 만약 그렇지 않았다면 경험하지 않을 자살 증상을 유발하는 것이 아닐까 하는 생각 때문이다(참고로 보고된 자료에 따르면, 이러한 생각과 다르다; Reynolds, Lindenboim, Comtois, Murray, & Linehan, 2006). 이러한 2차예방 전략(즉, 스크리닝을 통해 자살위험이 있는 학생을 알아냄)은 학교에서의 1차예방 전략에 비해 효과적이기 때문에(Hallfors et al., 2006), 학교에서 보이는 이러한 태도는 유감이다. 더구나 자살 스크리닝 설문지보다 자살에 대해 더 상세하게 다루는 커리큘럼을 사용한 1차예방은 어느 특정 집단에 대해 의원성(醫原性) 영향을 미칠 수 있다는 것을 적어도 몇 연구들에서 시사하고 있다(예, 프로그램 교육을 받은 남학생은 자살을 선택 가능한 것으로 더 생각하게 될지도 모르며, 과거에 자살을 시도했던 경우는 설문지 내용에 동요할 수도 있다; Shaffer, Garland, Vieland, Underwood. & Busner, 1991). 그래도 이러한 프로그램이 자살희구, 자살시도, 자살사를 증가시킨다고 하는 자료는 아직까지 보고되고 있지 않은 것으로 알고 있다. 이것은 자살을 실행 가능한 선택지로 인정하는 것이 실제의 자살희구와 반드시 같은 의미라는 것을 말하는 것이 아니다. 자살예방 프로그램에 대한 정확한 정보를 학교관리자가 이용할 수 있을 때, 그들도 이러한 프로그램에 적극적으로 참여할 수 있을 것이다.

스크리닝 프로그램에 대한 또 하나의 관문은 처음 스크리닝이 이뤄진 뒤에 상세한 위험평가와 관련되어 이뤄지는 많은 작업이다. 이러한 스크리닝 기법은 위험이 있는 학생 전원을 후속적으로 지원한다는 것을 확실하게 하기 위하여 상당히 세심하게 설계되어 있다. 따라서 많은 학교에서 실시할 수 있는 인적·재정적 한계를 넘어설 정도의 많은 인터뷰가 요구된다는 점이다(Hallfors et al., 2006). 자살의 대인관계이론이 스크리닝 기법을 더 세련되게 만드는 데 기여함으로써 거짓 음성의 수를 최소화하면서 거짓 양성을 줄이는 결과로 이어지기를 기대해 본다.

(4) 2차예방의 한계

자살의 2차예방이 1차예방에 비해 덜 논란거리이기는 하지만, 여전히 한계가 없는 것은 아니다. 앞에서 언급했듯이, 이러한 대처는 개입자의 다음과 같은 능력에 달려있다. 즉, (a) 위험이 있는 사람들을 알아내고, (b) 그러한 사람들이 그 예방책을 이용하도록 동기부여하는 능력이다. 더구나 Duberstein and Witte(2009)가 검토한 것처럼, 자살률에 효과가 있다고 증명된 2차예방 정책은 상대적으로 매우 적다. 마지막으로 어떤 집단의 경우는 다른 집단에 비해 상당히 많은 정도로 예방 활동의 표적이 되는 등 이용 가능한 치료가 공정하게 배분되고 있지 않다. 예를 들면, Duberstein과 Witterk가 실시한 인격장애로 진단된 사람들에 대한 모든 종단적 연구에서는 4%에서 5%(일반인에 비해 상당히 높은 비율)의 경계성 인격장애를 갖는 사람들이 자살로 사망한다는 점을 말하고 있다. 심리부검 연구를 통해, 반사회성 인격장애. 회피성 인격장애, 조현성 성격장애가 있는 사람들의 경우에 자살률이 상승하고 있는데, 이러한 진단 그룹에 대한 종단적 연구는 아직까지 널리 이뤄지지 않고 있다. 대부분의 예방·치료연구는 경계성 인격장애인 내담자의 자살행동을 줄이려는 목적으로 이뤄지고 있는데(Coid, 2003), 그 이유는 내담자가 더 치료를 요청하고 있기 때문일 것이다(Duberstein & Witte, 2009). 이와 같이 2차예방 전략은 재정이나 자원을 배분하는 데 한쪽으로 치우치기 쉽다.

희망을 지원하는 자살의 대인관계이론

자살의 대인관계이론

이 책에서는 자살의 대인관계이론(Joiner, 2005)에 따라, 3가지 구성개념이 자살행동을 이해하고 평가하고 궁극적으로는 효과적으로 치료할 때 중심적인 역할을 한다는 상당히 설득력 있는 증거를 논의하고 제공하고 있다. 소속감의 좌절, 부담감의 지각, 습득된 자살 잠재능력은 자살행동의 유의미한 이해와 대응의 중심이 되는, 명확하고 실증적으로 지지되고 실천적인 구성개념 그 이상이다. 이 개념들의 조합을 통해 전반적인 임상의 맥락에서 이해하고 실천적이고 적용가능하고, 간결하며 명확한 이론이 제시된다. 산악가이드의 비유로 돌아가 보면, 자살의 대인관계이론은 나침반과 지도를 제공하는 것이다. 자살위험이 있는 고객의 치료는 어려운 지형과도 같다. 자살의 대인관계이론은 정확한 평가, 즉각적인 관리, 그리고 효과적인 치료라는 점에서 임상가가 그 지형을 헤쳐나가도록 도울 수 있다. 이 책을 통해서 나타난 주제, 즉 임상가가 내담자의 자살위기를 통해 그 길에서 만날 수 있는 주제들의 통합된 논의를 이제 마무리하고자 한다.

1. 대인관계의 맥락과 관계성의 중요성

자살의 대인관계이론은 흔치 않게 유연성과 정확성을 함께 갖춘 이론이라고 생각한다. 이 이론은 자살과 자살행동이 대인관계의 맥락, 즉 정신의학적 진단을 통해 확실히 영향을 받는 (그러나 근본적으로는 그것과 관계없이) 일상적인 생활 구조 속에서 자살과 자살행

동이 일어나는 것을 알아차리고 강조하는 평가와 치료에 대한 접근
법이다. 이 이론에 따르면, 자살은 진단이나 여러 가지 증상군과 관
련되어 있지만 독립된 현상이라고 인식되고 있다. 증상과 정신의학
적 진단은 몇 가지 이유로 과거 수십 년간에 걸쳐서 자살의 위험평가
와 치료연구 중에서 가장 큰 주목을 받아왔다. 개인의 정체성에는
자살위기를 경험하기 쉬운 취약성(소속감의 좌절과 부담감의 지각)
과 시간이 지나면서 반복적이고 잠재적으로 증대하고 더 치명적인
위기에 대한 가능성(습득된 자살 잠재능력) 모두와 관련된 (개인 경
력에 구체적으로 나타나는) 명백하고 지속적인 특징이 있다.

　개인의 정체성, 자기 가치, 자기 효능감의 발달, 진화, 안정은 대인
관계의 맥락에서 일어나고, 그렇게 평가와 치료 과정의 중심으로 된
다. 초기 부모와의 관계나 애착이 자아상, 자존감, 자기 효능감에 대
한 기초와 함께 시간과 상황을 넘어서 그러한 개념의 상대적 안정성
과 복원성을 이해하고 관찰할 수 있는 틀이 된다는 것은 거의 논란이
되지 않는다. 초기의 심적 외상이 그 후의 자살이나 장기간에 이어지
는 지속적인 자살 위험성과 관련되어 있다는 명확한 증거도 있다
(Rudd, Joiner, & Rumzek, 2004). 이러한 관계는 대인관계의 혼란,
애착, 기타 관련 문제로서 대응 치료에서 이해되고 평가되고 목표로
되기보다 오히려 대부분 정신의학적 진단과 연관되어 있다. 소속감
의 좌절과 부담감의 지각은 평가나 관리, 치료를 결정하는 데 그 이
유를 설명해주는 구성개념이다. 그리고 제1장의 5대 정신장애의 논
의에서 명백하게 증명된 것처럼, 많은 진단에 공통하는 대인관계의
혼란과 그것과 관련된 문제를 이해하고 치료표적으로 하는 것에 대

한 수단이기도 하다. 산악가이드의 비유를 살펴보면, 5대 정신장애
나 다른 질환, 상황에 있는 환자는 보통의 경우보다 높은 위험성이
있다는 것을 의미하지만, 특정 환자인 경우는 그렇지 않을 수도 있기
때문에 안내하기가 어렵다. 어느 내담자의 주요우울장애가 자살위
험에 특히 치명적인지에 대해서는 어떻게 알 수 있을까? 고객을 데
리고 빙하를 건너는 산악가이드는 어떻게 어느 특정 구역이 크레바
스나 단단한 얼음을 덮고 있는지에 대해 알 수 있을까? 숙련된 가이
드는 그 빙하의 어느 구역이 이동하기에 안전하고, 어떻게 크레바스
주변의 루트를 고르면 되는지를 안다. 이 책의 목적 가운데 하나는
임상가에게 자살위험을 평가하기 위하여 유사한 기술세트를 제공
하는 것이다. 이 책에서 주어진 정보를 사용하는 임상가라면 주요우
울장애(또는 다른 정신장애)를 나타내는 사람들 가운데 빙하 속의
크레바스처럼 소속감의 좌절, 부담감의 지각, 습득된 자살 잠재능력
의 존재를 평가할 수 있을 것이다.

자살에 대한 대인관계적인 사실을 인정하는 것이 새로운 일은 아
니다. 대인관계적인 맥락이 정확하고 유의미한 이해를 위해 중요하
다는 것, 특히 치료 관계는 효과적인 평가와 치료에 중요하고 불가
결하다는 것을 강조해온 연구자들이 그 외에도 있다(예, Jobes,
2006; Rudd, Joiner, & Rajab, 2001). 소속감의 좌절이나 부담감의
지각 개념이 독특한 것은 이 두 개의 구성개념이 관계성 차원에서 자
살의 중대한 위험을 인식하기 위한 정확하고 경제적인 기준틀, 즉
임상가가 이해해야 하는 매우 중요한 것을 제공하기 때문이다. 이 기
준틀에서 생겨나는 방향 지시는 태양의 위치 판단에서 생기는 것

(예, 정확성이 떨어지고 기상 상태에 따르기 때문에 늘 이용할 수 있는 것은 아님)과 대조적으로 나침반(즉, 상세하고 간결)이 제공하는 것에 비유된다.

　대인관계적인 맥락의 중요성은 자살을 치료표적으로 하는 실천 가이드라인과 핵심 역량에서 인정되고 있다. 과거 수년간, 자살 평가와 관리에 대한 실천 가이드라인과 핵심 역량을 발표하는 두 그룹이 있다. American Psychiatric Association(2003)와 American Foundation for Suicide Prevention의 Suicide Prevention Resource Center(2005), 이 두 단체는 정확한 위험평가에서 중요한 요소로서 대인관계적 맥락을 평가하는 것과 함께 자살위험이 있는 사람과 생산적 관계를 확립하고 유지하는 것을 필수적인 과제로 강조하고 있다. 이것이 없이는 정확한 평가와 유의미한 치료가 거의 불가능하다.

　제2장에서 제공한 자살위험측정 결정 트리에 따르면, 소속감의 좌절과 부담감의 지각을 분명하게 보이는 내담자에게는 위험 상승을 나타낼 뿐만 아니라, 즉각적이고 구체적으로 주의가 필요한 적어도 2가지의 치료표적이 있다. 즉, 하나는 유의미한 관계를 만드는 것이고 또 하나는 치료 중단을 방지하는 것이다. 이전의 우리 연구와 몇 가지 일치하고 있는데, 분명한 점은 자살위험이 높은 내담자는 급성 증상의 재발 때문이 아니라 오히려 지속적인 성격 특성(그리고 자신 및 타자와 관련된 신념)과 대인적 치료 맥락을 견디기 어렵게 만드는 문제 때문에 치료 과정에서 일찍 중단해버린다는 것이다. 대다수의 사례 가운데, 치료 중지에 대한 감수성을 야기하는 특성은 소속감의 좌절과 부담감의 지각의 관점을 통해서 정확히 이해할 수 있

다. 이 구성개념의 정의와 해석은 비교적 단순하고 쉬우며 구체적이다(<표 2-1> 참조).

2. 평가와 치료에서 이론적 유연성, 임상적 정확성, 희망을 지지하는 과정

이 책은 자살의 대인관계이론의 실용적·임상적 측면을 강조해왔다. 그러나 가장 유용한 측면은 이론의 유연성과 임상적 정확성의 흔치 않은 조합일 것이다. 이 두 가지 특징은 자살위험이 있는 사람들에게 희망을 지지해줄 때 특히 효과적이다. 이 이론의 3가지 구성개념(소속감의 좌절, 부담감의 지각, 습득된 자살 잠재능력)은 분명히 자살위험의 상승을 나타내는 5대 진단을 통해 보이지만, 이렇게 간단하고 유연하고 정확한 이론을 찾아내기는 흔치 않은 일이다. 그러나 더욱 흥미롭고 설득력 있는 것은 자살위험이 있는 사람들을 대상으로 한 치료에서 무엇이 기능하고 있는지를 탐구하는 작업이다.

Rudd et al.(in press)는 치료 후에 자살시도의 빈도를 줄이는 것으로 유효성이 실증된 심리요법의 치료 프로토콜을 검토했다. 여기에서 몇 가지 재밌고 흥미 있는 유사성이 보이는데, 치료를 위한 프로토콜은 다음과 같은 특성이 있다.

- 치료의 인지·대인관계 모델(4개의 치료 프로토콜이 횡단적으로 상당히 중첩됨)

- 치료목표, 환자의 책임, 위험관리 절차를 명확하게 표현하고 있는 사전 동의 과정
- 매우 충실하게 설명된 매뉴얼 중심의 치료
- 스킬 개발을 표적으로 한 치료목표(감정조절과 대인적 관계성에 초점을 맞춤)
- 문제가 나타났을 때 치료이행을 표적으로 하는 프로토콜
- 분명하고 명확한 위험관리 절차

무엇이 자살 치료를 효과적으로 할까? 효과적인 치료에서 핵심적인 요소는 무엇일까? 똑같은 질문이 평가 방법에 대해서도 적용될 수 있다. 이러한 질문에 대한 확실한 답을 제공하기 위해서는 치료 설계를 분해하고 검토하는 수법을 사용해야 하겠지만, 위에서 설명된 유사점은 분명하게 시사적이고 증거로 몇 가지를 제시하고 있다. 자살은 임상진단이나 생활상의 맥락과 관계없이, 일반화되어버린 절망감을 특징으로 하는 행위이며, 여기에는 상호 교차되는 무수한 증상과 문제가 있고, 감정적 고통과 미래 또는 반복되는 에피소드의 지속성과 중증도에 영향을 주는 대인관계의 현상이 함께 있다. 논의 거리가 되기는 하지만, 자살위험이 있는 내담자를 대할 때 가장 중요한 요인은 이 광범위하고 극심한 절망감을 감소시키는 것이다. 간단히 말하자면, 자살위험이 있는 사람을 치료한다는 것은 희망을 지원하는 것이다. 희망이 생겨나면 증상은 완화되고 (관련된 스킬과 함께) 자기 이미지나 자기 효능감이 개선되고 취약성은 감소한다. 그러나 '희망'은 산의 정상에 도달하는 것에 비유할 정도로 매우 일반

적인 개념이다. 어떻게 달성할 것인가? 자살위험이 있는 사람들은 특히 무엇에 대해 절망하고 있는 것일까? 절망감을 경험하는 많은 사람들 가운데 자살을 시도하는 사람은 많지 않으며 자살로 죽는 사람은 더 적다. 절망감을 가지고 있는 사람들 가운데, 가장 위험성이 높은 사람은 누구일까? 자살의 대인관계이론은 이러한 질문에 대한 답, 이 책 전체를 통해 임상적으로 매우 의미있다고 입증된 답을 제시하고 있다.

유효한 치료법의 측면 하나는 이 모델이 단순하면서도 이해하기 쉽다는 것이다. 치료의 유효성은 치료모델의 단순함에서 찾을 수 있을 것이다. 이 책에서는 소속감의 좌절, 부담감의 지각, 습득된 자살 잠재능력은 쉽고 적은 요소로 단순하며 임상적으로 정확한 이론을 제공하고 있다. 그러나 더 중요한 것은 자살의 대인관계이론은 앞의 내용에서 치료 결과를 제시하는 것과 같은 방식으로 희망을 촉진한다는 것이다. 이러한 방향성에서 필요한 것은 치료 설계를 분해하고 여러 가지 치료 요소가 어느 정도로 회복을 지속적으로 촉진하는지를 탐구하고 그것에 초점을 두는 것이다. 앞에서 기술한 치료 과정에 대한 단순하고 이해하기 쉬운 모델이 희망을 증가시키고 더 나은 임상 결과를 보여줄 수 있을까? 이 책에서 제시한 모델은 치료 역량과 치료를 전후한 구급 서비스의 사용을 개선할 것인가? 이러한 질문들은 단순하지만 중요하다.

제시되어 있는 대인관계 모델과 사용된 구성개념이 이미 앞에서 요약한 치료 패러다임의 중요한 요소라는 것을 지적하는 것이 중요하다. 이들 치료법과 치료모델은 원래 어지럽게 배열되어 있는 여러 요인에서 다루기 쉽고 의미를 갖는 세트, 마치 지도상의 중요 지점과 같은 것을 추출하는 것이다. 여기에서 제시한 효과적인 치료법에는 모두 어떤 형식이나 방법을 통해 이뤄진 스킬 개발이 포함되어 있다. 그리고 이러한 모든 치료법은 감정조절(습득된 자살 잠재능력과 매우 관련된 측면)과 대인적 관계성(소속감의 좌절과 부담감의 지각과 명백하게 연결된 측면)을 포함하고 있다. 따라서 자살의 대인관계이론은 인지 · 대인관계적 접근에 어울리는 것이고 쉽게 통합되는 것이다. 자살의 대인관계이론의 유연성과 임상에서의 정확성은 이 이론의 혁신성과 참신성을 나타내는 특징이지만, 이것은 확고한 이론적 기초 위에 서 있다. 유연하고 임상적으로 정확하고 유용한 이론은 아주 드물다. 실증적인 증거를 통해 자살의 대인관계이론은 독립된 설명이 가능한 힘을 갖고 있지만, 현존하는 이론들에 매끄럽게 통합될 수 있다. 자살의 인지이론에 대한 비판은 '자기'와 '타자'의 구성개념에 대한 것이다(Brown et al., 2005). 대인관계이론도 이러한 구성개념에 기초를 두고 있지만, 보다 정교한 방식으로 되어있다. 지금까지 축적된 증거 자료는 자살의 대인관계이론이 기존의 인지 · 대인관계 접근법에 상당한 힘을 더하고 있다는 것을 말해준다. 이러한 이론들은 모두 내담자에게 간단히 설명되고, 치료 중에 표적이 되며, 시간에 따른 추적이 가능한 명확한 구성개념을 사용하고 있다. 간단한 척도는 이 책의 제2장에 기술되어 있다.

3. 희망의 지원, 평가, 위험관리

내담자가 희망을 갖도록 지원한다는 것은 이론적 방향성, 평가방법, 치료 패러다임을 넘어서 많은 형태를 갖는다. 자살의 대인관계모델의 특이한 측면 가운데 하나는 그것이 평가와 치료, 양쪽에 모두 적용될 수 있다는 점이다. 지금까지 보고된 대부분의 접근법에서는 사용하는 평가 패러다임과 치료 패러다임을 구분하고 있고, 때로는 개념 모델의 모순이나 갈등이 발생하기도 한다. 이것과는 대조적으로 자살의 대인관계이론 모델은 중요한 평가지표를 가지고 있으며, 그것이 명확한 치료목표로 옮겨진다.

평가의 관점에서 말하자면, 사용하는 평가방법에 관계없이, 위험을 이해·평가할 때의 중요한 요소는 자살의 의도문제이다. 경도에서부터 중등도, 중도(혹은 극도)의 자살위험까지 그 변동은 관찰되는 (또는 이해되는) 죽을 의도의 상승과 일치한다. 습득된 자살 잠재능력이라는 구성개념은 죽을 의도라는 개념을 고려하는 특이한 렌즈를 제공한다. <그림 2-3>(제2장)에서 제공된 자살위험측정 결정트리에서 분명히 보이듯이, 습득된 자살 잠재능력은 자살위험의 영역을 구별하는 데 중심 인자이다. 습득된 자살 잠재능력은 죽을 의도를 이해하는 기초를 제공하며, 죽을 의도의 상승을 나타내는 다른지표(내담자의 주관적 발언과 객관적 또는 관찰 가능한 죽을 의도의지표)와 연결되어 있다. 예를 들면, 자살 계획의 수립과 결정, 준비는생각에서 실행으로의 이행, 즉 죽을 의도의 명확한 행동지표-일단준비가 되면, 죽을 계획의 실행이 시작되었다는 것-를 나타내는 것이다. 제2장에서 논의한 것처럼, 습득된 자살 잠재능력은 과거에 이뤄졌던 복수의 자살시도 이력(예, 자살의 중단이나 자가 주사로 인한 약물사용)으로 증명되지만, 이것은 죽을 의도의 상승, 두려움을 모름, 만성상태, 위험의 종합적 상승과 일치한다.

습득된 자살 잠재능력은 자살위험의 지표로 사용되는 것 이외에, 그 변화 과정을 도표로 제시하는 작업에 내담자를 끌어들이면서, 내담자에게 쉽게 설명할 수 있고 또 내담자와 검토할 수 있는 구성개념이다. 치료사가 자살위험을 이해하고 시간의 경과와 함께 그 위험을 추적하기 위한 모델, 즉 필요불가결한 임상 과제를 제공하기 때문에, 내담자는 왜 자해 행동이 비생산적이고, 위험의 관리와 현재 진행 중인 치료에서 치료목표가 요구되는지를 이해할 수 있게 된다. 이 모델은 이해하고 치료에 투입되기도 매우 쉬우며, 전반적으로 치료에 따르도록 개선시켜 생산적인 결과에 기여한다. 즉, 내담자가 효과적인 위험관리의 중요한 스킬인 자기 관찰을 더욱 쉽게 실행하도록 만드는 것이다. 제3장과 제4장에서 제시된 것처럼, 이것은 위기카드에서 쉽게 이뤄질 수 있는 구성개념과 스킬이다.

4. 이해와 적용이 쉬운 모델: 그리고 희망으로 이끄는 것

자살의 대인관계이론은 이 책에서 언급했던 여러 가지 이유로 유용하다고 주장했었는데, 내담자에게 이 이론은 이해와 실천 적용이라는 점에서 간단하고, 이 두 가지 특성은 효과적인 치료 결과에 영향을 미친다. 이 책에서 언급했듯이, 자살위험이 있는 내담자와 강력한 치료동맹을 확립하고 유지하는 것은 필수적이다. 이러한 관계성은 소속감의 잠재적인 원천이며 내담자가 특히 (스킬 개발이 아직 이뤄지지 않은) 치료의 초기 단계나 급성의 위기 시점에서 의지하는 희망의 토대, 바로 그것이라고 볼 수 있다. 다른 연구자가 언급한 것처럼(Jobes, 2006), 많은 것들이 좋은 치료 관계를 촉진하지만, 그 중심은 명확하고 정확하고 이해 가능한 평가와 치료의 모델이다. 내담자는 자신들이 이해하고 실천적 의미가 있는 것에는 시간과 노력을 쏟을 수 있다. 내담자는 자신이 이해할 수 있는 것을 실행하고, 현재의 문제에 분명히 관련되어 있는 스킬 개발을 목표로 한다. 치료에서 동기부여와 그것에 몰두하는 자세는 매일 이뤄지는 치료와 위험 관리의 양쪽 모두를 잘 따르도록 촉진하며, 이러한 준수 태도는 희망의 명확한 지표가 된다.

이해, 치료 준수, 희망, 이 세 가지는 많은 면에서 관련되어 있고, 자살위험이 있는 내담자에게 있어서 이 세 가지 치료변수 간에는 상호 의존성이 있다. 치료사가 평가·치료 프로토콜을 충실히 지키는 것은 이러한 내담자를 치료할 때, 특히 중요하다. 마지막으로 정신건강 임상가는 단지 실증적인 소견만이 아니라 직감적인 감각을 만들어내는 이론을 통해 움직인다. 실증적인 데이터가 더 축적되어야 하겠지만, 임상가는 더 잘 이해할 수 있고 직감적으로 유효하다고 느끼는 평가·치료 프로토콜 쪽에 더 (투자하고) 충실함으로써 성공할 가능성이 더 높아진다. 마찬가지로, 더 효과적인 결과가 있을 것이라는 임상가의 확신과 희망은 성공할 가능성이 높다. 우리가 이 책에서 제시하는 자살의 대인관계이론은 바로 이같이 이해 가능한 것이다.

평가와 치료, 양쪽에서 제시한 모델을 지지하기 위해서는 해야할 작업이 남아 있다. 중요한 것은 부담감의 지각, 소속감의 좌절, 습득된 자살 잠재능력은 임상적인 적용만이 아니라 연구에서도 쉽게 이행할 수 있고 충분히 정의된 구성개념이라는 것이다. 임상적인 목적에서 이들의 구성요소는 내담자와 치료사가 이해하고 투자할 수 있는 견실하고 실증적으로 지지되고 정확한 이론, 즉 이론적인 방향과 관계없이 유연하고 수정할 수 있는 이론을 제공하고 있다. 간단히 말해서, 이 이론은 임상가와 내담자 사이에 기대와 동기부여를 촉진하는 접근법인 것이다.

이 책의 서론 내용에서 등산 훈련을 받은 학생이 산을 가로지를 때 관계성의 중심적 역할을 강조했던 것을 다시 생각해보자. "남을 도와주거나 남의 도움을 받지 않고 하루라도 지낼 수 있는 사람은 아무도 없었기 때문에, 등산하는 동료들에게 무관심하다는 것은 거의 불가능하다"(Outward Bound International, 2008). 희망과 동기부여를 촉진하는 최적의 치료를 실시하기 위해서는 내담자의 대인관계성에 주의하고 치료 관계성을 임상행동의 기초로 사용해야 한다. 이렇게 임상가는 대인관계이론을 사용하여 나침반을 소속감과 사회적 역량에 향하도록 한다. 자살위기라는 불안전한 지형이 있으면, 두려움이 없고 고통에 대한 내성의 위험한 수준에 주목해야 한다. 이렇게 임상가는 자살의 대인관계이론을 습득된 자살 잠재능력이라는 위험한 크레바스 주변에 대한 지도로 사용함으로써, 내담자를 자살시도나 자살위기로부터 지켜낼 수 있다. 우리가 희망하는 것은 임상가가 자살의 대인관계이론을 내담자의 자살위기를 지나도록 하기 위한 지도와 나침반으로 사용하면서, 내담자의 삶에서 희망이 생겨나고 그러면서 더 관리하기 쉽고 훨씬 더 의미있다고 하는 것을 발견할 수 있기를 바라는 것이다.

자살의 대인관계이론

● ● ●

우리나라가 OECD 회원국 가운데 최고 수준의 자살률을 기록하고 있다는 점은 이미 언론 등을 통해서 잘 알려진 사실이다. 정부에서는 자살예방에 대한 통합적인 정보를 제공하기 위하여, 2014년 이후로 매년 『자살예방백서』(보건복지부)를 발간하고, 연령대, 직업별, 동기, 방법 등에 따른 자살 현황을 소개하고 있다. 2021년에 발간된 내용을 보면, 2019년도의 자살 사망자 수는 인구 10만 명 당 26.9명으로, 2017년 24.3명 이후로 다시 증가하고 있다는 것을 알 수 있다.

WHO가 자살을 개인, 사회, 심리, 문화 등 여러 요인들의 상호작용과 그 영향을 받는 것으로 규정하고 있다는 점을 보면, 자살예방 역시 다양한 관점에서 해결이 모색되어야 할 것이다. 그동안 우리의 자살대책을 보면, 주로 우울증으로 귀결시키고 그 원인을 밝히는 방향으로 이뤄졌다. 이러한 임상의료적 접근이 환자의 문제 해결에 실질적인 도움을 주는 것은 분명하지만, 지나치게 단순화시켜버릴 수 있다는 우려감이 있는 것도 사실이다.

우리의 자살대책은 체계적인 자살예방 모델을 제시하는 스웨덴, 핀란드, 일본 등의 사례를 검토하면서, 우리의 상황에 맞게 수정하고 보완하는 형태로 이뤄지고 있다. 자살문제에 대한 접근은 스웨덴과 같이 자살자의 심리부검 등 우울증을 중심으로 하는 임상의료적 모델, 즉 개인적인 병리의 관점에서 자살문제를 접근하는 태도와 핀란드와 같이 공중위생학적 관점에서 포괄적으로 접근하는 태도로 크게 구분할 수 있다(이하의 내용은 역자의 「자살대책을 위한 지역공동체 특성 고찰」(2020) 참고). 일본은 1998년, 자살자 수가 3만 명을 넘어서면서 자살예방 활동을 국가적 정책을 통해 해결하려는 노력을 전개해왔다. 일본에서는 자살자의 심리상태에 주목하고 그들이 심리적으로 내몰리는 원인을 사회적인 요인에서 찾았다. <자살대책기본법>(2006년)과 <자살종합대책대강>(2007년)에서는 자살을 내몰린 결과의 죽음이며 대부분 막을 수 있는 '사회적 문제'라고 분명히 밝히고 있다.

　Joiner교수는 이 책에서 자살과 관련된 주요 정신질환으로 5가지, 즉 주요우울장애, 조현병, 양극성 장애, 신경성 식욕무진증, 경계성 인격장애를 거론하고 있지만, 결국 말하고자 하는 점은 이러한 질환을 통해 야기되는 자살욕구가 부담감의 지각과 소속감의 좌절과 관련된다는 점이다. 하나의 예로, 조현병 환자가 소속감의 약화나 좌절을 경험하는 이유는 가족의 지원을 받지 못하고 사회적으로 긍정적인 관계를 형성하지 못하기 때문이며, 그들의 자살은 이러한 사회적 고립과 관련되어 있다고 보고 있다.

　가족을 포함하여 주위 사람과의 관계성에서 느끼는 '부담감의 지각'과 '소속감의 좌절'은 가정과 지역사회를 통한 문제 해결이 가능하다는 것을 보여주는 강력한 증거 자료이기도 하다. 이에 대한 실증적인 사례는 흥미롭게도 일본에서 가장 자살률이 낮은 가이후(海部) 지역에 대한 조사연구에서도 나타난다.

오카 마유미(岡檀)는 일본에서 자살률이 낮은 것으로 유명한 도쿠시마(德島)현 가이후정을 2008년부터 3년간 조사했다(관련 연구는 『生き心地の良い町』(2013)와 역자의 위 논문 참조). 그 결과, 지역적 특성으로 5가지 자살예방인자를 다음과 같이 제시했다.

첫째, 다양성의 중시 - 공동체의 조직이나 지역 활동이 자유롭고 배타성이 적다.

둘째, 인물 본위의 평가 - 지역대표 등을 선출할 때 문제 해결 능력을 중시한다.

셋째, 유능감을 지닌 행동 - 지역주민이 주체적으로 정치에 참여하고 행정 지원을 요구한다.

넷째, "병은 소문을 내라" - 상담이나 도움 요청에 대한 저항감이 적다.

다섯째, 적절한 인간관계 - 인간관계가 지나치게 긴밀하거나 경직되지 않고 적절하게 느슨하다.

지역 공동체는 문화와 가치관, 규범을 공유한다는 점에서 강한 결속감을 요구하는 것처럼 느껴질 수도 있다. 그러나 오카의 조사에 따르면, 이웃 주민과의 관계가 강한 경우에는 오히려 자살률이 높고, 간단한 인사말과 교류가 이뤄지는 정도의 느슨한 관계가 서로의 관계성에서 부담을 적게 느꼈다. 또한 지원이나 지지 체계도 다양한 관계를 통해 이뤄질 때, 자살률이 적은 것으로 나타났다. 이러한 점은 사회통합의 정도가 강한 사회의 경우, 자율성을 억제하는 부정적인 측면이 있다는 에밀 뒤르켐(Emile Durkheim)의 연구와도 일치한다.

Joiner는 자살의 대인관계이론에서 자살과 정신질환의 관계를 상세히 검토하고 있지만, 결국 자살의 위험인자를 해명하는 자살행동에 주목한다. 여기에서 제시하는 자살의 위험인자인 3가지 주요 개념은 자살위기 상황에서 어떤 점에 대해 개입할 것인가 하는 점을 보여준다. 지역 공동체를 통한 자살대책 활동에 주목할 필요가 있는 것은 삶의 구체적인 현장에서 상호 협력과 연대가 이뤄지기 때문이다. 자살의 대인관계이론은 자살문제가 우리 공동체 구성원의 '삶을 위한 지원'이라는 관점에서 접근할 필요가 있다는 점을 확인시켜준다. 이런 점에서 이 책은 자살에 대한 우리의 인식 범위를 확장시키고, 자살대책의 방향을 구체적으로 모색하는 데 큰 도움을 제공해 준다.

2022년 5월의 마지막 날에

양정연

Adler, D. A., Mclaughlin, T. J., Rogers, W. H., Chang, H., Lapitsky, L., &. Lerner, D. (2006). Job performance deficits due to depression. *The American Journal of Psychiatry,* 163, 1569-1576.

Aharonovich, E., Liu, X., Nunes, E., & Hasin, D. S. (2002). Suicide attempts in substance abusers: Effects of major depression in relation to substance use disorders. *The American Journal of Psychiatry,* 159, 1600-1602.

Ajdacic-Gross, V., Killias, M., Hepp, U., Gadola, E., Bopp, M., Lauber, C, et al. (2006). Changing times: A longitudinal analysis of international firearm suicide data. *American Journal of Public Health,* 96, 1752-1755.

Akiskal, H. S. (2005). The dark side of bipolarity: Detecting bipolar depression in its pleomorphic expressions. *Journal of Affective Disorders,* 84, 107-115.

Akiskal, H. S., Bourgeois, M. L, Angst, J., Post, R., Mollder, H. J., & Hirschfeld, R. (2000). Re evaluating the prevalence and diagnostic composition within the broad clinical spectrum of bipolar disorders. *Journal of Affective Disorders,* 59(Suppl. 1), 5-30.

Akiskal, H. S., Kilzieh, N., Maser, J. D., Clayton, P. J., Schettler, P. J., Shea, M. T., et al. (2006). The distinct temperament profiles of bipolar I, bipolar II, and unipolar patients. *Journal of Affective Disorders,* 92, 19-33.

Akiskal, H. S., & Mallya, G. (1987). Criteria for the "soft" bipolar spectrum: Treatment implications. *Psychopharmacological Bulletin,* 23, 68-73.

Alegria, M., Jackson, J. S., Kessler, R. C, & Takeuchi, D. (2007). *Collaborative Psychiatric Epidemiology Surveys (CPES)*, 2001-2003 [Computer file]. Ann Arbor, MI: Institute for Social Research, Survey Research Center.

American Association of Suicidology. (n.d.a). *Understanding and helping the suicidal individual.* Retrieved June 21, 2007, from http://www.suicidology.org/associations/1045/files/Understanding.pdf

American Association of Suicidology. (n.d.b). *Understanding and helping the suicidal person: Be aware of the warning signs.* Retrieved on August 16, 2008, from http://www.suicidology.org/displaycommon.cfm?an=2

American Association of Suicidology. (2004). *USA suicide: 2004 official final data.* Retrieved July 2, 2007, from http://www.suicidology.org/associations/1045/files/2004datapgvl.pdf

American Association of Suicidology. (2006). *Youth suicide fact sheet.* Retrieved August 23, 2007, from http://www.suicidology.org/associations/1045/files/Youth2004.pdf

American Foundation for Suicide Prevention. (2005). *Best practices registry for suicide prevention: Overview.* Retrieved June 4, 2008, from http://www.sprc.org/featured_resources/bpr/index.asp

American Psychiatric Association. (1980). *Diagnostic and statistical manual of mental disorders* (3rd ed.). Washington, DC: Author.

American Psychiatric Association. (1987). *Diagnostic and statistical manual of mental disorders* (3rd ed., rev.). Washington, DC: Author.

American Psychiatric Association. (1994). *Diagnostic and statistical manual of mental disorders* (4th ed.). Washington, DC: Author.

American Psychiatric Association. (2000). *Diagnostic and statistical manual of mental disorders* (4th ed., text rev.). Washington, DC: Author.

American Psychiattic Association. (2003). *Practice guideline for the assessment and treatment of patients with suicidal behaviors.* Arlington, VA: Author.

American Psychiatric Association. (2004). *Practice guideline for the assessment and treatment of patients with suicidal behaviors* (2nd ed.). Arlington,

VA: Author.

Ananova. (2001). *Elderly couple commit suicide,* December 22,2001. Retrieved August 16, 2008, from http://www.ananova.com/news/story/sm_479825.html

Andersen, S. M., & Chen, S. (2002). The relational self: An interpersonal social-cognitive theory. *Psychological Review,* 109,619-645.

Angst, F., Slassen, H., Clayton, P., & Angst, J. (2002). Mortality of patients with mood disorders: Follow-up over 34-38 years. *Journal of Affective Disorders,* 69, 167-181.

Apter, A., Plutchik, R., & van Ptaag, H. M. (1993). Anxiety, impulsivity, and depressed mood in relation to suicidal and violent behavior. *Acta Psychiatrtca Scandinavica,* 87, 1-5.

Arseneault, L, Moffitt, T. E., Caspi, A., Taylor, P. J., & Silva, P. A. (2000). Mental disorders and violence in a total birth cohort: Results from the Dunedin Study. *Archives of General Psychiatry,* 57, 979-986.

Aseltine, R. H., & DeMartino, R. (2004). An outcome evaluation of the SOS Suicide Prevention Program. *American Journal of Public Health,* 94, 446-451.

Austin, L. S., & Husted, K. (1998). Cost-effectiveness of television, radio, and print media programs for public mental health education. *Psychiatric Services,* 59, 808-811.

Australian Bureau of Statistics. (2000). *Suicides, Australia.* Canberra: Australian Bureau of Statistics.

Baca-Garcia, E., Diaz-Sastre, C, Basurte, E., Prieto, R., Ceverino, A., Saiz-Ruiz, J., & de Leon, J. (2001). A prospective study of the paradoxical relationship between impulsivity and lethality of suicide attempts. *Journal of Clinical Psychiatry,* 62, 560-564.

Baca-Garcia, E., Diaz-Sastre, C, Resa, E. G., Blasco, H, Conesa, D. B., Oquendo, M. A., et al. (2005). Suicide attempts and impulsivity. *European Archives of Psychiatry & Clinical Neuroscience,* 255, 152-156.

Baker, E. H., & Sandle, G. I. (1996). Complications of laxative abuse. *Annual Review of Medicine, 47,* 127-134.

Baldessarini, R. J., Tondo, L., & Hennen, J. (2003). Lithium treatment and suicide risk in major affective disorders: Update and new findings. *Journal of Clinical Psychiatry, 64,* 44-52.

Ball, S. G., Otto, M. W., Pollack, M. H, & Rosenbaum, J. F. (1994). Predicting prospective episodes of depression in patients with panic disorder: A longitudinal study. *Journal of Consulting and Clinical Psychology, 62,* 359-365.

Bank, B. J., & Hansford, S. L. (2000). Gender and-friendship: Why are men's best same-sex friendships less intimate and supportive? *Personal Relationships, 7,* 63-78.

Barkley, R. (1997). *Defiant children: A clinician's guide to assessment and parent training.* New York: Guilford Press.

Barrera, M., Glasgow, R. E., McKay, H. G., Boles, S. M., & Fell, E. G. (2002). Do Internet based support interventions change perceptions of social support? An experimental trial of approaches for supporting diabetes self-management. *American Journal of Community Psychology, 30,* 637-654.

Bateman, A., & Fonagy, P. (1999). Effectiveness of partial hospitalization in the treatment of borderline personality disorder: A randomized controlled trial. *The American Journal of Psychiatry, 156,* 1563-1569.

Bateman, A., & Fonagy, P. (2001). Treatment of borderline personality disorder with psychoanalytically oriented partial hospitalization: An 18-month follow-up. *The American Journal of Psychiatry, 158,* 36-42.

Bateman, A., & Fonagy, P. (2003). The development of an attachment-based treatment program for borderline personality disorder. *Bulletin of the Menninger Clinic, 67,* 187-211.

Bateman, A., & Fonagy, P. (2004). *Psychotherapy of borderline personality disorder: Mentalisation-based treatment.* Oxford, England: Oxford University Press.

Baumeister, R. F. (1990). Suicide as escape from self. *Psychological Review, 97*, 90-113.

Baumeister, R. F., Bratslavksy, E., Finkenauer, C, & Vohs, K. D. (2001). Bad is stronger than good. *Review of General Psychology, 5*, 323-370.

Baumeister, R. F., Bratslavsky, E., Muraven, M., & Tice, D. M. (1998). Self-control depletion: Is the active self a limited resource? *Journal of Personality and Social Psychology, 74*, 1252-1265.

Baumeister, R. F., Gailliot, M. T., DeWall, C. N., & Oaten, M. (2006). Self-regulation and personality: How interventions increase regulatory success, and how depletion moderates the effects of traits on behavior. *Journal of Personality, 74*, 1773-1801.

Baumeister, R. F., Heatherton, T. F., & Tice, D. M. (1994). *Losing control: How and why people fail at self-regulation.* San Diego, CA: Academic Press.

Baumeister, R. F., & Leary, M. R. (1995). The need to belong: Desire for interpersonal attachments as a fundamental human motivation. *Journal of Personality and Social Psychobgy, 117*, 497-529.

Beautrais, A. L. (2001). Effectiveness of barriers at suicide jumping sites: A case study. *Australian and New Zealand Journal of Psychiatry, 35*, 557-562.

Beck, A. T. (1976). *Cognitive therapy and the emotional disorders.* New York: Meridian.

Beck, A. T., Brown, G., Berchick, R. J., Stewart, B. L, & Steer, R. A. (1990). Relationship of hopelessness to ultimate suicide: Replications with psychiatric outpatients. *Archives of General Psychiatry, 147*, 190-195.

Beck, A. T., Kovacs, M., &. Weissman, A. (1979). Assessment of suicidal intention: The Scale for. Suicide Ideation. *Journal of Consulting and Clinical Psychology, 47*, 343-352.

Beck, A. T., &L Rector, N. A. (2005). Cognitive approachesto schizophrenia: Theory and therapy. *Annual Review of Clinical Psychobgy, 1*, 577-606.

Beck, A. T., Rush, A. J., Shaw, B. F., & Emery, G. (1979). *Cognitive therapy of depression.* New York: Guilford Press.

Beck, A. T., & Steer, R. A. (1991). *Manual for Beck scale for suicide ideation.* San Antonio, TX: Psychological Corporation.

Beck, J. S. (1995). *Cognitive therapy: Basics and beyond.* New York: Guilford Press.

Beck, J. S. (2005). *Cognitive therapy for challenging problems: What to do when the basics don't work.* New York: Guilford Press.

Benazzi, F. (1997). Antidepressant-associated hypomania in outpatient depression: A 203 case study in private practice. *Journal of Affective Disorders, 46,* 73-77.

Bender, T. W., Gordon, K. H., & Joiner, T. E., Jr. (2007). *Impulsivity and suicidality: A test of the mediating role of painful experiences.* Manuscript in preparation.

Bennewith, O., Nowers, M., & Gunnell, D. (2007). Effect of barriers on the Clifton suspension bridge, England, on local patterns of suicide: Implications for prevention. *The British Journal of Psychiatry, 190,* 266-267.

Berk, M. S., Henriques, G. R, Warman, D. M., Brown, G. K, & Beck, A. T. (2004). A cognitive therapy intervention for suicide attempters: An overview of the treatment and case examples. *Cognitive and Behavioral Practice, 11,* 265-277.

Biller, O. A. (1977). Suicide related to the assassination of President John F. Kennedy. *Suicide and Life Threatening Behavior, 7,* 40-44.

Blair West, G. W., Cantor, C. H., Mellsop, G. W., & Eyeson Annan, M. L. (1999). Lifetime suicide risk in major depression: Sex and age determinants. *Journal of Affective Disorders, 55,* 171-178.

Blair West, G. W., Mellsop, G. W., & Eyeson Annan, M. L. (1997). Down-rating lifetime suicide risk in major depression. *Acta Psychiatrica Scandinavica, 95,* 259-263.

Blaustein, M. (2005). *In support of a barrier.* Retrieved July 25, 2007, from http://www.pfnc.org/bridge/index.aspx

Bleuler, E. (1950). *Dementia praecox of the group of schizophrenias*. Oxford, England: International Universities Press.

Blouin, J., Schnarre, K., Carter, J., Blouin, A., Tener, L., Zuro, C, & Barlow, J. (1995). Factors affecting dropout rate from cognitive-behavioral group treatment for bulimia nervosa. *International Journal of Eating Disorders,* 17, 323-329.

Bostwick, J. M. (2006). Do SSRIs cause suicide in children? The evidence is un-der-whelming. *Journal of Clinical Psychology,* 62, 235-241.

Bostwick, J. M., & Pankratz, V. S. (2000). Affective disorders and suicide risk: A reexamination. *The American Journal of Psychiatry,* 157, 1925-1932.

Bradford, D., Stroup, S., &Lieberman, J. (2001). Pharmacological treatments for schizophrenia. In P. E. Nathan & J. M. Gorman (Eds.), *A guide to treatments that work* (2nd ed, pp. 169-199). New York: Oxford University Press.

Brenner, H. (2002, October 12). Long-term survival rates of cancer patients ach-ieved by the end of the 20th century: A period analysis. *The Lancet,* 360, 1131-1135.

Brent, D. A., Perper, J. A., Allman, C. J., Moritz, G. M., Wartella, M. E., & Zelenak, J. P. (1991). The presence and accessibility of firearms in the homes of adolescent suicides. *The Journal of the American Medical Association,* 266, 2989-2995.

Brimblecombe, N., O'Sullivan, G., & Parkinson, B. (2003). Home treatment as an alternative to inpatient admission: Characteristics of those treated and factors predicting hospitalization. *Journal of Psychiatric and Mental Health Nursing,* 10, 683-687.

Britton, P. C, Williams, G. C, & Conner, K. R. (2007). Self-determination theory, motivational interviewing, and the treatment of clients with acute suicidal ideation. *Journal of Clinical Psychology,* 64, 52-66.

Brown, G. K., Beck, A. T., Steer, R., & Grisham, J. (2000). Risk factors for suicide in psychiatric outpatients: A 20-year prospective study. *Journal of Consulting and Clinical Psychology,* 68, 371-377.

Brown, G. K., Ten Have, T., Henriques, G. R., Xie, S. X., Hollander, J. E., & Beck, A. T. (2005). Cognitive therapy for the prevention of suicide attempts: A randomized controlled trial. *The Journal of the American Medical Association, 294*, 563-570.

Bruce, M. L, Have, T. R. T., Reynolds, C. F., Katz, 1.1., Schulberg, H. C., Mulsant,. B. H., et al. (2004). Reducing suicidal ideation and depressive symptoms in depressed older primary care patients. *The Journal of the American Medical Association, 291*, 1081-1091.

Burbidge, J. A., & Barch, D. M. (2007). Anhedonia and the experience of emotion in individuals with schizophrenia. *Journal of Abnormal Psychology, 116*, 30-42.

Butler, A. C, Brown, G. K., Beck, A. T., &. Grisham, J. R. (2002). Assessment of dysfunctional beliefs in borderline personality disorder. *Behaviour Research and Therapy, 40*, 1231-1240.

Butler, A. C, Chapman, J. E., Forman, E. M., & Beck, A. T. (2006). The empirical status of cognitive-behavioral therapy: A review of meta-analyses. *Clinical Psychology Review, 26*, 17-31.

Caldwell, C. B., & Gottesman, 1.1. (1990). Schizophrenics kill themselves too: A review of risk factots for suicide. *Schizophrenia Bulletin, 16*, 571-588.

Camus, A. (1991). *The Myth of Sisyphus and other essays* (J. O'Brien, Trans:). New York: Vintage. (Original work published 1955)

Carter, G. L, Clover, K., Whyte, I. M., Dawson, A. H., & D'Este, C. (2005, September 23). Postcards from the EDge project: Randomised controlled trial of an intervention using postcards to reduce repetition of hospital treated deliberate self-poisoning. *BMJ, 331*, 805-809.

Casbon, T. S., Bums, A. B., Bradbury, T. N., & Joiner, T. E., Jr. (2005). Receipt of negative feedback is related to increased negative feedback seeking among individuals with depressive symptoms. *Behaviour Research and Therapy, 43*, 485-504.

Cavanagh, J. T. O., Carson, A. J., Sharpe, M., & Lawrie, S. M. (2003). Psychological autopsy studies of suicide: A systematic review. *Psychological Medicine,* 33,395-405.

Centers for Disease Control and Prevention. (2004). *Web-based injury statistics query and reporting system.* Retrieved June 25, 2007, from http://www.cdc. gov/ncipc/wisqars/default.htm

Charlton, J. (1995): Trends and patterns in suicide in England and Wales. *International Journal of Epidemiology,* 24(Suppl. 1), 45-52.

Cheng, K. K., Leung, C. M., Lo, W. H, & Lam, T. H. (1990). Risk factors of suicide among schizophrenics. *Acta Psychiatrica Scandinavica,* 81, 220-224.

Chiles, J. A., & Strosahl, K. D. (1995). *The suicidal patient: Principles of assessment, treatment, and case management.* Washington, DC: American Psychiatric Association.

Clafferty, R. A., McCabe, E., & Brown, K. W. (2001). Conspiracy of silence? Telling patients with schizophrenia their diagnosis. *Psychiatric Bulletin,* 25, 336-339.

Clum, G. A., Esposito, C. L., Hirai, M., & Nelson, W. A. (2000). The relative contribution of diagnostic and psychosocial variables to severity of suicidal ideation. *Journal of Psychopathology and Behavioral Assessment,* 22, 80-90.

Coid, J. (2003). Epidemiology, public health, and the problem of personality disorder. *The British Journal of Psychiatry,* 182(Suppl. 44), 3-10.

Colapinto, J. (2000). *As nature made him: The boy who was raised as a girl.* New York: HarperCollins.

Comtois, K. A., & Linehan, M. M. (2006). Psychosocial treatments of suicidal behaviors: A practice-friendly review. *Journal of Clinical Psychology,* 62, 161-170.

Conner, K. R., Britton, P., Sworts, L., & Joiner, T. E., Jr. (2007). Suicide attempts among individuals with opiate dependence: The critical role of felt belonging. *Addictive Behaviors,* 32, 1395-1404.

Conner, K. R., Duberstein, P. R., Conwell, Y., & Caine, E. D. (2003). Reactive aggression and suicide: Theory and evidence. *Aggression and Violent Behavior,* 8, 413-432.

Conner, K. R., Duberstein, P. R., Conwell, Y., Seidlitz, L, & Caine, E. D. (2001). Psychological vulnerability to completed suicide: A review of empirical studies. *Suiride and Life-Threatening Behavior,* 31, 367-385.

Conner, K. R., & Zhong, Y. (2003). State firearm laws and rates of suicide in men and women. *American Journal of Preventive Medicine,* 25, 320-324.

Conwell; Y. (1994). Suicide in elderly patients. In L. S. Schneider, C. F. Reynolds III, B. Lebowitz, & A. J. Friedhoff (Eds.), *Diagnosis and treatment of depression in late life* (pp. 397-418). Washington, DC: American Psychiatric Press.

Conwell, Y. (2001). Suicide in later life: A review and recommendations for prevention. *Suicide and Life-Threatening Behavior,* 31 (Suppl. 1), 32-47.

Conwell, Y., Duberstein, P. R., Conner, K. R., Eberly, S., Cox, C, & Caine, E. D. (2002). Access to firearms and risk for suicide in late life. *American Journal of Geriatric Psychiatry,* 10, 407-416.

Corcos, M., Taieb, O., Benoit-Lamy, S., Patemiti, S., Jeammet, P., &. Flament, M. F. (2002). Suicide attempts in women with bulimia nervosa: Frequency and characteristics. *Acta Psychiatrica Scandinavica,* 106, 381-386.

Coyne, J. C. (1976). Toward an interactional description of depression. *Psychiatry,* 39, 28-40.

Coyne, J. C, Kessler, R. C, Tal, M., Turnbull, J., Wortman, C. B., & Creden, J. F. (1987). Living with a depressed person. *Journal Consulting and Clinical Psychology,* 55, 347-352.

Crandall, C. S. (1994). Prejudice against fat people: Ideology and self-interest. *Journal of Personality and Social Psychology,* 66, 882-894.

Crisp, A. H., Callender, J. S., Halek, C, & Hsu, L. K. G. (1992). Long-term mortality in anorexia nervosa. *The British Journal of Psychiatry,* 161, 104-107.

Cukrowicz, K. C, Bums, A. B., Minnix, J. A., Reitzel, L. R., & Joiner, T. E., Jr. (2004). *Simple treatments for complex problems: A patient workbook.*

Tallahassee, FL: Center Circle Press.

Cukrowicz, K. C., & Joiner, T. E., Jr. (2005). Treating the "mischances of character," simply and effectively. *Journal of Contemporary Psychotherapy, 35*, 157-168.

Cukrowicz, K. C, Wingate, L. R., Driscoll, K. A., & Joiner, T. E., Jr. (2004). A standard of care for the assessment of suicide risk and associated treatment: The Florida State University psychology clinic as an example. *Journal of Contemporary Psychotherapy, 34*, 87-100.

Daigle, M., Beausoleil, L., Brisoux, J., Raymond, S., Charbonneau, L., & Desaulniers, J. (2006). Reaching suicidal people with media campaigns: New challenges for a new century. *Crisis, 27*, 72-180.

Davidson, K. (2007). *Cognitive therapy for personality disorders: A guide for clinicians* (2nd ed.). New York: Routledge.

Davidson, K., Norrie, J., Tyrer, P., Gumley, A., Tata, P., Murray H., & Palmer, S. (2006). The effectiveness of cognitive behavior therapy for borderline personality disorder: Results from the Borderline Personality Disorder Study of Cognitive Therapy (BOSCOT) Trial. *Journal of Personality Disorders, 20*, 450-465.

Davidson, K., Tyrer, P., Gumley, A., Tata, P., Norrie, J., Palmer, S., et al. (2006). A randomized controlled trial of cognitive behavior therapy for borderline personality disorder: Rationale for trial, method, and description of sample. *Journal of Personality Disorders, 20*, 431-449.

Deakin, J. F. W. (1996). 5-HT, antidepressant drugs, and the psychosocial origins of depression. *Journal of Psychopharmacology, 10*, 31-38.

Deci. E. L., Eghrari, H, Patrick, B. C., & Leone, D. (1994). Facilitating internalization: The self-determination theory perspective. *Journal of Personality, 62*, 119-142.

Dejong, W., & Winsten, J. A. (1990). The use of mass media in substance abuse prevention. *Health Affairs, 9*, 30-46.

De Leo, D., Carollo, G., & Dello Buono, M. (1995). Lower suicide rates associated with a Tele-Help/Tele-Check service for the elderly at home. *The American Journal of Psychiatry,* 152, 632-634.

De Leo, D., Dello Buono, M., & Dwyer, J. (2002). Suicide among the elderly: The long-term impact of a telephone support and assessment intervention in northern Italy. *The British Journal of Psychiatry,* 181, 226-229.

De Leo, D., Dwyer, J., Firman, D., & Neulinger, K. (2003). Trends in hanging and firearm suicide rates in Australia: Substitution of method? *Suicide and Life-Threatening Behavior,* 33, 151-164.

de Moore, G. M., & Roberston, A. R. (1999). Suicide attempts by firearms and by leaping from heights: A comparative study of survivors. *The American Journal of Psychiatry,* 156, 1425-1431.

Driscoll, K. A., Cukrowicz, K. C., Reardon, M. L, & Joiner, T. E., Jr. (2004). *Simple treatments for complex problems: A flexible cognitive behavior analysis system approach to psychotherapy.* Mahwah, NJ: Erlbaum.

Duberstein, P., & Witte, T. K. (2009). Suicide risk in personality disorders: An argument for a public health perspective. In P. M. Kleespies (Ed.), *Behavioral emergencies: An evidence-based resource for evaluating and managing suicidal behavior, violence, and victimization* (pp. 257-286). Washington, DC: American Psychological Association.

Dublin, L. I., & Bunzel, B. (1933). *To be or not to be.* New York: Harrison Smith and Robert Haas.

Dworkin, R. H. (1994). Pain insensitivity in schizophrenia: A neglected phenomenon and some implications. *Schizophrenia Bulletin,* 20, 235-248.

Dworkin, R. H, Clark, W. C, Lipsitz, J. D., & Amador, X. F. (1993). Affective deficits and pain insensitivity in schizophrenia. *Motivation and Emotion,* 17, 245-276.

Erlangsen, A., Zarit, S. H, Tu, X., & Conwell, Y. (2006). Suicide among older psychiatric inpatients: An evidence-based study of a high risk group. *American Journal of Geriatric Psychiatry,* 14, 734-741.

Evans, J., Evans, M., Morgan, G., Hayward, A., & Gunnell, D. (2005). Crisis card following self-harm: 12-month follow-up of a randomized controlled trial. *The British Journal of Psychiatry,* 187, 186-187.

Everly, G. S., Jr., bating, J. M., & Mitchell, J. T. (2005). Innovations in group crisis intervention. In A. R. Roberts (Ed.), *Crisis intervention handbook: Assessment, treatment, and research* (3rd ed., pp. 221-245). New York: Oxford University Press.

Fairbum, C. G., Jones, R., Peveler, R. C, Carr, S. J., Solomon, R. A., O'Connor, M. E., et al. (1991). Three psychological treatments for bulimia nervosa: A comparative trial. *Archives of General Psychiatry,* 48, 463-469.

Fairburn, C. G., Jones, R., Peveler, R. C, Hope, R. A., & O'Connor, M. E. (1993). Psychotherapy and bulimia nervosa: Longer-term effects of interpersonal psychotherapy, behavior therapy, and cognitive behavior therapy. *Archives of General Psychiatry,* 50, 419-428.

Feeley, M., DeRubeis, R. J., & Gelfand, L. A. (1999). The temporal relation of adherence and alliance to symptom change in cognitive therapy for depression. *Journal of Consulting and Clinical Psychology,* 67, 578-582.

Fonagy, P., & Bateman, A. W. (2006). Mechanisms of change in mentalization based treatment of BPD. *Journal of Clinical Psychology,* 62, 411-430.

Fonagy, P., & Target, M. (2006). The mentalization-focused approach to self pathology. *Journal of Personality Disorders,* 20, 544-576.

Foote, J., DeLuca, A., Magura, S., Warner, A., Grand, A., Rosenblum, A., & Stahl, S. (1999). A group motivational treatment for chemical dependency. *Journal of Substance Abuse Treatment,* 17, 181-192.

Forman, E. M., Berk, M. S., Henriques, G. R., Brown, G. K., & Beck, A. T. (2004). History of multiple suicide attempts as a behavioral marker of severe psychopathology. *The American Journal of Psychiatry,* 161, 437-443.

Franko, D. L, Keel, P. K., Dorer, D. J., Blais, M. A.* Delinsky, S. S., Eddy, K. T., et al. (2004). What predicts suicide attempts in women with eating disorders? *Psychobgical Medicine,* 34, 843-853.

Friend, T. (2003, October 13). Jumpers: The fatal grandeur of the Golden Gate

Bridge. *The New Yorker.* Retrieved May 7, 2008, from http://www.newyorker. com/archive/2003/10/13/031013fa_fact?currentPage=1

Gallop, R., Lancee, W., & Garfinkel, P. (1989). How nursing staff respond to the label "borderline personality disorder." *Hospital and Community Psychiatry,* 40, 815-819.

Ghaemi, S. N., Boiman, E. E., & Goodwin, F. K. (2000). Diagnosing bipolar disorder and the effect of antidepressants: A naturalistic study. *Journal of Clinical Psychiatry,* 61, 804-808.

Gibbons, J. S., Horn, S. H, Powell, J. M., & Gibbons, J. L. (1984). Schizophrenic patients and their families: A survey in a psychiatric service based on a DGH unit. *The British Journal of Psychiatry,* 144, 70-77.

Gilbert, P., & Leahy, R. L. (2007). Introduction and overview: Basic issues in the therapeutic relationship. In P. Gilbert & R. L. Leahy (Eds.), *The therapeutic relationship in the cognitive behavioral psychotherapies* (pp. 3-23). New York: Routledge.

Ginsberg, J. I. D., Mann, R. E., Rotgers, F., & Weekes, J. R. (2002). Motivational interviewing with criminal justice populations. In W. R. Miller & S. Rollnick (Eds.), *Motivational interviewing: Preparing people for change* (2nd ed., pp. 333-347). New York: Guilford Press.

Gloaguen, V., Cottraux, J., Cucherat, M., & Blackburn, I. (1998). A meta-analysis of the effects of cognitive therapy in depressed patients. *Journal of Affective Disorders,* 49, 59-72.

Goldberg, R. J. (1984). Disclosure of information to adult cancer patients: Issues and update. *Journal of Clinical Oncology,* 2, 948-955.

Goldney, R. D., Dal Grande, E., Fisher, L. J., & Wilson, D. (2003). Population attributable risk of major depression for suicidal ideation in a random and representative community sample. *Journal of Affective Disorders,* 74, 267-272.

Goodwin, F. K., Fireman, B., Simon, G. E., Hunkeler, E. M., Lee, J., & Revicki, D (2003). Suicide risk in bipolar disorder during treatment with lithium and divalproex. *The Journal of the American Medical Association, 290*, 1467-1473.

Gormsen, L., Ribe, A. R., Raun, P., Rosenberg, R., Videbech, P., Vestergaard, P., et al. (2004). Pain thresholds during and after treatment of severe depression with electroconvulsive therapy. *European Journal of Pain, 8*, 487-493.

Gould, M. S., Greenberg, T., Velting, D. M., & Shaffer, D. (2003). Youth suicide risk and preventive interventions: A review of the past 10 years. *Journal of the American Academy of Child & Adolescent Psychiatry, 42*, 386-405.

Gould, M. S., Kalafat, J., Munfakh, J. L. H., & Kleinman, M. (2007). An evaluation of crisis hotline outcomes: II. Suicidal callers. *Suicide and Life-Threatening Behavior, 37*, 338-352.

Grossman, D. (1995). *On killing: The psychological cost of learning to kill in war and society.* New York: Back Bay Books.

Gunderson, J. G. (2001). *Borderline personality disorder: A clinical guide.* Washington, DC: American Psychiatric Press.

Guthmann, E. (2005, October 30). The allure: Beauty and an easy route to death have long made the Golden Gate Bridge a magnet for suicides. *San Francisco Chronicle,* p.A1.

Guthrie, E., Kapur, N., Mackway-Jones, K., Chew-Graham, C, Moorey, J., Mendel, E., et al. (2001, July 21). Randomised controlled trial of brief psychological intervention after deliberate self poisoning. *BMJ, 323*, 135-139.

Guze, S. B., & Robins, E. (1970). Suicide and primary affective disorders. *The British Journal of Psychiatry, 117*, 437-438.

Hallfors, D., Brodish, P. H, Khatapoush, S., Sanchez, V., Cho, H., & Steckler, A. (2006). Feasibility of screening adolescents for suicide risk in "real-world" high school settings. *American Journal of Public Health, 96*, 282-287.

Hammen, C. (1991). Generation of stress in the course of unipolar depression. *Journal of Abnormal Psychology, 100*, 555-561.

Harkavy-Friedman, J. M., Kimhy, D., Nelson, E. A., Venarde, D. F., Malaspina, D., & Mann, J. J. (2003). Suicide attempts in schizophrenia: The role of command auditory hallucinations for suicide. *Journal of Clinical Psychiatry,* 64, 871-874.

Harris, E. C , & Barraclough, B. (1997). Suicide as an outcome for mental disorders. *The British Journal of Psychiatry,* 170, 205-228.

Harriss, L., Hawton, K., & Zahl, D. (2005). Value of measuring suicidal intent in the assessment of people attending hospital following self-poisoning or self-injury. *The British Journal of Psychiatry,* 186, 60-66.

Hassan, A. M. F., & Hassan, A. (1998, October 3). Do we always need to tell patients the truth? *The Lancet,* 352, 1153.

Hawton, K., Sutton, L., Haw, C, Sinclair, J., & Harriss, L. (2005). Suicide and attempted suicide in bipolar disorder: A systematic review of risk factors. *Journal of Clinical Psychiatry,* 66, 693-704.

Hawton, K., Townsend, E., Deeks, J., Appleby, L, Gunell, D., Bennewith, O., & Cooper, J. (2001, May 19). Effects of legislation restricting pack sizes of paracetamol and salicylate on self poisoning in the United Kingdom: Before and after study. *BMJ,* 322, 1203-1209.

Heatherton, T. F., & Baumeister, R. F. (1991). Binge eating as escape from selfawareness. *Psychological Bulletin,* 110, 86-108.

Heckler, R. (1994). *Waking up, alive.* New York: Grosset/Putnam.

Helgason, L. (1990). Twenty years' follow-up on first psychiatric presentation: What could have been prevented? *Acta Psychiatrica Scandinavica,* 81, 231-235.

Hellerstein, D., Frosch, W., & Koenigsberg, H. W. (1987). The clinical significance of command hallucinations. *The American Journal of Psychiatry,* 144, 219-221.

Hendin, H., Maltsberger, J. T., Lipschitz, A., Haas, A. P., & Kyle, J. (2001). Recognizing and responding to a suicide crisis. *Suicide and Life-Threatening Behavior,* 31, 115-128.

Henggeler, S. W., Schoenwald, S: K., Borduin, C. M., Rowland, M. D., & Cunningham, P. B. (1998). *Multisystemic treatment of antisocial behavior in children and adolescents.* New York: Guilford Press.

Henggeler, S. W., Schoenwald, S. K., Rdwland, M. D., & Cunningham, P. B. (2002). *Serious emotional disturbance in children and adolescents: Multisystemic therapy.* New York: Guilford Press.

Henriques, G., Beck; A. T., & Brown, G. K. (2003). Cognitive therapy for adolescent and young adult suicide attempters. *American Behavioral Scientist,* 46, 1258-1268.

Henriques, G., Wenzel, A., Brown, G. K., & Beck, A. T. (2005). Suicide attempters' reaction to survival as a risk factor for eventual suicide. *The American Journal of Psychiatry,* 162, 2180-2182.

Herzog, D. B., Greenwood, D. N., Dorer, D. J., Flores, A. T., Ekeblad, E. R., Richards, A., et al. (2000). Mortality in eating disorders: A descriptive study. *International Journal of Eating Disorders,* 28, 20-26.

Hewson, M. G., Kindy, P. J., Van Kirk, J., Gennis, V. A., & Day, R. P. (1996). Strategies for managing uncertainty and complexity. *Journal of General Interned Medicine,* 11, 481-485.

Higley, J. D., King, S. T., Jr., Hasert, M. F., Champoux, M., Suomi, S. J., & Linnoila, M. (1996). Stability of interindividual differences in serotonin function and its relationship to severe aggression and competent social behavior in rhesus macaque females. *Neuropsychopharmacology,* 14, 67-76.

Hobson, R. F. (1985). *Forms of feeling.* London: Tavistock.

Hoffman, P. D., Buteau, E., Hooley, J. M., Fruzzetti, A. E., & Bruce, M. L. (2003). Family members' knowledge about borderline personality disorder: Correspondence with their levels of depression, burden, distress, and expressed emotion. *Family Process,* 42, 469-478.

Holm-Denoma, J. M., Gordon, K. H., Donohue, K. F., Waesche, M. C, Castro, Y., Brown, J. S., et al. (2008). Patients' affective reactions to receiving diagnostic feedback. *Journal of Social & Clinical Psychobgy,* 27, 555-575.

Holm-Denoma, J. M., Witte, T. K., Gordon, K. H, Herzog, D., Franko, D. L, Fichter, M., et al. (2008). Deaths by suicide among individuals with anorexia as arbitets between competing explanations of the anorexia-suicide link. *Journal of Affective Disorders,* 107, 231-236.

Hooley, J. M., & Delgado, M. L. (2001). Pain insensitivity in the relatives of schizophrenia patients. *Schizophrenia Research,* 47, 265-273.

Hooley, J. M., Orley, J., & Teasdale, J. D. (1986). Levels of expressed emotion and relapse in depressed patients. *The British Journal of Psychiatry,* 148, 642-647.

Hoyer, G., & Lund, E. (1993). Suicide among women related to number of children in marriage. *Archives of General Psychiatry,* 50, 134-137.

Hoyert, D. L, Heron, M. P., Murphy, S. L, & Hsiang-Ching, K. (2006). Deaths: Final data for 2003. *National Vital Statistics Reports,* 54(13). Hyattsville, MD: National Center for Health Statistics.

Huey, S. J., Henggeler, S. W., Rowland, M. D., Halliday-Boykins, C. A., Cunningham, P. B., Pickrel, S. G., & Edwards, J. (2004). Multisystemic therapy effects on. attempted suicide by youth presenting psychiatric emergencies. *Journal of the American Academy of Child & Adolescent Psychiatry,* 43, 183-190.

Humphreys, K., & Rapaport, J. (1993). From the community mental health movement to the war on drugs. *American Psychologist,* 48, 892-909.

Hunt, I. M., Kapur, N., Windfuhr, K., Robinson, J., Bickley, H, Flynn, S., et al. (2006). Suicide in schizophrenia: Findings from a national clinical survey. *Journal of Psychiatric Practice,* 12, 139-147.

Jacobson, N. S., Dobson, K. S., Truax, P. A., Addis, M. E., Koemer, K., Gollan, J. K., et al. (1996). A component analysis of cognitive-behavioral treatment for depression. *Journal of Consulting and Clinical Psychology,* 64, 295-304.

Jobes, D. A. (2006). *Managing suicidal risk: A collaborative approach.* New York: Guilford Press.

Jobes, D. A., Nelson, K. N., Peterson, E. M., Pentiuc, D., Downing, V., Fancini, K., & Kieman, A. (2004). Describing suicidality: An investigation of qualitative SSF responses. *Suicide and Life-Threatening Behavior, 34*, 99-112.

Joiner, T. E., Jr. (1994). Contagious depression: Existence, specificity to depressed symptoms, and the role of reassurance seeking. *Journal of Personality and Social Psychology, 67*, 287-296.

Joiner, T. E., Jr. (1995). The price of soliciting and receiving negative feedback: Self-verification theory as a vulnerability to depression theory. *Journal of Abnormal Psychology, 104*, 364-372.

Joiner, T. E., Jr. (2000). Depression's vicious scree: Self-propagating and erosive processes in depression chronicity. *Clinical Psychology: Science and Practice, 7*, 203-218.

Joiner, T. E., Jr. (2005). *Why people die by suicide.* Cambridge, MA: Harvard University Press. .

Joiner, T. E., Jr., Alfano, M. S., & Metalsky, G. I. (1992). When depression breeds contempt: Reassurance seeking, self-esteem, and rejection of depressed college students by theit roommates. *Journal of Abnormal Psychology, 101*, 165-173.

Joiner, T. E., Jr., Alfano, M. S., & Metalsky, G. I. (1993). Caught in the crossfire: Depression, self-consistency, self-enhancement, and the response of others. *Journal of Social & Clinical Psychology, 12*, 113-134.

Joiner, T. E., Jr., Brown, J. S., & Wingate, L. R. (2005). The psychology and neurobiology of suicidal behavior. *Annual Review of Psychology, 56*, 287-314-

Joiner, T. E., Jr., Conwell, Y., Fitzpatrick, K. K., Witte, T. K., Schmidt, N. B., Bedim, M. T., et al. (2005). Four studies on how past and current suicidality relate even when "everything but the kitchen sink" is covaried. *Journal of Abnormal Psychology, 114*, 291-303.

Joiner, T. E., Jr., Gencoz, F., Gencoz, T., Metalsky, G. I., & Rudd, M. D. (2001). The relation of self-hatred and suicidality in people with schizophrenia spectrum symptoms. *Journal of Psychopathology and Behavioral Assessment,*

23, 107-115.

Joiner, T. E., Jr., Hollar, D., & Van Orden, K. A. (2006). On Buckeyes, Gators, Super Bowl Sunday, and the Miracle on Ice: "Pulling together" is associated with lower suicide rates. *Journal of Social & Clinical Psychobgy*, 25, 180-196.

Joiner, T. E., Jr., Kalafat, J., Draper, J., Stokes, H., Knudson, M., Berman, A. L., & McKeon, R. (2007). Establishing standards for the assessment of suicide risk among callers to the National Suicide Prevention Lifeline. *Suicide and Life-Threatening Behavior*, 37, 353-365.

Joiner, T. E., Jr., & Metalsky, G. I. (1995). A prospective test of an integrative interpersonal theory of depression: A naturalistic study of college roommates. *Journal of Personality and Social Psychology*, 69, 778-788.

Joiner, T. E., Jr., & Metalsky, G. I. (2001). Excessive reassurance seeking: Delineating a risk factor involved in the development of depressive symptoms. *Psychological Science*, 12, 371-378.

Joiner, T. E., Jr., Metalsky, G. I., Katz, J., & Beach, S. R. H. (1999). Depression and excessive reassurance-seeking. *Psychological Inquiry*, 10, 269-278.

Joiner, T. E., Jr., Pettit, J. W., Walker, R. L, Voelz, Z. R., Cruz, J., Rudd, M. D., & Lester, D. (2002). Perceived burdensomeness and suicidality: Two studies on the suicide notes of those attempting and those completing suicide. *Journal of Social & Clinical Psychology*, 21, 531-545.

Joiner, T. E., Jr., & Rudd, M. D. (2000). Intensity and duration of suicidal crises vary as a function of previous suicide attempts and negative life events. *Journal of Consulting and Clinical Psychology*, 68, 909-916.

Joiner, T. E., Jr., Rudd, M. D., & Rajab, M. H. (1997). The modified scale for suicidal ideation: Factors of suicidality and their relationship to clinical and diagnostic variables. *Journal of Abnormal Psychology*, 106, 260-265.

Joiner, T. E., Jr., Sachs-Ericsson, N. J., Wingate, L. R., & Brown, J. S. (2007). Childhood physical and sexual abuse and lifetime number of suicide attempts: A resilient and theoretically important relationship. *Behaviour*

Research and Therapy, 45, 539-547.

Joiner, T. E., Jr., Steer, R. A., Brown, G., Beck, A. T., Pettit, J. W., & Rudd, M. D. (2003). Worst-point suicidal plans: A dimension of suicidality predictive of past attempts and eventual death by suicide. *Behaviour Research and Therapy,* 41, 1469-1480.

Joiner, T. E., Jr., Walker, R. L, Rudd, M. D., & Jobes, D. A. (1999). Scientizing and routinizing the assessment of suicidality in outpatient practice. Professional Psychology. *Research and Practice,* 30, 447-453.

Jones, S. L., Roth, D., &Jones, P. K. (1995). Effect of demographic and behavioral variables on burden of caregivers of chronic mentally, ill persons. *Psychiatric Services,* 46, 141-145.

Kalafat, J., Gould, M. S., Munfakh, J. L. H., & Kleinman, M. (2007). An evaluation of crisis hotline outcomes: I. Nonsuicidal crisis callers. *Suicide and Life-Threatening Behavior,* 37, 322-337.

Katz, J., & Beach, S. R. H. (1997). Romance in the crossfire: When do women's depressive symptoms predict partner relationship dissatisfaction? *Journal of Social & Clinical Psychobgy,* 16, 243-258.

Keel, P. K., Dorer, D. J., Eddy, K. T., Franko, D., Charatan, D. L, & Herzog, D. B. (2003). Predictors of mortality in eating disorders. *Archives of General Psychiatry,* 60, 179-183.

Keitner, G. I., Ryan, C. E., Miller, I. W., Kohn, R,, Bishop, D. S., & Epstein, N. B. (1995). Role of the family in recovery and major depression. *The American Journal of Psychiatry,* 152, 1002-1008.

Keller, M. B., McCullough, J. P., Klein, D. N., Arnow, B., Dunner, D. L, Gelenberg, A. J., et al. (2000). A comparison of nefazodone, the Cognitive Behavioral Analysis System of Psychotherapy, and their combination for the treatment of chronic depression. *The New England Journal of Medicine,* 342, 1462-1470.

Ken, D. C. R., Lee, D. O., & Capaldi, D. M. (in press). Suicidal ideation and its recurrence in boys and men from early adolescence to early adulthood: An event history analysis. *Journal of Abnormal Psychobgy.*

King, C. A., Franzese, R., Gargan, S., McGovern, L., Ghaziuddin, N., &Naylor, M. W. (1995). Suicide contagion among adolescents during acute psychiatric hospitalization. *Psychiatric Services,* 46, 915-918.

King, R. A., Schwab-Stone, M., Flisher, A. J., Greenwald, S., Kramer, R. A., Goodman, S. H., et al. (2001). Psychosocial and risk behavior conelates of youth suicide attempts and suicidal ideation. *Journal of the American Academy of Child & Adolescent Psychiatry,* 40, 837-846.

Kingsbury, S., Hawton, K., Steinhardt, K. M-, & James, A. (1999). Do adolescents who take overdoses have specific psychological characteristics? A comparative study with psychiatric and community controls. *Journal of the American Academy of Child & Adolescent Psychiatry,* 38, 1125-1131.

Klein, D. N., Schwartz, J. E., Rose, S., & Leader, J. B. (2000). Five-year course and outcome of dysthymic disorder: A prospective, naturalistic follow-up study. *The American Journal of Psychiatry,* 157, 931-939.

Klein, D. N., Shankman, S. A., & Rose, S. (2006). Ten-year prospective follow-up study of the naturalistic course of dysthymic disorder and double depression. *The American Journal of Psychiatry,* 163, 872-880.

Klerman, G. L, Weissman, M. M, Rounsaville, B. J., &. Chevron, E. S. (1984). *Interpersonal psychotherapy.* Washington, DC: American Psychiatric Press.

Knipfel, J. (2000). *Quitting the Nairobi trio.* New York: Penguin Putnam.

Knox, K. L., Conwell, Y., & Caine, E. D. (2004). If suicide is a public health problem, what ate we doing to prevent it? *American Journal of Public Health,* 94, 37-45.

Kochanek, K. D., Murphy, S. L, Anderson, R. N., & Scott, C. (2004). Deaths: Final data for 2002. *National Vital Statistics Reports,* 53(5). Hyattsville, MD: National Center for Health Statistics.

Koons, C. R., Robins, C. J., Tweed, J. L., Lynch, T. R., Gonzalez, A. M., Morse, J. Q., et al. (2001). Efficacy of dialectical behavior therapy in women veterans with borderline personality disorder. *Behavior Therapy,* 32, 371-390.

Kotler, P., & Andreasen, A. R. (1996). *Marketing for nonprofit organizations* (5th ed.). Upper Saddle River, NJ: Prentice-Hall.

Krakowski, M., &. Czobor, P. (2004). Gender differences in violent behaviors: Relationship to clinical symptoms and psychosocial factors. *The American Journal of Psychiatry,* 161, 459-465.

Kreitman, N., & Piatt, S. (1984). Suicide, unemployment, and domestic gas detoxification in Britain. *Journal of Epidemiology & Community Health,* 38, 1-6.

Kreyenbuhl, J. A., Kelly, D. L., &. Conley, R. R. (2002). Circumstances of suicide among individuals with schizophrenia. *Schizophrenia Research,* 58, 253-261.

Kroll, J. (2000). Use of no-suicide contracts by psychiatrists in Minnesota. *The American Journal of Psychiatry,* 157, 1684-1686.

Lam, D. H, Watkins, E. R, Hayward, P., Bright, J., Wright, K., Kerr, N., et al. (2003). A randomized controlled study of cognitive therapy for relapse prevention for bipolar affective disorder. *Archives of General Psychiatry,* 60, 145-152.

Langer, E. J., & Rodin, J. (1976). The effects of choice and enhanced personality responsibility for the aged: A field experiment in an experimental setting. *Journal of Personality and Social Psychobgy,* 34, 191-198.

Leff, J., & Vaughn, C. (1987). Exptessed emotion. *Hospital and Community Psychiatry,* 38, 1117-1118.

Lehman, A. F., & Steinwachs, D. M. (1998). Patterns of usual care for schizophrenia: Initial results from the schizophrenia Patient Outcomes Research Team (PORT) client survey. *Schizophrenia Bulletin,* 24, 11-20.

Lewis, L. M. (2007). No-harm conttacts: A review of what we know. *Suicide and Life-Threatening Behavior,* 37, 50-57.

Lindeman, S., Laeaerae, E., Hakko, H., &. Loennqvist, J. (1996). A systematic review on gender-specific suicide mortality in medical doctors. *The British*

Journal of Psychiatry, 168, 274-279.

Linehan, M. M. (1993a). *Cognitive-behavioral treatment of borderline person-ality disorder.* New York: Guilford Press.

Linehan, M. M. (1993b). *Skills training manual for treating borderline person-ality disorder.* New York: Guilford Press.

Linehan, M. M. (2007). *Imminent suicide risk and serious self-injury protocol.* Unpublished manuscript, University of Washington, Seattle.

Linehan, M. M., Armstrong, H. E., Suarez, A., Allmon, D., & Heard, H. L. (1991). Cognitive-behavioral treatment of chronically parasuicidal borderline patients. *Archives of General Psychiatry,* 48, 1060-1064.

Linehan, M. M., Comtois, K. A., Brown, M. Z., Heard, H. L, & Wagner, A. (2006). Suicide Attempt Self-Injury Interview (SASH): Development, reliability, and validity of a scale to assess suicide attempts and intentional self-injury. *Psychological Assessment,* 18, 303-312.

Linehan, M. M., Comtois, K. A., & Murray, A. (2000). *The University of Washington*

Risk Assessment Protocol (UWRAP). Unpublished manuscript, University of Washington, Seattle.

Linehan, M. M., Comtois, K. A., Munay, A. M., Brown, M. Z., Gallop, R. J., Heard, H. L., et al. (2006). Two-year randomized controlled trial and follow-up of dialectical behaviot therapy vs. therapy by experts for suicidal behaviors and borderline personality disorder. *Archives of General Psychiatry,* 63, 757-766.

Linehan, M. M., Dimeff, LA., Reynolds, S. K, Comtois, K. A., Welch, S. S., Heagerty, P., and Kivlabari, D. R. (2002). Dialectical behavior therapy ver-sus comprehensive validation plus 12-step for the treatment of opioid de-pendent women meeting criteria for borderline personality disorder. *Drug and Alcohol Dependence,* 67, 13-26.

Linehan, M. M., Heard, H. L., & Armstrong, H. E. (1993). Naturalistic follow-up of a behavioral treatment for chronically parasuicidal borderline patients.

Archives of General Psychiatry, 50, 971-974.

Linehan, M. M., Schmidt, H, Dimeff, L. A., Craft, J. C, Kanter, J., & Comtois, K. A. (1999). Dialectical behavior therapy for patients with borderline personality disorder and drug-dependence. *American Journal on Addiction,* 8, 279-292.

Lonnqvist, J. K. (2000). Psychiatric aspects of suicidal behavior: Depression. In K. Hawton & K. van Heeringen (Eds.), *Handbook of suicide and attempted suicide* (pp. 107-120). Chichester, England: Wiley.

Luoma, J. B., Martin, C. E., & Pearson, J. L. (2002). Contact with mental health and primary care providers before suicide: A review of the evidence. *The American Journal of Psychiatry,* 159, 909-916.

Lynch, T. R., Chapman, A. L, Rosenthal, M. Z, Kuo, J. R., & Linehan, M. M. (2006).

Mechanisms of change in dialectical behavior therapy: Theoretical and empirical observations. *Journal of Clinical Psychology,* 62, 459-480.

Maltsberger, J. T. (1986). *Suicide risk: The formulation of clinical judgment.* New York: New York University Press.

Mandrusiak, M., Riidd, M. D., Joiner, T. E., Jr., Berman, A. L., Van Orden, K. A., & Witte, T. K. (2006). Warning signs for suicide on the Internet: A descriptive study. *Suicide and Life-Threatening Behavior,* 36, 263-271.

Mark, T., Coffey, R. M., McKusick, D., Harwood, H., King, E., Bouchery, E., et al. (2005). *National expenditures for mental health services and substance abuse treatment 1991-2001.* Rockville, MD: U.S. Department of Health and Human Services.

Markham, D. (2003). Attitudes towards patients with a diagnosis of "borderline personality disorder": Social rejection and dangerousness. *Journal of Mental Health,* 12, 595-612.

Markland, D., Ryan, R. M., Tobin, V. J., & Rollnick, S. (2005). Motivational interviewing and self-determination theory. *Journal of Social & Clinical Psychobgy,* 24, 811-831.

Marra, T. (2004). *Depressed and anxious: The dialectical behavior therapy workbook for overcoming depression and anxiety.* Oakland, CA: New Harbinger.

Martin, D. J., Garske, J. P., & Davis, K. D. (2000). Relation of the therapeutic alliance with outcome and other variables: A meta-analytic review. *Journal of Consulting and Clinical Psychology, 68,* 438-450.

Maser, J., Akiskal, H., Schettler, P., Scheftner, W., Mueller, T., Endicott, J., et al. (2002). Can temperament identify affectively ill patients who engage in lethal or near-lethal suicidal behavior? A 14-year prospective study. *Suicide and Life-Threatening Behavior, 32,* 10-32.

McCullough, J. P. (2003). *Treatment for chronic depression: Cognitive Behavioral Analysis System of Psychotherapy (CBASP).* New York: Guilford Press.

McDonald-Scott, P., Machizawa, S., &. Satoh, H. (1992). Diagnostic disclosure: A tale in two cultures. *Psychologica Medicine, 22,* 147-157.

McFarlane, W. R., Link, B., Dushay, R., Marchal, J., & Crilly, J. (1995). Psychoeducational multiple family groups: Four-year relapse outcome in schizophrenia. *Family Process, 34,* 127-144.

McGirr, A., Tousignant, M. N., Routhier, D., Pouliot, L. Chawky, N., Margolese, H. C, & Turecki, G. (2006). Risk factors for completed suicide in schizophrenia and other psychotic disorders: A case-control study. *Schizophrenia Research, 84,* 132-143.

Mcintosh, J. L, & Santos, J. F. (1985). Methods of suicide by age: Sex and race differences among the young and old. *The International Journal of Aging & Human Development, 22,* 123-139.

McNiel, D. E., & Binder, R. L. (1994). The relationship between acute psychiatric symptoms, diagnosis, and short-tetm risk for violence. *Hospital and Community Psychiatry, 45,* 133-137.

Meehan, J., Kapur, N., Hunt, I. M., Turnbull, P., Robinson, J. Bickley, H, et al. (2006). Suicide in mental health in-patients arid within 3 months of discharge: National clinical survey. *The British Journal of Psychiatry, 188,*

129-134.

Meehl, P. E. (1990). Appraising and amending theories: The strategy of Lakatosian defense and two principles that warrant it. *Psychological Inquiry*, 1, 108-141.

Miller, A. L., Rathus, J. H, & Linehan, M. M. (2007). *Dialectical behavior therapy with suicidal adolescents*. New York: Guilford Press.

Miller, D. N., Eckert, T. L, DuPaul, G. J., & White, G. P. (1999). Adolescent suicide prevention: Acceptability of school-based programs among secondary school principals. *Suicide and Life-Threatening Behavior*, 29, 72-85.

Miller, M. C, Jacobs, D. G., & Gutheil, T. G. (1998). Talisman or taboo: The controversy of the suicide prevention contract. *Harvard Review of Psychiatry*, 6, 78-87.

Miller, T. Q., Smith; T. W., Turner, C. W., Guijarro, M. L, & Hallet, A. J. (1996). A meta-analytic review of research on hostility and physical health. *Psychological Bulletin*, 119, 322-348.

Miller, W. R., & Rollnick, S. (2002). *Motivational interviewmg: Preparing people for change* (2nd ed.). New York: Guilford Press.

Miranda, R., & Andersen, S. M. (2007). The therapeutic relationship: Implications from social cognition and transference. In P. Gilbert & R. L. Leahy (Eds.), *The therapeutic relationship in the cognitive behavioral psychotherapies* (pp. 63-89). New York: Routledge.

Mishara, B. L., & Weisstub, D. N. (2005). Ethical and legal issues in suicide research. *International Journal of Law and Psychiatry* ,28,23-41.

Mishara, B. L., & Weisstub, D. N. (2007). Ethical, legal, and practical issues in the control and regulation of suicide promotion and assistance over the Internet. *Suicide and Life-Threatening Behavior*, 37, 58-65.

Mitchell, A. M., Kim, Y., Prigerson, H. G., & Mortimer-Stephens, M. (2004). Complicated grief in survivors of suicide. *Crisis*, 25, 12-18.

Moller-Madsen, S., Nystrup, J., & Neilsen, S. (1996). Mortality in anorexia nervosa in Denmark during the period 1970-1987. *Acta Psychiatrica*

Scandinavica, 94, 454-459.

Montross, L. P., Zisook, S., & Kasckow, J. (2005). Suicide among patients with schizophrenia: A consideration of risk and protective factors. *Annals of Clinical Psychiatry,* 17, 173-182.

Motto, J. A., & Bostrom, A. G. (2001). A randomized controlled trial of post-crisis suicide prevention. *Psychiatric Services,* 52, 828-833.

Mujica, R., & Braunstein, J; W. (2002). Assessing pain tolerance in a patient with acute psychosis. *Canadian Journal of Psychiatry,* 47, 788.

Mulsant, B. H, Alexopoulos, G. S., Reynolds, C. F., Katz, I. R., Abrams, R., Oslin, D., et al. (2001). Phatmacological treatment of depression in older primary care patients: The PROSPECT algorithm. *International Journal of Geriatric Psychiatry,* 16, 585-592.

Naar-King, S., Wright, K., Parsons, J. T., Frey, M., Templin, T., Lam, P., & Murphy, D. (2006). Healthy choices: Motivational enhancement therapy for health risk behaviors in HIV-positive youth. *AIDS Education and Prevention,* 18, 1-11.

National Institutes of Health. (2007). Estimates of funding for various diseases, conditions, research areas. Retrieved June 29, 2007, from http://www.nih.gov/news/fundingresearchareas.htm

Naudts, K., & Hodgins, S. (2006). Neurobiological correlates of violent behavior among persons with schizophrenia. *Schizophrenia Bulletin,* 32, 562-572.

Neeleman, J. (2002). Behavior in its social and epidemiological context. *Crisis,* 23, 114-120.

Nehls, N. (1998). Borderline personality disorder: Gender stereotypes, stigma, and limited system of care. *Issues in Mental Health Nursing,* 19, 97-112.

Newhill, C. E., Mulvey, E. P., & Lidz, C. W. (1995). Characteristics of violence in the community by female patients seen in a psychiatric emergency service. *Psychiatric Services,* 46, 785-789.

Newman, C. F. (2007). The therapeutic relationship in cognitive therapy with difficult to engage clients. In P. Gilbert & R. L. Leahy (Eds.), *The therapeutic relationship in the cognitive behavioral psychotherapies* (pp. 165-184). New York: Routledge.

Nezu, A., Nezu, C., & Perri, M. (1989). *Problem-solving therapy for depression: Theory, research, and clinical guidelines.* New York: Wiley.

Nolen-Hoeksema, S., Grayson, C, & Larson, J. (1999). Explaining the gender differences in depressive symptoms. *Journal of Personality and Social Psychology,* 77, 1061-1072.

Norcross, J. C. (2002). *Psychotherapy relationships that work.* New York: Oxford University Press.

Omer, J., &. Elitzur, A. C. (2001). What would you say to the person on the roof? A suicide prevention text. *Suicide and Life-Threatening Behavior,* 31, 129-139.

Orbach, I., Stein, D, Palgi, Y., Asherov, J., Har-Even, D., & Elizur, A. (1996); Perception of physical pain in accident and suicide attempt patients: Self-preservation vs. self-destruction. *Journal of Psychiatric Research,* 30, 307-320.

Osgood, N. J. (1985). *Suicide in the elderly.* Rockville, MD: Aspen Publishers.

Outward Bound International. (2006). *Inspirational readings.* Wan Chai, Hong Kong: Red Publish.

Outward Bound International. (2008). *Testimonial —Bob.* Retrieved May 31, 2008, from http://www.outwardboundwildemess.org/alumstories/bob. html

Palmer, B. A., Pankratz, S., &. Bostwick, J. M. (2005). The lifetime risk of suicide in schizophrenia. *Archives of General Psychiatry,* 62, 247-253.

Parascandola, M., Hawkins, J., & Danis, M. (2002). Patient autonomy and the challenge of clinical uncertainty. *Kennedy Institute of Ethics Journal,* 12, 245-264.

Pariante, C. M., & Carpiniello, B. (1996). Family burden in relatives of schizophrenics and of people with mental retardation: A comparative study. *European Psychiatry,* 11, 381-385.

Patton, G. C. (1988). Mortality in eating disorders. *Psychological Medicine*, 18, 947-951.

Paykel, E. S., Myers, J. K., Lindenthal, J. J., &Tannei, J. (1974). Suicidal feelings in the general population: A prevalence study. *The British Journal of Psychiatry*, 124, 460-469.

Pbert, L, Osganian, S. K., Gorak, D., Druker, S., Reed, G., O'Neill, K. M., & Sheetz, A. (2006). A school nurse-delivered adolescent smoking cessation intervention: A randomized controlled trial. *Preventative Medicine*, 43, 312-320.

Perkins, S., Winn, S., Murray, J., Murphy, R., & Schmidt, U. (2004). A qualitative study of the experience of caring for a person with bulimia nervosa: I. The emotional impact of caring. *International Journal of Eating Disorders*, 36, 256-268.

Petty, F., Davis, L. L., Kabel, D., & Kramer, G. L. (1996). Serotonin dysfunction disorders: A behavioral neurochemistry perspective. *Journal of Clinical Psychiatry*, 57, 11-16.

Pike, K. M., Walsh, B. T., Vitousek, K., Wilson, G. T., & Bauer, J. (2003). Cognitive behavior therapy in the post-hospitalization treatment of ano-rexia nervosa. *The American Journal of Psychiatry*, 160, 2046-2049.

Pompili, M., Mancinelli, I, Girardi, P., Ruberto, A., & Tatarelli, R. (2004). Suicide in anorexia nervosa: A meta-analysis. *International Journal of Eating Disorders*, 36, 99-103.

Pope, K. S., & Tabachnick, B. G. (1993). Therapists' anger, hate, fear, and sexual feelings: National sutvey of therapist responses, client characteristics, crit-ical events, formal complaints, and training. *Professional Psychology: Research and Practice*, 24, 142-152.

Potthoff, J. G., Holahan, C. J., &Joiner, T. E., Jr. (1995). Reassurance-seeking, stress generation, and depressive symptoms: An integrative model. *Journal of Personality and Social Psychobgy*, 68, 664-670.

Psychiatric Foundation of Northern California. (2005). *Demographic profile:*

Golden Gate Bridge suicide victims. Bodies received by Marin County Coroner's office January 1995-July 2005. Retrieved July 25, 2007, from http://www.pfhc.org/coroner_report.pdf

Putnins, A. L. (2005). Correlates and predictors of self-reported suicide attempts among incarcerated youths. *International Journal of Offender Therapy and Comparative Criminology, 49,* 143-157.

Qin, P., & Nordentoft, M. (2005). Suicide risk in relation to psychiatric hospitalization. *Archives of General Psychiatry, 62,* 427-432.

Regier, D. A., Narrow, W. E., Rae, D. S., Manderscheid, R. W., Locke, B. Z., & Goodwin, F. K. (1993). The de facto U.S. mental and addictive disorders service system: Epidemiologic catchment area prospective 1-year prevalence rates of disorders and services. *Archives of General Psychiatry, 50,* 85-94.

Reis, B. F., & Brown, L. G. (1999). Reducing psychotherapy dropouts: Maximizing perspective convergence in the psychotherapy dyad. *Psychotherapy, 36,* 123-136.

Reitzel; L. R., Bums, A. B., Repper, K. K., Wingate, L. R., & Joiner, T. E., Jr. (2004). The effect of therapist availability on the frequency of patient-initiated between session contact. *Professional Psychobgy: Research and Practice, 35,* 291-296.

Reppet, K. K., & Driscoll, K. A. (2004). Cognitive-Behavioral Analysis System of Psychotherapy
for social skills deficits in children. In K. A. Driscoll, K. C. Cukrowicz, M. Lyons Reardon, & T. E. Joiner, Jr. (Eds.), *Simple treatments for complex problems: Aflexible cognitive behavior analysis system approach to psychotherapy* (pp. 139-152). Mahwah, NJ: Erlbaum.

Ressler, W. H, & Toledo, E. (1998). Kasdah B'Rosh Tov: A description and evaluation of the Israeli bicycle helmet campaign. *Health Education & Behavior, 25,* 354-370.

Reuter, C. (2004). *My life is a weapon.* Princeton, NJ: Princeton University

Press.

Reynolds, S. K., Lindenboim, N., Comtois, K. A., Murray, A., &. Linehan, M. M. (2006). Risky assessments: Participant suicidality and disttess associated with research assessments in a treatment study of suicidal behavior. *Suicide and Life-Threatening Behavior,* 36, 19-34.

Rihmer, Z., Barsi, J., Arato, M., &. Demeter, E. (1990). Suicide in subtypes of primary major depression. *Journal of Affective Disorders,* 18, 221-225.

Rihmer, Z., & Pestality, P. (1999). Bipolar II disorder and suicidal behavior. *The Psychiatric Clinics of North America,* 22, 667-673.

Rihmer, Z., Rutz, W., & Pihlgren, H. (1995). Depression and suicide on Gotland: An

intensive study of all suicides before and after a depression-training programme for general practitioners. *Journal of Affective Disorders,* 35, 147-152.

Rogers, C. (1965). *Client-centered therapy: Its current practice, implications, and theory.* Boston: Houghton-Mifflin.

Rorty, M., Yager, J., Buckwalter, J. G:, & Rossotto, E. (1999). Social support, social adjustment, and recovery status in bulimia nervosa. *International Journal of Eating Disorders,* 26, 1-12.

Rose, G. (1985). Sick individuals and sick populations. *International Journal of Epidemiobgy,* 14, 32-38.

Rose, G. (1992). *The strategy of preventive medicine.* Oxford, England: Oxford University Press.

Rossotto, E., Yager, J., & Rorty, M. (1998). *The Impulsive Behavior Scale.* Unpublished manuscript.

Rudd, M. D., Berman, A. L., Joiner, T. E., Jr., Nock, M., Mandrusiak, M., Van Orden, K., et al. (2006). Warning signs for suicide: Theory, research, and clinical application. *Suicide and Life-Threatening Behavior,* 36, 255-262.

Rudd,M. D., Joiner, T. E., Jr., & Rajab, M. H. (1995). Help negation in suicide. *Journal of Consulting and Clinical Psychology,* 63, 499-503.

Rudd, M. D., Joiner, T. E., Jr., & Rajab, M. H. (1996). Relationships among suicide ideators, attemptots, and multiple attemptors in a young-adult sample. *Journal of Abnormal Psychology,* 105, 541-550.

Rudd, M. D., Joiner, T. E., Jr., &. Rajab, M. H. (2001). *Treating suicidal behavior: An effective, time-limited approach.* New York: Guilford Press.

Rudd, M. D., Joiner, T. E., Jr., & Rumzek, H. (2004). Childhood diagnoses and latet risk for multiple suicide attempts. *Suicide and Life-Threatening Behavior,* 34, 113-125.

Rudd, M. D, Joiner, T. E., Jr., Trotter, D., Williams, B., & Cordero, L. (2009). The psychosocial treatment of suicidal behavior: A critique of what we know (and don't know). In P. M. Kleespies (Ed.), *Behavioral emergencies: An evidence-based resource for evaluating and managing suicidal behavior, violence, and victimization* (pp. 339-350) Washington, DC: American Psychological Association.

Rudd, M. D., Mandrusiak, M., & Joiner, T. E., Jr. (2006). The case against no suicide contracts: The commitment to treatment statement as a practice alternative. *Journal of Clinical Psychobgy* ,62, 243-251.

Rudd, M. D., Mandrusiak, M., Joiner, T. E., Jr., Berman, A. L., Van Orden, K. A., & Hollar, D. (2006). The emotional impact and ease of recall of warning signs for suicide: A controlled study. *Suicide and Life-Threatening Behavior,* 36, 288-295.

Rudd. M. D., Rajab, M. H, Orman, D., Stulman, D., Joiner, T. E, Jr., & Dixon, W. (1996). Effectiveness of an outpatient problem-solving intervention targeting suicidal young adults: Preliminary results. *Journal of Consultingand Clinical Psychology,* 64, 179-190.

Runyon, B. (Speaker/Writer), & Glass, I. (Executive Producer). (2002, March 29). Didn't ask to be bom [Radio series episode]. In I. Glass (Producer), *This American life.* Chicago: Public Radio International.

Ryan, R. M., & Deci, E. L. (2000). Self-determination theory and the facilitation of intrinsic motivation, social development, and well-being. *American Psychologist,* 55, 68-78.

Ryan, R. M., & Deci, E. L. (2002). Overview of self-determination theory: An organismic-dialectical perspective. In E. L. Deci & R. M. Ryan (Eds.), *Handbook of self-determination research* (pp. 3-33). Rochester, NY: University of
Rochester Press.

Sabbath, J. C. (1969). The suicidal adolescent ⁻ The expendable child. *Journal of the American Academy of Child Psychiatry*, 8, 272-285.

Safran, J. D., &Segal, Z. (1990). *Interpersonal processes in cognitive therapy.* New York: Basic Books.

Salkovskis, P. M., Atha, C., & Storer, D. (1990). Cognitive-behavioural problem solving in the treatment of patients who repeatedly attempt suicide: A controlled trial. *The British Journal of Psychiatry*, 157, 871-876.

Salmon, W. C. (1984). *Scientific explanation and the causal structure of the world.* Princeton, NJ: Princeton University Press.

Segal, Z. V., Williams, J. M. G., & Teasdale, J. D. (2001). *Mindfulness-based cognitive therapy for depression: A new approach to preventing relapse.* New York: Guilford Press.

Segrin, C. (1992). Specifying the nature of social skill deficits associated with depression. *Human Communication Research*, 19, 89-123.

Segrin, C. (2001). *Interpersonal processes in psychological problems.* New York: Guilford Press.

Segrin, C, &. Dillard, J. P. (1992). The intetactional theory of depression: A meta-analysis of the research literature. *Journal of Social & Clinical Psychobgy*, 11, 43-70.

Segrin, C, &. Flora; J. (1998). Depression and verbal behavior in conversations with friends and strangers. *Journal of Language and Social Psychobgy*, 17, 492-503.

Seiden, R. H. (1978). Where are they now? A follow-up study of suicide attempters from the Golden Gate Btidge. *Suicide and Life-Threatening Behavior*, 8, 1-13.

Seidman, E. (1987). Toward a framework for primary prevention research. In J. A. Steinberg & M. M. Silverman (Eds.), *Preventing mental disorders* (pp. 2-26). Rockville, MD: National Institute of Mental Health.

Shaffer, D., Garland, A., Vieland, V., Underwood, M., & Busner, C. (1991). The impact of curriculum-based suicide prevention programs for teenagers. *Journal of the American Academy of Child & Adolescent Psychiatry, 30,* 588-596.

Shapiro, D. A., Barkman, M., Rees, A., Hardy, G. E., Reynolds, S., &. Startup, M. (1994). Effects of treatment duration and severity of depression on the effectiveness of cognitive-behaviotal and psychodynamic-interpersonal psychotherapy. *Journal of Consulting and Clinical Psychology, 62,* 522-534-

Shapiro, D. A., & Startup, M. J. (1990). *Raters' manual for the Sheffield Psychotherapy Rating Scale.* Unpublished manuscript, Social and Applied Psychology Unit, University of Sheffield, Sheffield, England.

Shea, S. (2002). *The practical art of suicide assessment: A guide for mental health professionals and substance abuse counsebrs.* Hoboken, NJ: Wiley.

Sheldon, K., Williams, G., & Joiner, T. E., Jr. (2003). *Self-determination theory in the clinic: Motivating physical and mental health.* New Haven, CT: Yale University Press.

Shneidman, E. S. (1987). A psychological approach to suicide. In G. R. VandenBos & B. K. Bryant (Eds.), *Cataclysms, crises, and catastrophes: Psychology in action* (pp. 147-183). Washington, DC: American Psychological Association.

Shneidman, E. S. (1996). *The suicidal mind.* New York: Oxford University Press.

Simon, R. I. (1992). Clinical risk management of suicidal patients: Assessing the unpredictable. In R. I. Simon (Ed.), *American psychiatric press review of clinical psychiatry and the law* (Vol. 3, pp. 3-63). Washington, DC: American Psychiatric Press.

Simons, A. D., Angell, K. L., Monroe, S. M., & Thase, M. E. (1993). Cognition and life stress in depression: Cognitive factors and the definition, fating, and generation of negative life-events. *Journal of Abnormal Psychobgy*, 102, 584-591.

Simpson, J. (1988). *Touching the void*. New York: Perennial.

Sindrup, S. H, Bach, F. W., Madsen, L. F., Gram, L. F., & Jensen, T. S. (2003). Venlafaxine versus imipramine in painful polyneuropathy: A randomized controlled trial. *Neurology*, 60, 1284-1290.

Sindrup, S. H, &Jensen, S. T. (1999). Efficacy ofpharmacological treatment of neuropathic pain: An update and effect related to mechanism of drug action. *Pain*, 83, 389-400.

Sirey, J. A., Bruce, M. L., Alexopoulos, G. S., Perlick, D. A., Raue, P., Friedman, S. J., &. Meyers, B. S. (2001). Perceived stigma as a predictor of treatment discontinuation in young and older outpatients with depression. *The American Journal of Psychiatry*, 158, 479-481.

Slater, L. (1996). *Welcome to my country*. New York: Anchor Books.

Smith, G. C, & Pell, J. P. (2003, December 20). Parachute use to prevent death and major trauma related to gravitational challenge: Systematic review of randomized controlled trials. *BMJ*, 327, 1459-1461.

Speckens, A. E. M., & Hawton, K. (2005). Social problem solving in adolescents with suicidal behavior: A systematic review. *Suicide and Life-Threatening Behavior*, 35, 365-387.

Stein, D., Apter, A., Ratzoni, G.; Har-Even, D., & Avidan, G. (1998). Association between multiple suicide attempts and negative affects in adolescents. *Journal of the American Academy of Child & Adolescent Psychiatry*, 37, 488-494.

Stellrecht, N. E., Joiner, T. E., Jr., & Rudd, M. D. (2006). Responding to and treating negative interpersonal processes in suicidal depression. *Journal of Clinical Psychology*, 62, 1129-1140.

Stephens, R. S., Roffman, R. A., & Curtin, L. (2000). Comparison of extended versus brief treatments for marijuana use. *Journal of Consulting and Clinical Psychology,* 68, 898-908.

Suicide Prevention Resource Center. (2005). *Best practices registry for suicide prevention: Overview.* Retrieved August 23, 2007, from http://www.sprc.org/featured_resources/bpr//index.asp

Swann, W. B., Jr. (1983). Self-verification: Bringing social reality into harmony with the self. In J. Suls & A. G. Greenwald (Eds.), *Social psychological perspectives on the self* (Vol. 2 pp. 33-66). Hillsdale, NJ: Erlbaum.

Swartz, M., Blazer, D., George, L., & Winfield, I. (1990). Estimating the prevalence of borderline personality disorder in the community. *Journal of Personality Disorders,* 4, 257-272.

Tang, T. Z., & DeRubeis, R. J. (1999). Sudden gains and critical sessions in cognitive behavioral therapy for depression. *Journal of Consulting and Clinical Psychology,* 67, 894-904.

Tardiff, K., & Sweillam, A. (1980). Assault, suicide, and mental illness. *Archives of General Psychiatry,* 37, 164-69.

Teasdale, J. D., Segal, Z. V., Williams, J. M. G., Ridgeway, V. A., Souslby, J. M., & Lau, M. A. (2000). Prevention of relapse/recurrence in major depression by mindfulness-based cognitive therapy. *Journal of Consulting and Clinical Psychology,* 68, 615-623.

Tidemalm, D., Elofsson, S., Stefansson, C. G., Waem, M., & Runeson, B.. (2005). Predictors of suicide in a community-based cohort of individuals with severe mental disorder. *Social Psychiatry & Psychiatric Epidemiology,* 40, 595-600.

Tiller, J. M., Sloane, G., Schmidt, U., &. Troop, N., Power, M., & Treasure, J. L. (1997). Social support in patients with anotexia nervosa and bulimia nervosa. *International Journal of Eating Disorders,* 21, 31-38.

Tomassini, C, Juel, K., Holm, N. V., Skytthe, A., & Christensen, K. (2003, August 16). Risk of suicide in twins: 51 year follow up study. *BMJ,* 327, 373-374.

Tondo, L., Hennen, J., & Baldessarini, R. J. (2003). Rapid-cycling bipolar disorder: Effects of long-term treatments. *Acta Psychiatrica Scandinavica,* 108, 4-14.

Tozzi, F., Thornton, L. M., Mitchell, J., Fichter, M. M., Klump, K. L., Lilienfeld, L. R., et al. (2006). Features associated with laxative abuse in individuals with eating disorders. *Psychosomatic Medicine,* 68, 470-477.

Treasure, J., Murphy, T., Szmukler, G., Todd, G., Gavan, K., & Joyce, J. (2001). The experience of caregiving for severe mental illness: A comparison between anorexia nervosa and psychosis. *Social Psychiatry & Psychiatric Epidemiology,* 36, 343-347.

Trout, D. L. (1980). The role of social isolation in suicide. *Suicide and Life-Threatening Behavior,* 10, 10-23.

Tschinkel, W. R. (2006). *The fire ants.* Cambridge, MA: Belknap Press.

Tucker, G. (1998). Putting *DSM-IV* in perspective. *The American Journal of Psychiatry,* 155, 159-161.

U.S. Department of Justice. (2004). *Bureau of Justice Statistics special report: State prison expenditures, 2001.* Retrieved June 29, 2007, from http://www.ojp.gov/bjs/pub/pdf/spe01.pdf

Vaiva, G., Ducrocq, F., Meyer, P., Mathieu, D., Philippe, P., Libersa, C, et al. (2006, May 27). Effect of telephone contact on further suicide attempts in patients discharged from an emergency department: Randomised controlled study. *BMJ,* 332, 1241-1245.

Valtonen, H, Suominen, K., Mantere, O., Leppamaki, S., Arvilommi, P., & Isometsa, E. (2005). Suicidal ideation and attempts in bipolar I and II disorders. *Journal of Clinical Psychiatry,* 66, 1456-1462.

Valtonen, H. M., Suominen, K., Mantere, O., Leppamaki, S., Arvilommi, P., & Isometsa, E. (2007). Suicidal behavior during different phases of bipolar disorder. *Journal of Affective Disorders,* 97, 101-107.

Van Orden, K. A., Gordon, K. H, Counts-Allan, C, James, L. M., Schmeelk, K. M., & Joiner, T. E., Jr. (in press). Self-control regulation interpersonal psychotherapy: A SCRIPT for beginning therapists in the treatment of borderline personality disorder. *International Journal of Cognitive Therapy*.

Van Orden, K. A., &Joiner, T. E., Jr. (2006). The inner and outet turmoil of excessive reassurance seeking: From self-doubts to social rejection. In K. D. Vohs & E. J. Finkel (Eds.), *Self and relationships: Connecting intrapersonal and interpersonal processes* (pp. 104-129). New York: Guilford Press.

Van Orden, K. A., Joiner, T. E., Jr., Hollar, D., Rudd, M. D., Mandrusiak, M., & Silverman, M. (2006). A test of the effectiveness of a list of suicide warning signs for the public. *Suicide and Life-Threatening Behavior, 36*, 272-287.

Van Orden, K. A., Lynam, M. E., Hollar, D., & Joiner, T. E., Jr. (2006). Perceived burdensomeness as an indicator of suicidal symptoms. *Cognitive Therapy and Research, 30*, 457-167.

Van Orden, K. A., Witte, T. K., Gordon, K. H, Bender, T. W., & Joiner, T. E., Jr. (2008). Suicidal desire and the capability for suicide: Tests of the interpersonal psychological theory of suicidal behavior among adults. *Journal of Consulting and Clinical Psychobgy, 76*, 72-83.

Vansteenkiste, M., & Sheldon, K. M. (2006). There's nothing more practical than a good theory: Integrating motivational interviewing and self-determination theory. *British Journal of Clinical Psychobgy, 45*, 63-82.

Verheul, R., van den Bosch, L. M. C, Koeter, M. W. J., de Ridder, M. A. J., Stijnen, T., & van den Brink, W. (2003). A 12-month randomized clinical trial of dialectical behavior therapy for women with borderline personality disorder in the Netherlands. *The British Journal of Psychiatry, 182*, 135-140.

Verona, E., Sachs-Ericsson, N., &. Joiner, T. E., Jr. (2004). Suicide attempts associated with externalizing psychopathology in an epidemiological sample. *The American Journal of Psychiatry, 161*, 444-451.

von Knorring, L. (1974). An intraindividual comparison of pain measures averaged evoked responses and clinical ratings during depression and after recovery. *Acta Psychiatrica Scandinavica, 255*, 121-133.

von Knorring, L., & Espvall, M. (1974). Experimentally induced pain in patients with depressive disorders. *Acta Psychiatrica Scandinavica*, 255, 109-120.

Wallace, C., Mullen, P. E., & Burgess, P. (2004). Criminal offending in schizophrenia over a 25-year period marked by deinstitutionalization and increasing prevalence of co-morbid substance use disorders. *The American Journal of Psychiatry*, 161,716-727.

Wehr, T. A., & Goodwin, F. K. (1987). Can antidepressants cause mania and worsen the course of affective illness? *The American Journal of Psychiatry*, 144, 1403-1411.

Weissman, M. M., Markowitz, J. C., & Klerman, G. L. (2000). *Comprehensive guide to interpersonal psychotherapy*. New York: Basic Books.

Whitely, B. E. (1990). The relationship of heterosexuals' attributions for the causes of homosexuality to the attitudes toward lesbian and gay men. *Personality and Social Psychology Bulletin*, 16, 379-377.

Wilcox, H. C., Conner, K. R., & Caine, E. D. (2004). Association of alcohol and drug use disorders and completed suicide: An empirical review of cohort studies. *Drug and Alcohol Dependence*, 76(Suppl. 1), 11-19.

Williams, J. M. G., Duggan, D. S., Crane, C., & Fennell, M. J. V. (2006). Mindfiilness-based cognitive therapy for prevention of recurrence of suicidal behavior. *Journal of Clinical Psychology*, 62, 201-210.

Wingate, L. R., Van Orden, K. A., Joiner, T. E., Jr., Williams, F. M., & Rudd, M. D. (2005). Comparison of compensation and capitalization models when treating suicidality in young adults. *Journal o/Consulting and Clinical Psychology*, 73, 756-762.

Wise, T. L., Jobes, D. A., Simpson, S., & Berman, A. L. (2005, April 15). *Suicidal client and clinician: Approach or avoidance*. Paper presented at the annual conference of the American Association of Suicidology, Denver, CO.

Wood, A., Trainor, G., Rothwell, J., Moore, A., & Harrington, R. (2001). Randomized trial of group therapy for repeated deliberate self-harm in adolescents. *Journal of the American Academy of Child & Adolescent Psychiatry, 40,* 1246-1253.

Woznica, J. G., & Shapiro, J. R. (1990). An analysis of adolescent suicide attempts: The expendable child. *Journal of Pediatric Psychology, 15,* 789-796.

Yager, J., Landsverk, J., & Edelstein, C. K. (1987). A 20-month follow-up study of 628 women with eating disorders: I. Course and severity. *The American Journal of Psychiatry, 144,* 1172-1177.

Zahn, T. (2006). *Why I jumped: My true story of postpartum depression, dramatic rescue, & return to hope.* Grand Rapids, MI: Baker.

Ziegler-Hill, V., & Abraham, J. (2006). Borderline personality features: Instability of self-esteem and affect. *Journal of Social & Clinical Psychobgy, 25,* 668-687.

Zisook, S., Bytd, D., Kuck, J., & Jeste, D: V. (1995). Command hallucinations in outpatients with schizophrenia. *Journal of Clinical Psychiatry, 56,* 462-465.

Zonda, T. (2006). One-hundred cases of suicide in Budapest: A case-controlled psychological autopsy study. *Crisis, 27;* 125-129.

Thomas E. Joiner Jr., PhD

Princeton University를 졸업하고, University of Texas at Austin에서 임상 심리학 박사학위를 받았다. Florida State University in Tallahassee의 심리학과 저명 교수(연구)이며, Bright-Burton Professor of Psychology, University Psychology Clinic 소장이다. 심리학, 신경생물학, 자살행동, 우울증, 불안 및 섭식장애의 치료에 관한 연구를 하고 있으며, 365편 이상의 동료심사를 거친 간행물이 있고, 최근에 Guggenheim Fellowship을 수상했다. 그는 미국심리학회(APA)의 펠로우로 선출되었으며, National Alliance for Research on Schizophrenia and Depression에서 Young Investigator Award, APA의 Division 12(임상 심리학 부문)에서 Shakow Award for Early Career Achievement, 미국 자살학회(AAS)로부터 뛰어난 자살연구 성과로 Shneidman Award, 미국 심리학회(APA)의 Award for Distinguished Scientific Early Career Contributions를 수상했고, 미국정신보건연구소(NIMH)와 여러 재단으로부터 연구 기금을 받았다. APA의 *Clinician's Research Digest*와 *Journal of Social & Clinical Psychology*의 편집자이다. *Why People Die By Suicide*(2005)를 포함하여 13권의 책을 저술했다.

Kimberly A. Van Orden, MS

Columbia University를 졸업하고, Florida State University in Tallahassee의 임상심리학 박사과정생으로, 지도교수는 Thomas E. Joiner, Jr이다. 그녀의 연구 관심은 일반적으로 조절문제 행동, 특히 자살 행동의 병인학적 요인에 대한 기초연구를 자살위험평가 프로토콜의 설계 및 자살행동치료의 변화 메커니즘 조사로 만드는 것이다. 18편의 동료심사를 거친 간행물의 공동저자이며, 학회 발표에도 자주 참여하고 있다. 2008년 AAS의 Student Research Award, Melissa Institute for Violence Prevention and Treatment로부터 Belfer-Aptman Dissertation Research Award, P.E.O International로부터 Scholar Award를 수상했다.

Tracy K. Witte, MS

Ohio State University를 졸업하고, Florida State University in Tallahassee 임상심리학 박사과정생으로 Thomas E. Joiner, Jr의 지도를 받고 있다. 대학에서 심리학 전공 수석, Art and Science 우등 졸업생이다. 주요 연구분야는 자살행동과 그 상관관계이며, 특히 자살 잠재능력을 습득하는 개인 차이에 대한 연구를 진행하고 있다. 동료심사를 거친 16편의 자살행동을 주제로 한 논문이 있으며, 여러 책의 공저자이기도 하다. Witte는 2004년 Florida State University Presidential Fellowship을 받았고, NIMH를 통해 2006년에 3년간의 Ruth L. Kirschstein National Research Service Award 펠로우쉽을 받았다.

M. David Rudd, PhD, ABPP

Princeton University를 졸업, University of Texas at Austin에서 박사과정, Beck Institute in Philadelphia에서 Aaron T. Beck의 지도하에 인지 치료로 박사후과정을 마쳤다. 현재 Texas Tech University in Lubbock 심리학부 주임교수이며, Texas Tech Health Sciences Center 정신의학·행동과학 겸임교수이다. 시간제로 개인 임상심리 활동을 하고 있다. American Board of Professional Psychology 자격, APA의 Division 12(임상 심리학 부문) 및 29(심리치료 부문), International Association of Suicide Research, Academy of Cognitive Therapy의 펠로우이며, 최근에 National Academies of Practice in Psychology의 저명 임상가이자 연구자로 선출되었다. 임상 연구 이외에도, 활발한 연구 활동을 하고 있고 150편 이상의 간행물이 있다. AAS로부터 Edwin Shneidman Award, Texas Psychological Association으로부터 Outstanding Contribution to Science Award, 이탈리아에 있는 Aleteia International School of Cognitive Therapy로부터 Aleteia Award를 수상했다. 2005년 최초로 AAS Exceptional Leadership Award, 2007년 APA의 Karl F. Heiser Presidential Award for Advocacy를 수상했다. 최근에 Texas Psychological Association 대표로서, APA Council of Representatives로 선출되었다.

역자 소개

양정연

서울대 종교학과 졸업, 동국대 불교학과 박사,
한림대 생사학연구소 HK교수, 생명교육융합과정(대학원) 교수로 재직하고 있다.
불교교학(티벳불교, 중국불교)을 전공하였으며 생사학 연구를 수행하고 있다.

• 논문 및 저서: 「현대 생사학을 위한 불교 생사관의 제언」, 「근대시기 '종교' 인식과
한국불교의 정체성 논의」, 「람림(Lam rim)에서의 죽음 억념과 수행」, 「타이완 〈安
寧緩和醫療條例〉 법제화의 시사점」, 「행복과학에 대한 불교적 성찰」, 『대승 보살계의
사상과 실천』, 『가치있는 삶과 좋은 죽음』, 『(한 권으로 보는) 세계불교사』, 『죽음의
성스러운 기술』(역서), 『현대 생사학 개론』, 『자살대책의 이론과 실제』 외 다수.

생사학총서 9

자살의 대인관계이론
자살예방을 위한 가이드

초 판 인 쇄	2022년 05월 20일
초 판 발 행	2022년 05월 30일
지 은 이	Thomas E. Joiner Jr., Kimberly A. Van Orden, Tracy K. Witte, and M. David Rudd
옮 긴 이	양정연
발 행 인	윤석현
발 행 처	박문사
책 임 편 집	최인노
등 록 번 호	제2009-11호
우 편 주 소	서울시 도봉구 우이천로 353
대 표 전 화	02) 992 / 3253
전 송	02) 991 / 1285
홈 페 이 지	http://www.jncbms.co.kr
전 자 우 편	bakmunsa@hanmail.net

ⓒ 한림대학교 생사학연구소 2022 Printed in KOREA.

ISBN 979-11-92365-10-7 93100   정가 24,000원